CONSENTEMENT ET DROIT PUBLIC

Logiques Juridiques

Fondée par Gérard Marcou

Dirigée par Jean-Claude Némery et Thomas Perroud

Le droit n'est pas seulement un savoir, il est d'abord un ensemble de rapports et pratiques que l'on rencontre dans presque toutes les formes de sociétés. C'est pourquoi il a toujours donné lieu à la fois à une littérature de juristes professionnels, produisant le savoir juridique, et à une littérature sur le droit, produite par des philosophes, des sociologues ou des économistes notamment.

Parce que le domaine du droit s'étend sans cesse et rend de plus en plus souvent nécessaire le recours au savoir juridique spécialisé, même dans des matières où il n'avait jadis qu'une importance secondaire, les ouvrages juridiques à caractère professionnel ou pédagogique dominent l'édition, et ils tendent à réduire la recherche en droit à sa seule dimension positive. À l'inverse de cette tendance, la collection « Logiques juridiques » des éditions L'Harmattan est ouverte à toutes les approches du droit. Tout en publiant aussi des ouvrages à vocation professionnelle ou pédagogique, elle se fixe avant tout pour but de contribuer à la publication et à la diffusion des recherches en droit, ainsi qu'au dialogue scientifique sur le droit. Comme son nom l'indique, elle se veut plurielle.

Dernières parutions

Souleymane DIARRA, *La responsabilité contractuelle, du transporteur aérien, en droit malien, Contribution à l'étude de l'application des conventions internationales dans un contexte africain,* 2021.
Mariam Hamzeh TARCHICHI, *Le droit international de la délimitation des frontières,* 2021.
Rahma Bentirou Mathlouthi, *Le droit à un environnement sain en droit européen, Dynamique normative et mise en œuvre jurisprudentielle*, 2020
Serge SURIN, *Les travaux préparatoires dans l'interprétation constitutionnelle. Étude d'une stratégie interprétative du Conseil consitutionnel français*, 2020.
Romain SOUSTELLE, *Réchauffement climatique et droit des brevets. Carcan du pollueur et turbine de l'innovation verte*, 2020.
Christophe AUGER, *Discours d'un procureur de province illustrés et expliqués*, 2020.
Ariane CONUS, *La conciliation judiciaire*, 2020.
André KAZADI, *L'interprétation du droit pénal au Canada et en France. Entre la lettre et l'objectif de la loi*, 2020.
Xavier CABANNES (dir.), *Livres et manuscrits anciens. Approche juridique*, 2020.

Sous la direction de
Louise Fort et Jean-Baptiste Guyonnet

CONSENTEMENT ET DROIT PUBLIC

Actes de la journée d'étude du département de droit public de l'école doctorale de l'École de droit de la Sorbonne
organisée le 22 septembre 2020

L'Harmattan

5-7, rue de l'Ecole-Polytechnique, 75005 Paris

www.editions-harmattan.fr

ISBN : 978-2-343-22018-5
EAN : 9782343220185

Sommaire

Avant-propos

Olivier Renaudie
Professeur à l'Université Paris I Panthéon-Sorbonne
Directeur du département « droit public interne » de l'École doctorale

Le présent ouvrage trouve son origine dans un appel à projet élaboré par le département « droit public interne » de l'École doctorale de l'Université Paris I Panthéon-Sorbonne. Lancé à la fin du mois de février 2019, celui-ci visait à encourager l'organisation d'une journée d'étude par des doctorants. Deux raisons peuvent justifier cette volonté de programmer ce que certaines Universités appellent un colloque « doctorants ». La première raison est que cela peut donner aux doctorants concernés l'occasion d'éprouver une première expérience en matière d'organisation d'une manifestation scientifique. La seconde raison est que cette formule permet de mobiliser les doctorants, autrement qu'en assistant à des colloques, des séminaires ou des conférences : autrement dit, il s'agit de les faire passer du statut de spectateurs à celui d'acteurs de la recherche. L'appel à projet adressé à l'ensemble des doctorants prévoyait un cahier des charges à la fois strict et simple : le projet devait être conduit par deux doctorants ou récents docteurs, rattachés au département « droit public interne » ; il devait porter sur un sujet de droit public et trouver un écho dans plusieurs branches ou champs de celui-ci ; il devait associer des doctorants et des enseignants-chercheurs plus confirmés. Premier du genre, cet appel à projets a rencontré ce que l'on peut appeler un succès d'estime : trois dossiers, portant sur de très beaux sujets, ont été déposés. Après en avoir délibéré, le jury a choisi à l'unanimité le projet sur « Consentement et droit public ». Deux raisons peuvent justifier ce choix. La première raison tient à son originalité : notion cardinale du droit privé, le consentement ne s'inscrit pas en gras dans les travaux de la doctrine publiciste. Et pourtant, elle est au centre de nombreux enjeux contemporains relatifs au droit public. La seconde raison tient à sa transversalité : directement ou indirectement, explicitement ou implicitement, le consentement irrigue plusieurs branches du droit public : le droit international public, le droit constitutionnel, les finances publiques, le droit administratif, le droit de la santé, etc. Sur le fond, il ne m'appartient pas de traiter un sujet que je connais mal. Je souhaite simplement souligner que, quelque temps avant la tenue de la journée d'étude dont est tiré cet ouvrage, une manifestation scientifique organisée par notre collègue

Xavier Dupré de Boulois a porté sur les distinctions en droit administratif. À l'issue de celle-ci, une conclusion s'est imposée : celle selon laquelle certaines distinctions binaires classiques ont un peu vieilli et qu'il pourrait être pertinent d'y substituer la notion d'échelle, appliquée par exemple à la domanialité publique. On peut formuler l'hypothèse qu'un tel raisonnement gagnerait à être appliqué au consentement, qui n'est pas toujours aussi binaire que le droit l'envisage. Peut-il exister une échelle du consentement ? C'est à cette question ouverte – et bien d'autres – que répondent les contributions réunies dans le présent ouvrage. Sur la forme, je souhaite formuler un vœu et des remerciements. Le vœu est celui selon lequel cet ouvrage ne doit pas seulement être un point d'arrivée, mais également un point de départ : autrement dit, qu'il soit le premier d'une longue série, témoignant de la qualité scientifique de la recherche doctorale à l'École de droit de la Sorbonne. Les remerciements par lesquels je souhaite clore cet avant-propos ne sont pas de ceux que l'on formule par obligation ou usage. Ils témoignent de ma profonde gratitude envers tous ceux ayant permis la réalisation de ce projet. D'abord, Étienne Pataut, directeur de l'École doctorale de droit de l'Université Paris I Panthéon-Sorbonne, qui a soutenu ce projet dès les origines. Ensuite, les deux codirecteurs de cet ouvrage, Louise Fort et Jean-Baptiste Guyonnet, que j'ai eu grand plaisir à accompagner dans la réalisation de ce projet. Enfin, les différents contributeurs de cet ouvrage, en particulier nos éminents collègues Maryse Deguergue et Étienne Picard, dont les analyses ont permis de montrer tout l'intérêt de s'interroger sur les relations entre consentement et droit public.

Introduction

Louise Fort et Jean-Baptiste Guyonnet
Attachés temporaires d'enseignement et de recherche en droit public à l'Université Paris I Panthéon-Sorbonne

Cet ouvrage est issu d'une journée d'étude qui s'est tenue le mardi 22 septembre 2020 à l'Université Paris I Panthéon-Sorbonne. Elle fait suite à un appel à projets, lancé par le département de droit public de l'école doctorale de l'École de droit de la Sorbonne, et réunissant des doctorants et des enseignants-chercheurs autour d'une thématique transversale, celle des rapports entre le droit public et le consentement. Les recherches menées ont tenté d'appréhender cette idée, si fréquemment mobilisée dans le débat public actuel, pour essayer d'en saisir des logiques et dynamiques propres au droit public. Nous remercions les éditions L'Harmattan d'offrir un support écrit à ces réflexions. Nous remercions par ailleurs vivement l'ensemble de l'École doctorale de droit pour son soutien humain, matériel et financier, sans lequel ce projet n'aurait pu voir le jour, et plus particulièrement le professeur Olivier Renaudie dont l'aide constante a été, tout au long de notre démarche, précieuse.

Le consentement se définit par rapport à la volonté : il en est le produit, la manifestation et l'expression puisqu'il désigne l'action d'accepter, de donner son accord à une action extérieure[1]. Comme le démontre Maxence Christelle[2], le consentement relève de l'ordre de l'intime, du psychologique. Il est propre à la personne qui seule peut connaître les désirs, les aspirations, les craintes et les réticences qui forment sa volonté. Il s'agit d'un attribut de la personne humaine : l'existence et le respect du consentement de chacun sont des questions aujourd'hui cruciales afin d'appréhender et d'organiser les rapports entre individus.

L'idée de consentement a indéniablement été réceptionnée par le droit, instrument de régulation des rapports sociaux. Sa place structurante en droit privé témoigne de l'ambition de sauvegarder la volonté de chacun : la théorie de l'autonomie de la volonté fonde le droit des obligations mais le consentement traverse également le droit pénal, le droit des incapacités

---

[1] V° « Consentement », *Trésor historique de la langue française.*

[2] Christelle (Maxence), *Consentement et subjectivité juridique : contribution à une théorie émotivo-rationnelle du droit*, thèse dactyl., Université Paris I, 2014.

ou encore le droit des personnes. Cependant, recevoir n'est pas concevoir : le droit a fait du consentement un objet juridique, mais l'a-t-il, pour autant, érigé en notion juridique[3] ? Le droit privé nous offre une première définition juridique du consentement sous le prisme du droit des obligations. Le consentement désigne alors « la manifestation d'une volonté exprimée en vue de produire des effets de droit »[4].

Le rappel de la place et de la définition du consentement en droit privé ne manque pas de nous interroger sur la relation qu'il peut exister entre le droit public et le consentement. Le droit public reçoit-il tout autant l'idée de consentement ? La conçoit-elle de la même manière ? La journée d'étude qui s'est tenue le 22 septembre 2020 est née de ces deux interrogations.

La subjectivité fondamentale du consentement pose des difficultés spécifiques en droit public qui se révèlent à mesure que l'on tente de définir la matière.

Une conception organique considère tout d'abord le droit public comme le droit de l'État[5]. En ce sens, il s'agit de l'ensemble des normes qui régissent des personnes juridiques particulières, les personnes morales de droit public, dans leurs relations avec les autres sujets de droit Le droit public se distingue alors du droit privé en ce qu'il prend pour objet des organisations politiques et administratives incarnées par des personnes morales plutôt que par des individus. Le droit public est, à cet égard, un droit en partie objectif. Or le consentement est, avant tout, un attribut de la personne humaine rendant compte de sa subjectivité. Dès lors, comment recevoir une idée aussi subjective que celle du consentement au regard de la dimension objective du droit public ?

Le droit public est ensuite, suivant une conception matérielle, un ensemble de normes exorbitant du droit commun. Parce qu'il est le droit de personnes particulières, poursuivant des fins spécifiques, le droit public est le droit de l'unilatéralité, de l'hétéronomie normative. Là où la relation de droit privé s'épanouit dans le contrat, l'acte unilatéral est la modalité

---

[3] Tusseau (Guillaume) (dir.), *Les notions juridiques*, Economica, Études juridiques, 2009.

[4] v. dans cet ouvrage la contribution de S. François.

[5] En ce sens, v., par exemple, Truchet (Didier), *Le droit public*, Paris, PUF, Que sais-je ?, 2014.

principale de réalisation de l'action publique. Or, l'acte unilatéral est celui édicté indépendamment du consentement de son ou de ses destinataires.

Suivant ces deux premières esquisses de définition, le droit public semble accorder une place marginale au consentement. À tout le moins, il entretient avec l'idée de consentement un rapport singulier. La construction du droit administratif français illustre dans une certaine mesure la confrontation de la spécificité du droit public avec la subjectivité du consentement, que l'on pense par exemple aux débats doctrinaux historiques relatifs à la possibilité pour une personne publique de manifester une volonté[6], ou à ceux portant sur l'impossible reconnaissance d'un contrat d'adhésion entre l'usager et le service public au motif que le premier ne consentirait, par principe, à rien[7].

Aujourd'hui cependant, le consentement a toute sa place dans le champ du droit public. Tout au plus reste-t-il, par rapport au droit privé, une « différence d'esprit »[8], seule de nature à expliquer la rareté des travaux portant sur la notion de consentement dans ce champ disciplinaire[9]. Aussi, à rebours de l'intuition première selon laquelle le consentement serait étranger à la matière, un bref panorama nous permet de constater qu'il se manifeste de manière diffuse dans les différentes branches du droit public.

Les personnes publiques, dans différents cadres et situations, consentent. Elles consentent, en premier lieu, dans le cadre de leurs relations avec d'autres personnes publiques. En tant qu'État souverain, l'État ne peut être contraint. Son consentement est, par principe, au fondement des relations de droit qu'il forme avec d'autres États. Le consentement est alors au centre du droit international public. De la même manière, les collectivités territoriales sont susceptibles d'exprimer leur consentement, tantôt avec l'État, tantôt avec d'autres collectivités. La multiplication des approches concertées, fondées sur la recherche de l'acceptation des

6 Pour une perspective historique, v. not. Girard (Anne-Laure), *La formation historique de la théorie de l'acte administratif*, Dalloz, Nouvelle bibliothèque de thèses, 2013, p. 35 et s.

7 En ce sens, v. Duguit (Léon), « De la situation juridique du particulier faisant usage d'un service public », in *Mélanges Hauriou*, Sirey, 1929, p. 253.

8 Truchet (Didier), *op. cit.*, p. 22.

9 Outre la thèse de Maxence Christelle précitée, il convient de mentionner la thèse de Gigon (Éléonore), *La volonté des personnes privées en droit administratif*, thèse dactyl., Université Paris I, 2017 et Merand (Basile), *Recherches sur les fonctions du consentement des administrés en droit administratif français*, thèse dactyl., Université de Bretagne occidentale, 2015. Par ailleurs, une thèse est en cours de préparation à l'Université Toulouse I Capitole : Bourrel (Laura), « Consentement dans les contrats publics ».

collectivités pour la mise en œuvre des réformes et des politiques publiques, révèle la place toujours plus grande qui semble être accordée à ce consentement.

Elles consentent, en second lieu, avec des personnes privées, à travers des contrats de droit privé ou de droit administratif. L'encadrement des conditions d'expression du consentement est, à ce titre, devenu un enjeu majeur dans le cadre d'une contractualisation croissante de l'action publique[10].

Cette seconde hypothèse montre que le consentement en droit public se manifeste également à travers celui de la personne privée, quelles que soient les figures dans lesquelles elle s'incarne, qu'il s'agisse de celle du citoyen, du contribuable, de l'usager, ou encore du cocontractant de l'administration.

Les théories philosophiques du contrat social ont irrigué la conception du rapport entre le citoyen, la démocratie et la souveraineté. Le consentement, plus ou moins fictionnel, servirait à la fois de fondement du gouvernement et de modalité d'expression de la volonté des citoyens. La recherche du consentement, manifestation l'adhésion des citoyens à un projet politique, est alors à la source de certains mécanismes constitutionnels aujourd'hui renouvelés, à l'image du référendum[11].

Le consentement du contribuable est également recherché. Proclamé à l'article 14 de la Déclaration des droits de l'homme et du citoyen, le consentement à l'impôt est au fondement du droit budgétaire contemporain. Pourtant, il existe indéniablement un décalage entre la consécration constitutionnelle du consentement de l'impôt, aujourd'hui permis par le vote annuel de la loi de finances par le Parlement, et la réalité de l'acceptation, par les contribuables, du montant et de l'organisation des prélèvements obligatoires. L'ensemble des phénomènes de résistance à l'impôt, tels que l'évasion ou l'optimisation fiscale ou encore les manifestations récentes contre certains dispositifs fiscaux tels que l'écotaxe, peuvent alors être analysés comme les illustrations d'une érosion du consentement à leur situation fiscale. Le principe juridique de consentement à l'impôt n'est pour autant pas remis en cause.

---

[10] Conseil d'État, « Le contrat, mode d'action publique et de production des normes », *Rapport public annuel*, La Documentation française, 2008.

[11] En ce sens, Favoreu (Louis) et al., *Droit constitutionnel*, Dalloz, Précis, 2021, p. 641.

En droit administratif, enfin, le règne de l'unilatéralité et du privilège du préalable n'est pas total. Il faut, outre la place croissante du contrat comme mode de réalisation de la fonction administrative, observer l'essor de la « démocratie administrative »[12] et de la « citoyenneté administrative »[13]. Depuis une vingtaine d'années, le couple « citoyen-administration » se substitue ainsi, dans une certaine mesure, au couple « usager-administration »[14].

Ces différentes manifestations montrent que l'idée de consentement traverse le droit public. La construction d'une réflexion sur les rapports entre la notion et le champ d'étude s'est alors articulée autour d'une interrogation principale et qui a dicté l'organisation de cette journée : les manifestations du consentement en droit public révèlent-elles une prise en compte spécifique de la notion de consentement, voire une construction conceptuelle autonome ?

Notre interrogation fondamentale repose sur un présupposé, qui est en réalité une question sous-jacente et préliminaire : est-il possible d'envisager, en droit, une notion juridique, unitaire et cohérente, de consentement ? C'est en des termes similaires que s'interroge le professeur Étienne Picard qui nous a fait l'honneur d'introduire cette journée.

L'ensemble des interventions lors de cette journée ont montré que la question d'une conception unitaire du consentement en droit n'appelait aucune réponse évidente, voire qu'elle était une démarche potentiellement vouée à l'échec. Le consentement est fondamentalement subjectif. De l'ordre du psychologique, de l'intime, il apparaît, en quelque sorte, *insaisissable* par le droit lequel se limite à l'accueillir en tant que phénomène mais n'en livre finalement aucun concept opératoire clair.

Le droit public traduit-il par ailleurs une prise en compte spécifique du consentement ? La question se pose en réalité de manière différente selon la personne qui consent. D'un côté, le respect du consentement de la personne privée est susceptible d'entrer en confrontation avec certains

---

12 Testard (Christophe), *Pouvoir de décision unilatérale de l'administration et démocratie administrative*, LGDJ, Bibliothèque de droit public, 2018.

13 Champeil-Desplat (Véronique), « La citoyenneté administrative », in Gonod (Pascale), Melleray (Fabrice), Yolka (Philippe), *Traité de droit administratif*, Dalloz, Traité, 2011, p. 397.

14 Wiener (Céline), Le Clainche (Michel) (dir.), *Le citoyen et son administration*, Imprimerie nationale, 2000.

principes du droit public tels que l'unilatéralité et le principe du préalable. Comment la prise en compte du consentement se concilie-t-elle avec les spécificités du droit public ? Comment, aujourd'hui, le droit public organise-t-il l'expression et la protection de ce consentement ?

D'un autre côté, l'existence même du consentement de la personne publique interroge. Les personnes publiques consentent-elles de la même manière que les personnes privées ? A-t-il la même importance ? S'exprime-t-il de la même manière ? Le consentement d'une personne publique se distingue-t-il de l'expression de ses compétences ?

Cette *summa divisio* organique entre personnes publiques et personnes privées a permis de révéler au cours de la journée que le consentement de la personne publique ne se concevait pas de la même manière que celui de l'individu. Il se trouve, en quelque sorte, « objectivé ». Est-il, dès lors, toujours véritablement un consentement ?

Les spécificités du droit public comme celles du consentement et sa difficile appréhension par le droit ont ainsi dicté le plan choisi pour l'organisation de cette journée et guidé son esprit général. Il s'est alors agi d'étudier le consentement des personnes publiques, puis celui des personnes privées. Les différentes participations à cette journée ont permis de prolonger ces orientations fondamentales et nous remercions l'ensemble des participants à cette journée et contributeurs à cet ouvrage.

Propos introductifs

Etienne Picard
Professeur émérite à l'Université Paris I Panthéon-Sorbonne

Relever les paradoxes d'un sujet éveille toujours l'esprit et l'incite pour commencer à s'étonner et questionner, avant de chercher bientôt à proposer les lignes de force propres à organiser ces interrogations et inspirer certaines réponses.

I. Pour ce qui concerne les paradoxes, j'en aperçois trois, très imbriqués les uns dans les autres.

A. Tout d'abord, le consentement – le mot, comme la chose qu'il désigne – se trouve désormais omniprésent dans nombre de discours, publics et privés, de type politique, social, syndical, médiatique, juridique, international, interpersonnel, intime… On ne voit guère d'acte ou d'action saisis par le droit et impliquant un minimum de relation interpersonnelle ou interinstitutionnelle qui ne soit subordonnée à tel ou tel consentement, quels qu'en soient la forme ou le fond. Le consentement est partout, politiquement ou juridiquement. En tout cas, il est constamment invoqué et réclamé mais aussi pratiqué, dans chacun des domaines qui viennent d'être mentionnés. Mais on peut avoir d'ores et déjà quelques doutes sur le point de savoir si, dans tous ces cas et procédures en cause, il s'agit toujours de consentement et non d'autre chose.

En effet, le consentement n'est nulle part véritablement identifié, comme l'a fait observer, au seuil de son entreprise, un grand connaisseur du sujet, Maxence Christelle, dans sa magnifique thèse de doctorat que j'ai eu l'insigne honneur et le vif plaisir de diriger et dont le titre surprenant est « *Consentement et subjectivité juridique. Contribution à une théorie émotivo-rationnelle du droit* », soutenue à Paris I le 18 septembre 2014. Nous aurons tout loisir, cet après-midi, de l'entendre s'exprimer à son tour, après d'autres intervenants, sur un aspect particulier de ce sujet concernant cette fois le droit d'asile.

Le paradoxe tient donc à ce que nous parlons presque constamment et partout de consentement, sans que nous ne sachions exactement de quoi nous parlons.

Il faudrait d'abord, en effet, une véritable définition du consentement, c'est-à-dire une proposition découlant d'une analyse puis d'une synthèse des caractéristiques essentielles de l'objet dont s'agit. La définition – qu'il importe ici de définir par souci de rigueur réflexive – est un énoncé qui, tout en étant « court, clair et précis, et exempt de contradiction » (Larousse), permet d'identifier cet objet, quelle que soit la diversité des formes dans lesquelles il se présente. La définition sublime l'objet pour l'élever au statut de concept. Elle part du réel pratique qui s'impose le plus immédiatement à la vue, pour s'en abstraire peu à peu, mais sans jamais cesser de le considérer afin de pouvoir toujours vérifier le bien-fondé de la définition en voie d'élaboration avant d'être formellement proposée ; mais elle doit tenir à distance ce réel pratique pour ne pas dévoyer sa propre démarche. La définition a pour intention et pour objet immédiat d'extraire l'objet de sa gangue où ses traits spécifiques se dissimulent à l'observation ; elle tend à purifier l'objet de ses détails non significatifs ni nécessaires, pour en appréhender ce faisant toute l'essence, mais rien que l'essence. Tandis que la simple illustration par l'exemple (qui consiste à dire « ceci est un consentement, cela n'en est pas ») demeure dans l'ordre empirique de l'expérience concrète des choses, sans nous rendre aptes, par elle-même, à reconnaître d'autres exemplaires particuliers du même objet, tant que le travail d'abstraction et de généralisation n'est pas fait, laissant à l'esprit le seul secours de l'intuition, de l'apparence, de la comparaison qui cependant peuvent aussi conduire peu à peu au concept.

Au mieux, nous pourrions avoir des critères de reconnaissance du consentement, mais nous n'en disposons pas qui pourraient être universels, de sorte que, dans nos esprits, le consentement ne correspond au mieux qu'à une notion au contour et au contenu imparfaitement dessinés. Or le droit en ses langages, normatif ou descriptif, a besoin de clarté, de netteté, de rigueur, d'intelligibilité et d'exactitude. Pourquoi n'en va-t-il pas toujours ainsi ?

Cette journée d'étude pourrait ou devrait donc être l'occasion de nous mettre sur la voie de ce qu'est essentiellement le consentement.

Notons, pour engager la réflexion, que cette situation paradoxale n'est pas limitée à la seule question du consentement. Nous savons tous très bien que les notions les plus importantes du droit sont plus ou moins affectées par ces incertitudes. On peut même en être à se demander si le flou ou « le vague » n'est pas un attribut de l'importance des objets en cause ou tout au moins un signe. En effet, qu'est-ce donc, par exemple, que la démocratie qui est autant l'objet d'une valeur, voire d'un sentiment, que celui d'une claire et ferme représentation juridique ? Et l'État de droit ? Et la volonté générale ? Qu'est-ce encore que la liberté en droit ? Qu'est-ce qu'un droit fondamental ? Qu'est-ce qu'un principe juridique ? Qu'est-ce que l'ordre public ? Qu'est-ce que l'intérêt général ? ... Plus la chose s'affirme grave et conséquente, moins il semble qu'elle se laisse saisir par notre aptitude à connaître, comprendre, expliquer, concevoir, synthétiser.

Dans ces conditions, le consentement n'aurait-il pas intérêt à rester insaisissable ? Tant qu'il représente axiologiquement et sémantiquement une valeur méliorative, il pourrait, par des mesures positives complaisantes, étendre son champ d'application et admettre des procédés de consentement de plus en plus lâches ou de plus en plus tyranniques, selon que l'on veut favoriser ou flatter ceux qui ont le pouvoir de consentir ou de ne pas consentir, ou ceux qui ont besoin d'un consentement pour exercer telle ou telle activité. Faudra-t-il bientôt, pour pouvoir regarder dans la rue telle personne ou simplement la voir, instituer pour la protéger un consentement au regard d'autrui ? L'exigence quasi-universelle du consentement est-elle donc une si bonne chose, surtout lorsque l'on ne sait pas exactement ce que cette chose exige précisément ?

B. Le deuxième paradoxe que porte dans ses flancs cette notion de consentement, si importante en pratique comme en dogmatique juridique ou en science du droit, et si difficile à définir dans sa généralité, tient à ce qu'il se présente sous deux modes d'être : celui de son existence en tant *qu'objet général et synthétique de pensée et de normes juridiques*, et *celui de ses exigences toujours particulières à chacun des domaines où il s'impose.*

On doit se demander ici quels sont les rapports entre ces deux modes d'être du consentement : le consentement constitue-t-il une seule et même notion, correspondant à un concept global, unique, mais capable de rendre compte de toutes les formes particulières de consentement, très nombreuses et diverses ? Ou bien ces formes particulières seraient elles si spécifiques à chacune des situations où l'on serait tenté de les voir, que l'on ne puisse être en mesure de les réduire à l'unité ?

Car, aussi bien, quel rapport autre que verbal peut il y avoir entre, par exemple, le consentement à l'impôt et le consentement aux relations intimes (des esprits malins pourraient suggérer qu'il n'y a pas de différences significatives entre ces deux sortes de consentement... !).

Et, de fait, le droit positif et son vocabulaire offrent une multitude de notions et de pratiques dont la comparaison pourrait et devrait amener au concept unifiant, si c'est là la vérité de la chose, qui cependant ne s'impose pas d'elle-même. Ainsi, il serait intéressant que ce colloque convoque à l'occasion, pour interrogation, toutes ces autres notions que sont, par exemple, l'acquiescement, l'acceptation, l'admission, l'agrément, l'assentiment, la ratification, l'approbation, l'accord…, qui toutes ont leurs places respectives en droit positif (notons que cette liste pourrait se voir complétée par toutes les formules un peu alambiquées dont le langage administratif a le génie, comme par exemple « l'absence d'opposition à déclaration préalable », applicable en matière de travaux immobiliers). Mais la question demeure : constituent-elles des notions autonomes par rapport au consentement en général, ou bien sont-elles des incarnations particulières d'un concept général de consentement ? La question ici pertinente est de savoir en quoi ces formes particulières se différencient-elles du consentement en général ou en quoi s'en rapprochent-elles. Ces notions multiples constituent-elles autant de formes ou d'illustrations particulières du consentement en général ou s'en séparent-elles comme des dérivés ? Sont-elles toutes de la même famille juridique ? Ou se caractérisent-elles par autant d'ADN spécifiques ?

Sans pouvoir ici se poser toutes ces questions relativement à chacune des procédures citées plus haut, on peut relever quelques traits au moins qui paraissent spécifier le consentement par rapport à toutes ces autres formes d'accord, au demeurant bien différentes les unes des autres : il semble qu'il y ait, dans le consentement, comme une sorte de bienveillance, de la part de celui qui consent, une sorte de libre renoncement à exercer un droit ou une faculté, dès lors qu'il pourrait ne pas renoncer ; il semble également qu'il y ait, corollairement et pour la même raison, une forme de don ou d'abandon de la cette possibilité d'une prérogative, et cela au profit d'un tiers qui n'a sans doute pas *un droit au consentement.*

De fait, l'autorisation – pour ne sélectionner que cette procédure de la liste présentée plus haut – ne procède pas de la même situation que celle donnant lieu à une procédure de consentement. L'autorisation est prise par une autorité qui n'abandonne aucun droit en donnant cette permission, et encore moins *ses droits,* surtout si c'est la puissance publique qui autorise ; celle-ci, en autorisant, ne consent à aucun don : l'autorité exerce simplement une compétence et un pouvoir définis objectivement par les termes de l'habilitation à agir. L'autorité compétente ne renonce à rien en délivrant cette autorisation, au contraire. Les relations entre cette autorité et celui qui reçoit l'autorisation se trouvent entièrement objectivées par l'acte en question, lequel ne fait naître aucune relation de droits subjectifs entre l'auteur de l'autorisation et celui qui la sollicitait et l'a obtenue.

Tout cela explique que l'autorisation soit plus ou moins réglementée quant aux conditions de son octroi ou l'obligation de son refus (on peut penser ici à l'exemple du permis de construire, dont les conditions sont particulièrement strictes et nombreuses), alors que le consentement est essentiellement libre tant qu'aucune norme ne conditionne sa validité, en dehors de celles qui assurent sa réalité : le consentement doit par essence être libre, c'est-à-dire non contraint, obtenu non par violence ni par surprise ni par fraude, mais par l'exercice de la droite raison et d'une conscience convenablement éclairée.

À la différence de l'autorisation, le consentement se montre plus gratuit (mais ne l'est plus toujours) que ne l'est l'autorisation administrative (laquelle l'est de moins en moins, car il y a toujours plus à financer). Le consentement n'est généralement pas normé par la puissance publique, du moins en général : il est plus libre, plus confié à des données subjectives, autant pour l'exercer que pour le supporter.

L'émotivo-rationnel s'observe ici sous diverses apparences. Par exemple en cas de travaux, publics ou privés, susceptibles de gêner les usagers d'une voie, le maître d'œuvre les « remercie pour leur compréhension », formule répétée à satiété sur toutes les pancartes délimitant ces chantiers, même lorsqu'il n'y a rien à comprendre, mais seulement à subir et à excuser éventuellement. L'activité se place alors sous la dépendance de ceux qui veulent bien tolérer ou consentir aimablement à la nécessité de ces travaux et de la gêne qu'ils occasionnent. Alors la notion de consentement se charge d'une dimension psychologique et affective que l'on ne retrouve pas nécessairement dans les autres formes évoquées.

La grande diversité de ces mots et la spécificité des domaines très particuliers où on les rencontre, semblent encourager des opinions disjonctives, vu la difficulté à opérer cette réduction unifiante. On serait donc contraint, en acceptant cette défaite, à parler non plus « du consentement », mais « *des* consentements en droit public », comme le fait souvent la pensée qui échoue à se représenter le général-abstrait en se laissant dominer par la saisie du particulier-concret, laquelle n'appréhende que la pluralité et la singularité factuelle de chaque apparition de l'objet, mais non leurs points communs essentiels. Car il est plus facile d'analyser que de synthétiser, plus commun d'appliquer que de transcender, moins risqué de déduire que d'induire.

Le champ assigné à la réflexion est donc vaste mais notre colloque doit s'y engouffrer avec circonspection.

C. Le troisième paradoxe du sujet tient au fait que le consentement, au sens le plus général du terme, n'est pas souvent étudié en tant que tel[1]. En sorte que si notre colloque contribue sans doute à développer cette profusion de l'usage, il s'oblige à se démarquer de cette pénurie de la pensée.

Quelle peut donc être la cause, la raison ou le sens de cette rareté ?

Souvent, lorsque l'on propose un sujet de thèse ou de colloque, on s'entend répondre, pour justifier une réticence ou un refus de le retenir, que ce n'est pas un « bon sujet » au motif qu'il n'y a pas beaucoup de littérature juridique consacrée à son propos. Cet argument n'est pas admissible, car on ne saurait imaginer que la rareté doctrinale soit la cause d'elle-même : ce n'est pas parce qu'il y a peu d'écrits sur le consentement en général (mais beaucoup sur les formes spécifiques de diverses sortes de consentement), qu'il faut renoncer à y réfléchir sur ce plan général : tout au contraire. Les organisateurs du présent colloque doivent être loués d'avoir pris justement le contrepied de cette tentation regrettable. On ne saurait non plus se réfugier devant la difficulté de la tâche : ce n'est pas parce qu'un sujet s'avère ardu que cela justifierait que l'on ne l'examine pas, tout au contraire également : ce n'est pas à l'objet étudié de se montrer facile d'accès : c'est à la pensée qui le saisit de diffuser sa lumière.

Qu'est-ce qui gêne donc la réflexion, et semble-t-il la décourage ? Ce ne peut être non plus l'ancienneté du sujet et de ses questions demeurées sans réponse. Car cette situation devrait plutôt aiguillonner l'esprit : pourquoi, en dépit de son ancienneté, le sujet reste-t-il sans véritable réponse générale et commune ? Que lui manque-t-il pour accéder, si possible, à la

---

[1] On doit néanmoins signaler l'existence d'une thèse récente qui couvre tout le champ du droit administratif, mais sur un aspect particulier du consentement : Merand (Basile), « Recherches sur les fonctions du consentement des administrés en droit administratif français », thèse soutenue le 27 novembre 2015 sous le sceau de l'Université de Bretagne occidentale.

qualité d'un vrai concept ? Autant de questions que chaque exposé rencontrera sûrement et cherchera probablement à résoudre.

II. Ces premières considérations nous conduisent à entrer davantage dans le sujet, en formulant maintenant de façon plus spécifique les interrogations qu'il suscite. Cela devrait permettre de dégager quelques lignes de force de la réflexion à laquelle il nous invite. Là encore, j'en vois trois : il convient tout d'abord, semble-t-il, d'identifier le problème essentiel, d'ordre épistémologique, qui affecte le consentement comme acte juridique, comme réalité factuelle ou encore comme objet de science juridique. Il importera ensuite de déceler le ou les fondements du recours au procédé du consentement, plutôt que de laisser s'exercer directement telle faculté ou tel droit, sans l'obliger à devoir se soumettre à cette procédure. Enfin, on devrait pouvoir esquisser ainsi les règles des grands chapitres du droit du consentement, en tant que corpus normatif.

A. Tout d'abord, quel est donc, sur le plan épistémologique, le problème fondamental du consentement, qui peut être saisi comme acte juridique, comme attitude réelle humaine et comme objet de réflexion générale ?

Le problème fondamental du consentement considéré de la façon la plus générale possible, comme nous venons de l'appréhender, tient semble-t-il à cela que les actes ou les signes juridiques qui manifestent l'existence d'un consentement comme fait, lorsqu'ils sont nécessaires (comme peut l'être par exemple une simple signature indispensable pour autoriser un prélèvement bancaire récurrent en faveur de tel ou tel organisme d'intérêt général), s'avèrent incapables de refléter la réalité factuelle du consentement comme décision personnelle, affective, psychologique ou politique : il y a comme une distance incompressible entre le signe juridique du consentement et la réalité qu'il entend établir ou prouver. Et, de fait, ce n'est pas parce qu'un possible client a signé un bon de commande pour l'achat d'un objet qui lui est inutile et d'un coût exorbitant au regard de ses revenus, qu'il *consent véritablement*, en son for, à cette commande. En tant que sujet doué de sensibilité, de bon sens, de sens moral et de raison, mais souvent faible avec ceux-ci ou celles-ci, le sujet peut ne pas être d'accord avec lui-même, qui a signé, et donc ne pas adhérer, au plus profond de lui-même, à cette commande qu'il a pourtant passée : il peut très bien aussi y avoir été plus ou moins contraint, par les pièges psychologiques du commerce et toutes ses formes expertes de *dolus bonus*. Ce n'est pas parce qu'un partenaire a consenti *de facto* à telle forme de rapports sexuels qu'il a donné par avance son consentement à toutes sortes de rapports. Ce n'est pas parce qu'un salarié a signé son contrat de travail, pour la raison qu'il lui fallait impérativement un emploi et un revenu, afin que ses biens ne soient pas saisis par exemple, qu'il aurait exprimé son consentement à un salaire dérisoire ou à des horaires exorbitants. Ce n'est pas parce que le Parlement a voté l'article 1er de la loi de finances de l'année, qui autorise la perception des impôts, que les contribuables ont réellement consenti à l'impôt, qui peut s'avérer injuste, excessivement lourd, inégal, confiscatoire… et partant rejeté par la conscience des contribuables, mais non restituable.

Le problème fondamental que pose l'instauration d'un régime de consentement tient donc à cela que le droit est bien tenu d'imaginer des signes juridiques quelquefois compliqués ou lourds à mettre en œuvre, pour attester la réalité de ce consentement en tant que disposition d'esprit, alors qu'il se peut que cette réalité se dérobe à toutes preuves ou vérifications. Le droit est bien tenu de se constituer les moyens propres à établir la réalité d'un consentement ; mais aussi il est forcé, dans une certaine mesure, de se contenter de signes supposant la réalité d'un consentement, sans avoir les moyens d'introspection propres à en vérifier l'existence raisonnée, sensée, éclairée, limpide dans sa portée, sûre d'elle-même et définitive, alors que le consentement donné peut l'être à contre cœur, affecté d'arrières pensées, restreint par telle donnée non exposée, évolutif et même feint pour éviter tout ennui… L'expression du consentement et la nécessité de son existence peuvent être impératives en droit (par exemple pour le mariage dont on ne peut admettre qu'il s'opère sans consentement), mais est-il toujours complet, sans condition ni sans peur dans le cœur des promis ? La réalité profonde de tout consentement s'avère rétive à toute démonstration factuelle et donc à toute certitude. C'est probablement pour cette raison que le droit imagine tous ces signes du consentement, pour tenter de les rendre adéquats aux réalités en cause, et sans que cette vaste pluralité anéantisse l'unité de toutes les formes de consentement, néanmoins sujette à caution.

B. Il reste à se demander, et c'est la deuxième question fondamentale, quel peut être justement le fondement ou la justification de l'exigence, dans un certain nombre de cas, d'un régime de consentement. Là encore, la réalité des faits conduit à reconnaître diverses situations, plus ou moins opposées, qui affectent quelque peu l'unité de la catégorie juridique du consentement, si elle existe.

L'instauration d'un système de consentement présente en effet deux sens juridiques bien différents, selon la façon dont on l'observe et surtout selon les différents points de vue des sujets impliqués dans cette procédure : il peut correspondre à une *prérogative*, du point de vue de celui qui est appelé à consentir et qui peut donc ne pas consentir afin de préserver ses droits ou intérêts ; à l'inverse, il est une *sujétion* pour celui qui est obligé d'obtenir un consentement pour pouvoir exercer telle activité ou tel droit, ou poser tel acte. Dans chacun des deux cas, ce sont pourtant les mêmes corpus de règles qui s'appliquent ; mais, selon l'angle d'observation, elles n'ont pas du tout le même sens ni le même fondement.

Si l'on raisonne plus politiquement que juridiquement, il est clair que le consentement des plus forts ou des plus puissants matériellement peut être imposé par ces derniers dans les cas où les plus faibles voudraient exercer telle activité ou obtenir tel statut. Ainsi, le consentement du *dominus* s'impose pour que le *servus* puisse se marier. Il est également indispensable pour que les habitants d'une terre seigneuriale puissent se constituer en communes. Dans chacun des deux derniers cas (mariage et commune) ce sont des procédures de consentement spécifiques qui s'appliquent, mais leur esprit est le même. En revanche, dans d'autres configurations, c'est le plus faible qui, ayant besoin d'une protection, doit donner son consentement pour que le plus fort puisse exercer telle activité ou prendre telle décision : par exemple, le particulier consommateur, qui représente la partie faible, doit donner son accord à un devis proposé par le professionnel, partie forte, pour que ce dernier puisse commencer à réaliser tels travaux immobiliers. (Mais alors, se forme finalement un contrat, forme qui est peut-être exclusive du consentement, lequel est en principe unilatéral, sauf exception). Et on observe aussi que, dans la première configuration, c'est la même autorité qui institue la procédure de consentement et qui est compétente pour donner son consentement ou le refuser, tandis que dans la seconde configuration (celle du devis pour travaux soumis à consentement), l'organe qui instaure la procédure de consentement et celui qui l'applique en donnant ou refusant son consentement ne sont plus les mêmes.

C'est pourquoi le sens et le fondement du consentement change alors assez radicalement d'une configuration à l'autre : il s'agit toujours du même type d'acte unilatéral qui se dédouble intellectuellement en *negotium* et en *instrumentum* et qui consiste à exprimer un accord, plus ou moins formellement, ou à le refuser. Mais cet acte et l'accord qu'il suppose dans les deux configurations s'avèrent bien différents selon chacune.

Dans la première configuration, lorsque le puissant impose la nécessité de cette procédure de consentement, l'acte qui l'incarne concrétise juridiquement une prééminence factuelle : celui qui le délivre et qui a su imposer le caractère juridiquement obligatoire de la demande de consentement exerce une sorte de prérogative plus ou moins auto-octroyé. Or cela augmente effectivement sa puissance de manière éventuellement arbitraire ou discriminatoire lorsqu'il n'y a pas d'autre règle conditionnant l'octroi ou le refus du consentement, ce qui parait la situation la plus fréquente.

Dans la seconde configuration, l'assujettissement du demandeur à la procédure du consentement se fonde bien là aussi sur une inégalité institutionnelle des parties en cause (le demandeur reste un gouverné et n'accède pas à la qualité de gouvernant qui a décidé d'instaurer cette procédure, mais au moins est-ce légalement qu'il en est ainsi, tandis que le titulaire du droit de consentir ou non s'affirme comme un vrai pouvoir à l'égard de tous ceux en situation de solliciteurs). Mais cette inégalité n'est plus destinée à amplifier le pouvoir du plus fort ; elle ne procède pas de cette intention, mais plutôt de la volonté de garantir des droits, ceux de la ou des personnes qui sont invitées à consentir et qui peuvent refuser leur consentement s'ils estiment que leurs droits ou leurs intérêts seraient, sinon, exposés : le fondement de leur décision est alors leur liberté et non leur volonté d'imposer un pouvoir ; par ailleurs, dans le cas de figure envisagé ici, si l'exigence du consentement est soumise au droit, elle vaut de manière égale pour tous les cas analogues. L'imposition d'une procédure de consentement et la décision même de consentir ou de ne pas consentir, se voient, dans cette seconde configuration, conditionnées par des données légales objectives qu'impose l'État de droit. L'égale liberté des uns comme des autres solliciteurs s'offre comme un fondement du recours à cette procédure. Et si le fait de devoir solliciter un consentement rend dépendant, le bénéficiaire du consentement peut aussi trouver son intérêt dans le fait que son titre est alors fondé sur un acte juridique tiers. Et puis ses *alter ego* s'y trouvent eux aussi assujettis, ce qui doit assurer une égalité. L'octroi d'un consentement peut aussi protéger le demandeur lui-même, surtout lorsque le consentement est réciproque (en matière contractuelle, notamment ; mais s'agit-il encore de consentement et non pas d'un accord ? Mais le consentement peut être réciproque en dehors de tout contrat, par exemple lorsqu'un propriétaire consent à ce que l'arbre du voisin lui fasse de l'ombre, à titre de réciprocité pour un autre arbre propriété du premier). De même, l'incapable subit certes une tutelle, mais il jouit en revanche d'une sécurité du fait de l'appréciation par un juge de ce qui est bon ou non pour lui.

On peut ainsi observer, dans l'histoire, une évolution des fondements possibles de l'exigence d'une procédure de consentement, en suivant la façon dont chaque époque la conçoit et la pratique. Dans une société structurée de manière inégalitaire, et donc autoritairement organisée et régulée, le consentement est à la fois le signe et l'outil – l'un des signes et l'un des outils en tout cas –, de la supériorité des uns, les gouvernants, et de la dépendance des autres, les sujets. Dans une société plus égalitaire, mais individualiste et plus libérale, l'exigence du consentement s'étend à toute activité susceptible d'affecter tant soit peu le nouvel ordre des règles de droits, qu'elles reconnaissent des droits ou bien qu'elles posent des obligations. Dans une société plus sociale et donc plus égalitariste, l'exigence d'un consentement par la puissance publique ou par des tiers est de plus en plus pesante, mais aussi plus libératrice pour le demandeur du consentement, s'il l'obtient, lequel peut se voir ainsi protégé, contre ces tiers, contre l'administration ou contre lui-même. Mais l'on peut se demander si ce régime n'a pas lui-même pour effet, ici ou là, de contribuer à établir une certaine déresponsabilisation tant le demandeur se trouve encadré dans sa liberté, tout en désirant cet encadrement...

Toutes ces données rendent plus aisée la conception de toutes les modalités, si diverses, selon lesquelles la nécessité d'une procédure de consentement et les modalités de celui-ci comme les conditions de son éventuel refus peuvent être imposées.

C. Pour clore cette présentation générale du consentement et introduire très sommairement à l'examen des diverses règles de droit qui gouvernent son expression, en réalité très nombreuses et souvent fort complexes, on peut ainsi proposer une grille générale des questions de droit que posent l'institution puis la mise en œuvre d'un régime de consentement.

La grille évoquée à l'instant permettrait, si elle était plus ou mieux élaborée, de poser et de classer les questions pertinentes relatives au régime juridique du consentement, à défaut d'y répondre sur le champ, fonction qui revient naturellement aux autres exposés de la journée, même si certaines réponses se trouvent ici esquissées.

Si l'on distingue les diverses phases d'institution et de mise en œuvre d'une procédure de consentement, il semble bien que les questions suivantes s'imposent à qui entend faire une présentation des règles de droit d'un tel dispositif :

– A quel ordre juridique appartiennent les règles de droit posant le principe de la nécessité d'un consentement ? Contrairement à l'attente intuitive que l'on peut en avoir, le premier corps de règles qui pose un principe de consentement en tel ou tel domaine ne relève pas du droit interne, mais du droit international public, qui sera envisagé au moins par l'un des intervenants de ce matin. En effet, l'un des principes majeurs de ce corpus de règles est celui du *libre consentement* de l'État à être lié par ces normes de droit international. (On notera que les traités offrent une double occasion de consentement, avec le consentement de l'État à être lié, et le consentement du Parlement à ratifier).

Si le temps n'avait pas été compté, on aurait pu aussi réserver quelques développements au droit de l'Union européenne qui comporte nombre de cas dans lesquels le consentement des États-membres est requis par les Traités pour l'édiction de telle ou telle norme. Mais, dans la pratique institutionnelle, le consentement y est aussi souvent présumé, ce qui éclaire l'esprit de l'institution.

En droit interne, la question première est de savoir quelle est l'autorité compétente pour instituer un régime de consentement et, le cas échéant, la réglementer. D'autres questions se rattachent à celle-ci.

– Peut-il y avoir un consentement collectif en toute matière, ou seulement en certaines (puisque s'il existe bien, par exemple, un consentement spécifique à l'impôt, pourquoi n'y en a-t-il pas pour les obligations pénales, par exemple ?) ?

– Quelle est l'autorité normative habilitée à instituer ou réglementer la procédure de consentement et à poser les conditions éventuellement nécessaires à son octroi ou à son refus ? Encore une fois, pourrait-on avoir un droit à l'obtention d'un consentement ? En ce cas, cette procédure aurait-elle un sens ?

Il ne semble pas exister de règle unique et simple répondant à toutes ces questions. Cette situation s'explique par cela que ce n'est pas exactement le fait de l'institution d'une procédure de consentement qui détermine l'autorité compétente pour l'instituer, mais bien davantage la matière sur laquelle elle porte.

Le constituant peut donc être lui-même l'autorité compétente pour instituer un tel régime lorsqu'il s'agit de régler une matière constitutionnelle. Ainsi, le libre consentement à l'impôt proclamé à l'article 14 de la Déclaration des droits de l'homme et du citoyen est devenu une matière constitutionnelle lorsque cette Déclaration a été formellement incorporée à la Constitution, le 16 juillet 1971.

De même, constituent une matière constitutionnelle, selon l'article 53 de la Constitution, les cessions, échanges, ou adjonctions de territoires de la République, qui ne sauraient être valables « sans le consentement des populations intéressées ». L'article 72-4, détermine lui aussi une matière constitutionnelle lorsqu'il dispose qu'« aucun changement, pour tout ou partie de l'une des collectivités mentionnées au deuxième alinéa de l'article 72-3, de l'un vers l'autre des régimes prévus par les articles 73 et 74, ne peut intervenir sans le consentement des électeurs ». Cela ne signifie pas que toutes les normes relatives à la façon dont ce consentement est organisé doivent être constitutionnelles, mais que seul le principe de ce consentement relève d'une norme constitutionnelle lorsque sa matière est déjà constitutionnelle, tandis que ses modalités procédurales relèvent de la compétence du législateur.

Ce dernier, pour instaurer lui-même un régime de consentement, trouve un titre constitutionnel de compétence dans d'autres dispositions constitutionnelles, tout particulièrement celles de l'article 34, qui attribue compétence au législateur à l'effet de fixer les règles posées notamment pour les garanties fondamentales des libertés publiques, l'indépendance des médias, la nationalité, la procédure pénale, l'état des personnes, les régimes matrimoniaux, les successions et les libéralités, les impôts de toute nature, puis sur tous les « principes fondamentaux » des autres matières que mentionne cet article, notamment la propriété, les droits réels et les obligations civiles, commerciales, environnementales, le droit du travail, le droit fiscal, la libre administration des collectivités locales dont il sera question dans au moins l'un des exposés de la matinée... Cette donnée ouvre à une multitude de procédures de consentement. Naturellement, l'autorité réglementaire, nationale ou locale, reste compétente pour prendre les mesures d'application des normes législatives. Et il n'est pas exclu que l'autorité réglementaire puisse également intervenir au titre de son pouvoir réglementaire autonome ni qu'elle puisse invoquer les règles permettant au pouvoir réglementaire de poser, par dérogation, des normes relevant du domaine de la loi.

Mais n'y a-t-il pas une conception du consentement qui serait moins vétilleuse, mais plus importante en valeur ou en portée en ce qu'elle intéresse la démocratie en général et qui ne répondrait pas aux mêmes règles ?

On ne saurait en effet se contenter d'une lecture formelle de la Constitution en limitant la compétence du constituant en matière de consentement aux seuls cas dans lesquels le texte même comporterait une disposition où le mot de « consentement » figurerait expressément. L'exigence du consentement peut aussi s'imposer comme provenant non de l'intérieur de la Constitution, mais, si l'on peut dire, de l'extérieur de la norme suprême, justement pour la fonder démocratiquement. Et si elle s'observe de l'intérieur, bien d'autres mots peuvent impliquer ou même exprimer la nécessité d'un consentement à l'ordre politique et juridique en vigueur, sans que cela ne soit pourtant dit expressément par la Constitution. Ainsi, reflétant cette dualité, rien moins que deux exposés seront consacrés cet après-midi, l'un au « Consentement du citoyen et fondement de la démocratie », et l'autre au « Consentement du citoyen : les instruments constitutionnels d'expression de l'adhésion des citoyens ».

Les dispositions ici en cause touchent donc aux conditions d'exercice, par les citoyens et les gouvernants, de la démocratie dans son ensemble. Et ces conditions sont autant celles qui concernent l'expression d'un consentement que son refus. Ainsi, une des conditions parmi les plus fortes du consentement sont probablement celles qui touchent au refus de l'accorder. On veut naturellement évoquer ici le droit de résistance à l'oppression ; lequel est mis sur le même plan que la liberté et la sûreté par l'article 2 de la Déclaration de 1789.

Mais c'est aussi à ce sujet que l'on peut observer combien le consentement est susceptible de s'exercer selon les règles d'une immense quantité de procédés que l'on a relevés, *in limine*, et qui ont conduit à se poser la question de savoir si ces procédés relèvent ou non du concept de consentement, ou constituent au contraire des concepts autonomes par rapport à celui du consentement.

Même si l'on réserve cette question, on doit admettre que s'avèrent très nombreuses et disparates les modalités selon lesquelles se manifestent le consentement ou son refus : si l'on retient une conception large du consentement, qui inclut certainement la formation des *consensus* politiques ou qui permettent aux oppositions de créer des *dissensus*, tous les procédés qui travaillent à la formation de consensus ou à ses affaiblissements doivent être mentionnés, comme l'organisation et le vote d'un référendum, l'instauration d'un débat public, l'ouverture d'une session extraordinaire du Parlement, l'adoption d'une loi de consensus sur une question sociétale, la consultation d'une autorité ou d'une instance démocratique, etc. Et ce sont tous les procédés de la vie politique qu'il faudrait relever, comme le feront sans doute les deux exposés consacrés à la démocratie et à ses modes de consentement.

On doit ici circonscrire ces propos introductifs en se contentant d'une conception plus étroite et plus technique du consentement, en se bornant à poser certaines autres questions.

– Quelle doit être la forme exprimant le consentement ? un vote, une motion, un consensus implicite, une parole, un écrit, ou au contraire une attitude tacite, une forme simplement gestuelle, ou un acte solennel (en particulier, pour évoquer une très délicate question d'actualité, comment doit s'exprimer le consentement à des relations intimes, ce dont le droit ne peut se désintéresser eu égard à la portée d'une absence de consentement ou d'un consentement incertain, lequel peut être plus tard oublié, ou nié ? Faudrait-il, avant l'action, obtenir une signature sur un carnet à souches, précédée de la recopie manuscrite d'une déclaration d'une quinzaine de lignes comme cela est exigé pour s'engager comme caution personnelle d'un emprunt ?) Tout doit dépendre d'un principe d'adéquation, de nécessité et de proportionnalité qui doit trouver ici une application très nécessaire.

– Quel est l'organe habilité pour exprimer le consentement ou son refus ?

– Quelle est la procédure de chacun d'eux ?

– Le consentement peut-il suivre une procédure de type contractuel ? L'apparence peut être contractuelle sans que l'acte soit réellement contractuel (le fonctionnaire doit donner son consentement à sa nomination, et pourtant celle-ci ne fait pas du fonctionnaire un agent contractuel : il reste placé dans une situation unilatérale, légale et réglementaire, qui exclut tout rapport contractuel).

– Selon quelles modalités de fond le consentement peut-il être donné ? Peut-il l'être à titre onéreux ? (On sait que « les people », notamment, vendent au moins une partie de leur droit à l'image au profit d'une certaine presse).

– Quelle est la portée dans le temps du consentement exprimé une seule fois ? Ne vaut-il que pour cette fois (qui peut être très longue) ? Ou vaut-il pour plusieurs fois ? Vaut-il seulement pour l'avenir, ou ne peut-il avoir une portée rétroactive ? En particulier, un consentement rétroactif peut-il effacer une faute civile ou une infraction ? (alors par exemple qu'une ratification ou l'autorisation de ratifier présente quelque chose de rétroactif, ce qui remettrait en cause l'unité du concept de consentement qui dispose essentiellement pour le présent et l'avenir)

– Des consentements peuvent-ils être réciproques ? (c'est le cas pour le mariage, qui est considéré non pas exactement comme un contrat, mais comme une catégorie *sui generis*, consistant en un « contrat-institution » ; mais les mariés peuvent par ailleurs passer un contrat de mariage, qui n'est pas légalement nécessaire.

– Un consentement peut-il être retiré rétroactivement ?

– Quelles sont les conséquences de l'octroi ou du refus du consentement ?

Telles sont donc certaines des questions – les plus importantes selon nous – qui sont maintenant posées aux divers intervenants de cette journée d'étude.

Les métamorphoses du consentement en droit privé

Samuel François
Maitre de conférences en droit privé à l'Université Paris I Panthéon-Sorbonne

Principe régulateur des relations juridiques interindividuelles, le consentement s'impose comme une notion si fondamentale du droit privé que ses diverses disciplines doivent, d'un point de vue ou d'un autre, le prendre en compte. Le droit pénal s'y trouve confronté lorsqu'il s'agit de déterminer si le consentement de la victime constitue ou non un fait justificatif de l'infraction[1]. Le droit des personnes pose un principe d'inviolabilité du corps humain qui s'articule étroitement avec la notion de consentement, toute intervention thérapeutique devant en principe être précédée du recueil du consentement de la personne sur qui elle est pratiquée[2]. Le droit des incapacités institue des régimes de protection permettant aux mineurs non émancipés ainsi qu'aux personnes dont les facultés se trouvent altérées d'exprimer un consentement par le biais d'un représentant légal... L'énumération pourrait se voir longuement poursuivie. Aussi, lorsque les juristes de droit public réfléchissent à ce que signifie et recouvre, dans leur domaine propre, la notion de « consentement », c'est à bon droit qu'ils s'interrogent sur les acquis conceptuels de la doctrine privatiste. Car, non seulement, il n'est pas un domaine du droit privé où le consentement serait absent, mais il en est même un où il s'avère omniprésent : le droit des contrats.

En droit des contrats, la place de choix dont bénéficie le consentement tient pour beaucoup à la conception que les rédacteurs du Code Napoléon se faisaient du rôle de la volonté dans la formation du contrat et, par suite, dans la force obligatoire de celui-ci. Héritiers de la pensée jusnaturaliste moderne et de la philosophie des Lumières, ils ont bâti le droit des contrats sur le modèle idéal de deux contractants égaux, dotés chacun d'une volonté suffisamment libre et éclairée pour que la seule rencontre de ces

---

[1] Doublier (Roger), « Le consentement de la victime », in *Quelques aspects de l'autonomie du droit pénal*, Dalloz, 1956 ; Pin (Xavier), « Le consentement à lésion de soi-même en droit pénal – Vers la reconnaissance d'un fait justificatif ? », *Droits*, n° 49, 2009, p. 83.

[2] Art. 16-1 du Code civil, art. 8 CEDH.

volontés suffise à former le contrat[3]. Dans une perspective résolument individualiste et libérale, le contrat procède ainsi, selon les mots de Laurent Aynès, du « droit fondamental de l'homme à se gouverner par sa volonté ». Il convient alors de préciser la nature des liens qui unissent volonté et consentement, les deux termes n'étant nullement synonymes – même si le Code civil ne formule aucune définition du consentement. Le consentement procède en effet nécessairement de la volonté du sujet, mais il n'est que le produit extériorisé de cette volonté[4]. Ce n'est qu'une fois extériorisée – et ainsi objectivée – que la volonté se transforme en un consentement dont le droit se saisit pour lui faire produire ses effets. En droit privé, le consentement pourrait ainsi se définir comme la manifestation d'une volonté exprimée en vue de produire des effets de droit. Plus spécifiquement, dans un contrat, le consentement a pour effet d'obliger juridiquement celui qui le donne à l'égard de celui qui le reçoit.

Si d'un point de vue historique et philosophique « l'autonomie de la volonté » ne saurait constituer un fondement du contrat[5], il n'en demeure pas moins que le consentement tient une place centrale dans la formation et la force obligatoire des contrats. Ainsi que l'écrit Vincent Forray : « Le consentement est premier parmi les éléments de vérité qui composent la théorie générale du contrat. Le discours juridique de la modernité a fait que la théorie du contrat est d'abord une théorie du consentement ou une théorie des promesses juridiques »[6].

Ce sont trois principes fondamentaux de la théorie générale du contrat qui ont conduit à ériger le consentement en pilier du droit des contrats : le

---

[3] Pour un exposé critique de l'influence de la pensée de Grotius, Hobbes et Locke sur la conception du contrat du Code civil est développé, v. Villey (Michel), « Préface historique à l'étude des notions de contrat », *APD*, 1968, p. 1.

[4] Sur cette distinction, v. Frison-Roche (Marie-Anne), « Remarques sur la distinction de la volonté et du consentement en droit des contrats », *RTD civ.*, 1995, p. 573.

[5] Ranouil (Véronique), *L'autonomie de la volonté : naissance et évolution d'un concept*, PUF, 1980. L'auteur montre que la théorie de l'autonomie de la volonté était inconnue de l'Ancien droit. L'expression a d'abord été utilisée par les internationalistes à la fin du XIXe siècle avant d'être reprise par les auteurs privatistes, notamment Worms et Gény. Pour une critique radicale de la théorie de l'autonomie de la volonté, v. Chénedé (François), « De l'autonomie de la volonté à la justice commutative. Du mythe à la réalité », *Droit & Philosophie*, 2012, n° 4, p. 155. L'auteur qualifie la théorie de l'autonomie de la volonté de « simple chimère qui n'a jamais rendu compte de la lettre et de l'esprit du droit des contrats ». *Adde*, Halpérin (Jean-Louis), *Histoire du droit privé depuis 1804*, PUF, 2012, n° 93.

[6] Forray (Vincent), « La possibilité d'une contre-théorie du contrat », *Jurisprudence. Revue critique*, 2012, p. 191.

consensualisme, la liberté contractuelle, la force obligatoire du contrat. Le premier principe, le consensualisme, postule l'indifférence des modes d'expression de la volonté[7]. Ainsi, sauf exception spécialement prévue, l'expression – expresse ou tacite – puis la rencontre de deux volontés concordantes suffisent à former un contrat[8] et, dans le cas d'un engagement unilatéral, un seul consentement permet même de former l'acte. Le second principe, de valeur constitutionnelle[9], est la liberté contractuelle : « chacun est libre de contracter ou de ne pas contracter, de choisir son cocontractant et de déterminer le contenu et la forme du contrat dans les limites fixées par la loi »[10]. Le troisième principe est la force obligatoire du contrat, jadis exprimée par le célèbre adage « *Pacta sunt servanda* » et aujourd'hui définie par l'article 1104 du Code civil en ces termes connus de tous : « Les contrats légalement formés tiennent lieu de loi à ceux qui les ont faits ».

Le consentement s'imposant comme la condition essentielle de formation de tout contrat – les autres conditions de validité sont exigées par surcroît –, il est impératif qu'il soit exprimé en toute liberté et en toute connaissance de cause. Le droit pourvoit donc de différentes manières à la protection du consentement du contractant. En amont de la conclusion du contrat, cette protection se traduit par l'impossibilité pour les personnes qui ne seraient pas saines d'esprit de consentir valablement[11]. En aval, une fois que le consentement a été exprimé, la fameuse théorie des vices du consentement permet au contractant d'agir en nullité de l'acte lorsque son consentement s'est trouvé altéré par une erreur, un dol ou une violence, autrement dit lorsqu'il existe une discordance entre volonté interne et volonté extériorisée. La protection de l'intégrité du consentement passe donc par l'institution de dispositifs juridiques bénéficiant à tous les contractants. Que le consentement soit exprimé par un salarié, un professionnel, une société commerciale ou encore un consommateur, chacun pourra, de la même façon, plaider l'erreur, le dol, ou la violence afin d'obtenir la nullité de l'engagement souscrit. Cette homogénéité dans la protection de la volonté contractuelle résulte d'une

---

[7] V., proposant et explicitant cette définition, Ghestin (Jacques), Loiseau (Grégoire), et Serinet (Yves-Marie), *Traité de droit civil. La formation du contrat*, t.1, *Le contrat – le consentement*, LGDJ, 4e éd., 2013, n° 912.

[8] Art. 1113 du Code civil.

[9] Cons. Const., 19 déc. 2000, déc. n° 2000-437 DC, *Loi de financement pour la sécurité sociale pour 2001*.

[10] Art. 1102 du Code civil.

[11] Art. 414-1 et art. 1129 du Code civil.

conception abstraite du consentement, laquelle ne tient nul compte des rapports de pouvoirs et des liens de dépendance qui structurent l'ensemble des relations sociales. Toutefois, si cette conception monolithique du consentement demeure au fondement de la théorie générale du contrat, elle n'est plus en adéquation avec les nouvelles formes d'appréhension du consentement qui se sont développées en droit privé.

Ainsi, le XXe siècle a d'abord été marqué par une activité contractuelle inédite sur de nombreux plans, celle liée aux contrats de consommation dont le volume n'a cessé de croître. Les contrats de consommation revêtent en effet deux particularités : l'unilatéralisme qui caractérise leur élaboration ainsi que le rapport inégalitaire unissant les deux parties contractantes, à savoir le consommateur et le professionnel. Ces spécificités ont rendu nécessaire la mise en place d'un système de protection renforcé du consentement du consommateur. Le XXe siècle fut également qualifié de « siècle des personnes morales »[12], en raison du développement fulgurant de ces entités non humaines auxquelles l'ordre juridique attribue la qualité de sujet de droit bien qu'elles ne soient que de purs artefacts dépourvus de volonté réelle. Des dispositifs adaptés au consentement des personnes morales ont donc dû être institués par le droit. Enfin, en ce début de XXIe siècle, un type nouveau de consentement poursuit son développement : celui de l'internaute qui s'exprime par l'intermédiaire d'un écran et au moyen d'un simple « clic ». À l'ère du numérique, ce « cyber-consentement » se distingue par des propriétés qui lui sont propres et que le droit doit également prendre en considération.

En somme, selon la qualité de la personne qui l'exprime ou selon le contexte dans lequel il est donné, le consentement tend à faire l'objet d'une appréhension de plus en plus différenciée. Le droit privé doit composer non pas seulement avec « un » consentement mais bien avec « des » consentements : des consentements qui ne se valent pas (I) et qui ne se ressemblent pas (II).

---

[12] Du Pontavice (Emmanuel), « Une nouvelle personne morale, la société de quirataires », *RTD civ.*, 1963, p. 3.

I. Des consentements qui ne se valent pas

En dépit de l'image d'un consentement qui serait identique pour tous – cette image que renvoie encore le Code civil – le droit accorde un traitement singulier au consentement de la partie faible (A.) ainsi qu'au consentement de la partie à un contrat d'adhésion (B.).

A. Le consentement de la partie faible

Le droit commun des contrats envisage le rapport contractuel à partir d'un « modèle anthropologique [...] bien peu réaliste » : « celui d'un individu transparent et maître de lui-même, qui ne connaît ni doute ni sidération devant la violence ou la perversion d'autrui »[13]. Ainsi, les parties sont *a priori* réputées disposer d'une volonté suffisamment libre et autonome pour déterminer leur intérêt à s'engager contractuellement. La théorie des vices du consentement n'intègre donc pas les particularismes tenant aux facultés volitives propres à chaque individu, de sorte que la protection juridiquement organisée des consentements ne fait l'objet d'aucune gradation particulière : la théorie des vices du consentement s'applique avec la même force dans tous les cas. C'est à la jurisprudence qu'il est revenu d'individualiser l'appréciation du consentement des parties lorsqu'il s'agit de caractériser l'existence d'une erreur, d'un dol ou d'une violence. Le juge retient même une appréciation éminemment subjective du consentement puisqu'il porte son investigation sur ce que fut la volonté interne du contractant, au moment où ce dernier a consenti. L'appréciation du consentement s'effectue de surcroît *in concreto* et non pas *in abstracto,* en sorte que le juge cherchant à caractériser un vice du consentement peut avoir égard aux aptitudes intellectuelles comme à la condition personnelle. Ainsi, pour exemple, la caractérisation d'un dol peut s'effectuer en se référant aux dispositions psychologiques de la victime, un état de faiblesse pouvant exister du fait d'un âge avancé ou bien à la suite du décès d'un proche[14].

---

[13] Fabre-Magnan (Muriel), *L'institution de la liberté*, PUF, 2018, p. 76. Dans cet important essai, l'auteur dénonce l'usage dévoyé qui est fait du consentement lorsqu'il sert, en réalité, à légitimer des renoncements à la liberté. Car « la liberté et la toute-puissance du consentement », écrit-elle, « sont [...] souvent brandies, non pas pour pouvoir agir librement pour soi-même et sur soi-même, mais pour que les autres soient autorisés à accepter de se mettre à notre disposition » (*Ibid*, p. 110).

[14] Cass. 1re civ., 12 juin 2012, n° 11-14.321. L'arrêt se réfère à un « un état de faiblesse dû à l'âge et à la tristesse ».

Cette individualisation judiciaire de l'appréciation des vices du consentement constitue déjà un premier correctif apporté à la conception générique et abstraite du consentement affirmée par le Code civil. Par l'ordonnance n° 2016-131 du 10 février 2016 (qui a procédé à une réforme globale du droit des contrats), le législateur a lui aussi fait un pas dans le sens d'une protection renforcée du consentement de certains contractants considérés comme vulnérables. Il s'agit des personnes se trouvant placées dans un lien de dépendance vis-à-vis d'un cocontractant, lequel exploiterait abusivement cette situation. Ce faisant, le législateur est venu consacrer une ancienne solution prétorienne dégagée par la Cour de cassation à partir d'une interprétation extensive du vice de violence[15]. Si la doctrine a qualifié cette forme de violence de « violence économique », il faut néanmoins souligner que la dépendance dont il est fait une exploitation abusive peut aussi être d'ordre purement psychologique, comme en atteste un arrêt récent à propos d'une personne fragilisée[16].

Par ailleurs, certains contractants *a priori* considérés comme se trouvant en situation de faiblesse par rapport à leur cocontractant voient leur consentement bénéficier d'un surcroît de protection[17]. On pense immédiatement aux techniques de protection instituées en faveur des consommateurs par le droit de la consommation. Pour prémunir ces derniers contre des engagements trop vite consentis, le droit (spécial) de la consommation met en place des règles supplémentaires à appliquer. Certaines ont pour but de garantir l'intelligence du consentement en encourageant la réflexion. Ainsi le consommateur bénéficie-t-il, dans certaines hypothèses, d'un délai de réflexion – c'est un à dire d'une période d'attente obligatoire avant de pouvoir conclure l'engagement[18] – ou bien encore d'un délai de rétractation – c'est-à-dire de la faculté, durant un

---

15 Cass. 1re civ., 30 mai 2000, n° 98-15.242, *RTD civ.*, 2000, p. 827, obs. Mestre (Jacques) et Fages (Bertrand) ; *D.* 2001, p. 1140, note Mazeaud (Denis).

16 V. Cass. 3e civ., 4 mai 2016, n° 15-12.454.

17 L'exemple du droit du travail aurait également pu être évoqué. Toute la législation encadrant la relation de travail s'est en effet développée en réponse à l'inégale situation des parties en présence – employeur, salarié – afin d'instituer des *minima* d'ordre public, c'est-à-dire des droits et avantages indisponibles au consentement du salarié. On note toutefois qu'à la faveur d'un mouvement de « contractualisation » du droit du travail (Bessy (Christian), *La contractualisation de la relation de travail*, LGDJ, 2007), le consentement du salarié tend à être de plus en plus sollicité par le législateur, souvent au détriment de ses intérêts. Sur le sujet, v. Fabre-Magnan (Muriel), « Le forçage du consentement du salarié », *Dr. ouvr.*, 2012, p. 459.

18 Art. L. 312-10 du Code de la consommation : l'emprunteur et les cautions ne peuvent accepter une offre de prêt immobilier qu'après expiration d'un délai de dix jours.

certain temps, de revenir sur son consentement pour se libérer de l'engagement souscrit[19]. Pour de nombreux types de contrats, le droit de la consommation s'emploie également à garantir l'intelligence du consentement du consommateur à travers une obligation d'information renforcée mise à la charge du professionnel – ce qu'on appelle le formalisme informatif, et qui peut être regardé comme « la cheville ouvrière d'une renaissance du formalisme »[20]. Ce regain d'importance conféré au formalisme[21] ne doit pourtant pas être considéré comme le symptôme d'un fétichisme de la forme ou d'une quelconque minimisation du consentement mais bien au contraire comme une « manifestation de l'attention toute particulière que le législateur prête à la qualité du consentement de la personne en situation de faiblesse, ou présumée comme telle »[22].

Tous les consentements ne se valent donc pas : à côté des consentements « forts », appréhendés par le Code civil, une place croissante est accordée aux consentements « faibles » nécessitant une protection renforcée. Le droit de la consommation témoigne de cette évolution. On peut à ce propos observer que le phénomène croissant de « consumérisation du droit des contrats »[23] en vient même à mettre à mal la conception unitaire du consentement retenue classiquement par le droit commun des contrats.

B. Le consentement de l'adhérent

Abstraction faite de la qualité et/ou de l'inégale puissance économique des parties contractantes, le contrat peut également être considéré, en lui-même, comme « structurellement déséquilibré ». Frédéric Zenatti-Castaing et Thierry Revet ont introduit et développé cette notion de déséquilibre structurel du contrat, en insistant sur l'unilatéralité qui préside à sa

---

[19] Art. L. 121-21 du Code de la consommation : le consommateur dispose d'un délai de quatorze jours pour exercer son droit de rétractation d'un contrat conclu à distance, à la suite d'un démarchage téléphonique ou hors établissement.

[20] Ghestin (Jacques), Loiseau (Grégoire) et Serinet (Yves-Marie), *Traité de droit civil. La formation du contrat*, t. 1, *Le contrat – le consentement*, *op. cit.*, n° 983.

[21] Sur lequel, v. Flour (Jacques), « Quelques remarques sur l'évolution du formalisme », in *Mélanges G. Ripert*, t.1, LGDJ, 1950, p. 93.

[22] Latina (Mathias), « Contrat : généralités », *Rép. civ.*, Dalloz, 2017, n° 106.

[23] Aubert de Vincelles (Carole), « Naissance d'un droit commun européen des contrats », *RTD Eur.*, 2012, p. 661.

formation et/ou à certaines de ses modalités d'exécution[24]. Le contrat d'adhésion constitue incontestablement le cas le plus typique du contrat structurellement déséquilibré puisqu'il est celui qui comporte « un ensemble de clauses non négociables, déterminées à l'avance par l'une des parties »[25].

Bien que ces contrats d'adhésion se soient progressivement développés dans de nombreux secteurs de l'activité économique – consommation, banque, assurance, construction… –, le phénomène a longtemps laissé indifférent le droit commun. Imperturbablement, le Code civil continuait d'envisager le contrat sous le seul prisme du contrat-échange conclu de gré à gré – le soin de « rééquilibrer », autant que de besoin, le rapport contractuel étant laissé aux droits spéciaux. Les choses ont changé lorsque l'ordonnance du 10 février 2016 a consacré et défini la notion de contrat d'adhésion dans le Code civil. Pour la première fois, l'existence de deux types de contrats s'est vue officiellement reconnue par le Code civil, à l'article 1110 : le contrat conclu de gré à gré – « celui dont les stipulations sont négociables entre les parties » – et le contrat d'adhésion – « celui qui comporte un ensemble de clauses non négociables, déterminées à l'avance par l'une des parties ». C'est l'amplitude et donc la force dont se trouve privé l'un des consentements qui justifient d'opérer cette distinction. Dans le contrat de gré à gré, le consentement des deux parties est, par définition, un consentement total. En revanche, il n'en va pas de même pour ce qui concerne le contrat d'adhésion élaboré unilatéralement par l'une des parties. Si la liberté contractuelle comprend, ainsi que l'énonce l'article 1102 du Code civil, « la liberté de déterminer le contenu et la forme du contrat », alors le « consentement de l'adhérent » – expression empruntée à Gaël Chantepie[26] –, qui n'a son mot à dire ni sur le contenu ni sur la forme du contrat qui lui est proposé, se trouve, de fait, grandement amoindri[27] : le contrat proposé est à prendre ou à laisser !

24 Zenati-Castaing (Frédéric) et Revet (Thierry), *Cours de droit civil. Contrats. Théorie générale – Quasi-contrats*, PUF, 2014, p. 33 et s.

25 Art. 1110 du Code civil.

26 Chantepie (Gaël), « Le consentement de l'adhérent », *RDC*, 2019, p. 140. Toutefois, l'auteur rejette l'idée qu'il existerait une spécificité du consentement de l'adhérent : « Le consentement de l'adhérent ne diffère pas de celui de son cocontractant ou de celui des parties à un contrat de gré à gré ».

27 Il faut toutefois nuancer le propos, un contrat pouvant relever de la catégorie des contrats d'adhésion alors que certaines clauses ont bien fait l'objet d'une réelle négociation, puisqu'il suffit, pour qu'il y ait contrat d'adhésion, qu'un « ensemble de clauses » soient « non négociables » (art. 1110 du Code civil.)

Cette marge réduite de liberté de l'adhérent a conduit le droit des contrats à accepter de contrôler le contenu de tous les contrats d'adhésion, en réputant non-écrite « toute clause non négociable, déterminée à l'avance par l'une des parties, qui crée un déséquilibre significatif entre les droits et obligations des parties au contrat »[28]. Cette nouvelle disposition du Code civil élargit ainsi à tous les contrats d'adhésion l'application du dispositif de lutte contre les clauses abusives, lequel était auparavant réservé aux contrats de consommation[29] et aux contrats commerciaux[30].

En apportant aux consentements les plus faibles un régime de protection plus fort, le droit des contrats prend acte de la valeur inégale que peut revêtir un consentement, non seulement en fonction des circonstances dans lesquelles il est donné, mais également en fonction du contrat qu'il a vocation à former. Et si le droit doit composer avec des consentements qui ne se valent pas, il doit également prendre en compte des consentements qui, sur le plan ontologique, ne se ressemblent pas.

II. Des consentements qui ne se ressemblent pas

Certains consentements présentent une telle originalité qu'ils s'éloignent maximalement du modèle civiliste du consentement puisqu'ils ne sont pas l'expression d'une volonté subjective effective. Deux exemples significatifs seront ici évoqués : le consentement de la personne morale (A.) et le consentement de l'internaute (B.).

A. Le consentement de la personne morale

Le consentement de la personne morale et celui de la personne physique sont marqués d'une irréductible différence. Alors que le consentement de la personne physique procède toujours d'une volonté formée dans la conscience du sujet qui l'exprime, celui de la personne morale – pure fiction juridique – ne se rattache à aucune subjectivité. Il n'apparaît en effet ni possible, ni pensable, qu'une pure abstraction juridique puisse exprimer la moindre volonté. Confronté à cet écueil, le juriste a généralement recours à la théorie de la représentation pour rendre

[28] Art. 1171 du Code civil.
[29] Art. L. 212-1 du Code de la consommation
[30] Art. L. 442-6, I, 2° du Code de commerce.

compte du consentement de la personne morale[31]. Ainsi, la personne morale consentirait exclusivement par l'intermédiaire de ses organes représentants, tant et si bien que l'existence comme l'intégrité de son consentement s'apprécieraient intégralement en la personne des organes représentants, et plus spécifiquement en celle de ses dirigeants. Il a même été affirmé que les organes prêtaient leur volonté à la personne morale[32] ou encore que les dirigeants avaient pour fonction d'« incarner »[33] la personne morale dans le monde sensible. Marquée par l'anthropomorphisme qui a longtemps imprégné les théories classiques de la personnalité morale – notamment la théorie de Michoud dont les écrits ont profondément influencé les réflexions privatistes relatives à la personnalité morale[34] –, cette théorie de la représentation empêche de saisir le consentement de la personne morale dans toute sa complexité et sa pleine singularité.

Loin de s'épuiser dans un seul acte de représentation du dirigeant, le consentement de la personne morale est un processus qui part de l'émergence de la volonté sociale et s'achève par l'extériorisation de cette volonté. Ce processus peut être qualifié d'organique puisqu'il repose précisément sur les interventions réglées des organes de la personne morale. Ces organes ont pour fonction d'exprimer la volonté sociale en exerçant les pouvoirs qui leur sont attribués par la loi ou les statuts : un pouvoir de décision d'une part, un pouvoir de représentation d'autre part[35]. Si les organes représentants ne font qu'extérioriser une volonté prédéterminée, assumant ainsi une fonction de porte-voix, il est nécessaire que cette volonté ait été préalablement définie. C'est donc en amont de l'action des organes représentants qu'interviennent les organes de décision. Cette phase décisionnelle, entièrement régie par le droit, constitue l'étape essentielle dans la production du consentement de la personne morale ; elle en est même la condition de possibilité. Expression d'une volonté purement formelle, ce consentement existe

---

31 V. not. Didier (Philippe), « Les origines de la représentation légale de la société », in *Mélanges M. Germain*, Lextenso, 2015, p. 273.

32 Martin (Raymond), « Personne et sujet de droit », *RTD civ.*, 1981, p. 785 : « La règle de droit va retrouver la personne physique (ou les personnes physiques) qui a prêté sa volonté au groupement ».

33 Quievy (Jean-François), *Anthropologie juridique de la personne morale*, LGDJ, 2009, n° 230.

34 Son ouvrage de référence vient de faire l'objet d'une réédition : Michoud (Léon), *La théorie de la personnalité morale et son application au droit français*, préf. Germain (Michel), éditions Panthéon-Assas, 2020.

35 François (Samuel), *Le consentement de la personne morale*, LGDJ, 2020.

« indépendamment de l'action de son représentant »[36], pour reprendre les mots de Bertrand Fages.

On perçoit alors combien la sécurité juridique des cocontractants de la personne morale se trouverait menacée si cette dernière pouvait invoquer un défaut de consentement pour remettre en cause la validité de tout consentement fondé sur une décision irrégulièrement adoptée et ainsi se dégager de ses obligations. Si le cocontractant d'une association doit toujours supporter ce risque[37], le droit des sociétés a su en revanche écarter la menace, d'une part en procédant à la détermination légale du pouvoir de représentation des dirigeants à l'égard des tiers, d'autre part en fixant des règles spéciales qui empêchent les sociétés de se prévaloir d'un défaut de consentement tiré du non-respect de l'organisation statutaire des pouvoirs ou encore de la nullité d'une décision sociale. Ainsi, pour exemple, le gérant d'une société à responsabilité limitée (SARL) est légalement investi des pouvoirs les plus étendus pour agir en toute circonstance au nom de la société[38] et ce, quelles que soient les éventuelles limites statutaires apportées à ces pouvoirs. Le gérant qui contracte au nom de la société en dépassement des limitations statutaires de ses pouvoirs engagera donc valablement la société vis-à-vis du cocontractant. Les conséquences de ce défaut de pouvoir statutaire se verront le cas échéant sanctionnées dans l'ordre interne, par la mise en jeu de la responsabilité civile du dirigeant, voire par sa révocation. Le droit préserve ainsi la sécurité juridique des tiers en réputant valable un consentement qui, faute de volonté sociale régulièrement formée, n'a pourtant pas été valablement exprimé.

De la sorte, les règles du droit des sociétés relatives aux pouvoirs des organes sociaux ainsi qu'au régime des nullités façonnent un droit spécial adapté à la spécificité du consentement de la personne morale.

B. Le consentement de l'internaute

Le consentement par voie électronique apparaît *prima facie* comme celui qui serait le plus simple à exprimer : en un seul « clic », le contrat est formé. Il s'agit pourtant d'un consentement très particulier, d'abord parce qu'il

---

36 Fages (Bertrand), « La représentation en droit des groupements », in *La représentation en droit privé. 6e journées franco-allemandes*, SLC, 2016, p. 125.

37 Cass. 1re civ. 5 févr. 1991, n° 88-11.351, *Rev. sociétés,* 1991, p. 773, note Randoux (Dominique).

38 Art. 223-18, al. 5 du Code de commerce.

requiert l'intermédiation d'une machine. Dès 2004, à la faveur d'une loi de transposition d'une directive européenne, le droit des contrats a réglementé spécifiquement la conclusion des contrats électroniques[39]. L'ordonnance du 10 février 2016 s'est contentée, pour l'essentiel, de rationaliser les textes existants, manquant par là une occasion de développer et d'actualiser ce régime[40]. Ces dispositions, qui relèvent du droit commun, assurent notamment une protection spécifique du consentement à travers une procédure de « double clic » : le contrat n'est valablement conclu qu'à la condition que le destinataire de l'offre ait eu la possibilité de vérifier le détail de sa commande et son prix total pour corriger, d'éventuelles erreurs avant d'exprimer son acceptation définitive en validant sa commande[41]. Cette disposition, qui allonge – d'un bref instant de raison – le processus de formation du consentement de l'internaute entend prévenir le risque d'engagements inconsidéré que fait naître l'instantanéité inhérente à ce mode d'expression du consentement à travers un « clic » : « très souvent, le consentement donné par certains internautes est plus le résultat d'une pulsion que d'une véritable volition »[42].

À la vérité, les quelques dispositions du droit commun (qu'il faut cumuler avec celles du Code de la consommation) sont loin – très loin même – de répondre à l'immense défi que représente le cyber-consentement pour les juristes. D'autant que « l'on observe que beaucoup de réflexions, voire de textes qui cherchent à "réguler le numérique" vont vers la solution consistant à insister toujours davantage sur le consentement »[43]. Le Règlement général sur la protection des données (RGPD)[44] en a fourni un parfait exemple puisqu'il a fait du consentement la clé de voute de la protection des données personnelles. Or, ces nouvelles formes de consentement ne ressemblent à aucune autre. Il n'est que de penser à tous ces « clics » que nous réitérons en chaîne, quasi

---

39 Loi n° 2004-575 du 21 juin 2004 pour la confiance dans l'économie numérique.

40 Loiseau (Grégoire), « Le contrat électronique, l'indigent de la réforme du droit des contrats », *Contr. comm. electr.* 2016, Etude 15.

41 Art. 1127-2 du Code civil.

42 Mekki (Mustapha), « Le formalisme électronique : la "neutralité technique" n'emporte pas "neutralité axiologique" », *RDC*, 2007, p. 681.

43 Frison-Roche (Marie-Anne), « Oui au principe de la volonté, Non aux consentements purs », Document de travail pour une contribution aux *Mélanges dédiés à Pierre Godé*, 2018, accessible à :
http://mafr.fr/fr/article/oui-au-principe-de-la-volonte-non-aux- consentement/.

44 Règlement (UE) 2016/679.

mécaniquement – parfois frénétiquement – en cochant à la hâte des cases ou des icônes sans même chercher à déterminer les termes et l'étendue de notre engagement. Ce sont pourtant des « oui » que nous donnons en ignorant ce à quoi nous acquiesçons. Ces « clics » sont-ils alors l'expression d'une « manifestation de volonté, libre, spécifique, éclairée et univoque par laquelle la personne concernée accepte, par une déclaration ou par un acte positif clair, que des données à caractère personnel la concernant fassent l'objet d'un traitement » ? Telle est bien la nature du consentement requis par le RGPD, en son article 4…

Le philosophe Michaël Fœssel a parfaitement décrit les contradictions inhérentes au cyber-consentement : « En cliquant sur "J'accepte", je ne dis pas "oui", je pense tout au plus "peut-être" faute de savoir exactement à quoi et à qui je donne mon consentement. Surtout, je suis pressé d'accéder au contenu qui s'offre "gratuitement" à moi pour peu que je consente. Internet n'est-il pas fait pour permettre l'accélération des échanges et la jouissance instantanée du partage ? Dans ce domaine, l'extrémité de l'index réagit toujours plus vite que le calcul en termes de coûts et de bénéfices. À peine ai-je commencé à prendre connaissance des clauses du contrat que mon doigt m'incite à poursuivre la navigation »[45]. Le cyber-consentement ne se rattachant à aucune volonté effective, il n'est plus possible d'y voir l'expression d'une volonté libre. Marie-Anne Frison-Roche ne dit pas autre chose lorsqu'elle dénonce avec force la multiplication de ces « consentements purs », émis par un individu dépossédé de son pouvoir de dire « oui » ou de dire « non » : la technologie en viendrait à nous faire « consentir en dehors de notre volonté »[46].

Un consentement sans volonté : voilà qui achève de faire voler en éclats la conception unitaire du consentement en droit privé.

---

[45] Fœssel (Michaël), « Je consens donc je jouis », *Libération*, 19 septembre 2019.

[46] Frison-Roche (Marie-Anne), « Oui au principe de la volonté, Non aux consentements purs », *op. cit.*

Première partie

Le consentement de la personne publique

Le consentement de l'État en droit international public

Philippe Coleman
Docteur en droit public de l'Université Paris I Panthéon Sorbonne

La question du consentement en droit international public est épineuse, non pas parce que, comme en droit public interne, elle ne serait pas intuitive à première vue dans la relation de pouvoir qui lie l'administration à l'administré, mais pour la raison inverse. Le consentement est à la fois omniprésent et central en droit international public. La réflexion proposée dans ces pages ne pourra être alors qu'assez succincte. Le caractère horizontal du système juridique international, structuré autour de l'égale souveraineté des États est la raison de cette omniprésence et de cette centralité. Cette idée est exprimée par la Cour permanente dans son célèbre *dictum* dans *l'affaire du Lotus* : « Le droit international régit les rapports entre des États indépendants. Les règles de droit liant les États procèdent donc de la volonté de ceux-ci »[1]. Cette compréhension remonte au moins à Vattel pour qui, outre le droit naturel, il existe entre les nations un droit « arbitraire, parce qu'il vient de la volonté, ou du consentement des Nations »[2]. Près de 60 ans après *l'affaire du Lotus*, dans son opinion individuelle dans *l'affaire de la licéité de la menace ou de l'emploi d'armes nucléaires*, le juge Gilbert Guillaume pouvait relever de manière encore plus explicite la centralité du consentement de l'État : « [l] e droit international repose [...] sur le principe de la souveraineté des États et procède par suite du consentement de ces derniers »[3]. Ces formules peuvent paraître passablement exagérées ; elles ont pu être critiquées[4]. Elles attestent du moins du fait que l'omniprésence du consentement en droit international constitue un véritable nœud théorique[5]. Sans même s'attarder sur les

---

[1] CPJI, 7 septembre 1927, (arrêt), *Affaire du Lotus, (France c. Turquie)*, série A, n° 10, p. 18.

[2] Vattel (Emery) (de), *Le droit des gens*, Londres, 1758, T. I, p. xxii.

[3] Juge Gilbert Guillaume, Opinion individuelle, § 10.

[4] V. notamment, Pellet (Alain), « *Lotus*, que de sottises on profère en ton nom ! : remarques sur le concept de souveraineté dans la jurisprudence de la Cour mondiale », in *Mélanges en l'honneur de Jean-Pierre Puissochet : l'État souverain dans le monde d'aujourd'hui*, Paris, Pedone, 2008, p. 215-230 ; Pellet (Alain), « The Normative Dilemma – Will and Consent in International Law », Rapport au colloque de Canberra 1990, *Australian Yearbook of International Law*, vol. 12, 1992, p. 22-53.

[5] Selon Emmanuelle Tourme-Jouannet, la doctrine française se caractérise encore de façon diffuse par un clivage entre volontarisme et objectivisme. Tourme-Jouannet (Emmanuelle),

querelles concernant le fondement du droit international qui se sont organisées autour du rôle de la volonté[6], l'omniprésence du consentement comme *technique* plutôt que comme *fondement* pose immédiatement un dilemme ontologique désagréable. Si le droit international n'est que le fruit du consentement des États, le droit international est alors soumis au bon vouloir des États, au risque de n'être que pure célébration du pouvoir et de la force parfois brutale qu'ils emploient. Le droit international suivrait le fait[7] et manquerait de l'extériorité par rapport à ses sujets qui permettrait d'y voir un véritable système juridique[8]. Mais si l'on veut détacher le droit international du consentement des États, ce droit peut-il être autre chose qu'une morale un peu diffuse ou au mieux une éthique dans l'esprit de quelques princes éclairés[9] ?

Bien que très utilisé dans les décisions de justice internationale et dans certains traités comme la Convention de Vienne sur le droit des traités – dans laquelle le terme est employé 59 fois –, il n'existe pas en droit international positif de définition du consentement. Comme sans doute dans d'autres branches du droit, on pourrait définir le consentement comme le fait pour un sujet de droit de donner son accord. Il s'agirait d'une manifestation de volonté disposant d'effets juridiques, une extériorisation de la volonté d'un sujet de droit, expresse ou tacite d'ailleurs. En droit international comme en droit interne, un sentiment

« Regards sur un siècle de doctrine française du droit international », *AFDI*, vol. 46, 2000, p. 1-57. À l'étranger, on observe également des divergences qui prennent des formes différentes, mais butent également sur le consentement : Lister (Matthew), « The Legitimating Role of Consent in International Law », *Chicago Journal of International Law*, 2011, n° 2, p. 663-692 ; Perkins (John), « The Changing Foundations of International Law : From State Consent to State Responsibility », *Boston University International Law Journal*, 1997, vol. 15., p. 433–510 ; Hollis (Duncan), « Why State Consent Still Matters – Non-State Actors, Treaties, and the Changing Sources of International Law », *Berkeley Journal of International Law*, 2005, vol. 23, p. 137-174 ; Krisch (Nico), « The Decay of Consent : International Law in an Age of Global Public Goods », *American Journal of International Law*, 2014, n° 1, p. 1–40.

6 Sur cette question, Tourme-Jouannet (Emmanuelle), *art. cit.*, spéc. p. 37 et s.

7 C'était déjà la critique cinglante qu'adressait Rousseau à Grotius : « Sa plus constante manière de raisonner est d'établir toujours le droit par le fait. On pourrait employer une méthode plus conséquente, mais non plus favorable aux tyrans », Rousseau (Jean-Jacques), *Du contrat social*, 1762, Amsterdam, L. I, chap. 2, p. 7.

8 Sur la nécessité d'un tiers permettant d'assurer la « juridicité » du droit international, v. Leben (Charles), « La juridiction internationale », *Droits*, 1989, vol. 9, p. 143-155.

9 Ce dilemme a été brillamment systématisé – et poussé à l'extrême – par Martti Koskenniemi : Koskenniemi (Martti), *From Apology to Utopia*, 2nd edition, Cambridge University Press, 2006, p. 17.

diffus prévaut que le droit ne pouvant saisir ce qu'est réellement la volonté des sujets, trop changeante et incertaine, il ne pourrait s'intéresser qu'à des marques d'extériorisation, et c'est dans cette extériorité que résiderait le consentement[10]. Un autre élément tend de façon plus marquée qu'en droit interne à distinguer le consentement de la volonté, l'État peut consentir parfois à ce qui ne peut pas être regardé comme le fruit de sa libre volonté. Les perdants consentent dans les traités de paix à des conditions parfois sévères : indemnités de guerre, démembrements territoriaux, occupation militaire. Il y a 150 ans, le 26 février 1871, la France consentait par un traité de paix préliminaire avec l'Empire d'Allemagne à renoncer à tous titres et droits sur les territoires d'Alsace-Moselle et à verser une indemnité de guerre de 5 milliards de francs. Le cœur n'y était certainement pas ; mais le consentement de la France est indéniable – il est exprimé par la ratification de l'Assemblée nationale siégeant à Bordeaux. Le consentement est alors l'expression d'une volonté qui plie. En outre, le recours à la notion de consentement plutôt qu'à celle de volonté s'explique d'autant plus facilement que le droit international traite en premier lieu de rapports entre souverains et qu'il n'est pas toujours heureux de « psychologiser » l'État, de le voir comme « un gros animal doté d'une conscience et d'une volonté individuelle »[11]. Il est plus aisé de voir l'État consentir que manifester sa volonté, le consentement est alors compris comme une procédure permettant de produire des effets juridiques : créer un acte juridique, conférer une compétence, autoriser un comportement ou une action. À ce titre, l'État n'est pas le seul sujet à consentir en droit international, les organisations internationales et, dans certains cas spécifiques, les particuliers consentent.

Les ressemblances entre le consentement en droit privé et en droit international ainsi que l'analogie entre les traités internationaux et le phénomène contractuel ont pu inciter la doctrine à rechercher des « *private*

[10] Pour une distinction très nette entre consentement et volonté, v. Pellet (Alain), « The Normative Dilemma », *art. cit.*, sur cette question, v. Verhoeven (Joe), « Consentement : libre, quand même », in *Dictionnaire des idées reçues en droit international*, Pedone, 2017, p. 111-114.

[11] Sur (Serge), « La créativité du droit international », *RCADI*, 2012, p. 81. Commentant avec ironie la formule de la CIJ dans *l'affaire du Lotus* sur l'abstention d'un Etat « motivée par la conscience d'un devoir de s'abstenir », James Crawford note que : *« The German philosopher, Nietzsche, memorably described the State as a "cold monster"; perhaps he should have said "cold monster conscious of having a duty »*. Crawford (James), « Chance, Order, Change : The Course of International Law », *RCADI*, 2013, p. 50.

law analogies »[12], c'est-à-dire à chercher dans les principes de droit interne, surtout de droit privé, des sources d'inspiration. Il paraitrait ainsi spontané en matière de consentement de voir le droit international, selon l'expression d'un auteur anglais du XIXe siècle, comme « un droit privé écrit en majuscule »[13]. La perspective d'une réflexion sur le consentement en droit public conduit à essayer de penser un peu différemment ce thème très classique du droit international.

Historiquement, la centralité du consentement de l'État émerge au XVIIIe siècle lorsque le droit des gens ne peut plus être conçu comme une expression du droit naturel, mais comme le produit de volontés, celles des États. Le droit international suit cette idée qui naît avec la modernité libérale : l'ordre social repose sur le consentement des individus[14]. Le consentement se rattache alors à l'émergence parallèle de la notion de souveraineté de l'État. C'est parce que l'État est souverain qu'il ne peut être lié juridique que par son consentement. Émery de Vattel est l'auteur qui symbolise ce tournant. Le droit international n'échapperait pas alors à ce mouvement caractéristique de la modernité juridique, qui ne concevrait pas le droit autrement que comme le produit d'une volonté humaine, à l'opposé du droit imposé par la nature, la raison universelle ou Dieu. La notion de consentement n'est toutefois pas absente des écrits antérieurs à Vattel, elle est même centrale dans l'œuvre de Grotius, l'un des pères du droit international. Grotius est d'ailleurs le premier auteur moderne à présenter le consentement comme un élément central dans la compréhension du droit *en général*[15] et ce, dans son ouvrage de droit des gens *Le droit de la guerre et de la paix*[16]. À rebours de la logique des « *private*

---

12 Lauterpacht (Hersch), *Private Law Analogies in International Law, with special reference to international arbitration*, British Library of Political & Economic Science. Prosper Weil soulignait l'importance de ces « *private law analogies* » en droit international public. Weil (Prosper), « Droit international public et droit administratif », in *Mélanges Louis Trotabas*, 1970, p. 511-528.

13 La citation fameuse du juriste britannique Thomas Erskine Holland selon laquelle « *The Law of Nations is but private law "writ large". It is an application to political communities of those legal ideas which were originally applied to relations of individuals. Its leading distinctions are therefore naturally those with which Private law has long ago rendered us familiar* ». Holland (Thomas, Erskine), *Studies in International Law*, Oxford, Clarendon, 1989, p. 152.

14 Keskenniemi (Martti), *op. cit.*, p. 74 et s.

15 Villey (Michel), *La formation de la pensée juridique moderne*, Paris, PUF, 2013, p. 527 et s. ; Christelle (Maxence), *Consentement et subjectivité juridique : contribution à une théorie émotivo-rationnelle du droit*, thèse dactyl., Université Paris I, 2014, p. 178 et s.

16 Il est vrai que la préface de *Droit de la paix et de la Guerre* dépasse largement le droit des gens et propose une compréhension générale du droit.

law analogies », les écrits de Grotius ont eu une influence considérable sur les civilistes français comme Pothier par exemple[17]. Là où, plus tard, par un mouvement de balancier, les internationalistes vont s'inspirer des conceptions civilistes pour comprendre les traités[18].

De façon plus décisive, chez Grotius, le consentement est la source du droit des gens, mais cela n'a pas toujours été bien compris[19]. Pour Grotius, le *consensus gentium* ou « consentement des nations » n'est pas un consentement individuel de l'État[20], mais le consentement des membres de ce qu'on pourrait appeler la société internationale. D'ailleurs, il n'évoque pas le consentement lorsqu'il écrit sur les traités. Ainsi dans les écrits d'un des précurseurs du droit international et d'un des premiers auteurs modernes à placer le consentement au centre du droit, le consentement doit être compris comme le consentement d'un collectif politique, de la communauté des nations. Cette conception collective ou politique du consentement a beaucoup plus à voir avec les théories philosophiques du XVIIIe siècle qui voient dans le consentement collectif la source de la légitimité du pouvoir[21] que dans le consentement individuel des États ou des particuliers à des actes. Pourtant, après Grotius, le consentement va majoritairement être regardé comme le consentement individuel de l'État à la création des règles de droit international. L'importance grandissante que va prendre la notion de souveraineté de l'État en droit international explique ce glissement d'un consentement collectif à une conception individuelle du consentement, qui ne sera pas véritablement démenti par la suite.

---

17 Les nombreuses références à la pensée de Grotius dans le *Traité des obligations* attestent de cette influence. V. Pothier (Robert-Joseph), *Traité des obligations*, Paris, Dalloz, 2011.

18 V. *infra*.

19 Toyoda (Tetsuda), *Theory and politics of the law of nations*, Legal history Library, vol. 5, Brill, 2011, p. 23 et s.

20 Comme l'indique parfaitement un auteur, « *Grotius did not write that the law of nations is based on agreements of particular wills (*conventio*). He only said that the law of nations originates between all or many states by agreement in the sense of* consensus. *A* consensus *is different from a* conventio. *A* consensus *is a kind of agreement, but it seems to be more a general agreement of the society than a particular agreement between individuals or individual states. Because the law of nations is based on a* consensus, *it is not necessary to have consent of every single participant of the society* ». Toyoda (Tedsuda), *op. cit.*, p. 24.

21 Comme le rappelle Bernard Manin : « Cette croyance que seuls le consentement et la volonté constituent la source de l'autorité légitime et fondent l'obligation des membres de la société à l'égard du pouvoir était commune à tous les théoriciens de l'École du droit naturel, de Grotius à Rousseau, en passant par Hobbes, Pufendorf et Locke ». Manin (Bernard), *Principes du gouvernement représentatif*, Paris, Flammarion, 1996, p. 115.

Malgré tout, ce consentement collectif que l'on trouve chez Grotius n'a pas qu'un intérêt purement historiographique, il n'a d'ailleurs jamais totalement disparu dans la doctrine ni dans le droit. Il permet d'éviter un double écueil : forcer artificiellement toutes les situations du droit international contemporain dans le consentement individuel de l'État tout comme éviter un objectivisme sociologique qui manque parfois de nuance. Il y aurait alors plusieurs formes de consentement en droit international. D'une part, le consentement individuel de l'État, qui serait l'expression de la souveraineté et, en raison de la centralité de la souveraineté dans le système juridique international, ce consentement serait prépondérant (I.). D'autre part, il existerait, de façon plus diffuse, un consentement collectif, qui serait l'expression de l'existence d'une société internationale aux contours toujours fragiles et qui s'exprimerait pratiquement dans les situations où justement le consentement individuel est écarté (II.).

I. La prédominance du consensualisme en droit international

Le consentement de l'État étant une donnée fondamentale du droit international, les domaines où le consentement intervient sont vastes (A.). Les modalités du consentement individuel de l'État qui paraissent proches du droit privé connaissent des adaptations importantes aux particularités du système international (B.).

A. Les territoires du consentement

Le consentement mutuel des États parties est tout d'abord requis, c'est bien connu, pour que l'État puisse « être lié par traité », selon les termes de la Convention de Vienne sur le droit des traités. Le consensualisme domine en matière de traités[22] et s'inscrit dans cette règle essentielle du droit international : *pacta sunt servanda.* Dès lors que l'État a valablement consenti, le traité dispose d'une force obligatoire à son égard. Le consensualisme du droit international assure la stabilité des traités. Si l'on réserve la question du *jus cogens*, le droit des traités ne s'intéresse pas au contenu du traité ou à l'équivalence des engagements entre les États. Comme l'indiquait déjà Vattel, la lésion ne rend pas les traités nuls, il serait impossible de déterminer l'existence d'un cas de lésion en l'absence d'une

---

[22] La Cour international de justice indique logiquement qu'un « État ne peut, dans ses rapports conventionnels, être liés sans son consentement », *Avis consultatif relatif aux réserves à la Convention pour la prévention et la répression du crime de génocide*, avis consultatif du 28 mai 1951, CIJ, Rec. p. 21.

instance tierce : « Si l'on pouvait revenir sur un Traité parce qu'on s'y trouverait lésé, il n'y aurait rien de stable dans les Contrats des Nations. »[23]

De façon plus intéressante, le consentement peut faire naître certains « actes concertés non contraignants » qui relèvent du droit souple[24]. On le sait, les États recourent régulièrement à ces instruments qui, bien que dépourvus de caractère contraignant, sont très respectés en pratique. Le lien entre le consentement et la création d'actes juridiques qui obligent les États est rompu, dès lors que les parties entendent explicitement ne pas conférer de portée contraignante à leur accord. Par exemple, l'Arrangement sur les crédits à l'exportation bénéficiant d'un soutien public qui, sous l'égide de l'OCDE, depuis 1978 entend limiter les effets anticoncurrentiels des crédits à l'exportation, dit aussi « Arrangement d'Helsinki », indique explicitement qu'il s'agit d'une « convention non contraignante *("Gentleman's Agreement")* »[25].

De façon connue et très significative, le règlement des différends par un tiers nécessite le consentement des États en cause, c'est le cas notamment du règlement juridictionnel des différends interétatiques. En vertu du statut de la Cour internationale de justice, sa compétence « s'étend à toutes les affaires que les parties lui soumettront, ainsi qu'à tous les cas spécialement dans la Charte des Nations Unies ou dans les traités et

---

23 Vattel (Emery) (de), *op. cit.*, p. 371. L'auteur poursuit : « Les Lois Civiles peuvent bien mettre des bornes à la lésion, et en déterminer le point capable d'opérer la nullité d'un Contrat. Mais les Souverains ne reconnaissent point de Juge. Comment faire constater entre eux la lésion ? Qui en déterminera le degré suffisant pour invalider un Traité ? ». L'auteur réserve cependant le cas de la nullité des « Traités pernicieux à l'État », qui conduiraient à sa ruine.

24 Pellet (Alain), « Les raisons du développement du *soft law* en droit international : choix ou nécessité ? », in Deumier (Pascale), Sorel (Jean-Marc) (dir.), *Regards croisés sur la* soft law *en droit interne, européen et international*, Paris, LGDJ/Lextenso, 2018, p. 177-192. Pellet (Alain), « The Normative Dilemma – Will and Consent in International Law », *Australian Yearbook of International Law*, vol. 12, 1992, p. 22-53.

25 Article 2 de l'Arrangement. Cependant tous les actes concertés non contraignants ne résultent pas du consentement des États. On peut citer le cas des Procès-verbaux agréés dans le cadre du Club de Paris en matière de dette souveraine (*agreed minutes*). Ces actes sont des accords politiques entre les représentants des États participants. Les représentants conviennent de « recommander » à leurs gouvernements respectifs d'accorder un traitement de la dette souveraine selon les termes du procès-verbal, sans que les États ne consentent véritablement, Grard (Loïc), « Le Club de Paris et les dettes publiques des États », in *La dette extérieure*, Brill/Nijhoff, Leiden/Boston, 1995, p. 197-254.

conventions en vigueur »[26]. La Cour évoque ainsi « le principe général de la juridiction consensuelle »[27] qui limite sa compétence à ce que les États ont consenti. Lorsque les États ne s'accordent pas directement, ils peuvent s'accorder à confier à une juridiction le règlement définitif et obligatoire de leur différend. Pour la Cour ce règlement juridictionnel est, par rapport au règlement direct de leurs différends par les États, « une voie de substitution, mais ayant toujours une base consensuelle »[28].

Le consentement de l'État est exigé également dans un très grand nombre de situations de la vie internationale, qui mettent en jeu la sphère territoriale de souveraineté de l'État. En principe, le consentement est nécessaire pour qu'un État noue des liens avec d'autres États. Par exemple, la convention de Vienne sur les relations diplomatiques prévoit que « l'établissement des relations diplomatiques entre États et l'envoi de missions diplomatiques permanentes se font par consentement mutuel »[29].

Suivant une conception similaire, dans l'absolu, l'exercice par un État de toutes activités sur le territoire d'un autre État sans le consentement de ce dernier est exclu[30].

Qu'il s'agisse de s'engager par traité, d'accepter un règlement des différends par un tiers ou des interventions d'un autre État sur son territoire ou ses affaires intérieures, la nécessité du consentement est l'expression par excellence de la souveraineté de l'État.

---

26 Statut de la Cour, art. 36 (1).

27 *Différend frontalier terrestre, insulaire et maritime (El Salvador/Honduras),* arrêt du 13 septembre 1990, CIJ, Recueil 1990, p. 133, §. 94.

28 « Toute délimitation [maritime] doit se faire consensuellement entre les États concernés, que ce soit par la conclusion d'un accord direct, ou éventuellement par une voie de substitution, mais ayant toujours une base consensuelle ». *Affaire du Golf du Maine (Canada/Etats-Unis d'Amérique)*, arrêt du 12 octobre 1984, CIJ, Recueil 1984, p. 292, §. 89.

29 Convention de Vienne du 18 avril 1961 sur les relations diplomatiques, article 2.

30 *Affaire du Lotus*, arrêt précité, p. 18. Déclinant ce principe, la Convention de Montego Bay (Convention des Nations Unies sur le droit de la mer conclue le 10 décembre 1982) prévoit, par exemple, à son article 77 que l'État côtier exerce des droits exclusifs sur l'exploration et l'exploitation des ressources naturelles du plateau continental, ces droits sont « exclusifs », « nul ne peut entreprendre de telles activités sans son consentement exprès ».

B. Les figures du consentement

Cette omniprésence du consentement implique de s'intéresser aux figures du consentement, c'est-à-dire aux modes d'expression du consentement et à la protection du consentement en droit international.

Les modalités d'expression du consentement ne sont guère formalisées, les États disposent d'une grande liberté en la matière[31]. Le consentement à la juridiction peut prendre la forme d'un compromis, d'une clause compromissoire, il peut être tacite, s'il est déduit du comportement de l'État[32]. Devant la Cour internationale de justice, il n'existe pas d'exigence que « le consentement des parties conférant ainsi compétence à la Cour s'exprime sous une forme déterminée »[33]. La Cour se borne à vérifier que le consentement peut être regardé comme une « manifestation non équivoque » de la volonté de cet État d'accepter de manière « volontaire et indiscutable » la compétence de la Cour[34]. Quant à l'expression du consentement à être lié par traité, une même liberté règne. L'article 11 de la Convention de Vienne évoque ainsi l'expression du consentement par

---

[31] V. sur ce point, Santulli, (Carlo), *Droit du contentieux international*, LGDJ, 2e éd., §. 178 et s. On retrouve cet intérêt limité pour la forme de l'expression du consentement en droit civil : « Traitant du consentement dans les anciens articles 1109 à 1118, le Code civil de 1804 n'envisageait celui-ci qu'à travers les vices qui peuvent l'affecter. En d'autres termes, le législateur s'est, en 1804, exclusivement préoccupé des qualités que devait revêtir le consentement de chacune des parties contractantes afin de les protéger contre elles-mêmes. Sans doute, parce que la réponse à ces questions lui paraissait aller de soi, il n'avait éprouvé la nécessité ni de définir la notion même de consentement, ni de préciser les formes dans lesquelles celui-ci devait être exprimé ». Lequette (Yves), Terré (François), Simler (Philippe), Chénedé (François), *Droit civil Les obligations*, Dalloz, 12e éd., 2018, p. 182.

[32] On relèvera que pour certaines juridictions internationales, le consentement à la compétence de la juridiction doit être donné par écrit. Tel est le cas du consentement des parties au CIRDI, v. article 25 de la Convention pour le règlement des différends relatifs aux investissements entre États et ressortissants d'autres États et le rapport des administrateurs de la BIRD sur la convention CIRDI, §. 13 précisant que : « [l]e consentement des parties est la pierre angulaire de la compétence du Centre. Ce Consentement doit être donné par écrit… ».

[33] *Certaines questions concernant l'entraide judiciaire en matière pénale (Djibouti c. France)*, arrêt, CIJ, Rec. p. 177, §. 60. *Détroit de Corfou (Royaume-Uni c. Albanie)*, exception préliminaire, arrêt, 1948, CIJ, Recueil 1947-1948, p. 27.

[34] *Certaines questions concernant l'entraide judiciaire en matière pénale (Djibouti c. France)*, arrêt du 4 juin 2008, CIJ, Recueil 2008, p. 177, §. 62 ; v. également les précédents cités par la Cour.

la signature, les échanges d'instruments, la ratification, l'acceptation, l'approbation, l'adhésion « ou […] tout autre moyen convenu ».

Le consensualisme et l'absence de formalisme dans l'expression du consentement à être lié par traité rejoignent la liberté du droit civil. Cependant, en matière d'engagements conventionnels, il serait erroné de croire que la forme est totalement libre. Simplement, ce sont les règles constitutionnelles propres à chaque État qui prévalent.

Autre convergence, le droit des traités connaît également une théorie des vices du consentement. Et s'il est un domaine où les analogies avec le droit privé fleurissent, c'est bien celui des vices du consentement. De nombreux auteurs ont pensé une transposition telle quelle de la théorie civiliste des vices du consentement en droit des traités[35] et ce, en raison de la « conception fondamentalement contractuelle » des traités internationaux[36]. La convention de Vienne reprend en apparence la grille de lecture civiliste des vices du consentement[37] : il est question de dol, d'erreur ou de contrainte. Mais la pratique est assez parcellaire sur ce sujet et l'analogie avec le droit privé pourrait conduire à une vision déformante[38]. On trouve peu d'affaires dans lesquelles l'erreur ou le dol ont été invoqués. On peut, tout au plus, mentionner, pour un cas d'invocation d'une erreur cartographique en matière de délimitation de frontières, *l'affaire du temple de Preah-Vihéar*[39].

Deux vices du consentement retiennent particulièrement l'attention en droit des traités : la violation des règles internes relatives à l'expression du consentement à être lié et le consentement sous contrainte. Selon la Convention de Vienne, un État ne peut, en principe, invoquer une violation du droit interne comme viciant son consentement, « à moins que cette violation n'ait été manifeste et ne concerne une règle […]

---

[35] Ripert (Georges), « Les règles du droit civil applicables aux rapports internationaux », *RCADI*, 1933, p. 596 et s.

[36] Reuter (Paul), *Introduction au droit des traités*, Paris, PUF, 3e éd, 1995, p. 24.

[37] Verhoeven (Joe), *Droit international public*, Larcier, 2000, p. 392.

[38] On partage le scepticisme de Paul Guggenheim sur le sujet : « en introduisant dans le droit international la théorie du droit privé relative aux vices de consentement, on transpose dans l'ordre des relations interétatiques une doctrine originairement appliquée dans le domaine du droit interne, et l'on oublie que l'élaboration d'une théorie cohérente des vices du consentement ne peut résulter que d'un long effort jurisprudentiel, qui fait défaut en droit international ». Guggenheim (Paul), « La validité et la nullité des actes juridiques internationaux », *RCADI*, 1949, p. 195.

[39] *Affaire du temple de Preah-Vihéar*, CIJ, Rec. 1962, p. 26.

d'importance fondamentale »[40]. Un élément peut être moins connu, les juridictions internationales ont été beaucoup plus disertes sur le consentement des États à être liés par contrat. Les arbitres internationaux sanctionnent les manœuvres dolosives, la fraude et la corruption des représentants de l'État[41] et sont beaucoup plus réticents à reconnaître l'irrégularité du contrat qui a été conclu par l'État contrairement à une règle interne de procédure ou de compétence[42].

Le vice du consentement tiré de la contrainte est aussi délicat. Toute forme de contrainte est-elle de nature à vicier le consentement à être lié par traité ? Il est admis qu'est nul le traité dont la conclusion est obtenue par la menace ou l'exercice de la force contraire aux principes de la Charte des Nations Unies[43]. Cela signifie, *a contrario*, d'une part que l'exercice licite de

---

[40] Article 46 de la Convention de Vienne sur le droit des traités. Pour un cas d'application de cette règle, v. *Frontière terrestre et maritime entre le Cameroun et le Nigeria*, arrêt, CIJ, Rec. 2002, p. 303, §. 265-266. Cependant la Cour ne se prononce pas véritablement sur le « caractère manifeste » ou non de la violation. En l'espèce, le Président nigérian avait conclu un traité sans en référer au Conseil militaire suprême, organe gouvernemental nigérian.

[41] Pour un cas de fraude, *Société d'Investigation de Recherche et d'Exploitation Minière c. Burkina Faso*, aff. CIRDI n° ARB/97/1, sentence du 19 janvier 2000, 5.33 ou un cas de corruption, *World Duty Free c. Kenya*, aff. CIRDI n° ARB/00/7, sentence du 4 octobre 2006.

[42] *SOABI c. Sénégal*, aff. CIRDI n° ARB/82/1 sentence du 25 février 1988, §. 4.5, absence d'approbation par décret du marché de travaux comme le prévoyait le code sénégalais des investissements ; *RSM c. République centrafricaine*, aff. CIRDI n° ARB/07/2, sentence du 11 juillet 2011, §. 119, violation du code pétrolier ; *ADC Affiliate c. Hongrie*, aff. CIRDI n° ARB/03/16, sentence du 2 octobre 2006, §. 474, méconnaissance des règles de passation des marchés publics. La pratique arbitrale plus ancienne était moins nette : rejet du moyen tiré de la violation d'une disposition constitutionnelle exigent l'approbation des contrats de concession par le corps législatif, *Affaire Aboilard (France c. Haïti)*, sentence du 26 juillet 1905, RSA, vol. XI, pp ; 71-82. L'arbitre unique dans *l'affaire Tinoco* déclare la nullité du contrat de concession qui a été accordée par la Chambre des représentant et non, comme le prévoyait la constitution costaricaine en matière fiscale, par le Congrès, *Aguilar-Amory & Royal Bank of Canada (Royaume-Uni c. Costa Rica)*, sentence du 18 octobre 1923.

[43] Article 52 de la Convention de Vienne. *Affaires des pêcheries islandaises*, arrêt sur la compétence du 2 février 1973, CIJ, Rec. 1973, §. 24 : « Il n'y a guère de doute que, comme cela ressort implicitement de la Charte des Nations Unies et comme le reconnaît l'article 52 de la convention de Vienne sur le droit des traités, un accord dont la conclusion a été obtenue par la menace ou l'emploi de la force est nul en droit international contemporain. Il est non moins clair qu'un tribunal ne peut pas prendre en considération une accusation aussi grave sur la base d'une allégation générale et vague qu'aucune preuve ne vient étayer. Le déroulement des négociations qui ont abouti à

la force peut être utilisé pour obtenir la conclusion par un État d'un traité et d'autre part que l'exercice de formes de contrainte économiques ou politiques ne vicie pas le consentement d'un État. C'est une démonstration exemplaire des particularités des relations entre États par rapport aux relations entre particuliers. Dans une telle configuration, même si la pratique est parcellaire, le dol ne pourra pas avoir la même signification qu'en droit des contrats. Aussi, le principe de la liberté du consentement évoqué en préambule de la convention de Vienne paraît d'une portée limitée. La Cour internationale de justice suivant en cela certains auteurs préfère évoquer la « réalité du consentement », approche plus modeste, mais sans doute aussi plus conforme à la réalité des relations entre États[44].

Dans un système international dépourvu d'autorité disposant du monopole pour constater la nullité d'un traité, les vices de consentement n'ont pas le même sens qu'en droit interne. La Convention de Vienne indique certes que les vices du consentement sont une des causes de nullité de l'engagement, mais le droit international ne lie pas la nullité avec la validité de l'acte aussi clairement qu'en droit civil. Prosper Weil pouvait d'ailleurs relever à ce sujet que : « [l] a nullité est conçue [...] comme une dérogation regrettable – et de ce fait appelée à être limitée au strict nécessaire – à l'effet obligatoire des traités »[45]. L'auteur en concluait que la nullité n'est pas, comme en droit des contrats, « le pendant de la validité », mais « le pendant de la stabilité des traités »[46].

Les résonnances entre le droit des traités et le droit des contrats concernant l'expression du consentement et en apparence les vices du consentement se dissipent lorsqu'on prête attention au sens et aux conséquences de ces vices. En droit international, le couple consentement et force obligatoire des traités associé à la possibilité d'un degré important de contrainte conduisent à une donnée fondamentale des relations entre États : le droit des traités traduit les rapports de force entre États et les cristallise.

---

l'échange de notes de 1961 montre que les instruments ont été librement négociés par les parties intéressées sur la base d'une parfaite égalité et d'une pleine liberté de décision ».

44 *Affaire du Temple de Preah Vihéar* précitée, v. également en ce sens le Rapport du 24 mars 1953 de Hersch Lauterpacht sur le droit des traités, Commission du droit international, Yearbook 1953, vol. 2, p. 147.

45 Weil (Prosper), « Le droit international en quête de son identité », *RCADI*, 1992, p. 322.

46 *Ibid.*

II. Les limites au consentement individuel de l'État en droit international

Bien que le consentement de l'État paraisse être la pierre angulaire du droit international contemporain, le consentement individuel de l'État n'a jamais été requis dans l'élaboration des règles non conventionnelles (A.), l'institutionnalisation et la globalisation juridique ont accentué ces limites au consentement individuel de l'État (B.).

A. Le consentement collectif de la société internationale

Le droit international ne se résume pas aux traités internationaux, aussi importants soient-ils. D'autres règles juridiques existent pour lesquels le consentement individuel de l'État joue un rôle moins évident.

Une doctrine très abondante et ancienne a soutenu que les règles coutumières prenaient la forme de traités implicites et qu'en ce sens, elles découlaient également du consentement, tacite cette fois – des États[47]. Ce consentement implicite s'exprimerait par la pratique répétée des États. Mais quand on s'y arrête, la coutume ne peut être assimilée à un traité implicite : d'une part, une règle coutumière peut naître d'une pratique très large et représentative d'États et non d'une pratique unanime[48]. Il est maintenant établi que tous les États ne sont pas tenus d'y consentir. D'autre part, les nouveaux États sont tenus par les règles coutumières qui les précèdent, sans y avoir consenti. Afin qu'une règle coutumière ne lui soit pas opposable, un État doit objecter, exprimer son dissentiment au moment de la cristallisation de la règle[49].

Le cas des principes généraux de droit est peut-être encore plus clair : il s'agit selon la Cour internationale de justice de « règles généralement acceptées par les systèmes de droit interne »[50] et non de règles

---

[47] Guggenheim (Paul), « Contribution à l'histoire des sources du droit des gens », *RCADI*, 1952., p. 51.

[48] *Plateau continental de la mer du Nord*, arrêt du 20 février 1969, CIJ, Rec. 1969, §. 73.

[49] La théorie de l'objecteur persistant qui permettrait à un État qui s'est opposé à une règle coutumière, au moment de sa formation, de ne pas être lié par celle-ci conduit à reconnaître qu'un État qui n'a pas consenti à la formation d'une règle coutumière peut y être lié, seul celui qui a exprimé son dissentiment y échappe. Charney (Jonathan), « The Persistent Objector Rule and the Development of Customary International Law », *British Yearbook of International Law*, vol. 56, 1986, p. 1-24.

[50] *Barcelona Traction, Light and Power Company, Limited*, arrêt du 5 février 1970, CIJ, Rec. 1970, p. 3, §. 50.

unanimement acceptées. Là aussi, des règles internationales peuvent naître sans que chaque État y consente. Faut-il parler du *jus cogens* ? c'est-à-dire des normes impératives – dont la liste est discutée – qui sont « accepté [es] et reconnue [s] par la communauté internationale des États dans son ensemble »[51] et auxquels les États ne peuvent déroger par traité. Ces règles sont, en théorie, susceptibles de faire échec au consentement en sens contraire des États.

On ne peut donc pas affirmer que tout le droit international repose sur le consentement de chaque État. Qu'il s'agisse de la coutume, des principes généraux de droit ou du *jus cogens*, la production du droit résulte de l'accord général et non unanime des États. C'est alors un consentement d'ordre collectif qui intervient, le consentement de la communauté internationale. Cette idée était déjà présente chez Grotius – le « *consensus gentium* » – et s'apparente également à ce que la doctrine britannique du siècle dernier nommait le « *common consent* »[52] qui fait reposer le droit international coutumier sur le consentement de la communauté internationale[53]. Cette approche a le mérite d'écarter certains excès d'un objectivisme juridique détaché de la pratique des États qui ferait de la naissance de la règle coutumière – ou de la règle de droit international en général – quelque

---

[51] Article 53 de la Convention de Vienne.

[52] Oppenheim (Lassa), International Law – A Treatise, 2e éd., Longmans, Green, & Co, London, 1912, p. 15-16 : « *What, now, does the term "common consent" mean? If it meant that all the individuals who are members of a community must at every moment of their existence expressly consent to every point of law, such common consent would never be a fact.* [...] *"Common consent" can therefore only mean the express or tacit consent of such an overwhelming majority of the members that those who dissent are of no importance whatever, and disappear totally from the view of one who looks for the will of the community as an entity in contradistinction to the wills of its single members. [...]What has been stated with regard to law pure and simple applies also to the Law of Nations* ». V. également, Westlake (John), International Law, 2e éd., 1910, vol. I, p. 338.

[53] Si l'on s'intéresse au consentement général non plus comme *technique* d'élaboration du droit coutumier, mais comme *fondement* du droit international, il faut adhérer à la remarque de Hersch Lauterpacht : « *It will be noted that 'common consent' is a sociological rather than a legal explanation of the validity of the law. In law the question still arises: Why is consent binding? Probably the answer to that question as to the validity of the first source of law cannot itself be a legal one* », Lauterpact (Hersch), *Oppenheim'International Law*, 8e éd., édité par Hersch Lauterpacht, Longmans, Green, & Co, §. 11-12, note de bas de page 7. Pour une critique de la théorie du « *general consent* », Ago (Roberto), « Science juridique et droit international », *RCADI*, 1956, spéc. p. 874-875. Mais pourquoi le droit ne pourrait-t-il pas naître des faits sociaux ? Après tout, le monde social – et le droit n'y échappe pas – ne s'embarrasse pas toujours d'une séparation logique hermétique entre l'être et le devoir être. La séparation logique entre l'être et le devoir-être qu'il est de bonne méthode pour le chercheur de garder à l'esprit lorsqu'il produit des savoirs vaut-elle pour les acteurs du monde social, en l'occurrence ici les États ?

chose de totalement extérieur à la volonté des États : morale[54], conscience sociale[55], infrastructure[56]. La formation de la règle coutumière est ainsi une entreprise collective, qui ne fait pas intervenir le consentement individualisé de chaque État, mais repose sur un « jugement collectif »[57], il s'agit d'une « production systémique, reflétant le consentement du système international, et non le consentement individuel des États »[58]. Cette idée de consentement général a un ancrage sociologique indéniable, ses contours exacts dépendent de l'état de la société internationale. Mais cet ancrage n'implique pas que le droit international est déterminé par de grandes lois sociales objectives déjà constituées. Au contraire et de façon plus empirique, l'émergence de règles coutumières, de principes généraux, du *jus cogens* naît de comportements collectifs et situés des acteurs du droit international[59]. D'ailleurs, la communauté ou société internationale est plus complexe aujourd'hui qu'hier. Elle est même globale dans les domaines du droit international où les particuliers sont regardés comme des sujets du droit international et où les fonctions de régulations ne sont plus un monopole interétatique. La protection des droits de l'homme et des investissements étrangers, la régulation financière sont des exemples frappants. Dans une société internationale qui n'est plus aujourd'hui uniquement interétatique, d'autres pratiques participent au processus de formation de principes coutumiers, c'est le cas tout du moins du droit et

---

54 Sur le fondement moral de la règle de droit international, Reuter (Paul), « Principes de droit international public », *RCADI*, 1961, p. 481.

55 Scelle (Georges), *Précis de droit des gens*, Dalloz, 2008, p. 5.

56 Dans une approche résolument marxiste du droit, le droit en tant qu'élément de la superstructure sociale dépendrait de l'infrastructure, c'est-à-dire principalement les rapports de production : Pellet (Alain), « Values and Power Relations – the "Disillusionment" of International Law ? », *KFG Working Paper Series*, n° 34, mai 2019, p. 6.

57 Sur cette idée, Crawford (James), « Chance, Order, Change : The Course of International Law », *RCADI*, 2013, p. 68-69.

58 Henkin (Louis), « Interantional Law : Politics, Values and Functions », *RCADI*, vol. 216, 1989, p. 57.

59 Une telle approche pourrait de façon intéressante se rattacher au courant de la sociologie pragmatique qui a émergé depuis les années 1980 : Barthe (Yannick), Blic (Damien)(de), Heurtin (Jean-Philippe), Lemieux (Cyril) et al., « Sociologie pragmatique : mode d'emploi », *Politix*, 2013, n° 103, p. 175-204 ; Lemieux (Cyril), *La sociologie pragmatique*, éd. La Découverte, 2018 ; Latour (Bruno), *Changer de société, refaire de la sociologie*, La Découverte, 2007.

de la pratique des organisations internationales[60] et peut-être dans le domaine économique de certaines règles transnationales[61].

Il ne faut sans doute pas exagérer la place de ce consentement général ou collectif, qui est toujours fragile, dans une société internationale encore largement horizontale et marquée par le principe de la souveraineté des États. Mais ces situations traduisent un écart par rapport à une conception purement westphalienne du droit international, ce que n'a jamais été parfaitement le droit international.

B. Les limitations apportées par la gouvernance globale

Les États consentent à limiter la place de leur consentement individuel dans la création des règles du droit international. Ce contournement consenti du consentement prend deux formes : l'institutionnalisation du droit international et des phénomènes qui se rattachent plutôt au mouvement de la globalisation juridique.

Les États ont consenti depuis longtemps à des processus d'institutionnalisation qui permettent de contourner le consentement de chaque État dans la formation du droit et le règlement des différends.

Le premier cas que l'on peut évoquer – emblématique s'il en est – est celui des décisions du Conseil de sécurité au titre du chapitre VII de la Charte. Certaines décisions du Conseil de sécurité prises sur ce fondement peuvent imposer des obligations à l'ensemble des États en des termes catégoriques : « le Conseil de sécurité [...] décide que tous les États doivent... »[62]. L'Union européenne, cas particulier sans doute, ne fait plus intervenir le consentement de chaque État membre dans l'élaboration des

---

60 C'est ce que reconnaît la Banque européenne pour la reconstruction et le développement en prévoyant dans ses conventions de financement l'application du droit international, dont « *other forms of international custom, including the practice of states and international financial institutions of such generality, consistency and duration as to create legal obligations* », Conditions générales de la Banque, Section 8.04(b)(v), citées par Head (John W.), « Evolution of the Governing Law for Loan Agreements of the World Bank and Other Multilateral Development Banks », *AJIL*, vol. 90, 1996, p. 214-234.

61 Forteau (Mathias), « L'ordre public "transnational" ou "réellement international" – L'ordre public international face à l'enchevêtrement croissant du droit international privé et du droit international public », *JDI Clunet*, 2011, n° 1. Gaillard (Emmanuel), « Aspects philosophiques de l'arbitrage international », *RCADI*, 2007, vol. 329, p. 49-216.

62 Résolution du Conseil de sécurité CS 1373(2001) du 28 septembre 2001 en matière de lutte contre le terrorisme.

actes de droit dérivé. Mais on retrouve cette situation dans des arrangements institutionnels sectoriels moins connus qui connaissent des procédures d'« *opt-out* »[63]. Cette procédure fonctionne de la manière suivante : une convention multilatérale renvoie à un comité l'élaboration des règles techniques de mise en œuvre de la convention généralement annexées à celle-ci. Cet organe adopte à la majorité simple ou qualifiée des instruments en annexes qui ne nécessitent pas de ratification. Pour ne pas être lié, l'État doit objecter explicitement dans un certain délai. C'est une inversion de la logique habituelle où le silence de l'État ne vaut pas consentement à être lié par une règle conventionnelle. On retrouve de telles procédures dans la Convention de Chicago créant l'Organisation internationale de l'aviation civile[64] et dans de très nombreuses conventions en matière environnementale comme la Convention sur le commerce international des espèces de faune et de flore menacées d'extinction du 3 mars 1973[65]. Le Protocole de Montréal relatif à des substances qui appauvrissent la couche d'ozone ne prévoit même pas de possibilité d'« *opt-out* » pour certaines décisions techniques importantes concernant les substances contrôlées[66].

D'autres régimes conventionnels créent des institutions auxquelles les États ont délégué le pouvoir de prendre régulièrement des décisions importantes. Il paraît difficile de rattacher chaque décision prise dans le cadre du mécanisme de règlement des différends de l'Organisation mondiale du commerce au consentement originel des États à l'Accord de Marrakech instituant l'OMC[67]. Les parties à l'Accord ont consenti à confier un pouvoir décisionnel à une institution internationale, mais après

---

63 Sur ces mécanismes, v. not. Brunnée (Jutta), « COPing with Consent: Lawmaking under Multilateral Environmental Agreements », *Leiden J. Int'l L.*, 2002, vol. 15, p. 1-52 ; Fitzmaurice (Malgosia), « Consent to be bound – Anything New under the Sun ? », *Nordic J. Int'l L.*, 2005, vol. 74, p. 483-507.

64 Le conseil de l'OIAC dispose du pouvoir d'élaborer des normes et pratiques internationales recommandées annexées à la Convention par une majorité des 3/4, article 90(a) de la Convention de Chicago

65 Modification des annexes comprenant les listes d'espèces par une majorité des 2/3 de la COP en vertu de l'article XV de la Convention CITES.

66 Les ajustements à la liste des substances contrôlées au sens du Protocole sont arrêtés, en cas d'échec du consensus, à la majorité des 2/3 des votants comprenant une majorité de pays développés et en développement. V. l'art. 2. 9 c) du Protocole de Montréal.

67 Goldsmith (Jack), Levinson (Deryl), « Law for States: International Law, Constitutional Law, Public Law », *Harvard Law Review*, 2009, p. 1791 et s., spec. p. 1850. Dans le même sens, Crawford (James), *art. cit.*, p. 88.

cet assentiment originel, ils ne consentent plus effectivement au contenu des décisions adoptées[68].

D'autres mutations qu'il est possible de relier à la globalisation conduisent à réduire la place du consentement de l'État. Ce serait même un bon indice pour identifier la globalisation par rapport au droit international classique : l'élaboration du droit au-delà de l'État ne reposerait plus seulement sur le consentement de l'État[69].

En ce sens, la gouvernance d'organes globaux hybrides dilue la place des États dans la prise de décision. C'est le cas de l'ICANN, institution en charge de l'attribution des noms de domaine sur Internet, dans laquelle les États et les organisations intergouvernementales n'ont qu'un rôle consultatif au sein du « *Governmental Advisory Committee* »[70]. On peut évoquer également l'Agence mondiale antidopage dont le conseil est composé paritairement de membres nommés par le CIO et de membres représentant les États[71].

D'autre part, les États ont consenti à conférer à des juridictions internationales des pouvoirs importants dans certains domaines comme les droits de l'homme et la protection des investissements. Certes les textes qu'appliquent ces juridictions ont été consentis par les États, mais l'autonomie laissée à ces juridictions est telle dans la pratique que la teneur des règles échappe largement aux États[72]. L'Espagne pouvait-elle concevoir, par exemple, que l'obligation assez vague de traitement juste et équitable à laquelle elle s'était engagée dans ses traités de protection des investissements – comme de très nombreux États – l'oblige à ne pas modifier ses tarifs réglementés en matière d'énergie photovoltaïque sans

---

[68] La remise en cause des « rapports » - décisions prises en matière de règlement des différends - nécessite un consensus, *i.e.* qu'aucun membre ne s'oppose formellement à la décision proposée. Ce qui ne s'est jamais produit. Cf. article 17.14 du Mémorandum d'accord sur le règlement des différends de l'OMC.

[69] Nanteuil (Arnaud) (de), « Le droit international des investissements, vecteur de globalisation du droit administratif », *RFDA*, 2019, n° 5, p. 839 et s.

[70] Selon le site Internet de l'ICANN : « *The GAC serves as the voice of Governments and International Governmental Organizations in ICANN's multi-stakeholders representative structure* » (https://gac.icann.org/).

[71] Casini (Lorenzo), « Global Hybrid Public-Private Bodies : The World Anti-Doping Agency (ADA) », *IOLR*, 2009, n° 2, 421-446.

[72] Nanteuil (Arnaud) (de) (*art. cit.*) l'évoque en droit des investissements, pour un propos similaire en matière de droits de l'homme, Helfer v. (Laurence, R.), « Nonconsensual International Lawmaking », *U. Ill. L. Rev.*, 2008, p. 72-124.

indemniser les opérateurs du retour sur investissement qu'ils espéraient obtenir[73] ? L'interprétation des traités échappe d'autant plus aux États parties que, dans ces contentieux mixtes, entre un État et un particulier, au cours de l'instance, l'État défendeur comme le particulier font valoir à égalité leurs moyens et leurs interprétations du traité que la juridiction doit appliquer. Les États n'ont plus le monopole des argumentations sur le sens à donner aux traités devant les juridictions internationales[74]. Ces situations peuvent paraître périphériques par rapport au noyau interétatique du droit international, elles ne sont certainement pas négligeables.

*

*   *

Certains auteurs ont parlé d'« érosion du consentement »[75] ou de « déclin du consentement »[76]. Tout le droit international ne repose pas sur le consentement individuel de l'État, cela n'a jamais été le cas, et l'institutionnalisation, la globalisation accentue ce cantonnement du consentement individuel de l'État. Mais les termes d'« érosion » ou de « déclin » sont excessifs. La souveraineté reste la source de légitimité

[73] L'Espagne fait l'objet d'un contentieux important devant des tribunaux arbitraux pour avoir remis en cause les tarifs de l'énergie et, à ce jour, a été condamnée par des tribunaux arbitraux à verser 385 millions d'euros (*9REN Holding c. Espagne*, aff. CIRDI n° ARB/15/15, sentence du 31 mai 2019 ; *Antin c. Espagne*, aff. CIRDI n° ARB13/31, sentence du 15 juin 2018 ; *Cube Infrastructure c. Espagne*, aff. CIRDI n° ARB/15/20, sentence du 15 juillet 2019 ; *Eiser c. Espagne*, aff. CIRDI n°13/36, sentence du 4 mai 2017 ; *Foresight c. Espagne*, aff. SCC n° 2015/150, 14 novembre 2018 ; *InfraRed c. Espagne*, aff. CIRDI n° ARB/14/12, sentence du 2 août 2019). De nombreuses autres procédures sont actuellement pendantes.

[74] Comme le relève Mathias Forteau : « [c]ela n'est pas sans conséquences juridiques et pratiques : l'investisseur et l'État défendeur peuvent par exemple se mettre d'accord sur une interprétation du traité à laquelle l'État de nationalité n'aurait peut-être pas consenti ; réciproquement, l'investisseur peut "tenter" une interprétation qui n'aurait peut-être pas été évoquée voire qui aurait été contestée par les deux États en cause s'il s'était agi d'un contentieux interétatique, ce qui ouvre alors la possibilité au juge CIRDI de la consacrer à l'issue du débat contradictoire s'il la juge justifiée. Cela, bien entendu, ne peut manquer d'influer sur les solutions juridiques finalement retenues ». Forteau (Mathias), « Le juge CIRDI envisagé du point de vue de son office : juge interne, juge international, ou l'un et l'autre à la fois ? », in *Liber Amicorum Jean-Pierre Cot*, Bruxelles, Bruylant, 2009, p. 95 et s., spéc. p. 108.

[75] Peters (Anne), « Compensatory Constitutionalism : The Function and Potential of Fundamental International Norms and Structures », *Leiden Journal of International Law*, 2006, vol. 19, p. 579-610.

[76] Krisch (Nico), *art. cit.*

principale des règles de droit international, le consentement de l'État reste en conséquence la technique principale de formation du droit international. D'ailleurs les phénomènes d'institutionnalisation évoqués sont réversibles, comme en atteste les mises en cause actuelles du multilatéralisme[77], que l'on songe au *Brexit*, au retrait américain de l'accord de Paris, au mouvement important de retrait de la Cour pénale internationale. La gouvernance mondiale est contestée, ce que la littérature anglophone nomme « *backlash* ». Les raisons ne sont pas proprement juridiques, mais plutôt politiques[78]. Dans un système international politiquement homogène, dans lequel les États ont peu ou prou des conceptions similaires de la politique et dans lequel des conceptions politiques divergentes sont marginales ou inavouables, leurs intérêts communs sont plus évidents[79]. Le consentement individuel de chaque État peut reculer face à des institutions juridiques traduisant ce que les États perçoivent comme leurs intérêts communs : environnement, droits de l'homme, libéralisation des échanges et des économies. Dans un système international dont l'hétérogénéité est plus marquée, à la fois idéologiquement et politiquement, il est plus difficile de maintenir un ordre juridique traduisant les intérêts de la société internationale. Le consentement collectif devient moins évident et le fonctionnement des institutions de la gouvernance globale se grippe. Les difficultés évidentes de l'OMS durant la crise sanitaire ou la paralysie persistante du mécanisme de règlement des différends de l'OMC l'attestent.

---

[77] Crawford (James), « The Current Political Discourse Concerning International Law », *Modern Law Review*, 2018, vol. 81, n° 1, p. 1-22.

[78] Sur ces phénomènes de « backlash » et de propositions d'explication, Schwöbel-Patel (Christine), « Multilateralism's Tipping Point and the End of International Law's Years of 'Voluptuousness' ? », *in Tipping Points in International Law*, Jean d'Aspremont, John Haskell, *ASIL Studies in International Legal Theory*, 2020.

[79] Nous empruntons la distinction entre systèmes hétérogènes et systèmes homogènes à Raymond Aron : « j'appelle systèmes homogènes ceux dans lesquels les États appartiennent au même type, obéissent à la même conception de la politique. J'appelle hétérogènes, au contraire, les systèmes dans lesquels les États sont organisés selon des principes autres et se réclament de valeurs contradictoires ». Aron (Raymond), *Paix et guerre entre les nations*, Calmann-Lévy, 1984, p. 108.

Le consentement entre personnes publiques : L'exemple de la coopération entre collectivités territoriales

Rémi Poirot
Doctorant contractuel en droit public à l'Université Paris I Panthéon-Sorbonne

« La France a eu besoin d'un pouvoir fort et centralisé pour se faire. Elle a aujourd'hui besoin d'un pouvoir décentralisé pour ne pas se défaire ». C'est par ces quelques mots, prononcés en ouverture du Conseil des ministres du 15 juillet 1981 que François Mitterrand entendait initier « la grande affaire » de son premier septennat. Secondé par son ministre de l'Intérieur, Gaston Defferre, le Président de la République souhaitait alors insuffler une profonde transformation de l'organisation administrative et territoriale de l'État. S'inscrivant dans la voie tracée quelques années auparavant par le rapport *Vivre Ensemble* d'Oliver Guichard[1], le gouvernement s'est engagé à reconnaître une liberté nouvelle aux collectivités territoriales, nommément les communes, les départements et les régions, par la substitution d'un contrôle de légalité *a posteriori* de leurs actes à une tutelle préfectorale *a priori*.

Afin de concrétiser cette première révolution juridique et politique, marquant une rupture avec une tradition jacobine centralisatrice, le gouvernement s'est également engagé dans la concrétisation d'une véritable autonomie locale permettant aux collectivités d'assumer la gestion de nouvelles compétences propres. De fait, à partir de 1983, une succession de réformes sont intervenues dans le but de transférer des compétences en provenance de l'État central vers les différentes catégories de collectivité. À ce propos, les pouvoirs publics ont adopté une approche particulière en s'efforçant de répartir les compétences transférées selon une logique rationnelle, presque cartésienne et scientifique, consistant à ériger des blocs. Autrement dit, à chaque niveau de collectivité devait correspondre un bloc de compétences, l'idée sous-jacente étant d'éviter toute forme de doublon ou de superposition susceptible de créer de la confusion.

[1] Guichard (Olivier), *Vivre Ensemble*, rapport de la Commission Guichard, Paris, La Documentation française, 1976.

Néanmoins cette ambition d'attribuer des domaines de compétences distincts a vite souffert de sa confrontation à la réalité. Très rapidement, il est apparu que la segmentation des domaines d'action publique en blocs de compétences relevait plus du vœu pieux que de la réalité. C'est là l'une des origines du désormais célèbre « millefeuille territorial », expression qui renvoie, certes, à l'existence d'une multiplicité d'échelons territoriaux, mais surtout, à un recoupement de leurs actions respectives, menant à une illisibilité et à une confusion des responsabilités.

Ce constat n'est pas récent puisqu'il a été dressé dès le début des années 1990, si bien que la question de la réforme des compétences locales et de l'architecture territoriale se présente comme une véritable arlésienne, si ce n'est d'une série à épisodes multiples. Depuis 1992 et la loi Joxe[2], les textes se succèdent rapidement, à intervalle régulier, chacun promettant de résoudre cet « enchevêtrement ». Plus précisément, cette pièce en représentation permanente semble animée par un objectif unique. Derrière la rationalisation, la simplification ou la clarification territoriale se cache en réalité une seule ambition, celle de trouver un ordonnancement cohérent et efficace des compétences des différents échelons locaux. Constatant l'impossibilité manifeste de traduire en droit, comme en fait, la théorie des blocs, les pouvoirs publics ont donc eu pour but de réinventer la répartition des compétences au moyen d'un outil particulier : la coopération entre collectivités territoriales.

Si l'on en croit la définition fournie par les dictionnaires usuels, coopérer, du latin *cum - operari*, soit opérer avec, renvoie à l'action de participer à une œuvre commune, à contribuer, à collaborer[3]. Par conséquent, la coopération implique la réunion de plusieurs personnes, organismes ou entités qui décident d'agir de manière conjointe dans un domaine déterminé. S'agissant de la coopération entre collectivités territoriales, cela renvoie donc à l'idée de plusieurs collectivités territoriales distinctes qui œuvrent de concert dans un domaine d'action publique locale particulier et ce, dans le but d'assumer les missions d'intérêt local dont elles ont reçu la charge.

Or, cette notion de coopération entre collectivités territoriales est, à bien des égards, centrale lorsqu'il s'agit d'aborder le thème de cette journée d'étude sur le « consentement en droit public ». Plus précisément, cette

---

[2] Loi n° 92-125 du 6 février 1992 relative à l'Administration Territoriale de la République.

[3] V° « Coopérer », *Dictionnaire Larousse,* disponible en ligne.

question de la coopération entre collectivités nous invite à nous interroger de manière plus spécifique sur la notion de consentement entre personnes publiques, et ici, sur le consentement entre les collectivités territoriales. À nouveau, si l'on se réfère aux dictionnaires usuels, l'action de consentir, de donner son consentement, renvoie au fait de donner son accord, son assentiment, son approbation.

Partant de cette définition, somme toute assez classique, il est possible de souligner le lien étroit qui unit coopération et consentement. De fait, toute la question est de savoir si la coopération entre collectivités territoriales se fait *avec* leur consentement (qu'il soit tacite ou exprès) ou *sans* leur consentement. Si la coopération entre collectivités territoriales visée par les pouvoirs publics centraux se fait avec le consentement des collectivités intéressées, l'on pourrait donc parler de coopération volontaire ou de coopération librement consentie. Au contraire, si ladite coopération est imposée aux collectivités par le législateur, sans que le consentement des personnes intéressées ne soit nécessaire, alors l'on pourrait parler de coopération forcée ou non consentie.

Cette dernière hypothèse n'est pas sans susciter des interrogations centrales tant elle pourrait s'apparenter à une contradiction dans les termes. Assurément, comment des collectivités territoriales pourraient-elles être amenées à coopérer sans en avoir manifesté le désir et sans avoir donné leur consentement ? Comment cela pourrait être possible, d'autant plus que les collectivités territoriales disposent d'un certain nombre de garanties constitutionnelles fondamentales qui ont pour but de protéger leur autonomie ? Rappelons, à ce titre, que l'organisation décentralisée de la République est consacrée par la Constitution, en son premier article depuis 2003. Relevons également qu'au terme du soixante-douzième article de la loi fondamentale, les collectivités territoriales jouissent du principe de libre administration, principe dont la pleine valeur constitutionnelle est reconnue depuis 1979[4].

Cependant, cette dernière garantie ne doit pas être surinterprétée tant ses contours semblent abstraits, tout du moins en construction continue[5]. Dès lors, il n'y a pas, *a priori*, de lien nécessaire et formellement établi par la loi fondamentale entre libre administration des collectivités territoriales et

---

[4] Cons. Const., 23 mai 1979, n° 79-104 DC, pt. 9.

[5] Vedel (Georges), « Le droit au logement et le principe de la libre administration des collectivités locales », *Pouvoirs locaux*, n° 8, 1991, p. 18.

libre consentement de ces dernières s'agissant de leur coopération. L'article 34 de la Constitution disposant que la loi fixe les principes fondamentaux de la libre administration, l'on comprend donc mieux que le législateur puisse être amené, par le biais de ses réformes, à contraindre plus ou moins les collectivités territoriales à coopérer afin de remédier à cette problématique de la répartition des compétences. Partant l'on comprend également que le législateur puisse être conduit à contraindre plus ou moins la capacité de consentement des collectivités en question.

Cette intervention présente donc un double objet. Effectivement, il s'agira de revenir sur ce continuum de réformes et d'expliciter la manière dont les pouvoirs publics centraux ont tenté d'instiller une logique de coopération dans les rapports entre collectivités. Elle sera également l'occasion d'évaluer la liberté accordée à ces collectivités pour entrer dans cette dynamique et de formuler un jugement sur la réalité de leur consentement. Pour ce faire, le propos sera divisé en deux temps, reprenant chacun les grandes orientations retenues quasi-successivement par le législateur pour développer la coopération entre collectivités. La première partie reviendra sur la tendance initiale du législateur à vouloir favoriser la coopération selon une approche institutionnelle, de moins en moins respectueuse du libre consentement des collectivités concernées (I.). La seconde partie traitera, quant à elle, davantage de la tendance récente du législateur à vouloir instiller un climat de coopération par le biais d'une meilleure concertation, méthode apparemment plus respectueuse du consentement des parties intéressées (II.).

I. La coopération par l'approche institutionnelle : la remise en cause progressive du libre consentement des collectivités territoriales

Initialement, le désir des pouvoirs publics de favoriser une forme de coopération entre collectivités territoriales s'est avant tout traduit par une approche faisant des institutions un moyen de rationalisation. Aussi, l'accent était surtout mis sur la coopération entre collectivités appartenant à la même catégorie. Dans ce contexte, il apparaît pertinent de se focaliser essentiellement sur le développement du phénomène intercommunal tant il incarne cette volonté de rationalisation dans l'exercice des compétences au moyen de la création d'une nouvelle structure institutionnelle. Certes, la coopération interdépartementale et la coopération interrégionale existent également mais elles ne bénéficient pas, à l'heure actuelle, du même écho et le choix a été fait de limiter l'analyse au premier phénomène.

En tout état de cause, le fait intercommunal n'est nullement récent puisque sa première origine est contemporaine de la grande Charte municipale de 1884. Il faut souligner, à ce sujet, que le développement de l'intercommunalité s'est originellement réalisé dans le respect du libre consentement des communes intéressées (A.). Toutefois, cette première tendance tend à être remise en question depuis une dizaine d'années : sous couvert d'un effort d'achèvement de la carte intercommunale, le législateur impose de manière autoritaire une nouvelle forme de coopération intercommunale qui se défie du consentement des communes concernées (B.).

A. L'intercommunalité originellement consentie

1. L'intercommunalité de gestion

Nous le rappelions à l'instant, le développement de l'intercommunalité n'est pas un phénomène récent puisqu'il remonte à la fin du XIXe siècle avec la loi du 22 mars 1890 sur les syndicats de communes, conçue comme le prolongement logique de la Charte de 1884. Cette première loi a ensuite été complétée par l'ordonnance n° 59-29 du 5 janvier 1959[6] consacrant l'existence des syndicats intercommunaux à vocation multiple.

Ces deux textes constituent le socle fondamental sur lequel s'est développé un premier mouvement intercommunal de gestion. L'idée prévalant lors de la création de ces syndicats, qu'ils soient à vocation unique ou à vocation multiple, est de permettre aux communes de se regrouper au sein d'une structure syndicale assez souple. Cette dernière prend la forme d'un « établissement public de coopération intercommunale associant des communes en vue d'œuvres ou de services d'intérêt intercommunal »[7]. Autrement dit, il s'agit pour les communes de se regrouper dans une structure tierce permettant de prendre en charge conjointement la gestion et la délivrance de services publics locaux initialement à leur charge. Aussi, ces dernières doivent réaliser des économies budgétaires au moyen d'économies d'échelle – les communes se dé-saisissent d'une partie de

[6] Ordonnance n° 59-29 du 5 janvier 1959 relative à la décentralisation et a la simplification de l'administration communale.

[7] Article L. 5212-1 du Code général des collectivités territoriales.

leurs compétences coûteuses au profit d'un syndicat ayant un périmètre d'action plus vaste –.

Cette première forme d'intercommunalité se caractérise par la marge de manœuvre très importante laissée aux communes intéressées. Il s'agit là d'un mouvement librement consenti par les communes qui décident elles-mêmes de se regrouper en vue de la satisfaction d'intérêts qu'elles déterminent. Une grande latitude est laissée aux communes membres lors de leur adhésion puisqu'elles ont la possibilité de rejoindre un syndicat de manière pleine et entière ou bien pour « une partie seulement des compétences exercées par celui-ci »[8]. À cela s'ajoute une représentation strictement égalitaire des communes au sein du comité syndical puisque la loi dispose que « chaque commune est représentée dans le comité par deux délégués titulaires »[9]. Dès lors, aucune commune n'est en mesure d'imposer ses *desiderata* à ses partenaires en se fondant sur un plus gros contingent de délégués au sein du comité.

En somme, l'intercommunalité syndicale peut apparaître comme l'archétype de la coopération librement consentie. Le législateur crée ici un outil qui permet aux collectivités volontaires de se réunir si elles le souhaitent, selon un degré d'intégration qu'elles déterminent elles-mêmes, sans qu'aucun des partenaires ne puisse contraindre tous les autres. Seulement, cette première déclinaison de la coopération institutionnelle entre communes a pu souffrir d'un manque de solidarité entre partenaires. Cela explique le développement d'une autre forme plus moderne de coopération intercommunale.

2. L'intercommunalité de projet

À l'issue des premières grandes lois initiant « l'acte 1 » de la décentralisation, le législateur a souhaité donner une ampleur, un rayonnement nouveau au phénomène intercommunal et ce, dans le but de trouver un palliatif à l'émiettement de la carte communale. Dans cette perspective, l'intercommunalité syndicale a pu apparaître insuffisante car trop souple et non-susceptible de fournir un véritable cadre formel de coopération. Le projet des lois Joxe[10] et Chevènement[11] était donc

[8] Article L. 5212-16 du Code général des collectivités territoriales.

[9] Article L. 5212-7 du Code général des collectivités territoriales.

[10] Loi n° 92-125 du 6 février 1992 relative à l'administration territoriale de la République.

[11] Loi n° 99-586 du 12 juillet 1999 relative au renforcement et à la simplification de la coopération intercommunale.

d'inaugurer de véritables communautés à fiscalité propre devant élaborer un projet de territoire capable de fédérer les communes membres. Après des prémisses au succès mitigé, marquées par la création des communautés de communes et les communautés de ville, la loi de 1999 a permis de véritablement lancer le développement des communautés. Ces dernières s'articulent autour de trois structures – communauté de communes, communauté d'agglomération, communauté urbaine renouvelée –, chacune s'adressant à des territoires distincts.

Cette intercommunalité rénovée devait initialement se fonder sur le libre consentement des communes potentiellement intéressées. C'est ainsi que la loi ATR précisait que « le progrès de la coopération intercommunale se fonde sur la libre volonté des communes d'élaborer des projets communs de développement au sein de périmètres de solidarité »[12], disposition figurant toujours actuellement à l'article L. 5210-1-1 du Code général des collectivités territoriales. L'accent est officiellement mis sur la liberté des communes de collaborer, ce qui semble indiquer, *a priori*, que le législateur entend respecter la volonté des collectivités concernées. Il est vrai que les lois de 1992 et de 1999 n'imposent pas la création de communautés, préférant s'en remettre à l'initiative locale. Dans ce contexte, l'émergence de communautés dépend de la volonté des communes consentantes. Pour autant, ces EPCI à fiscalité propre se présentent comme des structures plus rigides que les syndicats en ce qu'ils imposent aux partenaires une série de transferts de compétences obligatoires.

Autrement dit, les communes n'ont plus un libre choix s'agissant des compétences qu'elles entendent exercer en commun. Par exemple, à l'heure actuelle, les communautés de communes doivent exercer obligatoirement une série de sept groupes de compétences[13], les

[12] Loi n° 92-125 du 6 février 1992, article 66.

[13] Article L. 5214-16 I. du Code général des collectivités territoriales :
« La communauté de communes exerce de plein droit au lieu et place des communes membres les compétences relevant de chacun des groupes suivants :
1° Aménagement de l'espace [...] ;
2° Actions de développement économique [...] ;
3° Gestion des milieux aquatiques et prévention des inondations [...] ;
4° Création, aménagement, entretien et gestion des aires d'accueil des gens du voyage [...] ;
5° Collecte et traitement des déchets [...] ;
6° Assainissement des eaux usées [...] ;
7° Eau [...]. ».

communautés d'agglomération doivent exercer une série de dix groupes de compétences[14] et les communautés urbaines doivent prendre en charge des compétences regroupées en six blocs[15]. Dans tous les domaines énumérés, la loi précise que les communautés exercent de plein droit au lieu et place des communes membres les compétences en question. Dès lors, les collectivités n'ont pas le choix et elles ne peuvent en aucun cas s'opposer à ces transferts[16].

Par conséquent, le respect de la libre volonté des communes, invoqué par le législateur pour favoriser le développement de cette coopération intercommunale renouvelée apparaît bien plus restreinte que dans le cadre syndical. L'intercommunalité de projet emporte avec elle une rigidité que n'avait pas l'intercommunalité de gestion, ce qui suppose une certaine forme de contrainte. Toutefois, au terme des lois de 1992 et de 1999, les communes restaient libres de leur choix de coopérer ou non, supposant que celles qui acceptaient de faire partie d'une communauté acceptaient également les contraintes qui allaient avec. Cela permettait, en conséquence, de ménager leur consentement mutuel. Or, il se trouve que le législateur est peu à peu revenu sur cette faculté laissée aux communes pour leur imposer de coopérer, remettant en cause le caractère consenti de cette coopération intercommunale.

[14] Article L. 5216-5 du Code général des collectivités territoriales.

[15] Article L. 5215-20 I. du Code général des collectivités territoriales.

[16] Outre ces compétences obligatoires, les communautés de communes et les communautés d'agglomérations pouvaient – jusqu'à l'adoption de la loi n° 2019-1461 du 27 décembre 2019 relative à l'engagement dans la vie locale et à la proximité de l'action publique – recevoir la charge de compétences optionnelles. Cette possibilité consistait pour le législateur à dresser une liste limitative de compétences en permettant aux communes de choisir d'en transférer un certain nombre à l'EPCI. Si ces compétences optionnelles sont aujourd'hui abrogées, la loi dite « engagement et proximité » ne revient pas sur l'existence des compétences facultatives. Dans ce cas précis, le législateur se fonde sur la reconnaissance d'un intérêt local permettant aux communes d'opérer des transferts supplémentaires, si et seulement si elles le souhaitent.

B. La remise en cause de la coopération intercommunale consentie

1. La rupture engagée par la loi RCT

Si les réformes des années 1990 ont contribué à un renouveau incontestable de la coopération intercommunale[17] avec un développement du nombre de communautés de toute sorte, il n'en demeure pas moins que ce succès a pu paraître en demi-teinte pour les pouvoirs publics. Aussi, au traditionnel émiettement communal s'est superposé un émiettement intercommunal avec la multiplication de petits EPCI à fiscalité propre. Conséquemment, les pouvoirs publics ont souhaité corriger cet état de fait à partir de la deuxième moitié des années 2000. En d'autres termes, le désir de rationalisation de l'organisation communale des années 1990 a rapidement cédé la place au désir de rationalisation de l'organisation intercommunale. Assurément, dans un contexte de crise des finances publiques, Nicolas Sarkozy s'est engagé, lors du discours de Toulon[18], à mener une politique de rigueur budgétaire tous azimuts et a annoncé vouloir lancer un chantier de re-fondation de l'architecture administrative locale. Cette ambition s'est traduite par la nomination d'un comité de réflexion présidé par Édouard Balladur, dont les travaux[19] ont servi de socle à la loi de réforme des collectivités territoriales de décembre 2010[20].

Plus précisément, cette dernière loi porte l'ambition de simplifier l'organisation territoriale et, parmi les mesures adoptées, prévoit d'achever la carte intercommunale. Cela se concrétise par la création des Schémas départementaux de la coopération intercommunale (SDCI) et par le renforcement des pouvoirs du représentant de l'État en cette matière. Aussi, la loi dispose que « dans chaque département, il est établi [...] un schéma départemental de coopération intercommunale prévoyant une couverture intégrale du territoire par des établissements publics de coopération à fiscalité propre et la suppression des enclaves et discontinuités territoriales »[21]. Ce schéma doit être « élaboré par le

---

[17] DGCL - DESL, Bilan statistiques des EPCI à fiscalité propre au 1er janvier 2019, février 2019, [en ligne], disponible sur collectivites.gouv.fr. Selon les chiffres de la DGCL, 1376 communes n'étaient membres d'aucune communauté en 2005, contre 3045 en 2008.

[18] *Discours du Président de la République Nicolas Sarkozy*, prononcé le 25 septembre 2008 à Toulon.

[19] Comité pour la réforme des collectivités locales, *Il est temps de décider*, Rapport au Président de la République, 2009.

[20] Loi n° 2010-1563 du 16 décembre 2010 de réforme des collectivités territoriales.

[21] *Ibid.*, article 35, I.

représentant de l'État dans le département [...] présenté à la commission départementale de la coopération intercommunale [...] et arrêté par décision du représentant de l'État dans le département »[22]. À noter que le schéma arrêté doit prendre en compte un certain nombre d'orientations, au premier rang desquelles figure un seuil minimal de 5000 habitants pour la constitution des EPCI et la réduction du nombre de syndicats intercommunaux[23].

Autant dire que ces dispositions constituent une véritable rupture tant elles confèrent un rôle prépondérant au préfet de département à qui revient la charge d'arrêter le SDCI. Partant, les communes ne sont plus, au terme de cette loi, à la manœuvre s'agissant de la constitution d'une communauté. Autrement dit, l'impératif d'achèvement de la carte intercommunale se fait au prix d'une plus grande méconnaissance de la volonté des communes de se regrouper ou non. Certes, les conseils municipaux des communes intéressées sont invités à se prononcer sur le schéma arrêté par le préfet mais ce ne sont pas ces communes qui élaborent leur propre document. Les collectivités sont aussi associées par le biais de la Commission départementale de coopération intercommunale mais cette dernière instance est essentiellement consultative[24]. Cette nouvelle orientation donnée au phénomène intercommunal officialise une sorte de re-centralisation où l'État, par la voix du préfet, se permet de faire coopérer presque d'office les communes entre elles. Preuve en est que la loi prévoyait également un mécanisme permettant au préfet de rattacher d'office à un EPCI toute commune n'étant membre d'aucune intercommunalité[25]. Bien que cette disposition ait finalement été déclarée inconstitutionnelle[26], elle résume bien l'esprit général du texte. L'on aurait pu s'attendre à une approche plus conciliante et respectueuse du consentement des communes de la part de la nouvelle majorité en place à partir de 2012, mais tel n'en a pas été le cas.

2. L'achèvement opéré par les lois MAPTAM et NOTRe

Nous l'avons évoqué, la loi RCT a pu être considérée comme un reflux dans le mouvement décentralisateur engagé depuis 1982, si bien qu'elle pourrait être appréhendée comme une première forme de re-

---

[22] *Ibid.*, article 35, IV, alinéa 5.

[23] *Ibid.*, article 35, III.

[24] *Ibid.*, article 35, IV, alinéa 4.

[25] Article L. 5210-1-2 du Code général des collectivités territoriales.

[26] Cons. Const., 25 avril 2014, n° 2014-391QPC, *Commune de Thonon-les-Bains*.

centralisation, de retour en force de l'État au mépris des libertés locales. Au cours de la campagne présidentielle de 2012, le candidat François Hollande avait donc promis la rupture en ouvrant un nouveau chapitre décentralisateur plus respectueux des collectivités territoriales et de leur libre administration. Pour autant, s'agissant de la coopération intercommunale, les réformes engagées à partir de 2014 ont davantage constitué un prolongement qu'une remise en cause des dispositions du texte de 2010. Deux phénomènes attestent ainsi de la volonté du législateur de contraindre les communes à une plus grande coopération, au mépris de leur consentement.

De fait, la loi du 7 août 2015 portant nouvelle organisation territoriale de la République[27] consacre et complète, parmi ses multiples dispositions, l'achèvement de la carte intercommunale engagé depuis 2010. Cette loi modifie à nouveau le Code général des Collectivités territoriales pour porter à 15 000 habitants le seuil minimum pour la constitution des EPCI à fiscalité propre[28] – sauf cas exceptionnels –. L'accent est ici mis sur le besoin de regrouper les communes de sorte à créer de vastes espaces de solidarité en passant à une logique de bassin de vie. Ce relèvement du seuil ne s'accompagne pas d'une révision de la procédure d'élaboration des SDCI, si bien que la place centrale du préfet n'est pas remise en cause dans le processus.

Quoi qu'il en soit, la constitution de tels ensembles intercommunaux vastes participe d'une volonté plus générale du législateur de faire émerger des poids lourds territoriaux. C'est bien là le sens de la loi de Modernisation de l'Action publique territoriale et d'Affirmation des Métropoles[29], amendée ensuite par la loi NOTRe précitée et par la loi relative au statut de Paris et à l'aménagement métropolitain[30]. Comme l'indique son intitulé, la loi MAPTAM ambitionne de réinventer, tout du moins d'actualiser, le statut de métropole initialement créé par la loi RCT et ayant essuyé un échec relatif. La loi précise que « la métropole est un établissement public de coopération intercommunale à fiscalité propre regroupant plusieurs communes d'un seul tenant et sans enclave au sein

[27] Loi n° 2015-991 du 7 août 2015 portant nouvelle organisation territoriale de la République.

[28] Article L. 5210-1-1 III du Code général des collectivités territoriales

[29] Loi n° 2014-58 du 27 janvier 2014 de modernisation de l'action publique territoriale et d'affirmation des métropoles.

[30] Loi n° 2017-257 du 28 février 2017 relative au statut de Paris et à l'aménagement métropolitain.

d'un espace de solidarité pour élaborer et conduire ensemble un projet d'aménagement et de développement économique, écologique, éducatif, culturel et social de leur territoire afin d'en améliorer la cohésion et la compétitivité et de concourir à un développement durable et solidaire du territoire régional »[31]. Il en résulte que la métropole se présente comme la catégorie d'EPCI la plus intégrée, surpassant les communautés urbaines.

Il se trouve que le législateur a choisi, pour éviter que l'échec de 2010 ne se reproduise, de procéder à la création autoritaire d'un certain nombre de métropoles. Ainsi, la loi énumère une série de critères permettant au pouvoir réglementaire de transformer unilatéralement des EPCI relevant d'une autre catégorie en métropole. Au terme de ces dispositions, dix anciennes intercommunalités ont été transformées en métropole[32] sans qu'elles n'aient eu à donner leur approbation. Mieux, la loi crée également de manière autoritaire trois métropoles particulières, à savoir le Grand Paris[33], Aix-Marseille-Provence[34] et la Métropole de Lyon[35].

Ces créations unilatérales, qui rappellent celles opérées en 1966 s'agissant des premières communautés urbaines[36], se font au prix d'une méconnaissance totale de la volonté des communes concernées qui n'ont pas exprimé le moindre accord quant à cette transformation profonde – hormis le cas particulier de la Métropole lyonnaise –. Le Conseil Constitutionnel, saisi de la constitutionnalité de la loi et notamment de la création autoritaire du Grand Paris, indique qu'en agissant de la sorte, le législateur a bien affecté la libre administration des collectivités concernées. Cependant, le Conseil souligne que le législateur « a poursuivi un but d'intérêt général [et] qu'il pouvait dans ce but apporter ces limitations à la libre administration des communes »[37].

L'on peut bien parler dans ce contexte, pour reprendre les mots évoqués en introduction, d'une coopération intercommunale non consentie, mais admise par le juge constitutionnel. Partant, l'expression du consentement

---

[31] Article L. 5217-1 alinéa 1 du Code général des collectivités territoriales.

[32] Il s'agit nommément des métropoles de Bordeaux, Brest, Grenoble, Lille, Montpellier, Nantes, Rennes, Rouen, Strasbourg et Toulouse.

[33] Article L. 5219-1 du Code général des collectivités territoriales.

[34] Article L. 5218-1 du Code général des collectivités territoriales.

[35] Article L. 3611-1 du Code général des collectivités territoriales.

[36] Loi n° 66-1069 du 31 décembre 1966 relative aux communautés urbaines.

[37] Cons. Const., 23 janvier 2014, déc. n° 2013-287 DC, *Société française de radiotéléphone – SFR*, pt. 25.

ou de l'absence de consentement de collectivités appelées à coopérer dans une structure intercommunale ne paraît pas être un caractère déterminant pour juger d'une possible atteinte au principe de libre administration des collectivités territoriales. Il semblerait, par conséquent, qu'à l'heure actuelle, le consentement des parties ne soit plus une thématique pertinente pour aborder la coopération institutionnelle entre collectivités – ici les communes –. Reste que les pouvoirs publics semblent, en parallèle, favoriser une nouvelle forme de coopération locale fondée sur une logique concertée permettant aux collectivités de définir elles-mêmes les modalités de leur action commune.

II. La coopération par l'approche concertée : le renouveau du libre consentement des collectivités territoriales

Si l'approche institutionnelle a longtemps mobilisé la plus grande attention des pouvoirs publics s'agissant de la coopération entre collectivités territoriales, force est de constater que les réformes récentes semblent opérer un mouvement de bascule, aussi intéressant que complexe. En effet, la priorité semble désormais concerner la coopération concertée entre collectivités plutôt que la coopération par le biais d'une institution tierce.

Ce changement de paradigme résulte, d'abord, de la prise de conscience plus ou moins assumée du législateur de l'impossibilité théorique et matérielle de concrétiser le projet ancien des transferts par bloc de compétences. La superposition des domaines de compétences souligne donc le besoin pour les différents échelons de coopérer (A.). En conséquence, le législateur s'est efforcé de créer les conditions d'un renforcement du dialogue entre collectivités, quand bien même ce chantier n'est pas terminé (B.).

A. Le constat d'un nécessaire dialogue entre différents échelons territoriaux

1. La spécialisation trompeuse des compétences locales

Lors des premières heures de la décentralisation, le législateur portait l'ambition de rendre l'architecture territoriale lisible en organisant des transferts de compétences selon une logique de blocs. Autrement dit, à chaque échelon territorial devait correspondre l'exercice de quelques politiques locales spécialisées. Ce souhait trouve sa transcription au sein même du Code général des collectivités territoriales qui précise que « la répartition des compétences entre les collectivités territoriales et l'État s'effectue, dans la mesure du possible, en distinguant celles qui sont mises à la charge de l'État et celles qui sont dévolues aux communes, aux département ou aux régions de telle sorte que chaque domaine de compétences ainsi que les ressources correspondantes soient affectées en totalité soit à l'État, soit aux communes, soit aux départements, soit aux régions »[38]. Il s'agissait bien, dans l'esprit du législateur, d'éviter qu'un échelon territorial n'intervienne dans le champ d'action des autres. Toutefois, les premières lois de l'acte 1 de la décentralisation n'ont pas souhaité brider ou borner l'initiative locale au cas où un intérêt local inciterait une collectivité à intervenir en dehors du champ de compétences prévu par la loi. Pour cette raison, les communes, les départements et les régions bénéficiaient tous, à l'origine, d'une clause générale de compétence prévoyant que la collectivité concernée « règle par ses délibérations les affaires [de la collectivité] »[39].

Or, à partir des années 1990, cette clause générale de compétence a été dénoncée comme une des causes majeures du millefeuille territorial, puisque chaque collectivité pouvait intervenir en dehors de son champ de compétences prévu par la loi[40]. Pour éviter cet enchevêtrement, le législateur a souhaité supprimer en 2010 cette fameuse clause au profit du département et de la région. C'est ainsi que la loi RCT a modifié le Code général des collectivités territoriales en ajoutant après la mention selon laquelle le conseil général (ou le conseil régional) « "règle par ses délibérations les affaires du département (ou de la région)" [que] ces conseils ne pouvaient plus délibérer que "dans les domaines de compétence que la loi lui attribue" »[41]. Cette modification s'accompagnait d'une disposition nouvelle précisant que « les compétences attribuées par la loi aux collectivités territoriales le sont à titre exclusif »[42].

Si la loi MAPTAM a brièvement rétabli la clause générale de compétence au profit de la région et du département, la loi NOTRe l'a finalement de

---

[38] Article L. 1111-4 alinéa 1 du Code général des collectivités territoriales.

[39] Article L. 2121-9 du Code pour les communes ; Article L. 3211-1 pour les départements ; Article L. 4221-1 pour les régions.

[40] Brisson (Jean-François), « Clarification des compétences et coordination des acteurs », *AJDA*, 2014, p. 605.d

[41] Verpeaux (Michel), « Pavane pour une notion défunte - La clause de compétence générale », *RFDA*, 2014, p. 457.

[42] Loi n° 2010-1563, précitée, article 73-V.

nouveau abrogé, de sorte à en faire des collectivités aux missions spécialisées. Cela aurait dû conduire à la fin des doublons car chaque niveau se trouve posséder un domaine de compétence propre. Or, en droit, comme en fait, la spécialisation opérée apparaît à bien des égards factice, tant l'énumération législative des compétences locales se révèle imprécise. Le législateur tend davantage à transférer la gestion des missions générales qu'à transférer des attributions précises à chaque échelon[43]. Ce faisant, de nombreux doutes peuvent subsister sur l'articulation de l'action de chaque collectivité dans des domaines qui s'entrecroisent. Par exemple, la loi précise que le conseil régional « a compétence pour promouvoir le développement [...] social et sanitaire [...] de son territoire »[44] et que le conseil départemental « est compétent pour mettre en œuvre toute aide ou action relative [...] au développement social »[45].

Il ne s'agit là que d'un exemple parmi d'autres mais il montre bien le besoin de coopération, de coordination de l'action des collectivités territoriales concernées. Reste que cela ne peut se faire qu'en respectant l'autonomie de chaque échelon qui interdit à une catégorie de collectivités d'exercer la moindre tutelle sur une autre[46]. Autrement dit, la coordination ne peut se faire que selon une logique concertée fondée sur le libre consentement de chaque collectivité. C'est bien là l'origine de la réactualisation récente de la notion de collectivité chef de file.

2. La réactualisation du chef de filât

Face à l'absence de véritable spécialisation permettant une délimitation précise du champ d'action de chaque catégorie de collectivités, le législateur a récemment réactualisé la notion de chef de filât, permettant à une collectivité d'organiser les modalités d'action commune à plusieurs échelons. Initialement, cette notion avait été prévue par une loi de 1995 sur l'orientation pour l'aménagement et le développement du territoire qui indiquait que « la répartition des compétences entre l'État et les collectivités territoriales sera clarifiée dans le cadre d'une loi [...] de manière que chaque catégorie de collectivités territoriales dispose de

[43] Brisson (Jean François), « Clarification des compétences [...] », *art. cit.*, p. 605.
[44] Article L. 4221-1 alinéa 3 du Code général des collectivités territoriales.
[45] Article L. 3211-1 alinéa 2 du Code.
[46] Constitution du 4 octobre 1958, article 72.

compétences homogènes »[47] et que la loi en question « définira les conditions dans lesquelles une collectivité pourra assumer le rôle de chef de file pour l'exercice d'une compétence ou d'un groupe de compétences relevant de plusieurs collectivités »[48]. Toutefois, cette dernière disposition avait été censurée par le Conseil Constitutionnel[49], conduisant à son abandon – du moins temporaire.

La révision constitutionnelle de 2003 a fini par intégrer le chef de filât dans la loi fondamentale puisqu'au terme du cinquième alinéa de l'article 72, il est prévu qu'« aucune collectivité territoriale ne peut exercer une tutelle sur une autre. Cependant, lorsque l'exercice d'une compétence nécessite le concours de plusieurs collectivités territoriales, la loi peut autoriser l'une d'entre elles ou un de leurs groupements à organiser les modalités de leur action commune »[50]. Cette nouvelle disposition constitutionnelle est particulièrement intéressante puisqu'elle a pu laisser croire que le chef de filât pouvait constituer une exception à l'interdiction de tutelle d'une collectivité sur une autre. Toutefois, « cette interprétation n'a pas prévalu et le chef de filât est resté dépourvu de toute prérogative de commandement »[51]. En d'autres termes, la collectivité territoriale désignée chef de file par la loi reçoit un rôle de « chef d'orchestre »[52], de *primus inter pares*, sans qu'on ne lui reconnaisse « aucun pouvoir de décision à la place des autres collectivités »[53]. Autrement dit, ce dispositif inauguré en 2003 permet d'organiser un dialogue consenti entre collectivités. Le chef de file doit être à l'origine d'une concertation entre collectivités, cette dernière devant être respectueuse de l'autonomie de chacune. La coopération doit ici se fonder sur le consentement des parties intéressées puisque le chef de file ne dispose d'aucun pouvoir de contrainte.

Cependant, cette absence de prérogatives coercitives à la disposition du chef de file a longtemps été responsable de l'impossible montée en puissance du dispositif. Pour cause, il a fallu attendre la loi MAPTAM,

---

[47] Loi n° 95-115 du 4 février 1995 d'orientation pour l'aménagement et le développement du territoire, article 65 I.

[48] *Ibid.*, II.

[49] Cons. Const., 26 janvier 1995, n° 94-358 DC.

[50] Constitution du 4 octobre 1958, article 72 alinéa 5.

[51] Ferreira (Nelly), « Chef de filât et conférence territoriale de l'action publique », *JCP A*, n° 8, 2014, p. 2048.

[52] Gélin-Racinoux (Laurence), « La fonction de chef de file dans la loi du 13 août 2004 », *AJDA*, 2007, p. 283.

[53] Janicot (Laëtitia), « La fonction de collectivité chef de file », *RFDA*, 2014, p. 472.

plus de dix ans après la révision constitutionnelle de 2003, pour que le législateur fasse du chef de filât une composante essentielle de la répartition des compétences entre collectivités. Au terme de cette loi, amendée par la loi NOTRe, la région est désignée chef de file pour l'exercice des compétences relatives à l'aménagement et au développement du territoire ; à la protection de la biodiversité ; au climat, à la qualité de l'air et à l'énergie ; à la politique de la jeunesse ; aux mobilités ; au soutien de l'enseignement supérieur. De son côté, le département devient chef de file en matière d'action sociale ; d'autonomie des personnes ; de solidarité des personnes. Enfin, le bloc communal devient chef de file en matière de mobilité durable ; de services publics de proximité ; d'aménagement de l'espace ; de développement local[54]. À noter que cette réforme n'a pas été remise en cause par la loi NOTRe, ce qui rappelle que la spécialisation des compétences engagée par ce texte n'empêche pas les chevauchements et interventions croisées de plusieurs échelons territoriaux dans le cadre d'un même domaine.

Par conséquent, la réactualisation du chef de filât constitue la première étape du renouveau de coopération entre collectivités fondée sur la concertation, le dialogue et le respect du consentement des collectivités intéressées. Il nous reste finalement à montrer les modalités de cette coopération consentie, organisée autour des chefs de file.

B. Le renouveau du dialogue entre collectivités territoriales

1. L'organisation d'un forum de concertation : chefs de file, CTEC, CTAP

Si la loi MAPTAM a rénové la fonction de collectivité chef de file, il ne s'agit là que d'un des maillons d'une chaîne plus complexe et complète destinée à favoriser un exercice concerté des compétences locales. Partant du constat de l'échec relatif du chef de filât initié au début des années 2000, résultat de l'absence de moyens accordés aux chefs de file pour organiser le dialogue, la loi inaugure un nouvel outil : les conventions territoriales d'exercice concerté des compétences (CTEC). Elles ont pour rôle de fixer, pour l'exercice de chaque compétence sujette au chef de filât, « les objectifs de rationalisation et des modalités de l'action commune pour chacune des compétences concernées »[55]. Ces conventions sont obligatoirement

[54] Article L. 1111-9 du Code général des collectivités territoriales.

[55] Article L. 1111-9-1 V. alinéa 1 du Code général des collectivités territoriales.

préparées par les départements et régions pour l'exercice des compétences dont ils sont chefs de file alors qu'il ne s'agit que d'une faculté pour les communes[56]. Les CTEC sont donc un moyen pour les chefs de file d'organiser, d'orchestrer l'action commune.

Reste que l'ambition du législateur était de favoriser un dialogue entre collectivités de sorte à empêcher toute forme de tutelle que pourraient exercer les chefs de file en raison de cette qualité. Autrement dit, tout l'enjeu était de donner un moyen d'agir au chef de file sans, toutefois, porter atteinte au consentement des collectivités appelées à coopérer. Pour ce faire, la loi institue dans chaque région une Conférence territoriale de l'action publique (CTAP) qui est « chargée de favoriser un exercice concerté des compétences des collectivités territoriales, de leurs groupements et de leurs établissements publics »[57]. Ces CTAP, présidées par le président du conseil régional, sont composées des présidents des conseils départementaux, des présidents des EPCI de plus de 30 000 habitants et d'un certain nombre de représentants des communes[58]. Parmi leurs nombreuses missions, elles sont appelées à examiner les projets de conventions territoriales d'exercice concerté des compétences préparées par les chefs de file[59].

Dès lors, la CTAP se présente comme un véritable forum de discussion qui permet à la collectivité chef de file de débattre avec les autres échelons territoriaux pour favoriser une meilleure gestion des compétences locales. À l'issue des débats, « la collectivité territoriale ou l'établissement public auteur du projet de CTEC *peut*[60] prendre en compte les observations formulées lors des débats [...] pour modifier le projet présenté »[61]. Au terme de la loi, le chef de file n'est donc pas tenu de prendre en compte l'avis de ses partenaires, ce qui pourrait interroger sur le respect de consentement ou de l'absence de consentement des collectivités à coopérer les unes avec les autres. Néanmoins, une fois transmises au représentant de l'État, les CTEC ne sont opposables qu'aux « seules collectivités territoriales et établissements publics qui l'ont signée »[62].

---

56 *Ibid*, a) b).
57 *Ibid.*, I.
58 *Ibid.*, II 1° à 8°.
59 *Ibid.*, VI alinéa 1.
60 Nous soulignons.
61 *Ibid.*, VI alinéa 2.
62 *Ibid.*, VI alinéa 5 du Code général des collectivités territoriales.

En conséquence, cette nouvelle manière d'organiser la concertation et la coopération entre collectivités se veut respectueuse de la volonté de chacune. Certes, la force juridique de tout ce système repose uniquement sur une capacité d'entraînement et de conviction des chefs de file à inciter leurs partenaires à coopérer. Cependant, cela constitue sans doute l'amorce d'un système décentralisé particulièrement souple permettant aux collectivités de consentir à une répartition originale des compétences.

2. Les prémisses d'un mouvement de différenciation territoriale librement consentie

Il résulte des réformes susmentionnées que la répartition des compétences par le biais des CTEC et l'attribution de la qualité de chef de file à différents échelons territoriaux apparaissent être deux facteurs qui pourraient conduire à une grande différenciation entre régions s'agissant de la répartition des compétences. Ainsi, il faut souligner le fait que l'exercice concerté des compétences soumises au chef de filât est susceptible d'être particulièrement différent d'une région à l'autre puisqu'il dépend de la capacité des chefs de file à faire accepter leur CTEC à leurs partenaires. Cela ouvre la voie à des modalités d'exercice différentes selon les régions puisque tout repose sur le consentement des collectivités intéressées.

D'ailleurs, il ne s'agit là que d'une manifestation parmi d'autres du poids du consentement des collectivités territoriales à entrer en coopération les unes avec les autres. Effectivement, les dispositions concernant les Conférences territoriales de l'action publique, couplées à d'autres mécanismes, pourraient être de nature à bouleverser le système territorial dans son intégralité. Par exemple, il est prévu qu'à l'échelon régional, la CTAP « peut débattre et rendre des avis sur tous les sujets relatifs à l'exercice de compétences et à la conduite de politiques publiques nécessitant une coordination ou une délégation de compétences entre les collectivités territoriales et leurs groupements »[63]. Rappelons que depuis 2010 « une collectivité territoriale peut déléguer à une collectivité territoriale relevant d'une autre catégorie ou à un établissement public de coopération intercommunale à fiscalité propre "tout ou partie" d'une compétence dont elle est attributaire »[64].

[63] Article L. 1111-9-1 I. alinéa 2 du Code.

[64] Article L. 1111-8 du Code.

Ergo, la CTAP pourrait à l'avenir devenir le lieu permettant de redistribuer les compétences locales, selon les désirs et les besoins exprimés par les collectivités qui y siègent. D'une part, la conférence permet d'organiser l'exercice concerté des compétences partagées et d'autre part, elle peut être amenée à se prononcer sur les délégations de compétences d'une collectivité à l'autre. Autrement dit, elle pourrait assumer un rôle de superviseur, à l'échelle régionale, de la répartition globale des compétences entre échelons. Cela aurait pour effet de mener à une différenciation accrue entre territoires puisque la répartition applicable au sein d'un espace régional serait susceptible d'être fortement différente de celle applicable ailleurs.

Quoi qu'il en soit, cette réorganisation profonde se fonde essentiellement sur le bon vouloir des collectivités concernées. La conclusion des CTEC et d'éventuelles conventions de délégations de compétences dépend de la volonté des collectivités intéressées d'entrer dans une telle logique de coopération approfondie. S'agissant de la délégation de compétences, il va sans dire qu'il s'agit d'une procédure qui reste encore marginale puisque la collectivité délégante reste responsable de l'action menée par la collectivité délégataire, la délégation de compétence n'entraînant pas une modification des responsabilités[65]. Nonobstant, cela reste une éventualité intéressante au cas où les collectivités concernées y consentiraient.

*

*   *

La notion de consentement possède une résonance toute particulière en droit des collectivités territoriales et, pour ce qui concerne le sujet qui nous a occupé, en ce qui concerne la coopération entre collectivités. Dans ce cadre précis, le consentement peut se concevoir comme une composante du principe de libre administration. S'il s'agit, certes, d'une notion intéressante, il en reste que l'absence consentement des collectivités territoriales ne constitue manifestement pas un obstacle pour le législateur lorsqu'il décide d'imposer unilatéralement une coopération forcée à des collectivités ne le souhaitant pas. À cet égard, il apparaît que la jurisprudence du Conseil constitutionnel ne peut pas faire office de

---

[65] Auby (Jean-Bernard), « Compétences locales. - Transferts, délégations, mutualisation, chef de file, concertation et contractualisation », *JurisClasseur Administratif*, Fasc. n° 116-50, 16 juillet 2019, p. 9.

véritable paravent protecteur puisque seules les atteintes les plus graves ont pour l'heure été censurées.

Malgré tout, la tendance des réformes récentes semble être de reconnaître une place nouvelle au consentement des collectivités dans le cadre de leur coopération. Les premiers jalons d'une nouvelle forme de coopération concertée, respectueuse de la volonté locale et librement consentie, ont été posés. Cela étant, il n'est pas possible de mesurer l'influence de ces réformes et l'ampleur des changements induits par cette logique de coopération consentie reste à évaluer. Il n'en demeure pas moins que de nombreux outils existent désormais pour permettre aux collectivités qui le souhaitent de déterminer elles-mêmes, au niveau régional, la répartition des compétences locales. Gageons que cette tendance à une plus grande différenciation doive être appelée à se poursuivre à l'heure de l'annonce d'un nouveau pacte girondin – qui tarde à prendre forme – et où un projet de loi « 3D » (décentralisation, différenciation, déconcentration) devrait être prochainement présenté au Parlement. Reste encore à savoir si ces promesses se traduiront par un approfondissement de l'approche de coopération consentie, au moment où certains préconisent de revenir sur les avancées récentes en la matière[66]...

---

[66] Cukiermann (Cécile), Rapport d'information fait au nom de la mission d'information « Quel rôle, quelle place, quelles compétences des départements dans les régions fusionnées, aujourd'hui et demain ? », Rapport n° 706, Session extraordinaire de 2019-2020, Sénat, 15 septembre 2020.

L'expression du consentement de l'administration par le silence

Armand Desprairies
Maître de conférences à l'Université de Reims Champagne-Ardenne
Centre de Recherche Droit et Territoire (CRDT), EA 3312

Est-ce que le silence de l'administration peut caractériser une manifestation de son consentement ? La réponse dépend de ce que l'on entend par le silence. En principe, le silence ne dit rien parce qu'il est « par essence un vide »[1]. Il convient alors de distinguer les différentes formes de silence car l'interprétation attribuée varie selon que l'on a affaire à un silence absolu ou circonstancié.

Étymologiquement, le terme de « silence » provient du latin *silentium*, désignant tant « l'absence de bruit, de paroles » que « le repos, l'inaction, l'oisiveté », dérivé de *silere* signifiant « être silencieux, taire, se taire »[2]. Le silence désigne un état statique, l'absence de bruit, mais aussi un comportement volontaire, l'action et, plus précisément, le mutisme. Le constat du silence ne pose pas de problème ; c'est son interprétation qui intrigue. Et plus précisément, l'étude du comportement d'abstention de l'administration. Le silence de l'administration est analysé sous l'angle de la volonté : il n'est plus question de faire le constat d'un manquement mais d'appréhender positivement le rôle du silence[3], ou des notions voisines,

---

[1] Carbonnier (Jean), « Le silence et la gloire », *Rec. Dalloz*, 1951, chron. p. 121.
[2] Rey (Alain) (dir.), *Dictionnaire culturel en langue française*, Le Robert, 2005, vol. 4, p. 789.
[3] Gouttenoire (René), *Le silence de l'administration*, éd. P. Bossuet, 1932 ; Laveissière (Jean), *Le silence de l'administration*, thèse dactyl., Université Bordeaux I, 1979.

telles que l'obligation d'agir[4], l'abstention[5], l'inertie[6], l'inaction[7], la carence[8], la décision implicite[9] dans la formation des situations juridiques.

Si la volonté se définit comme un « acte de volition constitutif du consentement nécessaire à la formation de l'acte juridique, qui comprend un élément psychologique (volonté interne) et un élément d'extériorisation (volonté déclarée) »[10], il n'est pas identique à la notion de consentement qui exige un « accord de deux ou plusieurs volontés en vue de créer des effets de droit »[11]. Ainsi, le consentement exige à la fois une manifestation de volonté mais également un accord entre les parties à la formation de l'acte juridique[12]. Dans une conception étroite, l'accord de volonté comme condition de formation de l'acte juridique ne concerne que le contrat. En matière d'acte unilatéral, les effets de droit créés s'imposent à des « personnes extérieures à son édiction, indépendamment de leur consentement »[13]. En droit administratif, l'article L. 200-1 du Code des

---

[4] Barthélemy (Joseph), « L'obligation de faire en droit public », *RDP*, T. 29, éd. M. Giard et E. Brière, 1912, p. 505 ; Hamidou (Mohamadi), *L'obligation d'agir des personnes publiques*, thèse dactyl., Université Toulouse I, 2005.

[5] Jèze (Gaston), note sous CE, 28 juil. 1905, *Mathieu* et CE, 7 août 1905, *Ducreux et Zill-Desilles*, *RDP*, T. 22, 12e année, éd. M. Giard et E. Brière, 1905, p. 764 ; Guiavarc'h (Gweltaz), *Abstention et obligation d'agir en droit public. Recherche sur l'incomplétude du droit et l'obligation de création des normes*, thèse dactyl., Université Rennes I, 1995 ; Fallon (Damien), *L'abstention de la puissance publique et la garantie des droits fondamentaux*, LGDJ, Presses de l'Université de Toulouse I Capitole, 2014.

[6] Montané de la Roque (Pierre), *L'inertie des pouvoirs publics*, Dalloz, 1950.

[7] Poluboscko (Nicolas), *L'inaction administrative*, thèse dactyl., Université Paris II, 1999.

[8] Dorlencourt-Detragiache (Denise), *Contribution à une théorie de la carence en droit administratif français*, thèse dactyl., Université Paris II, 1972.

[9] Parrical de Chammard (Jacques), *Le recours contre le déni de l'administration. Étude de l'article 7 du décret du 2 novembre 1864 et de l'article 3 de la loi du 17 juillet 1900*, éd. Émile Larose, 1911 ; Monnier (Mireille), *Les décisions implicites d'acceptation de l'administration*, LGDJ, BDP, T. 166, 1992 ; Bouffard (Pierre), Théry (Jean-François), « Étude sur les autorisations tacites », *EDCE*, 1979-1980, p. 289 ; Pauti (Monique), « Les décisions implicites d'acceptation et la jurisprudence administrative », *RDP*, 1975, p. 1525 ; Bougassas (Abderrahmane), *Le régime juridique de la décision administrative implicite en droit français (éléments de comparaison avec le droit algérien)*, thèse dactyl., Université Paris I, 1985 ; Faivre (Catherine), *La décision implicite de l'administration en droit public français*, ANRT, 2004 ; Roux (Stéphane), *Le silence de l'administration : Décisions implicites de rejet ou d'acceptation*, Anne Rideau, 2016.

[10] Cornu (Gérard) (dir.), *Vocabulaire juridique*, Association Henri Capitant, PUF, Quadrige Dicos poche, 12e éd., 2018.

[11] *Ibid.*

[12] Sur l'approche conceptuelle de la notion de consentement : v. not. Christelle (Maxence), *Consentement et subjectivité juridique : contribution à une théorie émotivo-rationnelle du droit*, thèse dactyl., Université Paris I, 2014.

[13] Plessix (Benoît), *Droit administratif général*, LexisNexis, 4e éd., 2020, n° 823.

relations entre le public et l'administration les désigne sous le qualificatif de décision. Ainsi, l'accord de volonté comme condition de formation de la décision administrative n'est pas caractérisé du fait de l'unilatéralité. Toutefois, une approche plus extensive est adoptée. Il y a consentement et donc accord de volonté dès lors que l'administration s'oblige, adhère ou répond favorablement à une offre ou à une demande. Dans cette logique, la décision implicite de rejet n'exprime aucun accord de volonté car justement le silence de l'administration ne permet pas au demandeur d'obtenir satisfaction. Tel n'est pas le cas de la décision implicite d'acceptation où un accord de volonté est, au sens large, caractérisé car l'administration fait totalement droit à la volonté du demandeur.

La difficulté dans l'identification du consentement tient au fait que l'administration est silencieuse. L'élément d'extériorisation du consentement de l'administration étant absent, il convient de déterminer dans quelle mesure l'acte administratif est considéré comme formé. Il convient de faire une distinction entre deux types d'actes administratifs qui se forment alors qu'il existe un silence administratif. Le premier, l'acte administratif tacite, exige que le silence soit circonstancié. Il traduit l'expression du consentement réel de l'administration partiellement silencieuse (I.). Le deuxième, l'acte administratif implicite, se retrouve notamment en cas de silence absolu. Il repose sur un mécanisme fictif dans lequel le consentement de l'administration est objectivé. Peu importe la réalité du consentement de l'administration, ce qui compte est la signification normative attribuée au sens de son silence. Dans la définition adoptée du consentement comme accord de volontés, seul l'acte implicite d'acceptation est traité (II.).

I. L'acte tacite, expression du consentement de l'administration partiellement silencieuse

L'acte administratif tacite fait partie de la catégorie des actes explicites à la différence près que, du fait du caractère circonstancié du silence de l'administration, le mode formel d'extériorisation du consentement fait défaut (A.). Le juge procède, par le mécanisme de la présomption, à la reconstitution du consentement réel de l'administration (B.).

A. La place centrale du consentement réel dans l'acte administratif tacite

Il convient de distinguer l'acte administratif tacite de son homologue implicite quant à la place du consentement de l'administration dans la formation de ces actes. Pourtant les deux termes sont employés de manière indifférente pour désigner, au bout d'un certain délai, le silence positif de l'administration. Il est utilisé en matière d'approbation tacite par l'autorité de tutelle des actes des collectivités territoriales[14] et des organismes publics[15] ou privés[16]. Le terme est également employé pour qualifier les autorisations tacites d'exercice d'activités économiques[17], les permis de construire, d'aménager ou de démolir tacites[18]. De même, la jurisprudence[19], comme une partie de la doctrine[20], utilise comme synonymes

---

[14] Le décret-loi de décentralisation et de déconcentration administrative du 5 novembre 1926 (JORF du 7 novembre 1926) met en place cette approbation tacite pour les délibérations des conseils municipaux. Ce mécanisme est étendu aux départements par l'ordonnance n° 59-32 du 5 janvier 1959 portant allègement du contrôle administratif sur les départements et simplification de l'administration départementale (JORF du 6 janvier 1959, p. 315). La loi n° 82-213 du 2 mars 1982 relative aux droits et libertés des communes, des départements et des régions a mis fin en grande partie à ce mécanisme d'approbation (JORF du 3 mars 1982, p. 730).

[15] À titre d'exemple, pour l'établissement public Business France, l'article 12 du décret n° 2014-1571 du 22 décembre 2014 relatif à l'agence Business France prévoit que : « […] Les délibérations autorisant les emprunts, les prises de participation, les créations de filiales, les acquisitions, échanges et aliénations de biens immobiliers ne sont exécutoires qu'après approbation tacite au bout d'un mois du ministre chargé du budget et des ministres chargés de l'économie, des affaires étrangères et de l'aménagement du territoire […] » (JORF n° 0297 du 24 décembre 2014, p. 22170).

[16] L'article R. 141-2 du Code rural et de la pêche maritime prévoit que certaines missions confiées aux sociétés d'aménagement foncier et d'établissement rural : « ne peuvent être entreprises avant l'approbation expresse ou tacite [des] commissaires du Gouvernement ».

[17] C'est le cas, par exemple, des anciens régimes d'autorisation tacite d'exploitation de carrière ou d'autorisation tacite de licenciement : Faivre (Catherine), *La décision implicite de l'administration en droit public français*, *op. cit.*, n° 193.

[18] Art. R. 424-1 du Code de l'urbanisme.

[19] CE, 30 déc. 2015, *Compagnie nationale des conseils en propriété industrielle et autres*, req. n° 386805, Rec. T. p. 530. Sur la base de données des décisions du Conseil d'État, accessible via *Légifrance*, on dénombre, à la date de la rédaction de cette étude, 210 décisions dans lesquelles les trois termes « tacite », « implicite » et « silence » sont cumulativement employés. La plupart de ces décisions confondent les notions de tacite et d'implicite.

[20] Chapus (René), *Droit administratif général*, Montchrestien, Domat Droit public, T. 1, 15e éd., 2001, n° 674 ; Laveissière (Jean), *Le silence de l'administration*, *op. cit.*, p. 431 ; Monnier (Mireille), *Les décisions implicites d'acceptation de l'administration*, *op. cit.*, p. 23 ; Cassia

les termes de « tacite » et « implicite ». Pourtant, les deux notions méritent d'être distinguées en ce qu'elles ne confèrent pas à la volonté administrative le même poids.

En droit privé, le rôle de la volonté est l'une des préoccupations centrales dans l'interprétation du silence[21], qui a donné lieu à de nombreuses thèses[22]. Cela s'explique naturellement par la tradition civiliste qui érige l'échange des consentements comme condition à la formation de l'acte juridique. En droit privé, contrairement à l'adage *Qui tacet consentir videtur*[23], le silence ne peut donner

---

(Paul), « La décision implicite en droit administratif français », *JCP A*, 2009, p. 2156 ; Faivre (Catherine), *La décision implicite de l'administration en droit public français*, *op. cit.*, n° 147 ; Bertrand (Christine), *L'agrément en droit public*, LGDJ, Presses Universitaires de la Faculté de Droit - Université d'Auvergne, coll. des Thèses, vol. 6, 1999, n° 157 ; Saunier (Sébastien), *Recherche sur la notion de formalisme en droit administratif français*, Presses Universitaires d'Aix-Marseille, Centre de Recherches Administratives, T. 2, 2007, p. 658 ; Pauti (Monique), « Les décisions implicites d'acceptation et la jurisprudence administrative », *art. cit.*, p. 1552 ; Bouffard (Pierre), Théry (Jean-François), « Étude sur les autorisations tacites », *art. cit.* ; Parisio (Vera), « Procédure administrative et silence de l'administration publique en Italie : à la recherche d'un difficile équilibre entre célérité et légalité » in *Mélanges en l'honneur de Jacqueline Morand-Deviller*, 2007, p. 497. Pour un exemple en droit privé, Bénabent (Alain), *Droit des obligations*, LGDJ, Précis Domat, 18e éd., 2019, n° 76. En revanche, des auteurs font clairement la distinction entre les décisions tacites et les décisions implicites : Voir Jennequin (Anne), *L'implicite en droit administratif*, thèse dactyl., Université Lille 2, 2007, p. 52; Defoort (Benjamin), *La décision administrative*, LGDJ, BDP, T. 286, 2015, n° 586 ; Fallon (Damien), *L'abstention de la puissance publique et la garantie des droits fondamentaux*, *op. cit.*, n° 403-449 ; Lafaix (Jean-François), « Le sens du silence », *RDP*, 2012, n° 14.

[21] L'acte juridique unilatéral ou l'offre nécessitent avant tout une initiative extériorisée et ne peuvent naître d'un silence. C'est pourquoi le silence est plutôt étudié sous le prisme de l'acceptation. Sont également écartés de notre exposé, le silence-dissimulation avec la notion classique de dol et le silence-protection d'un secret. Sur ces points, V. not. Diener (Pascal), *Le silence et le droit (Essai sur le silence en droit privé)*, thèse dactyl., Université Bordeaux I, 1975, p. 238.

[22] Barrault (Jean), *Essai sur le rôle du silence créateur d'obligations*, Imprimerie Darantière, Dijon, 1912; Lévy (Pierre-Michel), *Des manifestations tacites de volonté en matière civile et commerciale*, Bosc frères et Riou, Lyon, 1927, p. 75 ; Colin (Marco-R.), *L'abstention fautive en droit civil et pénal*, Librairie du Recueil Sirey, 1929, n° 30 ; Chabas (Jean), *De la déclaration de volonté en droit civil français*, Librairie du Recueil Sirey, 1931, p. 54 ; Rieg (Alfred), *Le rôle de la volonté dans l'acte juridique en droit civil français et allemand*, LGDJ, 1961, n° 34 ; Najm-Makhlouf (Carole), *Tacite reconduction et volonté des parties*, LGDJ, « Bibliothèque de droit privé », T. 52, 2013, n° 67. Le rôle de la volonté dans l'interprétation du droit international a également été étudié. V. not. Marie (Alexis), *Le silence de l'État comme manifestation de sa volonté*, Pédone, Publications de la Revue générale de Droit international Public, n° 63, 2018.

[23] « Qui ne dit mot semble consentir ».

lieu en principe à un consentement car il n'y a pas de déclaration de volonté[24]. Au mieux, bien que non extériorisé, le consentement peut être caractérisé en raison des circonstances et de faits précis. On parle alors de volonté tacite[25] ou de silence circonstancié[26].

La volonté tacite ou le silence circonstancié se caractérise par une action, attitude qui permet d'en déduire une signification. Il faut des éléments suffisants permettant d'élaborer une interprétation sans équivoque de la volonté non exprimée de son auteur[27]. Ce comportement, certes non clairement extériorisé, reste actif. Il ne s'agit pas d'un silence « absolu » mais il y a bien une action exprimant une volonté. Comme le résume le doyen Carbonnier, « la volonté tacite se matérialise dans une attitude, tandis que le silence n'a aucune extériorité »[28]. Dans cette situation, le juge s'appuie avant tout sur les éléments de contexte que véritablement sur le silence pour en déduire l'intention tacite du destinataire[29].

Construit autour de la volonté comme source d'obligation, le droit privé traite essentiellement le silence sous ce prisme. D'où la recherche de circonstances autour de cette absence d'extériorisation de la volonté pour l'interpréter et faire ressortir la manifestation de volonté tacite de son auteur. En revanche, dans d'autres cas, la recherche de la volonté de son destinataire du fait de son silence semble être artificielle. Dans une logique triviale, soit le silence est circonstancié et on peut découvrir ce qui est tacitement voulu, soit le

---

24 Cass., civ., 25 mai 1870, *Guilloux, DP*, 1870.I.257 : « en droit, le silence de celui qui prétend obliger ne peut suffire, en l'absence de toute autre circonstance, pour faire preuve contre lui de l'obligation alléguée ». V. not. Malaurie (Philippe), Aynès (Laurent), Stoffel-Munck (Philippe), *Droit des obligations*, LGDJ, 11e éd., 2020, n° 479.

25 Godé (Pierre), *Volonté et manifestations tacites*, PUF, 1977 ; Ayma (Laurence), *L'acte tacite*, thèse dactyl., Université Paris X, 2004.

26 Cass., 1re civ., 24 mai 2005, n° 02-15188 ; *RTD civ.* 2005, 588, obs. Mestre (Jacques) et Fages (Bertrand) : « il n'en est pas de même lorsque les circonstances permettent de donner à ce silence la signification d'une acceptation ».

27 À ce sujet, l'article 1113 du Code civil dispose que « le contrat est formé par la rencontre d'une offre et d'une acceptation par lesquelles les parties manifestent leur volonté de s'engager. Cette volonté peut résulter d'une déclaration ou d'un comportement non équivoque de son auteur ».

28 Carbonnier (Jean), *Droit civil*, PUF, T. 2, 2004, n° 947.

29 « Le silence seul n'est rien, n'a aucune portée. Ce sont les circonstances qui l'entourent qui permettent de l'interpréter de telle sorte, que la volonté des parties apparaisse comme suffisamment précise » in Lévy (Pierre-Michel), *Des manifestations tacites de volonté en matière civile et commerciale*, *op. cit.*, p. 76.

silence est « absolu » et aucun indice n'existe pour faire ressortir la volonté interne de son auteur[30].

Ainsi, il faudra entendre par décision administrative tacite toute décision administrative « lacunaire sur la forme mais dont la volonté a été exprimée. Elle est relevée par un comportement donné »[31], par les circonstances dans lesquelles survient ce silence administratif.

L'acte tacite repose sur un mécanisme présomptif : le juge cherche, par la technique du faisceau d'indices, des éléments traduisant la volonté de l'administration. L'acte tacite appartient à la catégorie des actes explicites ou expresses[32]. À la différence de l'acte écrit, oral[33], gestuel[34] ou mécanique[35], l'acte tacite est déduit des circonstances particulières dans lesquelles il a été pris. Il s'agit alors de combler une lacune de forme (*instrumentum*) et non une lacune de fond (*negotium*). L'acte tacite peut être également qualifié d'informel. Toutefois, c'est bien un silence circonstancié. « Sans avoir été formalisé, [il] est révélé par des agissements ultérieurs »[36]. Le juge tente donc d'interpréter la volonté non extériorisée de l'administration par le mécanisme de la

---

30 C'est alors que le recours à la fiction devient nécessaire et il s'agit alors d'un acte « implicite ».

31 Defoort (Benjamin), *La décision administrative*, *op. cit.*, n° 587.

32 Chapus (René), *Droit du contentieux administratif*, « Domat. Droit public », 13e éd., 2008, n° 646-3° ; Auby (Jean-Marie) et Drago (Roland), *Traité des recours en matière administrative*, Litec, 1992, n° 112 ; Seiller (Bertrand), *Rép. Cont. adm. Dalloz*, V° « Acte administratif : Régime », 2015, n° 226 ; Lafaix (Jean-François), « Le sens du silence », *op. cit.*, n° 11.

33 Le licenciement prononcé oralement d'un secrétaire de mairie (CE, 2 juin 1938, *Sieur Castellani*, req. n° 56362, Rec. p. 505), l'ordre verbal donné par le maire de déposer dans l'église le corps d'un noyé (CE, Sect., 9 janv. 1931, *Abbé Cadel*, req. n° 4001, Rec. p. 11), une délégation par téléphone du ministre au préfet (CE, 11 juin 1948, *Saborot*, req. n° 87136, Rec. p. 260) sont bien qualifiés de décisions administratives. En matière de contrat administratif, il peut être cité « le contrat verbal passé avec l'administration le 24 novembre 1944 [par lequel les époux Bertin] s'étaient engagés, pour une somme forfaitaire de 30 francs par homme et par jour, à assurer la nourriture des ressortissants soviétiques hébergés au centre de rapatriement de Meaux en attendant leur retour en Russie » (CE, Sect., 20 avr. 1956, *Époux Bertin*, req. n° 98637, Rec. p. 167, GAJA n° 66, p. 441) ou le contrat verbal d'enseignement par un établissement public administratif d'enseignement supérieur (CE, 15 juil. 2004, *Mme Rauzier*, req. n° 238543, Rec. p. 343).

34 C'est le cas, par exemple, des gestes de l'agent de police visant à réglementer la circulation ou encore d'un ordre donné en langue des signes.

35 Cela peut prendre la forme de la sonnerie du tocsin, ou, dans sa version plus moderne, la sonnerie sécurité incendie dans les établissements recevant du public. Il peut être évoqué également le cas des signaux lumineux des phares à destination des bateaux.

36 CE, Avis, 3 mai 2004, *M. Fort*, n° 262074, note de Hul (Sylvain), *AJDA*, 2004, p. 1530.

présomption. La volonté réelle reste ainsi au cœur de la formation de l'acte tacite.

B. La recherche du consentement réel de l'administration en cas d'absence d'extériorisation de sa volonté

Parmi les décisions anciennes du Conseil d'État relevant de la catégorie d'acte tacite, on peut citer la décision *Anglade* rendue le 28 janvier 1864[37] et la décision *Sieur Cadet* rendue le 16 mars 1907[38]. Dans la première, le silence du préfet à la demande de communication des listes électorales est présumé de refus. Le Conseil d'État admet la recevabilité du recours en visant « l'exploit d'huissier, en date du 11 juillet 1863, *duquel il résulte* que le préfet du département de l'Ariège a refusé de donner communication au sieur Anglade [...] ». Cet arrêt est d'ailleurs référencé au Recueil Lebon comme « un refus verbal de communication ». Dans la seconde, le Conseil d'État reconnait que le « défaut de visa en temps utile [...] a produit les mêmes effets qu'un refus opposé par décision formelle ; que d'ailleurs, dans ses observations présentées devant le Conseil d'État sur le pourvoi, le ministre des Cultes a déclaré qu'il refusait de donner son visa ; que, dans ces circonstances il existe une décision du ministre des Cultes contre laquelle le requérant est recevable à se pourvoir, et qu'il n'y a pas lieu à application de l'article 3 de la loi du 17 juillet 1900 ». Pour déterminer l'existence d'une décision préalable, le Conseil d'État recherche la volonté de l'auteur qui ne s'est pas formellement exprimée. Basées sur un mécanisme présomptif, ces décisions sont qualifiées de tacites.

À défaut de volonté formellement exprimée, le juge administratif recherche la volonté de l'administration en prenant en compte son comportement et le contexte dans lequel cette décision a été prise. Les exemples classiques de décisions tacites qualifiées comme telles par le juge administratif peuvent être, d'une part, les décisions qui sont mentionnées dans

---

[37] CE, 28 janv. 1864, *Anglade*, req. n° 35313, Rec. p. 77.
[38] CE, 16 mars 1907, *Sieur Cadet*, req. n° 26526, Rec. p. 265.

des courriers[39], une note[40] ou encore un communiqué de presse[41], et d'autre part, les décisions relevées par un commencement d'exécution[42], la conclusion d'un marché public équivalent[43], un ordre de service[44] ou une condition suspensive tacite[45]. La volonté est centrale dans ces situations de silence de l'administration.

En matière contractuelle, l'article 1113 du Code civil admet la forme tacite : « Le contrat est formé par la rencontre d'une offre et d'une acceptation par

---

[39] CE, ord., 27 juin 2018, *Mme B c/ Commune de Villejuif*, req. n° 415374, Rec. T. p. 726 et 731 : le terme employé est la décision implicite mais il s'agit en l'espèce de déterminer si les courriers de l'administration caractérisent une volonté tacite de l'administration de nommer l'agent au poste de responsable du service des affaires sociales de la commune. Le Conseil d'État considère que le juge des référés de première instance a commis une erreur de droit en admettant que les courriers traduisent l'existence d'une décision tacite. Cette jurisprudence est symptomatique de l'assimilation des termes « tacite » et implicite ».

[40] CE, Ass., 8 janv. 1988, *Ministre chargé du plan et de l'aménagement du territoire c/ Communauté urbaine de Strasbourg*, req. n° 74361, Rec. p. 2 : la décision tacite du Premier ministre de retenir le site de Grenoble au détriment de Strasbourg pour l'implantation d'un laboratoire européen est révélée dans la lettre adressée par le Premier ministre au président du conseil général de l'Isère.

[41] CE, Ass, 3 mars 1993, *Société d'exploitation industrielle des tabacs et allumettes (SEITA)*, req. n° 132993, Rec. p. 41 : la décision tacite de délocaliser le site de SEITA est révélée par un communiqué de presse publié par le Premier ministre.

[42] CE, 12 mars 1986, *Ministre de la Culture c/ Mme Cusenier et autres*, req. n° 76147, Rec. T. p. 403 et 661-662 : le commencement des travaux de rénovation de la cour d'honneur du Palais Royal pour l'installation des futures colonnes de Buren permet de qualifier la décision tacite du ministre de la Culture d'entreprendre lesdits travaux.

[43] CE, 27 février 2019, *Dép. de la Seine-Saint-Denis*, req. n° 414114, Rec. T. p. 831 et 839 : un contrat administratif est considéré comme tacitement résilié du fait de la conclusion d'un nouveau marché ayant le même objet que le marché en litige.

[44] Le Conseil d'État a admis l'existence d'une autorisation tacite de cession d'un contrat administratif : « les travaux prévus par le contrat ont été exécutés par cette dernière avec l'accord du Territoire des îles Wallis-et-Futuna qui lui a adressé les ordres de service ; que, dans ces circonstances et eu égard aux liens entre ces sociétés, la société en nom collectif Dumez et compagnie, qui doit être regardée comme ayant bénéficié d'une cession du marché » (CE, 28 mai 2001, *Territoire des îles Wallis et Futuna*, req. n° 203674, Rec. T. p. 1012 ; *BJDCP*, 2001, p. 396, concl. D. Piveteau). Sur ce point : V. not. Noguellou (Rozen), *La transmission des obligations en droit administratif*, LGDJ, BDP, T. 241, 2004, p. 163.

[45] CAA Lyon, 10 février 2010, *SCI du domaine Voissant c/ Département de l'Isère*, req. n° 08LY01384 : « cette décision d'attribution, doit être regardée comme ayant pu subordonner implicitement le versement de la subvention à la condition que les travaux engagés ne portent pas atteinte à l'intérêt patrimonial de l'édifice ». Dans le cas d'espèce, il s'agit d'une subvention départementale qui est conditionnée à la réalisation de travaux spécifiques. Il s'agit donc d'une condition tacite et non implicite car elle a été voulue par le Département.

lesquelles les parties manifestent leur volonté de s'engager. Cette volonté peut résulter d'une déclaration ou d'un comportement non équivoque de son auteur ». Le faisceau d'indices permet d'en déduire le consentement de l'administration et de l'existence d'un contrat administratif tacite : la réalisation par l'architecte des avant-projets d'exécution, qu'il ait dirigé et surveillé les travaux, témoigne du consentement de l'administration à être liée contractuellement[46]. De même la « collaboration de fait »[47] entre un établissement public et une association traduit l'existence d'un contrat administratif tacite. Toutefois, le contrat tacite n'est admis que si des éléments de fait suffisamment probants traduisent l'intention des parties à souscrire à un engagement réciproque. Le simple échange de correspondances sans que l'administration ne se soit positionnée sur le prix ne permet pas de caractériser l'existence d'un contrat tacite[48]. De même, la prise de possession de l'ouvrage public ne suffit pas à déduire la réception tacite de travaux[49].

Il faut des actions claires de l'administration caractérisant son consentement de manière non équivoque. L'intention d'acceptation des travaux est remplie si, par exemple, le solde du marché correspondant aux réserves inscrites sur le procès-verbal de la réception provisoire a fait l'objet d'un paiement[50]. Dans un autre domaine, le versement de la rémunération à un agent public mis à disposition traduit la présence d'un contrat tacite[51]. Le maintien en fonction d'un agent public à l'issue de son contrat initial, alors même qu'une stipulation de son contrat prévoyait que la reconduction ne pouvait être effectuée que de manière expresse caractérise « la commune

---

[46] CE, 12 déc. 1973, *Consorts Stym-Popper*, req. n° 83148, Rec. T. p. 1034.

[47] CE, 25 juil. 2008, *Institut européen d'archéologie sous-marine*, req. n° 304172, Rec. T. p. 802, note de Melleray (Fabrice), *RFDA*, 2008 p. 1123.

[48] CE, 20 mars 1987, *Sté des Établissements Louis Mehault*, req. n° 38905, Rec. T. p. 881 : « qu'aucun acte émanant de la commune ne permet d'établir la position prise par celle-ci à la suite de ce désaccord ; que, compte tenu de l'importance de cet élément du prix des prestations en cause sur lequel les parties étaient en désaccord, l'échange des lettres en date des 6 juin 1977 et 12 juin 1977 n'a pu faire naître un contrat entre la commune de Guer et la Société ».

[49] CE 11 févr. 1991, *Dép. des Ardennes*, req. n° 82896, Rec. T. p. 1051.

[50] CE, 8 déc. 1995, *Office public interdépartemental d'HLM de l'Essonne, du Val-d'Oise et des Yvelines*, req. n° 140057, Rec. T. p. 904. V. not. Malinvaud (Philippe) (dir.), « Dossier 481-Responsabilité des constructeurs (droit public) : responsabilité contractuelle », *Dalloz action - Droit de la construction*, n° 481.164.

[51] CE, 23 déc. 2011, *Fédération départementale des syndicats d'exploitants agricoles de la Corrèze*, req. n° 346756.

intention des parties de poursuivre leur collaboration [et a] pour effet de donner naissance à un nouveau contrat »[52] qualifié de tacite.

La recherche constante d'un consentement clairement établi des parties ne doit pas occulter le fait que de nombreux contrats administratifs imposent un certain formalisme. Ainsi, les clauses de tacite reconduction en matière de contrats de la commande publique sont considérées comme nulles[53] et la « convention d'occupation du domaine public ne peut être tacite et doit revêtir un caractère écrit »[54]. Enfin, le législateur ou le pouvoir réglementaire peut revenir sur une interprétation jurisprudentielle quant à la présence d'un acte tacite. Par exemple, le décret n° 2016-1480 du 2 novembre 2016 portant modification du Code de justice administrative[55] est revenu sur le mécanisme d'acceptation tacite de l'administration de lier le contentieux en cas de défaut de décision préalable, condition de recevabilité de la plupart des recours contentieux en vertu de l'article R. 421-1 du Code de justice administrative. En effet, désormais, si l'administration répond dans son mémoire en défense, à titre principal, aux moyens de fond, elle n'est plus considérée comme ayant tacitement accepté lier le contentieux, rendant alors le recours recevable malgré le défaut de décision de décision préalable (CE, Ass., 23 avr. 1965, *Mme Ducroux*, req. n° 60721, Rec. p. 231). Cette interprétation jurisprudentielle d'un consentement tacite en matière de recours contentieux indemnitaire est alors abandonnée[56].

Cette intervention du législateur ou du pouvoir réglementaire dans l'interprétation donnée au silence de l'administration témoigne de l'existence d'une autre forme de consentement de l'administration. Il ne s'agit alors plus

---

[52] CE, 2 fév. 2000, *Cne de la Grande-Motte*, req. n° 196158, Rec. T. p. 1075.

[53] CE, 29 nov. 2000, *Commune de Païta*, req. n° 205143, Rec. p. 573. La clause d'indemnisation pour non-reconduction du contrat est alors considérée comme illégale (CE, 17 oct. 2016, *Commune de Villeneuve-le-Roi*, req. n° 398131, Rec. T. p. 826). En cas de poursuite tacite du contrat considéré comme nul, l'indemnisation est opérée sur le terrain quasi-contractuel de l'enrichissement sans cause (CAA Douai, 20 mai 2011, *Cne de Courcelles-Les-Lens*, req. n° 09DA01512).

[54] CE, Sect., 19 juin 2015, *Soc. immobilière du Port de Boulogne*, req. n° 369558, Rec. p. 208 ; chron. Lessi (Jean) et Dutheillet de Lamothe (Louis), *AJDA*, 2015, p. 1413. Une solution similaire a récemment été adoptée : CAA Bordeaux, 7 juin 2018, req. n° 16BX02711.

[55] Décret dit « Jade », JORF n° 0257 du 4 novembre 2016, texte n° 16.

[56] CE, avis, 27 mars 2019, *Centre hospitalier universitaire de Reims*, req. n° 426472. En revanche, cet avis considère que l'existence d'une décision préalable à une demande indemnitaire s'apprécie à la date où le juge statue. Dès lors, une décision implicite de rejet qui nait implicitement avant que le juge ne se prononce permet au recours contentieux d'être recevable. Cette règle jurisprudentielle (CE, 11 avr. 2008, *Établissement Français du Sang*, req. n° 281374, Rec. p. 168) est maintenue.

de rechercher le consentement réel de l'administration afin de déterminer s'il y a accord de volonté mais au contraire d'appliquer un consentement objectivé reposant sur un mécanisme fictif.

II. L'acte implicite d'acceptation, négation du consentement réel de l'administration

La fiction juridique est très structurante en droit public dans la logique de la théorie de l'État[57]. Que ce soit, par exemple, le principe d'effet immédiat et rétroactif de l'annulation juridictionnelle[58], de la conception selon laquelle la loi est l'expression de la volonté générale ou du consentement du citoyen à l'impôt, les fictions reposant sur une réalité juridique et non pas sensible sont nombreuses en droit public. En cas de silence de l'administration, s'est très tôt développé l'acte implicite notamment de rejet comme réponse au risque de déni de justice du fait de l'exigence de la décision préalable[59]. Dans la logique de consentement de la personne publique aboutissant à un accord de volonté, il sera mis l'accent sur l'acte implicite d'acceptation. Ce dernier repose sur un mécanisme fictif dans lequel le consentement réel de l'administration est nié. En réalité, la fiction juridique va plus loin car l'acte implicite ne se forme justement que si aucune manifestation extériorisée de volonté n'est caractérisée dans un délai déterminé (A.). Il en découle une logique de consentement objectivée, qui n'exclut toutefois pas fondamentalement le rôle de la volonté de l'administration dans la formation de l'acte implicite (B.).

A. Un mécanisme fictif reposant sur le silence de l'administration

En cas de silence « absolu » ou, pour certains, de silence tout court[60], le

---

[57] Raynal (Pierre-Marie), *De la fiction constituante. Constitution à la théorie du droit politique*, L'harmattan, Logiques juridiques, 2020.

[58] Rivero (Jean), « Fictions et présomptions en droit public français », in Perelman (Chaïm) et Foriers (Paul) (dir.), *Les présomptions et les fictions en droit*, Bruylant, Bruxelles, 1974, p. 102 : « La fiction met consciemment, à la base de la démarche du juriste, une affirmation dont il sait qu'elle ne correspond pas à la réalité. L'acte annulé par le juge administratif sur recours pour excès de pouvoir est réputé n'avoir jamais existé. C'est faux : l'acte a existé, il a produit ses effets dans le temps, parfois sur une longue durée. À la base des effets de l'annulation, il y a donc la négation de cette réalité évidente, et l'affirmation volontaire de ce que l'on sait faux : l'acte annulé est censé n'avoir pas existé. »

[59] Sur ce point, il est permis de renvoyer à Desprairies (Armand), *La décision implicite d'acceptation*, Mare & Martin, Bibliothèque des Thèses, 2021, n° 310.

[60] Barrault (Jean), *Le silence, créateur d'obligations*, *op. cit.*, p. 52 : « Un abîme sépare l'acceptation tacite de l'acceptation par le silence [...] Ainsi, partis de l'acceptation tacite,

recours à la fiction permet d'éviter de rechercher la volonté réelle de son auteur. Ce recours, par le législateur ou le juge, au caractère fictif de la volonté existe également en droit privé, pourtant historiquement plus attaché à la logique de la volonté comme source d'obligation et à l'autonomie de la volonté. D'essence subjective, le droit privé a plus de difficulté à se détacher de toute considération « volontariste », ce qui n'est pas le cas du droit administratif plus objectif car consubstantiellement structuré autour de la légalité administrative[61]. Pourtant, la volonté fictive prévue par la loi existe notamment pour les baux tels que les baux d'habitation[62], les baux commerciaux[63] ou baux ruraux[64] dans lesquels une reconduction du bail est automatique à l'expiration d'un délai déterminé. De même, on le trouve également en matière d'assurance[65]. L'intention réelle de l'acceptant est neutralisée au profit d'une volonté prédéterminée.

Au niveau jurisprudentiel, la volonté fictive semble être également présente quand le juge judiciaire considère que le silence du destinataire signifie acquiescement du fait de l'usage professionnel[66] ou lorsque l'offre est faite dans l'intérêt exclusif de son destinataire[67]. Dans le premier cas,

---

où la pensée se trouve comme photographiée, nous l'avons suivie dans ses dégradations successives, moins facile à saisir [...] ainsi nous avons vu la manifestation de volonté devenir de plus en plus vague, de plus en plus imprécise [...] Là où cesse toute extériorisation de la pensée : là commence le silence ».

[61] Jennequin (Anne), *L'implicite en droit administratif*, *op. cit.*, p. 6. Toutefois, le rôle central de la volonté dans le processus de formation de l'acte juridique, y compris privé, doit être relativisé du fait des conditions légales précises dans lesquelles elle doit s'exercer : Leveneur (Laurent), « La liberté contractuelle en droit privé : les notions de base (autonomie de la volonté, liberté contractuelle, capacité...) », *AJDA*, 1998, p. 676. Pour le contrat administratif, l'exorbitance propre au droit administratif et le but d'intérêt général auquel est soumise la personne publique la rend peu compatible avec la notion d'autonomie de la volonté ou la liberté contractuelle. V. Picard (Étienne), « La liberté contractuelle des personnes publiques constitue-t-elle un droit fondamental ? », *AJDA*, 1998, p. 651 ; Nicinski (Sophie), « Le dogme de l'autonomie de la volonté dans les contrats administratifs » in *Mélanges en l'honneur de Michel Guibal*, CREAM, 2006, vol. I, p. 45 ; Fleury (Thibaut), « La liberté contractuelle des personnes publiques », *RFDA*, 2012, p. 231 , Plessix (Benoît), *Droit administratif général*, *op. cit.*, n° 756.

[62] Art. 1738 du Code civil.

[63] Art. L. 145-10 du Code de commerce.

[64] Art. L. 411-47 du Code rural et de la pêche maritime.

[65] Art. L. 122-2 al. 2 du Code des assurances.

[66] Godé (Pierre), *Volonté et manifestations tacites*, *op. cit.*, n° 230.

[67] Ce qui explique la critique de la doctrine sur le caractère contractuel des conventions d'assistance à autrui, qui supposerait l'acceptation de l'assisté : « le consentement contractuel est artificiel ; la pollicitation du sauveteur et plus encore l'acceptation de l'assisté sont souvent douteuses, particulièrement lorsque ce dernier est inanimé ; la

on suppose que l'acceptant a nécessairement connaissance de l'usage professionnel selon lequel son silence vaut acceptation. Une présomption de connaissance est ainsi « imposée » par le juge, indépendamment de la connaissance réelle de l'usage professionnel par le destinataire. Le principe selon lequel le critère du bénéfice exclusif de l'offre signifiant automatiquement que le destinataire est consentant est contestable. On peut refuser un cadeau, une offre très avantageuse pour des raisons morales, personnelles. En consacrant un caractère mécanique au sens du silence dans certaines situations, la volonté réelle de l'auteur n'est plus déterminante. Il s'agit avant tout d'une logique de volonté fictive[68].

En droit administratif, l'acte implicite naît, historiquement, à travers la décision implicite de rejet qui a été conçue comme une construction fictive au service du contentieux administratif. À ce titre, le vice-président Laferrière invite le législateur à aller plus loin que le décret du 2 novembre 1864 et à « assimil [er], par une fiction légale, le silence de l'administration à une décision de rejet, et permettant de recourir contre cette décision supposée comme une décision véritable »[69]. Focalisé dans une approche contentieuse, le mécanisme fictif de la décision implicite occulte le rôle de volonté dans le silence de l'administration.

L'absence de volonté dans le processus d'élaboration de la décision implicite explique la réticence du doyen Hauriou à admettre qu'elle soit une véritable décision administrative. Il ne s'agit que d'une « décision supposée »[70] qui est créée « de toutes pièces, par une fiction légale »[71]. Gaston Jèze se distingue de cette conception fictive en se fondant sur la

---

présomption d'acceptation qu'expriment certains arrêts est fictive », Malaurie (Philippe), Aynès (Laurent), Stoffel-Munck (Philippe), *Droit des obligations*, *op. cit.*, n° 442. Voir égal. Bénabent (Alain), *Droit des obligations*, *op. cit.*, n° 442 ; Terré (François), Simler (Philippe), Lequette (Yves), Chenede (François), *Droit civil-Les obligations*, 12e éd., Dalloz, 2019, n° 88.

68 Rieg (Alfred), « Rapport sur les modes non formels d'expression de la volonté en droit civil français », in Association Henri Capitant des amis de la culture juridique française, Journées suisses organisées du 12 au 14 septembre 1968, T. XX, Dalloz, 1968, p. 51.

69 D'ailleurs le doyen Hauriou définit la décision administrative comme une manifestation de volonté positive, ce qui exclut la décision implicite ou tacite de la catégorie de la décision administrative (« L'acte administratif est une décision, c'est-à-dire une manifestation de volonté positive. Il en résulte que le silence gardé par un administrateur auquel on demande d'accomplir un acte n'est pas un acte d'administration »), Hauriou (Maurice), *Précis de droit administratif*, Larose & Forcel, 2e éd., 1893, p. 185.

70 Laferrière (Édouard), *Traité de la juridiction administrative et des recours contentieux*, 1888, LGDJ, rééd. 1989, T. 2, p. 400.

71 Hauriou (Maurice), *Les éléments du contentieux*, Recueil de l'Académie de législation de Toulouse, 2e série, T. 1, 1905, p. 63.

présomption de volonté[72]. Selon lui, l'administration a le devoir de répondre. Si elle reste silencieuse face à la demande d'un administré, son abstention est nécessairement volontaire. Le raisonnement reste ancré autour de l'idée que la volonté est nécessaire pour la formation de la décision administrative[73].

En plus de douter sérieusement que l'abstention de l'administration soit toujours volontaire[74], la recherche de la volonté la plus probable dans le cadre de la théorie de la présomption semble vaine. Il y a un certain artifice pour les interprètes à rechercher la volonté réelle de l'administration. Ce qui semble être de principe, le rejet, devient l'acceptation par un simple changement de la signification du silence attribué par un texte.

Le silence de l'administration à une demande de l'administré repose bien sur une fiction juridique. D'ailleurs, peu importe ce que l'administration a souhaité exprimer ou ce qu'elle a pu partiellement ou postérieurement[75] exprimer : si elle ne n'a pas formulé une réponse expresse dans le délai imparti, un sens est fictivement attribué à son silence alors même que l'auteur a précisé après sa naissance « qu'il n'avait pas entendu prendre de décision »[76]. La décision de refus de faire droit à la demande formulée après le délai d'instruction s'analyse en une décision de retrait de la décision implicite[77].

---

[72] Jèze (Gaston), note sous CE, 28 juil. 1905, *Mathieu* et CE, 7 août 1905, *Ducreux et Zill-Desilles*, *op. cit.* V. égal., Deguergue (Maryse), « Le silence de l'Administration en droit administratif français », *Les Cahiers de droit*, Faculté de droit de l'Université de Laval, vol. 56, 2015, p. 409.

[73] En ce sens : « L'absence d'action face à une sollicitation est par elle-même un acte de volonté », Defoort (Benjamin), *La décision administrative*, *op. cit.*, n° 588.

[74] « Il serait peut-être exagéré de prétendre que toujours le silence de l'administrateur est voulu et conscient », Labayle (Joseph), *La décision préalable, condition de formation du contentieux administratif*, A. Rousseau, 1907, p. 44.

[75] CE, 30 sept. 2005, *M. Ilouane*, req. n° 280605, Rec. p. 402 : « [...] le silence gardé par le préfet de l'Ain pendant quatre mois à compter de la réception des demandes présentées par M. X a fait naître des décisions implicites de rejet susceptibles de recours ; qu'il en va ainsi alors même que le préfet de l'Ain a indiqué à M. X, le 20 juin 2003, qu'il n'avait pas entendu prendre de décision, implicite ou non, le concernant [...] ».

[76] *Ibid.*

[77] Il en a été jugé ainsi pour les décisions implicites d'acceptation portant inscription au tableau national de l'ordre des experts comptables (CE, 6 juin 2012, req. n° 334566) ; relatives à une décision d'exonération fiscale en Polynésie française (CE, 21 mai 2012, *SA Interoute*, req. n° 325933, Rec. T. p. 534) ; qui portent décision de non-opposition à une déclaration de boisement (CE, 4 déc. 2009, req. n° 310897) ou portant certificat tacite d'achèvement (CE, 29 nov. 2002, *Cne de Lirac*, req. n° 244873, Rec. T. p. 608).

L'intention réelle de l'administration est donc neutralisée au profit d'une volonté prédéterminée. Cette fiction juridique du silence a été confirmée par de nombreux auteurs[78]. La volonté est alors objectivée dans le mécanisme de la décision implicite par la « méthode de l'implication nécessaire »[79]. L'effet automatique du mécanisme lui confère son caractère fictif : le respect de la procédure avec la demande comme élément déclencheur suffit à créer la décision implicite. Un simple texte permet de transformer le silence, fait juridique, en une décision administrative. Ainsi, le rapport à la vérité est fondamentalement différent : l'un tend à s'en rapprocher à travers une méthode indiciaire, l'autre exclut la vérité de fait en reposant sur un « paradigme contre-factuel »[80]. La fiction ne s'inscrit pas dans une démarche cognitive et explicative. Elle l'ignore totalement.

L'utilisation exclusive de l'adjectif « implicite » au lieu de « tacite » va au-delà de la sémantique. Il met en lumière la spécificité de la décision implicite dans laquelle la volonté de l'administration n'est pas une condition de formation de la décision administrative. Toutefois, le grand mérite de la théorie de la présomption est qu'elle a permis d'intégrer la volonté, certes objectivée, dans l'interprétation du silence et de ne pas considérer l'acte implicite comme un acte particulier non soumis aux règles communes de légalité.

---

[78] Chapus (René), *Droit du contentieux administratif*, Montchrestien, *op. cit.*, n° 644-1° ; Bienvenu (Jean-Jacques), *L'interprétation juridictionnelle des actes administratifs et des lois : sa nature et sa fonction dans l'élaboration du droit administratif*, thèse dactyl., 2 vol., T. 1, 1979, p. 172 ; Laveissière (Jean), *Le silence de l'administration*, *op. cit.*, p. 375 ; Costa (Delphine), *Les fictions juridiques en droit administratif*, LGDJ, BDP, T. 210, 2000, p. 246 ; Jennequin (Anne), *L'implicite en droit administratif*, *op. cit.*, p. 60, 101 et 129 ; Poluboscko (Nicolas), *L'inaction administrative*, *op. cit.*, n° 595. Fallon (Damien), *L'abstention de la puissance publique et la garantie des droits fondamentaux*, *op. cit.*, n° 429 ; Defoort (Benjamin), *La décision administrative*, *op. cit.*, n° 587 ; Sorbara (Jean-Gabriel), « Le silence de l'administration », *RDP*, 2012, p. 1082.

[79] « La décision implicite de rejet ou d'acceptation est le résultat d'une implication dictée par un texte. Elle existe donc non pas parce qu'elle a été prise, mais parce que le silence de l'administration a rempli toutes les conditions posées par le texte » in Jennequin (Anne), *L'implicite en droit administratif*, *op. cit*, p. 131.

[80] Caire (Anne-Blandine), « Fictions et présomptions », in Caire (Anne-Blandine) (dir.), *Les artifices du droit : les fictions*, Actes du colloque du 20 mai 2014, Centre Michel de l'Hospital, Université de Clermont Auvergne, 2015, p. 135.

B. Le maintien d'un consentement objectivé comme condition de formation de l'acte administratif

L'exclusion du consentement réel de l'administration comme condition de formation de l'acte implicite d'acceptation à une demande d'un administré ne signifie pas pour autant que le rôle de la volonté de l'administration est exclu totalement dans le processus de formation de l'acte juridique. La naissance d'un consentement objectivé n'a lieu qu'en cas de silence prolongé de l'administration. En sortant de sa réserve, en manifestant expressément sa volonté au travers d'une décision explicite, l'administration se prémunit contre une interprétation erronée de son consentement ou plutôt de l'attribution objectivée de son consentement par la volonté du législateur[81] ou du pouvoir réglementaire[82]. Son consentement réel l'emporte alors sur le consentement objectivé.

Par ailleurs, même objectivée, la volonté de l'administration reste au cœur du processus décisionnel de l'acte juridique. L'administration participe à ses différentes étapes d'élaboration : accusé de réception de la demande[83], transmission à l'autorité compétente en cas de demande mal dirigée[84], mesures de publicité de la demande si celle-ci est obligatoire[85]. L'administration doit également procéder aux consultations obligatoires et, en cas de décision implicite de rejet[86], transmettre les motifs de refus[87].

---

[81] Depuis la loi n° 2° 13-1005 du 12 novembre 2013, « le silence gardé pendant deux mois par l'administration sur une demande vaut décision d'acceptation » (Art. L. 231-1 du Code des relations entre le public et l'administration).

[82] Hors champ du principe législatif de la décision implicite d'acceptation, le pouvoir réglementaire prévoit, pour autant, un consentement objectivé et favorable de l'administration. Par exemple, c'est le cas de la sous-traitance dans les marchés publics. Le silence de l'acheteur pendant vingt-et-un jours donne lieu à une décision implicite d'acceptation (art. R. 2193-4 du Code de la commande publique). De même, l'agrément de nomination des agents de direction et des agents comptables des organismes de la sécurité sociale peut faire l'objet d'une décision implicite d'acceptation en cas de silence du ministre pendant six mois (art. R. 123-49 du Code de la sécurité sociale).

[83] Art. L. 112-3 du Code des relations entre le public et l'administration.

[84] Art. L. 114-2 du Code des relations entre le public et l'administration.

[85] Art. L. 232-2 du Code des relations entre le public et l'administration.

[86] En revanche, la décision implicite d'acceptation n'est pas concernée par cette obligation de communication a posteriori des motifs de la décision à l'intéressé (CE, 30 juin 1978, *Lenert*, req. n° 00661, Rec. p. 284 ; CE, 16 nov. 1984, *M. Dieudonné.*, req. n° 39565, Rec. p. 372).

[87] Art. 5 de la loi n° 79-587 du 11 juillet 1979 relative à la motivation des actes administratifs et l'amélioration des relations entre l'administration et le public, désormais codifié à l'article L. 232-4 al. 2 du Code des relations entre le public et l'administration : « Toutefois, la demande de l'intéressé, formulée dans les délais du recours contentieux,

Enfin, il est toujours loisible à l'administration d'abroger ou retirer sa propre décision « consentie » créatrice de droits dans un délai de quatre mois[88]. Le comportement actif de l'administration tout au long de l'élaboration de l'acte implicite permet de s'assurer, au mieux, que les règles de légalité propres à tout acte administratif soient respectées.

Si, par sa nature informelle, le vice de forme, comme la motivation, ne s'appliquent pas, l'acte implicite d'acceptation doit respecter les autres conditions légales de formation de l'acte administratif. Et, ce grâce au mécanisme de la volonté. « La volonté est un critère technique, qui permet au juge [...] d'étendre son contrôle de légalité au-delà du simple *instrumentum* pour sonder [...] les raisons de droit ou de fait qui ont poussé l'administration agir dans un sens et pas dans un autre »[89]. Ainsi, le maintien du consentement de l'administration, même « objectivé » par un mécanisme fictif, dans l'élaboration de l'acte administratif permet alors de maintenir, au mieux, l'acte implicite dans la catégorie des actes administratifs[90]. Le rôle de la volonté est alors aussi déterminant qu'en droit privé mais n'a pas la même finalité : non pas de s'assurer d'un accord de volonté obligeant l'administration, mais une volonté « objectivée » permettant d'assurer un équilibre entre l'objectif de prise de décision dans un délai raisonnable et du respect de la légalité[91].

---

les motifs de toute décision implicite de rejet devront lui être communiqués dans le mois suivant cette demande [...] ».

[88] Art. L. 242-1 du Code des relations entre le public et l'administration.

[89] Plessix (Benoît), *Droit administratif général*, *op. cit.*, n° 741.

[90] Girard (Anne-Laure), *La formation historique de la théorie de l'acte administratif unilatéral*, Dalloz, NBT, vol. 124, 2013, n° 171.

[91] Desprairies (Armand), *La décision implicite d'acceptation*, *op. cit.*, n° 622.

Deuxième partie

Le consentement de la personne privée

Consentement du citoyen et fondement de la démocratie

Arthur Gaudin
Attaché temporaire d'enseignement et de recherche
à l'Université Paris I Panthéon-Sorbonne

Démocratie et consentement semblent entretenir une intimité spontanée au point de supposer instinctivement que le second est le principe moteur de la première, il s'agit ici de prendre la mesure de cette assimilation. Même si elle pourrait se situer sur le strict terrain du droit public[1], la présente réflexion ne cherche pas tant à établir la positivité de ce lien en droit[2] qu'à articuler théoriquement plusieurs concepts entre eux, en l'occurrence le triptyque citoyen – démocratie – consentement. Même s'ils ne coïncident pas exactement avec les institutions du droit positif, l'étude de ces concepts présente un intérêt heuristique pour la recherche en droit. Ainsi, la définition de ces termes flous, irréductiblement flous, constitue un préambule indispensable et un enjeu en soi car elle aiguille de manière décisive la réponse à la question du lien entre consentement du citoyen et démocratie.

Notion familière du vocabulaire juridique et la moins ambigüe des trois, le citoyen appartient à deux domaines : la philosophie du droit et le droit public positif. Dans un premier cas, elle existe en tant qu'idée et dans le second en tant qu'institution positive. Comme rappelé ci-dessus, l'appréhension conceptuelle est privilégiée ici, mais elle n'est pas sans lien avec le droit posé[3]. En tant qu'idée, le citoyen recouvre principalement

---

[1] Pour Jean-Marie Denquin, « la citoyenneté est un phénomène juridique », Denquin (Jean-Marie), « Citoyenneté », Alland (Denis), Rials (Stéphane) (dir.), *Dictionnaire de la culture juridique*, 2014, 5e tirage, p. 198. La démocratie connait une grande fortune dans les manuels de droit constitutionnel. Les expressions « démocratie par le droit » et « democratie constitutionnelle », sans parler des oppositions maintes fois relevées entre démocratie et État de droit, indiquent qu'elle déborde la sphère juridique tout en s'y épanouissant.

[2] V., dans cet ouvrage, la contribution de Ioannis Michalis.

[3] Jean-Marie Denquin par exemple privilégie la dimension institutionnelle positive dans sa présentation mais il s'en réfère tout de même à Aristote puis aux théoriciens du contrat social pour expliquer l'évolution de la notion, ce qui parait adéquat dans la mesure où les révolutionnaires sont abreuvés par ces théories. Ils n'interprètent certainement pas la théorie rousseauiste de la volonté générale et de la citoyenneté au pied de la lettre mais s'en servent d'inspiration et de justification. La Déclaration des droits de l'homme et du

deux acceptations proches qu'il est néanmoins nécessaire de distinguer. La première signification, que l'on peut qualifier de neutre, fait du citoyen un membre de la collectivité politique : il est le « membre d'une cité ou d'un groupement politique »[4]. Dès cette définition neutre, un aspect saillant de la notion de citoyen ressort, à savoir que, depuis Aristote, « la citoyenneté est un statut juridique différentiel »[5]. Elle trace une démarcation entre l'appartenance au corps politique et son exclusion, ce qui est souvent le cas au sein d'une même population. L'attribution de ce statut implique un ensemble de droits et devoirs, raison pour laquelle la citoyenneté est une problématique irréductiblement juridique. Enfin, Jean-Marie Denquin précise à juste titre que, « en ce sens, il n'existe aucune contradiction entre citoyen et sujet : un individu peut être à la fois citoyen en tant que membre d'une société civile et sujet en tant que soumis à l'autorité d'un roi légitime »[6].

À cette définition neutre s'est progressivement ajoutée une connotation axiologique particulière qui consiste à associer étroitement citoyenneté et démocratie. Ainsi, selon cette définition forte, le citoyen est le « membre d'un État démocratique » et par extension « celui, celle qui respecte les libertés démocratiques »[7]. Le langage du droit prolonge le langage commun puisque le *Vocabulaire juridique* voit dans le citoyen une « personne qui, *dans un État démocratique*, participe à l'exercice de la souveraineté »[8]. Dans ce sens précis, le citoyen devient l'antonyme du sujet dont il se distingue par la participation au pouvoir politique. La définition forte n'est toutefois pas radicalement éloignée de la définition neutre puisqu'elle conserve l'idée d'un statut différentiel tenant à l'appartenance à la collectivité politique. Elle ajoute simplement une prérogative politique.

Pour prendre la mesure du citoyen entendu dans son sens fort, il est donc obligatoire de définir la démocratie, un terme particulièrement difficile à cerner ; « qu'est-ce que la démocratie ? La question s'impose d'elle-même, la réponse beaucoup moins. On a écrit des bibliothèques sur

---

citoyen de 1789 est le texte canonique de cette ambiguïté du projet révolutionnaire. Denquin (Jean-Marie), « Citoyenneté », *art. cit.*

[4] Cornu (Gérard) (dir.), *Vocabulaire juridique*, Paris, PUF, 13e éd., 2020, p. 173.

[5] Denquin (Jean-Marie), « Citoyenneté », *art. cit.*, p. 198.

[6] *Ibid.*, p. 199.

[7] V° « Citoyen », *Trésor de la langue française informatisé.*

[8] Cornu (Gérard) (dir.), *Vocabulaire juridique*, *op. cit.*, p. 173. Nous soulignons.

le sujet »[9]. La profusion des qualificatifs accolés à la démocratie donne l'image d'une notion hautement malléable[10]. La richesse du mot magique « démocratie » tient au fait qu'il est devenu une ressource imaginaire puissante, dont l'ambiguïté fait en partie la force. Elle emporte avec elle un ensemble de valeurs – la liberté d'expression ou l'égalité par exemple – qui, si elles ne sont pas indûment associées à la démocratie, expliquent la difficulté d'en cerner le noyau notionnel. L'option retenue ici consiste à se focaliser sur une définition *restrictive* de la démocratie qui privilégie ce noyau, sans nécessairement perdre de vue la profondeur imaginaire. En l'espèce, la démocratie au sens le plus basique est un type de régime politique. Précisément, la démocratie est le « régime politique dans lequel le pouvoir suprême est attribué au peuple qui l'exerce lui-même, ou par l'intermédiaire des représentants qu'il élit »[11]. Dans une perspective traditionnelle de classification des régimes[12], la démocratie est le pouvoir de tous là où l'aristocratie est celui d'un groupe et la monarchie celui d'un individu. La démocratie apparait alors comme le régime politique qui repose le plus sur l'autonomie, c'est-à-dire que la collectivité « détermine elle-même la loi à laquelle elle se soumet »[13]. Elle induit que la soumission et la puissance sont réversibles. En outre, elle suppose que les individus sont égaux par leur statut et libres de délibérer pour prendre la meilleure décision. Le régime démocratique induit une conception anthropologique du citoyen. L'homme démocratique est « celui qui se donne à lui-même ses propres lois »[14]. Dans ce type de régime, la composante individuelle du peuple n'a d'autre nom que celui de citoyen. Pour Aristote, « le citoyen [...] existe surtout en démocratie »[15].

---

[9] Boia (Lucien), *Le mythe de la démocratie*, Les Belles Lettres, 2002, p. 16.

[10] « L'inventaire est impressionnant : libérale, directe, semi-directe, représentative, participative, délibérative, d'opinion, sondagière, médiatique, administrative, sociale, populaire, locale, de proximité, électorale, constitutionnelle, continue, mais aussi sanitaire, actionnariale ou environnementale, voire associative syndicale et même familiale », Daugeron (Bruno), « Définir la démocratie grâce au droit ? Regards de théorie constitutionnelle », in Champeil-Desplats (Véronique), Denquin (Jean-Marie) (dir.), *Démocratie et constitutionnalisme. Retours critiques*, Paris, Mare & Martin, 2018, p. 141.

[11] Cornu (Gérard) (dir.), *Vocabulaire juridique*, *op. cit.*, p. 321.

[12] Lauvaux (Philippe), « Régimes (Classification) », in Alland (Denis), Rials (Stéphane) (dir.), *Dictionnaire de la culture juridique*, *op. cit.*

[13] Lalande (André), *Vocabulaire technique et critique de la philosophie*, Paris, PUF, 3e éd., 2010, p. 101.

[14] Castoriadis (Cornelius), *Ce qui fait la Grèce. 2, la cité et les lois*, *Seuil*, 2008, p. 75.

[15] Aristote, *Les Politiques*, *in* Pellegrin (Pierre) (dir.), *Œuvres complètes*, Paris, Flammarion, 2014, p. 2379.

Précisons que ce régime est fondamentalement un idéal vers lequel peut, ou doit, tendre la politique. L'« Idée de démocratie »[16], la démocratie intégrale, c'est-à-dire le gouvernement d'un groupe par lui-même, est pour le moment une utopie et le demeurera peut-être[17]. Il n'empêche qu'elle puisse valoir en tant qu'horizon, « un régime demeure démocratique même si cette finalité n'est pas atteinte, du moment qu'on tend vers elle, qu'on essaie de l'approcher »[18]. Néanmoins, la démocratie dite représentative, forme positive contemporaine de gouvernement, ne peut être tenue pour une forme intégrale de démocratie. Les Révolutionnaires français prenaient d'ailleurs soin de distinguer démocratie et système représentatif. Les termes de Sieyès sont éloquents : « Les citoyens qui se nomment des représentants renoncent et doivent renoncer à faire eux-mêmes la loi ; ils n'ont pas de volonté particulière à imposer. S'ils dictaient des volontés, la France ne serait plus cet État représentatif ; ce serait un État démocratique. Le peuple, je le répète, dans un pays qui n'est pas une démocratie (et la France ne saurait l'être), le peuple ne peut parler, ne peut agir que par ses représentants »[19]. Dans un tout autre contexte historique et intellectuel, Kelsen a rappelé combien la version contemporaine de la démocratie représentative est un hybride qui rend imparfait l'usage du mot démocratie. Selon lui, « de tous les éléments jusqu'ici considérés qui limitent l'idée de liberté et par là même l'idée de démocratie le parlementarisme est peut-être le plus important »[20]. Réfléchir sur la démocratie littérale n'est pas sans intérêt pour penser la combinaison actuelle de la démocratie représentative car cette dernière a incontestablement une teneur démocratique.

---

16 Böckenförde (Ernst-Wolfgang), *Le droit, l'État et la constitution démocratique : essais de théorie juridique, politique et constitutionnelle*, LGDJ Bruylant, 2000, p. 296.

17 Plus radicalement, « la démocratie ne peut pas exister comme telle : elle est un modèle idéal », Boia (Lucien), *Le mythe de la démocratie*, *op. cit.*, p. 156.

18 Baranger (Denis), *Le droit constitutionnel*, Paris, PUF, Que sais-je ?, 2013, p. 74.

19 Cité par Ortiz (Laure), « Le gouvernement du peuple, par le peuple et pour le peuple : la construction juridique du peuple et des droits de citoyenneté », De La Morena (Frédérique) (textes rassemblés par), *Les Symboles de la République : actualité de l'article 2 de la Constitution de 1958*, Toulouse, Presses de l'Université Toulouse I Capitole, 2014, p. 141.

20 Kelsen (Hans), *La démocratie. Sa nature, sa valeur*, Paris, Dalloz, 2e éd., 2004, p. 31. Kelsen donne une vision radicale de la démocratie, qu'il veille à ne pas confondre avec le libéralisme : « Même un État où la puissance étatique sur l'individu recevrait une extension illimitée, c'est-à-dire où la "liberté" individuelle serait totalement anéantie et l'idéal libéral intégralement nié, pourrait encore constituer une démocratie, pourvu que l'ordre étatique fût créé par les individus qui y sont soumis », *ibid.*, p. 9.

Contrairement à la démocratie et la citoyenneté, le consentement ne se laisse pas enfermer dans le domaine politico-juridique. En tant qu'élément de la subjectivité[21], le consentement est susceptible d'être étudié par un grand nombre de disciplines. La première difficulté dans l'appréhension du consentement tient à sa proximité avec une série de notions voisines : l'assentiment, l'adhésion, l'approbation, voire l'agrément ou la permission[22]. Le risque de confusion est d'autant plus fort que chacun de ces termes sert à la définition d'un autre[23]. Leur unité sémantique semble reposer sur *l'idée plus générale d'accord*, selon des configurations et des degrés divers[24]. Malgré la profusion de termes connexes, le consentement n'est pas impossible à définir. Il découle effectivement de l'idée d'accord[25] et, à ce titre, consiste en un acquiescement volontaire à un acte extérieur. Le consentement est fondamentalement une relation entre individus, voire, en premier lieu, « un accord avec soi-même »[26]. En outre, le consentement vise la production d'effets, il concourt à la mise en forme, à la création d'une situation : consentir, c'est « vouloir bien, accepter, que quelque chose se fasse, ait lieu, existe »[27]. Une telle acceptation est d'ailleurs familière des juristes dans la mesure où ils l'entendent comme un « accord de deux ou plusieurs volontés en vue de créer des effets de droit »[28]. Consentir confère

---

21 « Le consentement est avant tout, à notre sens, une capacité située au fondement de l'être humain et qui lui permet de sentir – avec un autre ou lui-même », Christelle (Maxence), *Consentement et subjectivité juridique*, thèse dactyl., Université Paris I, 2014, p. 879. D'ailleurs, bien que le citoyen soit une catégorie abstraite depuis 1789, il demande un corps qui l'incarne.

22 Le Fur (Dominique) (dir.), *Dictionnaire des synonymes, nuances et contraires*, Robert, 2019, p. 229.

23 Par exemple, le *Trésor de la langue française informatisé* définit l'assentiment comme un « *consentement* (à une décision, à un acte, etc.) accompagné de *l'adhésion* aux motifs qui y engagent », et l'approbation comme une « action de donner son agrément ». Le *Vocabulaire technique et critique de la philosophie* définit le consentement comme l'« assentiment accordé à une assertion », Lalande (André), *Vocabulaire technique et critique de la philosophie*, *op. cit.*, p. 177. Enfin, le *Vocabulaire juridique* fait de l'adhésion un « *assentiment* personnel donné à un projet d'acte ou d'opération préparé par d'autres ». Cornu (Gérard) (dir.), *Vocabulaire juridique*, *op. cit.*, p. 30. Nous soulignons.

24 Le Fur (Dominique) (dir.), *Dictionnaire des synonymes, nuances et contraires*, *op. cit.*, p. 229.

25 La deuxième définition du consentement donné par le dictionnaire de philosophie Lalande est « consensus, accord », Lalande (André), *Vocabulaire technique et critique de la philosophie*, *op. cit.*, p. 177.

26 Fraisse (Geneviève), *Du consentement*, Seuil, 2007, p. 23.

27 V° « Consentir », *Trésor de la langue française informatisé*.

28 Cornu (Gérard) (dir.), *Vocabulaire juridique*, *op. cit.*, p. 241. D'ailleurs, ce dictionnaire juridique canonique donne le même sens à adhésion qu'à consentement puisqu'elle est : 1° « acte unilatéral par lequel une personne se rallie à une situation juridique déjà établie

une issue positive à la proposition puisqu'il s'agit de « se prononcer en faveur de l'accomplissement d'un projet, d'un acte »[29]. Ainsi, *le consentement est l'acquiescement volontaire en vue de rendre possible une situation.* Il s'agit d'une relation entre individus par rapport à un objet, et tout questionnement lié au consentement induit deux questions : *consentir par rapport à qui ? Et consentir à quoi ?*

Le consentement en tant qu'accord se subdivise deux formes qu'il est susceptible de prendre : exprès et tacite. Le consentement est exprès s'il est « explicitement manifesté, en général par écrit (ex. C. civ., a. 932) parfois par la parole, ou même par de simples signes ou gestes consacrés par l'usage »[30]. En revanche, il est tacite quand il est « réel bien que non formellement exprimé », « dont l'existence se déduit, en l'absence de déclaration expresse, de certains faits (attitudes, comportement) révélateurs d'une intention »[31]. L'intention existe dans les deux cas mais le lien est évident dans le premier cas alors qu'il demande déduction dans le second.

Cette définition du consentement propose une conception « forte », basée sur la volonté du sujet, mais une conception « faible » a pu être avancée, minorant l'exercice de la volonté. Michela Marzano identifie les deux niveaux possibles du consentement : « d'un point de vue terminologique, la notion oscille entre un sens "négatif ', *ne pas empêcher*, et un sens 'positif ', *approuver* »[32]. Or, « ne pas empêcher, permettre et approuver ne sont d'ailleurs pas synonymes »[33]. Le sens négatif risque

(statut, pacte, concordat, convention), en devenant, le plus souvent, membre d'un groupement préexistant (association, société, syndicat, etc.), ou partie à un accord dont elle n'était pas, à l'origine, signataire » ; 2° « assentiment personnel donné à un projet d'acte ou d'opération préparé par d'autres », *ibid.*, p. 30.

29 V° « Consentir », *Trésor de la langue française informatisé.*

30 Cornu (Gérard) (dir.), *Vocabulaire juridique*, *op. cit.*, p. 436. Pour exemple, l'alinéa 1ER de l'article 932 du Code civil : « La donation entre vifs n'engagera le donateur, et ne produira aucun effet, que du jour qu'elle aura été acceptée en termes exprès ».

31 *Ibid.*, p. 1005-1006.

32 Marzano (Michela), « Le mythe du consentement. Lorsque la liberté sexuelle devient une forme de servitude volontaire », *Droits*, 2008, p. 116. Nous soulignons.

33 *Idem.* « Accepter, c'est adhérer ; permettre, c'est supporter. Il existe un vrai spectre du consentement », Fraisse (Geneviève), *Du consentement*, *op. cit.*, p. 25.

d'assimiler le consentement à un non-acte[34]. Il existe un ensemble de motifs expliquant qu'un individu n'empêche pas une action. Le désintérêt, la négligence, l'indifférence ne peuvent être au support du consentement sous peine de voir dans toute situation, particulièrement dans les rapports sociaux, une situation de consentements alors qu'il brille par son inexistence. L'adage « qui ne dit mot consent » apparait alors très trompeur car il confond trop facilement le silence avec le consentement, sans rechercher la véracité de l'accord. La pertinence de l'adage dépend fortement du contexte de son énonciation[35]. La frontière est ténue entre un consentement négatif et un consentement positif tacite car dans les deux cas l'acte requiert une interprétation reconstructive.

Selon une intuition immédiate, il existe un lien fort entre consentement du citoyen et démocratie. D'ailleurs, pour Geneviève Fraisse, « le mot consentement a pris toute sa place avec le déploiement du vocabulaire démocratique »[36]. Les trois termes de l'équation s'appuient effectivement sur les mêmes présupposés, dont le nœud est la subjectivité de l'individu : la liberté, la rationalité, l'autonomie de la volonté et la responsabilité personnelle. Le consentement induit la capacité de l'individu à raisonner et à vouloir conformément à sa raison[37], ce qui signifie par ailleurs sa liberté. Le consentement sans la liberté est une contradiction, il équivaudrait à une soumission de fait, à une impulsion automatique[38]. La démocratie quant à elle se caractérise comme le régime qui assigne à l'individu libre une place au fondement de l'ordre politique. En outre, elle fait peser sur les membres de la communauté politique une forte responsabilité puisqu'ils endossent chaque expression du pouvoir

34 Le philosophe David Estlund dénie l'appellation de consentement à cette idée, selon lui « on ne peut pas accorder son consentement sans s'en rendre compte », Estlund (David), *L'autorité de la démocratie : une perspective philosophique*, Paris, Hermann, 2011, p. 25.

35 Ainsi, en matière de demande adressée à l'administration, le silence de cette dernière vaut maintenant acceptation en vertu d'une règle objective, ici juridique, qui assimile le silence au consentement. V. la contribution de Armand Desprairies dans cet ouvrage.

36 Fraisse (Geneviève), *Du consentement*, *op. cit.*, p. 22.

37 Même si « l'État constitutionnel démocratique vit aussi d'un consensus irrationnel, pas seulement de discours, de dissensions et de consensus rationnels », Häberle (Peter), *L'État constitutionnel*, Aix-en-Provence, PUAM Economica, 2004, p. 101. Voir aussi Christelle (Maxence), *Consentement et subjectivité juridique*, *op. cit.*

38 « L'homme n'est pas un automate, ses mouvements ne peuvent être actionnés de l'extérieur comme on peut le faire pour mettre en marche une machine », Amselek (Paul), *Cheminements philosophiques*, Paris, Armand Colin, 2013, p. 156.

politique et en assument simultanément l'obéissance[39]. Le citoyen, dans son acceptation axiologique, est l'unité de base de la démocratie, cet individu libre et rationnel. Ainsi, le consentement est l'acte par excellence de la modernité et la démocratie en est le système politique par excellence en ce qu'ils mettent au centre la subjectivité individuelle sous ses diverses facettes : liberté, rationalité et volonté.

Pour éprouver cette connivence entre consentement du citoyen et démocratie, il s'agit de se poser les deux questions induites par toute interrogation relative au consentement : qui consent ? à quoi consent-il ? Il apparait que deux orientations générales peuvent être suivies en fonction du terme fondement. Il est *primo* « ce qui sert de base, d'appui à quelque chose », *secundo* « le principe ou ensemble de principes que suppose un édifice » et *tertio* « ce qui légitime ou justifie quelque chose »[40]. En mettant temporairement de côté la troisième signification, deux hypothèses seront évaluées à l'aune du dernier terme de l'équation.

La première définition du terme fondement est généalogique. Ici, l'objet du consentement n'est pas le pouvoir politique démocratique mais la société qui lui sert de support et dans laquelle il se développe, autrement dit la cité dans le vocabulaire antique. Cette hypothèse extrapole certes la problématique de la démocratie *stricto sensu*, dans la mesure où elle est un régime politique, mais, d'une part, elle concerne l'homme démocratique et, d'autre part, n'est pas sans intérêt heuristique quant à la compréhension. Il s'avère justement que la philosophie du droit a fourni une réponse valorisant particulièrement le rôle du consentement du citoyen comme fondement généalogique : le contrat social. Cette théorie est d'autant plus intéressante qu'elle provient du même contexte intellectuel de la modernité resituant l'individu rationnel et volontaire au centre. De plus, avant d'être l'unité de base de la démocratie, le citoyen est le membre de la cité. Apparemment délié de la démocratie, le contrat social s'impose en réalité comme le scénario autonomique parfait. Il s'avère toutefois que le contrat social n'est pas une explication crédible de fondation, ce qui écarte du même coup le rôle fondamental du consentement du citoyen (I.).

Une fois acquise l'idée selon laquelle la démocratie est un héritage, une institution, et non un contrat auquel les citoyens auraient expressément ou

---

39 C'est tout le propos des séminaires donnés par Cornelius Castoriadis regroupés dans *Ce qui fait la Grèce*, particulièrement le second tome. Castoriadis (Cornelius), *Ce qui fait la Grèce. 2, la cité et les lois*, *op. cit.*

40 V° « fondement », *Trésor de la langue française informatisé.*

tacitement souscrit, il s'agit de mesurer la place du consentement du citoyen dans la démocratie en tant que régime politique. Le fondement n'est plus entendu généalogiquement mais génétiquement, comme « le principe ou ensemble de principes que suppose un édifice ». Autrement dit, la démocratie fonctionne-t-elle essentiellement sur le consentement du citoyen ? L'objet du consentement n'est plus la société politique mais le pouvoir politique. Il s'avère finalement que le consentement apparait comme une condition certes minimale mais insuffisante du régime démocratique (II.).

I. L'inexistence du consentement au fondement de la démocratie : le contrat social introuvable

Le contrat social est une des explications les plus prometteuses de la philosophie du droit et elle repose entièrement sur le consentement (A.). L'impossibilité d'identifier un contrat social au fondement de la société politique évince tout consentement, exprès ou tacite (B.), d'autant que les contractualistes eux-mêmes rejettent la démocratie en tant que régime politique.

A. La théorie du contrat social, une théorie du fondement par le consentement

La théorie dite du contrat social recouvre une pluralité de propositions formulées par des auteurs aux opinions diverses voire opposées. La litanie de ses concepteurs s'étend de Hobbes à Rousseau en passant par Grotius, Pufendorf et Locke pour les plus fameux[41]. Un écart indéniable sépare le décisionnisme de Thomas Hobbes du jusnaturalisme de Pufendorf. Cependant, la théorie du contrat social trouve, par-delà cette multiplicité, une certaine unité : *il s'agit fondamentalement d'une proposition de la modernité pour expliquer la formation des sociétés politiques.* La théorie du contrat social a une prétention anthropologique. Ainsi, « dans un sens très général, on parlera de contrat social à propos de toute théorie qui prétend rendre compte des liens entre les membres d'une société civile grâce au modèle du contrat »[42]. Même si tous les théoriciens ne lui accordent pas le même rôle ni le même contenu, elle pose une césure principielle entre deux états : l'état de nature et l'état de sociabilité, en valorisant le second par rapport

---

[41] Voir Terrel (Jean), *Les théories du contrat social : droit naturel, souveraineté et contrat de Bodin a Rousseau*, Paris, Seuil, 2001.
[42] *Ibid.*, p. 59.

au premier, duquel il permet la sortie et l'abolition. Ils s'opposent alors à l'axiome classique posé par Aristote selon qui l'homme est un « animal social ». Chez le philosophe grec, sa sociabilité procède de la nature, alors qu'un des piliers de la modernité est justement la distinction de la culture et de la nature[43].

De plus, le rapport entre individu et collectif est renversé par rapport à la logique aristotélicienne, « le concept d'état de nature répond donc à la nécessité d'inverser les rapports de détermination : ceux-ci vont désormais de l'individu à la société qu'il crée par contrat, et non plus de la société à l'individu qu'elle constituerait comme homme au plein sens du terme »[44]. Aristote et Hobbes imaginent un droit naturel, simplement le premier le voit dans les rapports entre les êtres humains naturellement sociaux et le second dans les êtres humains en eux-mêmes et naturellement isolés[45]. L'homme de la modernité n'est plus celui de l'Antiquité, il est devenu libre et égal à ses semblables en soi. De plus, il est doté de la capacité de raisonner et de vouloir suffisante pour conclure un contrat qui lui permet de se préserver en sortant de l'état de nature. D'ailleurs, ce n'est pas un hasard si les contractualistes donnent leur préférence au consentement exprès, formalisation la plus claire de la volonté[46]. Pour Hobbes et ses héritiers, le passage de l'état de nature à l'état social procède d'un contrat, c'est-à-dire d'un accord de plusieurs volontés en vue de créer une société politique, une collectivité gouvernée. Le contrat social est donc la définition même d'une fondation par le consentement. Une fois contracté, le pacte social ne ruine pas la liberté et l'égalité naturelles de l'homme, au contraire il les sanctuarise en liberté et égalité civiles.

Parmi toutes les théories du contrat social, la pensée de John Locke apparait la plus intéressante en ce qu'il fait du consentement l'alpha et l'oméga de sa pensée politique. Pour le philosophe libéral anglais, il sous-tend toute relation humaine, « d'un bout à l'autre s'exerce le "consentement 'de l'individu et du citoyen – terme clef de la politique

[43] Voir Latour (Bruno), *Nous n'avons jamais été modernes*, Paris, La Découverte, 1997.

[44] Spitz (Jean-Fabien), « État de nature et contrat social », *in* Alland (Denis), Rials (Stéphane) (dir.), *Dictionnaire de la culture juridique*, *op. cit.*

[45] Villey (Michel), « Hobbes en notre temps. Préface au *De cive* de Thomas Hobbes », *Archives de philosophie du droit*, 1980, p. 189.

[46] D'où l'importance du serment chez ces penseurs, prestation formelle de la promesse, v. Goyard-Fabre, (Simone), « La nature et le sens du serment selon les jusnaturalistes du XVIIe siècle », in Verdier (Raymond), *Le serment. Vol. II. Théories et devenir*, Paris, C.N.R.S. éditions, 1991.

lockienne »[47]. Logiquement, les hommes s'extraient de l'état de nature et affirment leur citoyenneté par la magie performative du consentement : « J'assure donc encore, que tous les hommes sont naturellement dans cet état, que j'appelle état de nature, et qu'ils y demeurent jusqu'à ce que, *de leur propre consentement*, ils se soient faits membres de quelque société politique »[48]. Quelques chapitres plus loin, toujours dans le *Traité du gouvernement civil*, Locke réaffirme que « les hommes, ainsi qu'il a été dit, étant tous naturellement libres, égaux et indépendants, nul ne peut être tiré de cet état, et être soumis au pouvoir politique d'autrui, sans *son propre consentement* »[49]. La pensée de Locke est d'autant plus audacieuse que, contrairement à Hobbes et Rousseau chez qui l'état de nature est une fiction nécessaire, il avance la réalité du contrat social : « voilà des exemples que l'histoire nous fournit, des personnes libres et dans l'état de nature, qui s'étant assemblées, ont formé des corps et des sociétés »[50]. D'ailleurs, il ne le situe pas dans un temps donné et révolu mais estime que chaque homme est confronté à la possibilité du contrat social dans sa vie. Bien que sous la tutelle de la société à laquelle il appartient pendant sa minorité, il peut s'en libérer à sa majorité. L'incorporation dans une société n'est qu'un héritage temporaire que l'homme peut révoquer en donnant son consentement à une autre société politique : « un enfant ne naît sujet d'aucun pays, ni d'aucun gouvernement », « il demeure sous la tutelle et l'autorité de son père, jusqu'à ce qu'il soit parvenu à l'âge de discrétion ; alors, il est homme libre, il est dans la liberté de choisir le gouvernement sous lequel il trouve bon de vivre, et de s'unir au corps politique qui lui plaît le plus »[51]. La pensée de Locke illustre la vision générale des contractualistes pour lesquels la société ne peut exister que par le consentement des individus. Ces derniers décident quel corps politique ils veulent rejoindre, de quelle cité être citoyens.

---

[47] Jaume (Lucien), « Citoyenneté », in Raynaud (Philippe), Rials (Stéphane), *Dictionnaire de philosophie politique*, Paris, PUF, 3e éd., 2015, p. 99.

[48] Locke (John), *Traité du gouvernement civil*, Paris, Flammarion, 2008, p. 190. Nous soulignons.

[49] *Ibid.*, p. 265. Nous soulignons.

[50] *Ibid.*, p. 271.

[51] *Ibid.*, p. 286-287.

B. L'absence de consentement au fondement de la société démocratique

La théorie du contrat social n'est ni plus ni moins qu'une explication de la fondation politique par le consentement qui, en tant que telle, conviendrait parfaitement à la démocratie. En effet, le contrat social est une construction autonome d'une collectivité qui parvient à se transmuer de la multitude à l'unité par le consentement mutuel. Les citoyens approuvent leur appartenance à la cité. La démocratie serait le prolongement du contrat social pris au pied de la lettre car elle entérine la conception de l'individu libre et égal à ses semblables exerçant sa raison et sa volonté pour forger son destin politique. En outre, le primat de l'individu rapproche fortement contrat social et démocratie, « une certaine forme d'individualisme est essentielle au concept moderne de la démocratie »[52]. Le contrat social se situerait au premier niveau, celui de la constitution de la société politique, et la démocratie au second niveau, celui de l'exercice du pouvoir politique au sein de cette société constituée. Les citoyens cocontractants seraient alors à l'origine de la société politique et du pouvoir politique. Cette continuité apparait d'autant moins aberrante compte tenu de la teneur démocratique des théories contractualistes. Même Hobbes « a tenté de conférer à la démocratie une antériorité logique : elle serait la forme originaire de l'État, puisqu'il faut supposer que tous ont pris part à la décision qui l'instaure »[53]. Le philosophe anglais écrit au chapitre VII du bien nommé *De cive* : « ceux qui se sont assemblés pour ériger une cité sont une démocratie presque par le fait même qu'ils se sont assemblés »[54]. Ainsi, la démocratie prolongerait ce que Hobbes et Rousseau n'osaient ou ne voulaient imaginer, à savoir l'institution continue du peuple par lui-même, depuis la phase d'agrégation à la phase de gouvernement. À cette tentative de reconnexion s'opposent deux éléments de nature diverse : d'une part, pour les contractualistes la démocratie n'est pas l'implication logique de la fondation contractuelle, et,

[52] Colliot-Thélène (Catherine), « Démocratie, communauté et individualisme », in Champeil-Desplats (Véronique), Denquin (Jean-Marie) (dir.), *Démocratie et constitutionnalisme. Retours critiques*, *op. cit.*, p. 45.

[53] Kervégan (Jean-François), « Démocratie », *in* Raynaud (Philippe), Rials (Stéphane), *Dictionnaire de philosophie politique*, *op. cit.*, p. 152. Michel Villey propose une lecture similaire selon laquelle « le régime monarchique cher à Hobbes a, pour fondation permanente, une volonté démocratique », Villey (Michel), « Hobbes en notre temps. Préface au *De cive* de Thomas Hobbes », *art. cit.*, p. 197.

[54] Cité par Terrel (Jean), *Les théories du contrat social*, *op. cit.*, p. 161.

d'autre part, le contrat social est un mythe fondateur, d'où il s'ensuit que l'appartenance à la cité est instituée de l'extérieur.

La continuité entre contrat social et régime démocratique ne va pas de soi, elle est même fortement battue en brèche par les théoriciens du contrat social. Chez Hobbes, « le souverain durable [...] n'est pas nécessairement le peuple »[55]. Jean-Jacques Rousseau, auquel la démocratie directe est associée classiquement, n'en déclare pas moins dans son œuvre maîtresse : « à prendre le terme dans la rigueur de l'acceptation, il n'a jamais existé de véritable Démocratie, et il n'en existera jamais »[56]. La différenciation entre contrat social et démocratie s'explique par l'existence de deux temps politiques primordiaux : le premier est la constitution de la communauté politique, le second du pouvoir politique. Or, le contrat social à l'origine de la communauté politique est ambivalent car il consiste à la fois en un contrat de fondation et un contrat de soumission. Contracter apporte certes un grand nombre d'avantages aux cocontractants, au premier rang desquels la sécurité et la liberté civique, mais induit aussi une concession : la formalisation d'un pouvoir politique. Même si les différents théoriciens ne donnent pas la même suite au résultat du contrat, ils conçoivent tous une institution plus ou moins forte qui existe au-delà des cocontractants. Or, la démocratie n'est pas pour eux une option crédible. Le contrat social s'apparente à un processus démocratique mais n'implique pas le régime démocratique, c'est-à-dire la détention et l'exercice du pouvoir par les citoyens.

La dénégation de la démocratie par les contractualistes dissocie radicalement l'idée du fondement par le consentement et la démocratie. Mais, plus encore, le contrat social n'est pas une explication anthropologique crédible, ce qui emporte toute hypothèse de fondement de la société par le consentement des citoyens. Hobbes et Rousseau le maintiennent comme une fiction logique. Chez le premier, la « nécessité de la démocratie originaire est affirmée avec une force décroissante »[57] justement pour minimiser le moment démocratique de la fondation au profit de l'installation du souverain. Chez le second, « dans le *Contrat social*, le doute quant à la possibilité du gouvernement démocratique importe moins que la démonstration de la structure démocratique de la

---

[55] *Ibid.*, p. 162.

[56] Rousseau (Jean-Jacques), *Du contrat social*, Flammarion, 2012, p. 226.

[57] Terrel (Jean), *Les théories du contrat social*, *op. cit.*, p. 162.

souveraineté »[58]. Rousseau écrit de manière éloquente qu'« il faut toujours remonter à une première convention »[59] comme s'il ne pouvait en être autrement. Locke quant à lui peut d'autant plus l'avancer comme réalité que, chez lui, l'état de nature est bien plus sociable que chez les deux premiers. En effet, pour Locke « l'"état de nature 'est un état de liberté et non de licence, qui présuppose un minimum de sociabilité naturelle »[60]. La théorie du contrat social aboutit au même constat que la théorie aristotélicienne – il existe des sociétés politiques – mais emprunte un autre chemin dont la véracité historique importe peu. Son intérêt véritable est de présenter une explication de la société politique fidèle aux canons de la modernité au centre desquels se trouve la subjectivité individuelle. La soumission au pouvoir politique *ne peut* découler que du consentement des individus quitte à ce qu'ils y soient soumis une fois ce consentement émis. Ainsi, la sociabilité n'est « plus considérée comme naturelle et subie mais découlerait du consentement des sujets à s'inféoder au souverain. Sans aller jusqu'à témoigner de l'existence historique d'un tel consentement, qui ne s'est bien entendu jamais manifesté, le recours à la fiction du contrat n'est rien d'autre qu'une tentative d'accompagner, philosophiquement, le tournant qui s'opère au seuil de la modernité, dans la représentation du droit »[61].

Si les communautés politiques n'ont pas été fondées par un contrat de leurs membres, il s'ensuit qu'elles procèdent forcément d'un mouvement extérieur. Les peuples sont institués autant qu'ils s'instituent, notamment par la médiation de l'État et du droit. Paradoxalement, la démocratie, régime reposant sur la liberté, et la citoyenneté, statut permettant d'être en démocratie, sont des héritages davantage que l'expression d'un consentement. Comme le dit Kelsen, « on naît le plus souvent dans un État préexistant, sous l'empire duquel on n'a pas participé, et qui doit par suite apparaitre immédiatement comme une volonté étrangère »[62]. D'ailleurs, Jean-Jacques Rousseau commence son *Contrat social* par cette sentence simple mais révélatrice : « né citoyen d'un État libre »[63], en l'occurrence la République de Genève. Même pour la démocratie

---

[58] Kervégan (Jean-François), « Démocratie », *art. cit.*, p. 152.

[59] Rousseau (Jean-Jacques), *Du contrat social*, *op. cit.*, p. 50.

[60] Raynaud (Philippe), « Locke », in Raynaud (Philippe), Rials (Stéphane), *Dictionnaire de philosophie politique*, *op. cit.*, p. 413.

[61] Viala (Alexandre), *Philosophie du droit*, Ellipses, 2e éd., 2019, p. 49-50.

[62] Kelsen (Hans), *La démocratie, sa nature, sa valeur*, *op. cit.*, p. 7.

[63] Rousseau (Jean-Jacques), *Du contrat social*, *op. cit.*, p. 226.

athénienne, « la société est toujours déjà instituée »[64]. En tant qu'individu, il jouit de la citoyenneté et de la liberté civile caractéristiques de la démocratie en vertu de l'État qui l'institue. Même si elle est par principe réfractaire au tiers, la démocratie n'est pensable concrètement qu'avec lui. La médiation du droit s'impose, qui relativise l'explication autonomique pure[65]. Le droit est le conservatoire de la liberté par-delà le consentement individuel. Le consentement du citoyen n'est donc pas au fondement de la démocratie car le citoyen n'a pratiquement jamais consenti à être citoyen. L'hypothèse ouverte par Locke de donner ou refuser son consentement à tout moment existe mais ne rend pas compte de l'extrême majorité des comportements réels. Si une société est démocratique, elle ne l'est pas en vertu du consentement de ses membres. Le paradoxe du citoyen est qu'il institué à être libre.

La fondation démocratique, entendue comme manifestation convergente de la volonté des individus, n'induit pas le gouvernement démocratique : les théories du contrat social consistent en une fondation démocratique qui débouche sur l'instauration d'une autorité non forcément démocratique, monarchique dans le cas de Hobbes. Inversement, l'absence de fondation démocratique, par l'entremise du mythique contrat social, ne condamne pas la mise en place de la démocratie en tant que régime politique. Il s'agit à présent de raisonner dans ce cadre et d'y cerner la place occupée par le consentement du citoyen.

II. L'insuffisance du consentement au fondement de la démocratie : la démocratie comme gouvernement

Si la formation démocratique de la société par le mythique contrat social est introuvable, elle n'est pas indispensable pour que la démocratie en tant que régime politique existe. Il ne s'agit plus de réfléchir sur la généalogie du corps des citoyens mais de s'interroger sur la place du consentement dans une société où les citoyens jouissent de droits politiques qui leur permettent d'exercer un pouvoir démocratique. Il est

[64] Castoriadis (Cornelius), *Ce qui fait la Grèce. 2, la cité et les lois*, *op. cit.*, p. 213. Castoriadis admet en revanche l'autonomie lorsqu'une société « a une conscience assez poussée de sa liberté de changer ce qui est sans pour autant casser son rapport à la tradition », *idem*.

[65] Aristote le reconnaît lorsqu'il étudie les possibles déviations du régime démocratique, justement par l'absence de lois : « Dans les cités gouvernées démocratiquement selon la loi il ne naît pas de démagogue », Aristote, *Les Politiques*, *op. cit.*, p. 2419.

indéniable que le consentement a un rapport étroit avec la démocratie, il en est une exigence fondamentale (A.). Néanmoins, la démocratie déborde le consentement, il ne suffit pas à caractériser le rôle du citoyen (B.).

A. Le consentement du citoyen, socle du régime démocratique

Il existe de bonnes raisons de faire droit à l'idée selon laquelle la démocratie est toute entière sous-tendue par le consentement. Au-delà de la conception anthropologique de l'homme démocratique, rationnel, volontaire et responsable, le consentement est structurant, à condition de le circonscrire. L'accord des citoyens est fondamental en démocratie au moins pour deux motifs : une raison axiologique, *il doit en être ainsi*, et une raison logique, *il ne peut en être autrement*. Au préalable, il faut rappeler que l'adhésion des gouvernés est une nécessité pragmatique pour tout type de gouvernement. Le pouvoir reposant sur une relation de domination symbolique et non de pur fait – il ne s'agit pas d'une contrainte physique intégrale –, il a besoin d'être accepté un minimum pour perdurer[66]. Dans cette perspective, le consentement requis est le plus souvent négatif, supposé à partir du silence des gouvernés. Jean-Jacques Rousseau l'exprime de manière canonique : « du silence universel on doit présumer le consentement du peuple »[67]. De la soumission des citoyens au pouvoir, il ne faut pas forcément déduire qu'ils ont consenti au sens fort mais qu'ils n'empêchent pas le pouvoir de s'exercer et admettent leur appartenance. Il s'agit d'une condition pragmatique. Le monarque est renversé si son peuple ne consent plus à son règne. Dans ce cas, c'est la perte du consentement qui prouve *a posteriori* qu'une approbation minimale existait, sans qu'elle ait été véritablement formalisée. Outre la dimension pragmatique, l'hypothèse de l'adhésion au pouvoir, même dans une forme réduite au laisser-faire, joue un rôle de justification : « il y est invoqué comme support de réponse à la question classique de la justification morale du pouvoir politique, soit du pouvoir des gouvernants sur les

---

[66] « Tout véritable rapport de domination comporte un minimum de volonté d'obéir, par conséquent un intérêt, extérieur ou intérieur, à obéir », Weber (Max), *Économie et société 1*, Paris, Pocket, 1995, p. 285.

[67] Cité par Catherine Colliot-Thélène qui confirme : « Le consentement du peuple peut s'inférer de son seul silence », Colliot-Thélène (Catherine), « Démocratie, communauté et individualisme », *art. cit.*, p. 51.

gouvernés »[68]. À ce titre, le contrat social recèle aussi une puissance de légitimation indéniable, sur le même mode du consentement.

Le régime démocratique n'a pas l'apanage du consentement mais il se singularise par rapport aux autres régimes par son exacerbation : il faut, c'est une exigence explicite, que le peuple de citoyens approuve le pouvoir. Ainsi, « la notion la plus simple, la plus élémentaire de démocratie suppose non seulement que le pouvoir repose sur le consentement du peuple, ce qui était aussi le cas des régimes traditionnels, mais surtout qu'il ait sa source dans le peuple »[69]. Cet impératif découle directement des Révolutions libérales de la fin du XVIIIe siècle qui ont hissé la figure du peuple au plus haut rang de la hiérarchie politique. Même si les révolutionnaires ne sont pas des démocrates convaincus, le discours de Sieyès en atteste, ils font du peuple le détenteur du pouvoir mais aussi la source de légitimité[70]. À la structure duale de la monarchie de droit divin, organisée à partir d'un principe divin de légitimité et un principe royal de souveraineté, succède une structure monolithique où le peuple devient l'alpha et l'oméga. La démocratie se fonde sur un principe circulaire, « la légitimité n'est démocratique que si le pouvoir est confié au peuple tout entier, non pas pour une raison qui lui serait extérieure mais parce qu'il est le peuple tout entier »[71]. Le pouvoir ne peut venir d'une source extrinsèque, fusse-t-elle Dieu. L'adage *Vox populi, vox dei* illustre ce déplacement majeur. Dans un régime démocratique, la figure du peuple se démultiplie car il est le Sujet, l'objet et la source du pouvoir. À cet égard, le système représentatif brise cette fusion en instaurant un écart entre le détenteur du pouvoir et celui qui l'exerce concrètement. La forme positive de

68 Ramelet (Laetitia), « Le consentement et la légitimité morale du pouvoir politique », in Besson (Samantha), Mausen (Yves), Pichonnaz (Pascal), *Le consentement en droit*, Zurich, Schultess, 2018, p. 13. Elle poursuit : « il s'agit de justifier le pouvoir politique de certaines personnes sur d'autres, sachant que toutes sont égales sur le plan moral, en tant qu'êtres humains. Afin de réconcilier égalité et pouvoir politique, l'argument du consentement établit un principe se rapportant à la personne qui est soumise à un pouvoir, pouvoir détenu par d'autres personnes qui lui sont égales sur le plan moral », *ibid.*, p. 20.

69 Lauvaux (Philippe), Le Divellec (Armel), *Les grandes démocraties contemporaines*, Paris, PUF, 2015, p. 50

70 « Sous ce terme d'Absolu, il faut entendre ce qui est délié, dégagé de toute créance ou dette ; soit, en théologie, la place de Dieu et, en théorie politique, la place inaliénable du Principe souverain. Dans la doctrine démocratique, le Peuple », Legendre (Pierre), « Le pouvoir et son révélateur esthétique », in Stolleis (Michael), *L'œil de la loi. Histoire d'une métaphore*, Mille et une nuits, 2006, p. 18. Voir aussi Lefort (Claude), « Permanence du théologico-politique ? », *in Essais sur le politique : XIXe-XX siècles*, Paris, Seuil, 2001.

71 Baranger (Denis), *Le droit constitutionnel*, *op. cit.*, p. 72.

démocratie représentative retient davantage le peuple comme détenteur et objet du pouvoir, ce qui met fortement en valeur le consentement. Le référendum et le vote fonctionnent en effet comme deux mécanismes d'approbation. Le premier sollicite l'accord des citoyens sur une question donnée dont dépend la création d'une nouvelle situation de droit. Le second instaure un lien entre représentant et représenté où ce dernier garantit ou non son approbation, et « ce critère fonctionnel du libre choix des dirigeants est nécessaire et suffisant pour distinguer les régimes démocratiques des autres »[72]. Ayant accédé à la grâce de la légitimité en démocratie, le peuple doit consentir au pouvoir pour qu'il soit fondé. Le consentement est donc au fondement de la démocratie, au troisième sens du terme fondement, à savoir « ce qui légitime ou justifie quelque chose ».

En plus d'être axiologiquement au fondement de la démocratie, le consentement y est logiquement. Partant du principe selon lequel la démocratie est le régime dans lequel le peuple détient et exerce le pouvoir auquel il obéit, en d'autres termes l'« autogouvernement du peuple »[73], le Sujet et l'objet du pouvoir sont identiques. L'entité gouvernante est la même que l'entité gouvernée, et selon Böckenförde, « il est pertinent de caractériser la démocratie par l'identité des gouvernants et des gouvernés. La formule tant critiquée de Carl Schmitt selon laquelle la démocratie serait “l'identité du dominant et du dominé, du gouvernant et du gouverné”, ne dit d'ailleurs que cela et rien d'autre »[74]. Hors du cadre d'analyse schmittien, cette idée peut correspondre à la conception anthropologique de l'individu démocratique, libre et volontaire, donc responsable de ses actes. Du fait de son autonomie, il fixe collectivement ses préceptes généraux de vie, ce qui implique logiquement qu'il s'y conforme. Dans cet ordre d'idée, Rousseau écrit : « Celui qui fait la loi sait mieux que personne comment elle doit être exécutée et interprétée »[75]. Il consent forcément au pouvoir puisqu'il l'incarne. Cette vision immédiate du pouvoir s'accorde avec le mythe de la démocratie intégrale mais se cantonne encore au domaine de l'utopie. Le simple recours au principe majoritaire pour trancher des décisions hypothèque la complétude du consentement. Dans le cas d'un décret pris à la majorité, la minorité ne consent pas explicitement au commandement qui s'impose à elle. Il n'est possible que de lui imputer un

---

72 Lauvaux (Philippe), Le Divellec (Armel), *Les grandes démocraties contemporaines*, *op. cit.*, p. 50-51.

73 Böckenförde (Ernst-Wolfgang), *Le droit, l'État et la constitution démocratique*, *op. cit.*, p. 278.

74 *Ibid.*, p. 291 citant Schmitt (Carl), *Théorie de la Constitution*, Paris, PUF, 1993, p. 372.

75 Rousseau (Jean-Jacques), *Du contrat social*, *op. cit.*, p. 101.

consentement hypothétique, négatif, déduit du fait qu'elle a accepté qu'en démocratie la majorité gouverne, mais cet accord n'est que présumé. Böckenförde lui-même critique la « conception identitaire-immédiate de la démocratie » schmittienne car elle est « irréaliste non pas seulement dans un sens pragmatique – parce qu'elle ne pourrait pas se réaliser au plan politico-pratique – mais irréaliste aussi au sens théorique »[76]. La médiation du droit évoquée plus haut suffit à créer un écart entre les deux figures du peuple, Sujet et objet. À partir du moment où elle est avancée sans être réalisée, la conception « identitaire-immédiate » peut devenir un argument de légitimation du pouvoir.

B. Le consentement du citoyen dépassé en régime démocratique

L'accord des citoyens est requis au nom de la légitimité et il est déduit en cas d'identité parfaite des gouvernants et des gouvernés. Toutefois, la démocratie n'est pas entièrement fondée sur le consentement des citoyens. En effet, les citoyens sont susceptibles de développer deux attitudes idéal-typiques[77] différentes qui dépassent chacune à leur façon le consentement. Dans les deux cas, l'acte de consentir n'est pas le plus adapté pour analyser ces attitudes. La première attitude est celle du citoyen privé, qui se situe en-deçà du consentement. La seconde attitude est celle du citoyen, que nous qualifierons d'Hercule en référence à l'œuvre de Ronald Dworkin, et qui se situe au-delà du consentement. Cette divergence découle de la division du citoyen contemporain.

Le citoyen entretient un lien privilégié avec la démocratie en tant qu'il est la source et le destinataire du pouvoir. Toutefois, une difficulté survient rapidement, résidant dans l'ambivalence de l'individu démocratique. Depuis la modernité, l'individu démocratique est scindé en deux : il est à la fois homme et citoyen, ce que retranscrit parfaitement l'intitulé de la Déclaration des droits de l'homme *et* du citoyen de 1789. Au sein du régime le plus démocratique de l'Antiquité, le régime athénien, le citoyen est fortement intégré dans la vie de la cité. Si la citoyenneté lui a échu, elle fait partie de son identité. Tout homme n'est pas citoyen mais dès lors qu'il l'est, il l'est pleinement. Avec la modernité, dont les Révolutions

---

[76] *Ibid.*, p. 296.

[77] Voir Weber (Max), *Essais sur la théorie de la science*, Pocket, 1995. Weber (Max), *Économie et société 1*, *op. cit.* Les idéaux-types sont des modélisations de comportements qui « ne prétendent nullement saisir des développements empiriques » mais fournissent des guides de compréhension. Kalberg (Stephen), *La sociologie historique comparative de Max Weber*, Paris, La Découverte, 2002, p. 135.

américaine et française sont les consécrations positives, un changement complet de perspective s'opère. Dans une logique extrêmement proche du contrat social, l'homme dispose de droits subjectifs par sa seule appartenance au genre humain. Même si l'hypothèse contractualiste n'a aucun fondement empirique, elle n'en infuse donc pas moins dans l'idéologie politique révolutionnaire. L'absence de contrat social en soi ne conduit pas à rejeter un de ses présupposés, à savoir les hommes ont à disposition des droits subjectifs[78] en vue de contracter. Dès lors, la Déclaration de 1789 prend ces derniers comme fondement et comme but ultime, à la manière du contrat social qui « civilise » les droits naturels pour les protéger. La modernité contraste donc doublement avec la vision aristotélicienne. D'une part, elle va de l'individu vers le collectif ; d'autre part, elle met l'accent sur la dissociation entre homme et citoyen au sein de cet individu finalement ambivalent[79]. Dès lors, l'individu est susceptible de poursuivre deux intérêts, un intérêt privé en tant qu'homme, et un intérêt public en tant que citoyen. Il dispose de droits propres exclusifs de toute implication dans le gouvernement de la cité, les droits de l'homme ou droits civils, et de droits lui permettant d'agir au sein de cette même cité, les droits du citoyen ou droits politiques. Jean Morange rappelle à juste titre que les droits civils et les droits politiques sont issus, à partir de la Révolution, du même creuset : l'égalité et la liberté. En revanche, entre ces deux traditions, « l'une met l'accent sur le rôle du citoyen, l'autre sur la protection des droits de l'homme »[80]. La consécration de l'ambivalence de l'individu entraîne la possibilité de déconnecter les deux sphères, civile et politique[81]. Certes, l'Antiquité connaissait la distinction entre la *vita contemplativa* et la *vita activa* mais elles semblaient indissociables là où germe avec la modernité la capacité de s'adonner alternativement à l'une ou à

---

[78] En cela, l'apport majeur de Hobbes fait fortune, pour qui « le pacte dérive du droit subjectif », Villey (Michel), « Hobbes en notre temps. Préface au *De cive* de Thomas Hobbes », *art. cit.*, p. 194.

[79] L'individu est la personne « indivisible matériellement, comme un atome démocritéen », Lalande (André), *Vocabulaire technique et critique de la philosophie*, *op. cit.*, p. 495.

[80] Morange (Jean), v° « Droits civils et politiques », in Alland (Denis), Rials (Stéphane) (dir.), *Dictionnaire de la culture juridique*, *op. cit.*, p. 536. Voir surtout Constant (Benjamin), *De la liberté des Anciens comparée à celle des Modernes*, Mille et une nuits, 2010.

[81] Marx analyse cette division de l'individu dans une perspective évidemment critique : « L'homme tel qu'il est comme membre de la société civile est considéré comme l'homme proprement dit, comme l'homme différent du citoyen, parce qu'il est l'homme dans son existence sensible individuelle, immédiate, tandis que l'homme politique n'est que l'homme abstrait, artificiel, l'homme comme personne allégorique, morale. L'homme réel n'est reconnu que sous la figure de l'individu égoïste, l'homme vrai que sous la figure du citoyen abstrait », Marx (Karl), *Sur la question juive*, La Fabrique, 2006, p. 62.

l'autre. En démocratie, tout citoyen est également un homme et que ces deux qualités sont susceptibles d'entrer en contradiction. Or, le consentement joue un rôle différent selon l'attitude « adoptée ».

À partir de l'expérience américaine, le constitutionnaliste Bruce Ackerman a proposé une distinction tripartite utile pour situer l'individu en démocratie selon son attitude[82]. Selon sa terminologie, l'individu peut être qualifié alternativement de « citoyen public », « citoyen privé » ou « parfait privatiste »[83]. L'appartenance à l'une de ces catégories idéales dépend de l'implication personnelle dans la sphère politique et peut se résumer à deux questions opposées sur lesquelles l'individu s'interroge : « Qu'est-ce qui est bon pour moi, Qu'est-ce qui est bon pour le pays ? »[84]. À ces questions, il répond : « Le citoyen privé prend ces deux questions au sérieux. Il n'affirme pas, à la manière du citoyen public, que seule la seconde question possède une importance "réelle '; mais il ne postule pas non plus – cette fois-ci à la manière du parfait privatiste – que le bien public n'existe pas en dehors de la poursuite de l'intérêt privé »[85]. Le citoyen public et le « parfait privatiste » représentent les deux pôles antagonistes, le premier ne vivant que par et pour l'engagement public et le second ne vivant que par et pour son intérêt privé. Au milieu, le « citoyen privé » apparait aux yeux de la modernité comme la figure équilibrée, qui concilie ses qualités d'homme et de citoyen, qui sait poursuivre son intérêt personnel sans rogner sur sa recherche du bien public. Cette tripartition idéale-typique n'a pas de connotation morale, certes « la conception américaine de la République considère qu'il est évidemment souhaitable que l'individu se pense dans l'État comme citoyen soucieux du bien public et de l'intérêt général ; mais, s'il ne veut pas se penser comme tel, s'il veut faire passer ses intérêts avant ceux de la collectivité, c'est son droit :

---

[82] L'auteur estime que la politique se caractérise soit une phase normale soit par une phase exceptionnelle, dont il faut déduire l'intensité de l'activité des citoyens : « Une démocratie dualiste s'efforce de mesurer la valeur de deux espèces de pratique politique. J'appellerai la première "système politique constitutionnel'. Elle se caractérise par un très haut degré de mobilisation des citoyens en réponse à des appels à protéger et développer les principes politiques fondamentaux. Dans le système politique normal, les citoyens ordinaires sont moins engagés. Dans le système politique normal, les citoyens ordinaires sont moins engagés ». Ackerman (Bruce), « La démocratie dualiste », in Jaume (Lucien), Troper (Michel), *1789 et l'invention de la Constitution*, LGDJ Bruylant, 1994, p. 192.

[83] Voir le Chapitre IX « La politique ordinaire » in Ackerman (Bruce), *Au nom du peuple*, *op. cit.*

[84] *Ibid.*, p. 369.

[85] *Idem.*

personne ne peut le "forcer à être libre" »[86], entendu selon la conception rousseauiste de liberté dans la volonté générale.

Le « citoyen privé », que nous requalifierons citoyen Hercule, nous servira de référence car il semble être la figure par excellence du citoyen en démocratie. Le citoyen public serait la continuation du citoyen athénien dans un cadre entièrement renouvelé qui rend finalement impossible la comparaison. Il faut aujourd'hui le cantonner à la démocratie utopique, comme le relève d'ailleurs Bruce Ackerman. Au contraire, la catégorie du « parfait privatiste » rend davantage compte de la réalité contemporaine. Il s'agit d'un individu favorisant son intérêt privé, indifférent à la chose publique, mais qui n'en dispose pas moins de la citoyenneté – ce qui rend la terminologie d'Ackerman contestable, l'expression citoyen privé convient mieux. Il choisit simplement de ne pas faire fructifier cet héritage des droits politiques qui lui sont accordés, au profit des seuls droits civils. Il appartient à une communauté politique mais n'en tire directement aucune prérogative – à cet égard il n'est aucunement comparable aux catégories d'individus dépourvus de citoyenneté. Le lien du « parfait privatiste » devenu citoyen privé avec le consentement est clair : n'ayant aucune intention de participer au régime démocratique, il ne consent qu'au sens négatif, où consentir signifie ne pas empêcher. La passivité politique du « parfait privatiste » ne peut pas passer pour l'expression pleine d'un consentement. *Il se situe donc en-deçà du consentement* puisqu'il n'est pas en position de donner son accord ou de le refuser.

Le citoyen public est utopique et le « parfait privatiste » n'entretient qu'un rapport lointain avec la démocratie en tant que régime politique, jouissant de son statut-phare, la citoyenneté, sans en user. Il reste la dernière catégorie, appelée par Ackerman le « citoyen privé », qui parvient à équilibrer sa vie d'homme et de citoyen, ne sacrifiant aucun des intérêts public ou privé au détriment de l'autre. Prenons le parti comme Ackerman de la considérer comme la catégorie principale en démocratie contemporaine, ce qui n'est toutefois pas sans inconvénient. En effet, il s'agit d'une catégorie très vaste qui embrasse des comportements réels variés, accueille des individus dont le ratio intérêt public/intérêt privé est très inégal. Se retrouvent groupés des individus très impliqués en tant que citoyens mais qui n'oublient pas leur existence privée et des individus s'acquittant d'une participation politique minimale. Nous proposons ici de transcender la diversité des comportements réels sous l'angle catégoriel

---

86 Zoller (Élisabeth), *Introduction au droit public*, Dalloz, 2e éd., 2013, p. 166-167.

d'un représentant par excellence. Ce représentant archétypal de la citoyenneté privée est inspiré de l'œuvre de Ronald Dworkin qui, pour les besoins de sa démonstration, doit invoquer un juge idéal[87]. De même que le juge Hercule de Dworkin détient toutes les qualités requises et attendues pour exercer son office, le citoyen Hercule poursuivrait son intérêt privé et le bien public avec la même diligence et aurait entre ses mains toutes les possibilités d'action en démocratie. Il se différencie simultanément du citoyen public qui se consacre exclusivement à la sphère publique et du parfait privatiste qui a totalement délaissé cette dernière.

L'action démocratique du citoyen Hercule apparait spontanément fondée sur le consentement. Le vote électif et le référendum sont des formes authentiques de consentement puisque l'initiative est prise par autrui et que les citoyens sont censés exercer leur raison et leur volonté pour, collégialement, aboutir à la production d'effets juridiques. Néanmoins, la focalisation sur les actions d'approbation en démocratie s'explique surtout par la greffe du régime représentatif. La dialectique entre représentants et représentés s'est substituée à la dialectique démocratique entre gouvernants et gouvernés, ces derniers étant réputés constituer le même corps. De plus, la démocratie et le citoyen démocratique n'ont qu'un lien essentiel très ténu avec le consentement. *Le citoyen Hercule, forme paroxystique du citoyen en démocratie, se situe en effet par-delà le consentement.* Pour le percevoir, il s'agit de revenir à l'étymologie du terme démocratie qui indique le pouvoir – *kratos* – du peuple – *demos*. La formule prononcée par Lincoln au cimetière militaire de Gettysburg, canonisée par l'article 2 de la Constitution de 1958 est à juste titre souvent utilisée pour définir la démocratie[88]. Celle-ci énonce le fameux triptyque du « gouvernement du peuple, par le peuple et pour le peuple ». La répétition lancinante du mot « peuple » ne doit pas occulter la deuxième composante du mot qu'est le « gouvernement ». Or, la démocratie consiste justement en la « *direction* des affaires publiques », en l'« *exercice* du pouvoir politique »[89]. Il ne s'agit pas

[87] « J'ai imaginé, pour répondre à ce besoin, un juriste d'une habileté, d'un savoir, d'une patience et d'une perspective surhumains et je l'appellerai Hercule ». Dworkin (Ronald), *Prendre les droits au sérieux*, Paris, PUF, 1995, p. 183. Voir aussi Dworkin (Ronald), *L'empire du droit*, Paris, PUF, 1994.

[88] « C'est selon la formule de Lincoln, "le *gouvernement* du peuple, par le peuple et pour le peuple" », Avril (Pierre), Gicquel (Jean), *Lexique de droit constitutionnel*, Paris, PUF, Que sais-je ?, 2016, p. 42. Les auteurs soulignent. Voir aussi : « Une formule célèbre caractérise la démocratie comme "gouvernement du peuple, par le peuple, pour le peuple' » (Lincoln), Baranger (Denis), *Le droit constitutionnel*, *op. cit.*, p. 72.

[89] V° « Démocratie », *Trésor de la langue française informatisé*. Nous soulignons.

seulement d'imputer la souveraineté au peuple comme Jean-Jacques Rousseau dans le *Contrat social* mais de mettre en œuvre pratiquement l'activité politique du peuple.

Cette idée s'incarne dans la conception du citoyen démocratique depuis Aristote selon qui le citoyen est celui qui a la « capacité de gouverner et d'être gouverné »[90]. Et « on est gouverné en ce que les règles par lesquelles on est gouverné sont également produites par notre volonté, par la volonté des gouvernés ; on gouverne en ce que l'on est soumis et l'on se conforme aux règles de gouvernement posées par la cité, ou plutôt par les citoyens, qui sont simultanément gouvernants et gouvernés »[91]. La modernité, quoiqu'en rupture avec le philosophe antique sur les causes, a retenu la réversibilité de la citoyenneté. Chez des penseurs aussi hétéroclites que Rousseau, Kant ou encore Condorcet, « pour pouvoir obéir, il faut pouvoir commander »[92]. Ainsi, comme l'écrit Éric Desmons, « au sens plein du terme, la citoyenneté est contenue dans l'agir politique »[93]. Or, la séparation des sphères privée et publique opérée par la modernité risque de réduire l'implication de l'individu dont le « gouvernement » est la forme la plus active. Pour Éric Desmons, c'est d'ailleurs « cette conception de la citoyenneté qui est en crise »[94]. Le citoyen Hercule quant à lui se souvient de la maxime d'Aristote, il n'oublie pas de gouverner et non pas seulement d'être gouverné. L'activité politique du citoyen ne peut se réduire à la réponse donnée à la sollicitation extérieure. De même que le référendum, « l'élection n'est pas en soi ou nécessairement le principe unique et exclusif, suffisant et distinctif de la démocratie ; elle n'a pas été et elle n'est pas le seul mode de participation populaire à l'exercice du pouvoir »[95]. Elle doit impérativement comprendre un volet décisionnel. Si le consentement est

---

[90] La Torre (Massimo), « Citoyenneté », *in* Chagnollaud (Dominique), Troper (Michel), *Traité international de droit constitutionnel. Tome 3. Suprématie de la Constitution*, Paris, Dalloz, 2012, p. 369. Pour Aristote, sur le pouvoir politique, « le gouvernant doit l'apprendre en étant lui-même gouverné, comme on apprend à commander la cavalerie en obéissant dans la cavalerie, à commander dans l'armée en obéissant dans l'armée, de même pour une brigade ou un bataillon ; c'est pourquoi l'on dit, à juste titre qu'on ne commande pas bien si l'on n'a pas bien obéi », Aristote, *Les Politiques*, *op. cit.*, p. 2384.

[91] La Torre (Massimo), « Citoyenneté », *art. précit.*, p. 371.

[92] *Ibid.*, p. 372.

[93] Desmons (Éric), « Préface », *in* Desmons (Éric), Terré (François) (dir.), *Figures de la citoyenneté*, Paris, L'Harmattan, 2006, p. 8.

[94] *Idem.*

[95] Rousseau (Dominique), « De la démocratie continue », *in* Rousseau (Dominique) (dir.), *La démocratie continue*, Paris, LGDJ Bruylant, 1995, p. 24.

une décision, toutes les décisions ne sont pas un acte de consentir. Il s'agit plus largement de délibérer, choisir, définir des normes, créer des statuts. Par exemple, le « processus décisionnel [...] implique la délibération », or « ce processus dévoile un mécanisme articulé autour du consensus et du conflit, qui sont sans cesse faits, défaits et refaits et qui constituent les fondements de la démocratie »[96]. Le citoyen Hercule est héritier du citoyen athénien, utilisant la totalité des modes d'action qui lui sont offerts. En effet, « à la différence du cas athénien où existe l'initiative populaire et où tout citoyen peut proposer un amendement au texte en discussion, le *suffragium* romain est passif : dans les comices, assemblées du *populus*, on répond à la question que pose le magistrat »[97]. Si le consentement fait manifestement partie de ces derniers, et qui est requis *a minima*, il ne les épuise pas. Il s'ensuit que la démocratie n'est pas fondamentalement le régime politique du consentement.

La question de savoir si le consentement du citoyen est au fondement de la démocratie pose implicitement deux questions : la première cherche à savoir si le gouvernement démocratique est fondé en amont sur le consentement des individus qui le composent – l'objet du consentement est la société politique, la cité ; la seconde cherche à savoir si, une fois la société et le gouvernement démocratique établis, le consentement du citoyen est un principe moteur de cette forme de régime – l'objet du consentement est le pouvoir politique. À la première question, force est de constater que la réponse la plus raffinée proposée par la modernité politique et juridique, le contrat social, tout entier bâti autour du consentement, n'est pas crédible. Aucune communauté politique n'a été fondée sur l'accord de tous ses membres. Ainsi, pour la quasi-totalité des citoyens, ils sont institués en tant que tels par le droit de l'État, ce qui semble paradoxal de prime abord car la citoyenneté est le statut politique de l'autodétermination.

Une fois admis que les citoyens n'ont pas consenti à être membres de la cité, se pose la seconde question de leur consentement au pouvoir politique sous sa forme démocratique. Il s'avère que, si l'on suit les définitions de la démocratie et de la citoyenneté, ces deux termes inclinent vers le dépassement du consentement. Irrigués par l'idée de

96 Pavia (Marie-Luce), « Démocratie continue et volonté générale », in Rousseau (Dominique) (dir.), *La démocratie continue*, *op. cit.*, p. 146

97 Audren (Frédéric), Bluche (Frédéric), v° « Suffrage », in Alland (Denis), Rials (Stéphane) (dir.), *Dictionnaire de la culture juridique*, *op. cit.*, p. 1449.

gouvernement, ils induisent une activité qui contraste avec la seule adhésion. Certes, il s'agit effectivement d'une action mais cette dernière est ambivalente dans la mesure où elle *ré*agit par rapport à la sollicitation d'autrui. Et si la production d'effets juridiques dépend du consentement, celui-ci est articulé, impulsé par une décision qui ne lui appartient pas. Le citoyen, « capable de gouverner et d'être gouverné » selon la maxime aristotélicienne, ne peut s'en tenir au consentement. Il doit certes être en position d'approuver mais aussi de prendre la mesure de l'agir politique. La prévalence du consentement n'est donc compréhensible que s'il s'inscrit dans une dialectique avec le gouvernement.

Le citoyen ne consent donc pas à être citoyen et, lorsqu'il l'est, ne se limite pas aux actions de consentir, matérialisées en droit positif par la votation et le référendum. La notion de consentement ne semble pas la plus propice pour penser la citoyenneté en démocratie. Il existe pourtant une piste de retour au consentement, qui ramène dans le même temps la théorie du contrat social au prix d'une reformulation. Les contractualistes raisonnent à partir du consentement exprès, ce qui est logique car il correspond le mieux au rationalisme et au volontarisme qui sous-tendent leur doctrine. L'homme est un être de raison et de volonté qui s'abstrait de l'état de nature pour consolider en conscience ses droits subjectifs ; il procède donc par la forme la plus explicite et assumée qu'est le contrat. Une fois la genèse contractualiste désavouée au profit de l'explication institutionnelle, l'idée du consentement exprès n'a plus de réelle pertinence. Le citoyen ne s'est pas solennellement engagé à faire partie de la société démocratique. En revanche, le citoyen institué ne consent-il pas de manière tacite à être membre de la cité lorsque, à l'image du citoyen Hercule, il utilise toutes les formes d'agir démocratique ? Le consentement tacite se déduisant, « de certains faits (attitudes, comportement) *révélateurs d'une intention* »[98] ce qui le distingue du consentement négatif, ne peut-on pas déduire justement de l'activité du citoyen en démocratie qu'il adhère *a posteriori* au statut dont il a hérité ? Au fond, la généalogie de la société importe peu, la démocratie n'est pas un régime établi une fois pour toutes. Fidèlement à la lecture de Castoriadis, elle est le régime qui se recrée en permanence, dont l'action entretient l'existence[99]. Le consentement exprès introuvable au fondement n'empêche pas qu'il y ait un consentement

---

[98] Cornu (Gérard) (dir.), *Vocabulaire juridique*, *op. cit.*, p. 1005-1006. Nous soulignons.
[99] Voir Castoriadis (Cornelius), *Ce qui fait la Grèce. 2, la cité et les lois*, *op. cit.*

tacite continu qui s'exprime par les multiples formes d'agir politique du citoyen en démocratie.

Consentement et preuves du consentement dans le contentieux du droit d'asile devant la Cour nationale du droit d'asile.
Regards croisés entre théorie et pratique

Maxence Christelle
Maitre de conférences à l'Université de Picardie Jules Verne

La présente contribution se comprend au regard de la place qu'elle prend dans la continuité d'une recherche entamée il y a plusieurs années déjà. En effet, à l'occasion d'un travail qui aboutira à une thèse[1], une analyse approfondie du concept de consentement, en droit et en philosophie, a été proposée. Plus précisément, l'étude du concept de consentement a été retenue en ce qu'elle permettait de donner accès à ce qui reste le plus souvent un impensé juridique, à savoir la question de la subjectivité juridique. En étudiant la manière dont juridiquement le consentement était pensé, ce qu'il était permis et possible de faire avec ainsi que les occasions dans lesquelles il se trouvait mis en échec, il devenait possible d'apercevoir la façon dont la matière juridique se représentait ce qu'était un sujet humain, dans ses capacités comme ses faiblesses. Cette recherche de philosophie du droit a, comme il est malheureusement d'usage en ce domaine, pu être considérée comme trop abstraite, au travers de cette formule que tous les auteurs qui travaillent dans une perspective théorique ont pu entendre : « quelle est la portée concrète de ce travail ? ». Il semble bien que ce questionnement soit spécifique à la théorie ou à la philosophie du droit, puisque l'on n'entend guère les mêmes personnes s'interroger sur la portée théorique, sur l'enrichissement de la connaissance globale du droit apporté par des recherches qui pourraient être qualifiées de purement techniques.

Quoi qu'il en soit, le hasard et la chance ont voulu qu'une occasion de confirmer empiriquement les propositions avancées dans ce travail soit offerte, au travers de l'opportunité de siéger en tant que juge-assesseur nommé par le Haut-commissariat aux réfugiés (HCR) au sein de la Cour nationale du droit d'asile (CNDA ci-après). Avec le recul des six années écoulées depuis la soutenance de cette thèse et deux années d'exercice

---

[1] Christelle (Maxence), *Consentement et subjectivité juridique – contribution à une théorie émotivo rationnelle du droit*, thèse dactyl., Université Paris I, 2014, disponible intégralement à l'adresse suivante : https://hal.archives-ouvertes.fr/tel-01812528.

dans ces fonctions de juge, cette communication est donc l'occasion d'un retour d'expérience dans un domaine relativement peu étudié par la doctrine. Toutefois, il convient de rappeler que l'ensemble des points qui seront évoqués le seront en qualité d'enseignant-chercheur.

Ceci précisé, pourquoi donc s'interroger sur le concept de consentement dans le cadre d'une observation de la procédure de demande d'asile, y compris dans sa phase contentieuse ? Parce qu'à y regarder de plus près, à cette occasion, le consentement se manifeste au moins de deux façons. Tout d'abord, le point de départ de cette demande consiste dans le dépôt de la demande d'asile et de l'entretien devant un officier de l'Office français de protection des réfugiés et apatrides (OFPRA ci-après) qui l'accompagne. En effet, à l'issue de l'examen de cette demande, l'OFPRA va être amené à rendre une décision, positive ou négative. Celle-ci pourra ensuite être contestée, dans le délai de 2 mois, devant la Cour nationale du droit d'asile. Et cette possibilité s'explique, en l'espèce, par le fait qu'il s'agit d'une décision individuelle créatrice de droits, autrement dit, d'un acte administratif unilatéral. Or, ce type d'acte administratif est traditionnellement défini en doctrine par la référence au consentement[2]. C'est même l'un des points les plus souvent utilisés pour distinguer, au sein de la grande catégorie des actes administratifs, l'acte administratif unilatéral de l'acte contractuel : ce dernier reposerait sur un échange des consentements, à la différence donc du premier.

Toutefois, il ne faut pas se méprendre sur la réalité du consentement attendu. En effet, qu'il soit justement présent ou absent ne change rien aux effets produits par l'acte administratif unilatéral. À ce titre, il paraît évident de considérer que s'agissant des demandeurs d'asile qui vont introduire un recours après de la CNDA, ceux-ci ne consentent manifestement pas à la décision rendue par l'OFPRA. De ce point de vue, la décision rendue par l'OFPRA n'est guère différente, sur le plan des principes, de celle prévalant en matière de sanction disciplinaire. Dans cette dernière, même si la sanction s'appliquera indépendamment du consentement de son destinataire, il n'en reste pas moins que le principe même du contradictoire et des droits de la défense, témoignent de la volonté d'associer le destinataire à la décision prise. Tout porte à croire,

---

[2] V. par ex. : Frier (Pierre-Laurent), Petit (Jacques), *Droit administratif*, LGDJ, 11e éd, §. 513, p. 345 ; Waline (Jean), *Droit administratif*, Dalloz, 27e éd., §. 425 ; Lebreton (Gilles), *Droit administratif général*, Dalloz, 10e éd, §. 222 et 226 ; Plessix (Benoît), *Droit administratif général*, LexisNexis, 2e éd, §. 823 ; Gonod (Pascale), Melleray (Fabrice), Yolka (Philippe) (dir.), *Traité de droit administratif*, Tome 2, Dalloz, 2011, p. 158.

sans qu'il ne s'agisse aucunement ici d'une sanction, que le principe est le même, et que l'Office cherche à son tour à ce que le demandeur d'asile comprenne le sens de la décision, qu'elle soit positive ou négative. Voici donc la première apparition du concept de consentement.

Mais en réalité, celui-ci ne se situe pas simplement à la fin de ce processus, il est parfois au cœur même de la procédure. C'est le cas lorsque l'histoire telle qu'elle est décrite par le demandeur se trouve qualifiée juridiquement au titre d'un régime de protection qui nécessite l'évaluation d'un consentement. Que faut-il entendre par là ? Que certains motifs de protection ne sont envisageables que relativement à la constatation du consentement, dans sa présence (consentement à commettre certains actes qui ferment l'accès à une protection internationale) ou son absence (hypothèse par exemple du mariage forcé dont une requérante souhaiterait s'extraire).

Dès lors, la présente communication vise à essayer de rendre compte de la manière dont empiriquement il est possible de se saisir de ces éléments. Pour emprunter un vocabulaire plus directement philosophique, il s'agira d'observer comment le consentement en tant que phénomène se manifeste, se présente à ceux chargés d'en évaluer tant la réalité que la substance. S'agit-il d'une tâche à la portée d'une formation de jugement et des pouvoirs d'instruction qui sont les siens, ou d'une simple pétition de principe ?

Il est déjà évident que la question du consentement est très intimement intriquée avec la dimension probatoire. Pour autant, ce serait commettre une erreur que de considérer que ces deux aspects peuvent être disjoints, ou recouvrent des réalités radicalement différentes. En effet, la preuve même de consentement, c'est-à-dire ce qui est considéré comme suffisant ou insuffisant à l'établir, témoigne dans le même mouvement de ce qu'est, dans l'esprit des acteurs du procès, le consentement. Sauf à tomber dans un idéalisme creux, empiriquement, la substance et la réalité du consentement apparaissent dans ce qui est attendu comme témoignage suffisant de son existence[3].

Pour essayer de répondre à cette interrogation, il faudra procéder par différentes étapes qui ne sont que le reflet de la manière dont il est

[3] En effet, si pour être reconnu comme tel, le consentement nécessite une preuve impossible (*probatio diabolica*), alors pratiquement, le concept juridique de consentement ne signifie ni ne sert à rien ; l'inverse est tout aussi vrai.

pratiquement mis en œuvre. En premier lieu, et puisqu'il s'agit dans cette brève étude d'apprécier si certaines des propositions émises précédemment se trouvent vérifiées, il sera nécessaire de s'attarder sur le sens même de ce que signifie consentir. C'est ce dernier qui conditionne logiquement ce qui sera analysé justement dans le second temps de la réflexion comme manifestations positives du consentement en droit d'asile. Toutefois, le sens seul ne suffit pas, en ce qu'il doit nécessairement être rapporté à un locuteur qui le mobilise dans le cadre d'une procédure juridique. En effet, le consentement juridique est avant tout l'expression d'une personne, support vivant de son émission, qu'il s'agira donc d'identifier. À cet égard, le procès contemporain devant la CNDA rejoue une version moderne en deux temps de l'*Ecce homo* : tout d'abord corps textuel au travers du dossier physique qui fonde la procédure, la personne acquiert ensuite une dimension charnelle et une incarnation lors de son apparition physique à l'occasion de l'audience. C'est donc la manière dont ces deux manifestations successives se recoupent ou non, tel un calque, qu'il s'agira d'évaluer ici (I).

Ce n'est qu'une fois le sujet juridique, et la personne humaine derrière lui, identifiés qu'il deviendra possible d'évoquer la texture du consentement, la façon dont il se présente et est recherché. En somme, la géographie de ses contours, lorsqu'il passe du statut d'idée abstraite à celui de manifestation concrète (II).

I. Signification du concept de consentement et caractérisation du sujet physique qui en est le support

En premier lieu, il apparaît nécessaire d'expliciter brièvement la trame de fond conceptuelle qui structure cette recherche, et qui touche à ce que peut signifier le terme « consentir », afin de pouvoir ensuite en apprécier les utilisations (A.). À cet égard, le consentement est toujours le fait d'une personne humaine, qu'elle soit physique ou morale. Dès lors, l'identification de la personne émettrice du consentement est absolument déterminante, et ce d'autant plus que tous les sujets juridiques n'ont pas la même capacité de consentir, de même que les effets attachés à ce consentement diffèrent selon l'émetteur (B.).

A. Caractérisation du concept de consentement et de sa signification

Avant d'entrer dans le détail de l'étude du concept de consentement en matière de droit d'asile, il convient de s'arrêter un moment sur le sens qu'il convient de conférer au vocable même de « consentement ». Ceci est rendu d'autant plus nécessaire que cette communication s'appuie et développe un travail doctoral qui visait justement à l'explicitation de cette notion juridique.

Sur le plan des usages du terme, dans une première approche, il est possible de relever que le terme « consentir » est utilisé dans le langage ordinaire, et dans le langage juridique, de façon différente. Ainsi, le consentement, dans le langage ordinaire, est pensé comme une faculté en quelque sorte inhérente à l'appartenance à l'espèce humaine, c'est-à-dire que tout être humain est supposé pouvoir émettre un consentement. Ceci est d'autant plus juste si l'on songe au fait que le consentement est pensé et défini comme capacité d'être en accord avec quelque chose, dans sa formulation la plus triviale. Dès lors, chaque membre de l'humanité est spontanément pensé comme capable d'être en accord ou non avec telle chose, tel acte ou telle action. Sur ce plan, le langage n'est même pas une barrière permettant de discriminer au sein de l'ensemble « humain » entre ceux qui pourraient consentir et les autres, puisqu'il est tout à fait possible d'envisager la manifestation de cet accord ou de ce refus par l'émission de sons non articulés, de borborygmes, de cris, ou même plus fondamentalement, par une expressivité du corps. En effet, si le consentement est aussi la capacité de dire non, l'éthologie, et donc l'observation animale, nous permettent de constater que l'expression d'une telle volonté ne nécessite aucunement la médiation du langage. Qui n'a jamais observé, par exemple, un chien refuser d'avancer malgré les admonestations de celui qui en a la charge ? C'est en ce sens que le consentement a pu être présenté comme faculté, comme pouvoir attaché à un certain mode d'être.

La réalité est différente en droit, et cela sous de multiples aspects. Premièrement, le consentement n'est pas une propriété qu'il est possible de rattacher à l'ensemble des êtres humains. Le consentement est, fondamentalement, relié à la capacité juridique, c'est-à-dire au fait de pouvoir exercer les droits et d'obligations dont un sujet est titulaire. Autrement dit, pour celui qui n'est pas un sujet juridique doté de cette capacité, c'est tout un monde de potentialités qui s'effondre. Cette situation, qui pourrait n'apparaître que de façon exceptionnelle, est en réalité bien plus fréquente que ce que l'on peut croire. Sur ce point, l'histoire du droit témoigne de ce que nous ne voulons plus voir. Il suffit ainsi de penser à quelques exemples pour se figurer à quel point le droit a très bien pu s'accommoder, au travers des époques, de restrictions parfois considérables de l'usage du consentement : ainsi de l'esclave dans l'antiquité gréco-romaine, mais aussi des femmes, qui ont été frappées durant l'essentiel de l'histoire humaine de telles limitations. Pour le dire simplement, en droit, tout le monde n'est pas à même de consentir, et le consentement de tous n'a pas la même valeur. Loin d'être derrière nous, cette situation perdure encore aujourd'hui dans une forme certes atténuée, par exemple s'agissant de ce que le droit nomme, de façon révélatrice, « les incapables ».

Mais pourquoi donc une telle différence entre les individus peut-elle s'établir ? Qu'est-ce qui justifie que l'on soit capable ou non, et comment une telle catégorisation emporte-t-elle des conséquences sur le consentement ? Ces questions marquent l'entrée, le seuil de ce qui constitue le cœur de la subjectivité juridique, cette substance trop peu souvent étudiée qui est le support de notre utilisation de la catégorie de « sujet juridique ». Sur ce sujet, la réponse est relativement simple : notre conception de ce qu'est un sujet de droit plein et entier est intimement intriquée avec le concept de rationalité. Autrement dit, le consentement est bien une voie d'accès à la question de la pensée proprement juridique de la division des espèces, de la différence entre l'homme et l'animal. Puisque la rationalité est posée comme étant le propre de l'humain, par opposition à l'animal[4], alors pour pouvoir être juridiquement un humain plein et entier, il faudra donc être rationnel. Sur ce plan, nous sommes les héritiers directs des racines gréco-romaines, mais aussi romano-canoniques de notre droit[5], et cela même si nous préférons souvent l'ignorer. On le pressent, c'est le concept de rationalité qui donc va pouvoir

---

[4] Une telle proposition se trouve confirmée de façon exemplaire par l'introduction récente (loi n° 2015-177 du 16 février 2015 relative à la modernisation et à la simplification du droit et des procédures dans les domaines de la justice et des affaires intérieures) au sein du Code civil (article 515-14) de la sensibilité animale, propriété partagée avec les êtres humains. Mais ces derniers conservent, pour le moment, le monopole de la rationalité. C'est ici aussi une des raisons du trouble qui entoure le développement de l'intelligence artificielle : se pourrait-il qu'une créature rationnelle (l'humain) puisse créer une autre créature rationnelle ?

[5] Il s'agit d'une allusion à Legendre (Pierre), *Leçon IX. L'autre bible de l'Occident : le monument romano-canonique : Étude sur l'architecture dogmatique des sociétés*, Fayard, 2009. En réalité, ce thème traverse l'ensemble de l'œuvre de l'auteur.

être utilisé pour tailler dans la masse humaine, et créer ainsi des catégories. Pour celles et ceux caractérisés comme carencés, comme en deçà de la normativité fixée par le concept de rationalité, il devient alors possible de les doter d'attributs moindres, puisqu'ils ne sont pas perçus comme objectivement équivalents avec l'étalon de comparaison.

Mais quel est donc le sens de cette « rationalité », de façon à pouvoir percevoir ce qui fonde empiriquement une telle distinction entre les êtres ? Tout juriste serait tenté, pour répondre à cette question, d'aller chercher un support textuel qui contiendrait une définition finement ciselée, apte à chasser les doutes les plus installés dans les consciences. Malheureusement, point de salut textuel ici, la rationalité n'est définie, à notre connaissance, dans aucun texte de droit interne ou externe en France. Un constat à peu près identique peut être formulé s'agissant de la doctrine, puisque la très grande majorité du temps, le terme n'est pas défini, comme si sa signification était immédiatement et spontanément évidente, alors qu'il n'en est rien. Dès lors, pour tenter d'en saisir les éléments les plus fondamentaux, d'un point de vue analytique, il devient nécessaire de se pencher sur les usages du terme, les contextes dans lesquels il se trouve utilisé, afin d'effectuer telle action ou d'obtenir tel résultat, mais aussi de s'intéresser aux discours qui le justifient.

Sur ce point, et de façon évidente, la rationalité renvoie de façon principale, et souvent exclusive, aux facultés intellectuelles. Fidèle à son étymologie, et à l'influence d'une certaine philosophie, la rationalité est ce qui permet un calcul, au sens le plus large du terme : strictement arithmétique d'abord, mais aussi plus général et abstrait, tel le calcul de son propre intérêt. Plus généralement : la détermination d'un objectif[6], et des moyens nécessaires pour y parvenir. La rationalité est ainsi pensée du côté de la maîtrise, de la plénitude d'une aptitude[7].

Mais alors, comment comprendre l'exclusion de certaines personnes dans cette catégorie ? Est-ce en raison de facultés intellectuelles dépréciées, ou

---

[6] Étant entendu que tous les objectifs ne se valent pas, et que cette idée d'objectif fait elle-même l'objet d'une évaluation au titre d'une normativité morale. Ainsi, celui dont l'objectif à atteindre serait sa propre perte (ou perçue comme telle par un observateur) encourt très probablement le risque de voir sa rationalité disqualifiée, et ce faisant, son consentement lui-même. À cet égard, il suffit de songer aux controverses doctrinales entourant par exemple le traitement juridique du sado-masochisme, ou la célèbre affaire Morsang-sur-Orge.

[7] Sur les limites d'une telle conception, v. par ex. Macintyre (Alasdair), *L'homme, cet animal rationnel dépendant*, Tallandier, 2020.

perçues comme telles ? C'est effectivement une explication, et celle qui paraît justifier les incapables majeurs tels que nous les connaissons aujourd'hui, ou la situation juridique du mineur. Mais elle ne permet pas de comprendre le sort réservé aux femmes.

Une autre manière d'apercevoir le contenu de cette rationalité peut alors être envisagée. En effet, dans son acception juridique, celle-ci paraît n'entretenir aucun lien avec une autre dimension essentielle de l'existence humaine, et qui n'est pas nécessairement disjointe ou opposée aux facultés intellectuelles : la dimension émotionnelle. Autrement dit, une personne humaine peut parfaitement être profondément dysfonctionnelle sur le plan émotionnel, y compris dans une acception pathologique, et être en même temps, parfaitement rationnelle au sens du droit, et bénéficier ainsi de la plénitude de la capacité juridique. Aussi, l'usage du consentement est-il le plus souvent uniquement corrélé à la possession, et éventuellement l'usage de certaines dispositions intellectuelles, mais non émotionnelles. Ceci n'est guère étonnant s'agissant du consentement, puisque l'émotionnel est justement ce qui vient complexifier et perturber la mécanique juridique du consentement. En effet, ce dernier entretient un lien déterminant avec la thématique de la promesse, et donc de la confiance[8]. Celle-ci suppose une fermeté de la volonté que paraît contrarier, en première intention, la variabilité des émotions et sentiments. Cette affirmation se trouve étayée par le fait que dans le droit romain, une des justifications que l'on peut trouver au fondement de la capacité juridique amoindrie des femmes tient à ce qu'elles sont davantage dominées que les hommes par leurs émotions, et sont donc moins fermes dans l'expression de leur volonté[9].

En quoi cela peut-il être important ? Car l'ignorance de ce pan de la vie humaine aboutit à ce que des personnes puissent être exclues du mécanisme du consentement, car certaines aptitudes intellectuelles leur

---

[8] Sur cette notion, v. not. Origgi (Gloria) (dir.), *Passions sociales*, PUF, 2019, p. 110-116 et Origgi (Gloria), *Qu'est-ce que la confiance ?*, Vrin, 2008.

[9] Le droit romain évoque ainsi « la faiblesse de leur sexe ». Clyde Pharr relate que dans la conception juridique de l'époque, « c'est la frivolité et l'inconstance de leur sexe et de leur jugement qui expliquent que les femmes soient exclues du droit de conduire un procès, de fournir un témoignage, et plus généralement, de tout ce qui a trait aux matières relevant de la justice », cité in Pharr (Clyde), *The Theodosian Code and novels and the sirmondian constitutions*, The Lawbooks exchange, New Jersey, 2001, p. 245. Le texte étant en anglais, la version fournie est l'œuvre de l'auteur de ces lignes ; sur cette thématique, nous nous permettons de renvoyer à Christelle (Maxence), *Consentement et subjectivité juridique*, 2014, vol. 1, p. 136, p. 158, p. 160 (note de bas de page n° 314).

font défaut[10] et/ou du fait d'un statut juridique particulier[11], alors que sur le plan émotionnel, de ce qui est subi et éprouvé, l'affect est aussi intense que le nôtre. C'est pourquoi l'objectif du travail doctoral entrepris visait à réintroduire dans la pensée juridique du consentement cette dimension essentielle de la vie humaine, et qui joue évidemment un rôle dans les processus que l'on range habituellement en droit dans la catégorie « consentir ». De là la formule développée dans cette thèse, qui vise à faire du consentement un amalgame entre un processus rationnel et émotionnel[12], idée ramassée dans la définition du consentement comme sentir-avec.

Cette proposition de définition est-elle en concordance avec celle prévue par le législateur ? Autrement exprimé, quelle est la signification du terme consentir en droit ? Il est malheureusement impossible d'y répondre, puisqu'il n'existe aucune définition du consentement, et cela dans aucun texte juridique. Tout ce que l'on peut trouver sont simplement des usages dans des contextes particuliers. Un même constat s'applique s'agissant de la doctrine, puisque le terme est très souvent employé, sans jamais être véritablement défini, ou du moins comme autre chose qu'un synonyme de l'accord. Dans la perspective doctrinale dominante, consentir désigne à la fois la volonté qui préside à l'accord, en tant qu'étape antécédente (« c'est parce que j'ai voulu que j'ai donné mon accord »), ou bien l'accord lui-même. Mais dire cela ne permet pas pour autant de répondre à ce que signifie donner son accord, aux déterminants qui fondent une telle action.

C'est donc à l'aune de cette conception du consentement comme sentir-avec qu'il va s'agir désormais d'observer comment celui-ci se déploie dans le cadre du droit d'asile. Pour cela, il faudra tout d'abord identifier

---

10 Hypothèse des incapables majeurs, mais aussi des mineurs par exemple.

11 On songe ici au statut juridique de la femme mariée préalablement à la création du délit de viol conjugal (1990 et 1992 sur la plan jurisprudentiel, 2006 pour la reconnaissance par le législateur).

12 Sur la place des émotions dans le raisonnement philosophique et juridique, la voie suivie a déjà été tracée notamment par Martha Nussbaum. V. par ex. Nussbaum (Martha), *La connaissance de l'amour : Essais sur la philosophie et la littérature*, Éditions du Cerf, 2010 ; Nussbaum (Martha), *Hiding From Humanity - Disgust and Shame in the Law*, Princeton University Press, 2004 ; Nussbaum (Martha), *From Disgust to Humanity : Sexual Orientation & Constitutional Law*, Inalienable Rights Series, Oxford University Press, 2009 ; Nussbaum (Martha), *Les émotions démocratiques. Comment former le citoyen du XXIe siècle ?*, Climats, 2011.

l'émetteur, autrement dit la personne dont le consentement est exprimé ou recherché.

B. Identification de l'auteur du consentement : personne et/ou groupe ?

Le consentement, dans son sens commun comme juridique, est nécessairement le fait d'un être humain en droit français. Même la fiction du consentement de la personne morale ne parvient pas à occulter le fait que toute structure juridique a besoin d'un support humain pour agir et exister. On mesure ici à quel point toute réflexion autour du concept de consentement engage de façon nécessaire une réflexion sur la subjectivité, et particulièrement la subjectivité juridique.

Observons donc celle, celui ou ceux qui se présentent autant qu'ils sont présentés devant la formation de jugement. Avant d'apparaître physiquement, ce sujet existe déjà à titre de représentation, celle forgée par l'ensemble des membres de la formation de jugement ainsi que du rapporteur. Celle-ci s'élabore sur la base d'un ensemble de textes, pages, formulaires, photos, qui composent ce que devant toute juridiction nous appelons un dossier. C'est cet ensemble d'éléments hétérogènes qui forment déjà un premier corps, une première incarnation de l'abstraction que désigne le terme de « requérant »[13]. D'ailleurs, ne parle-t-on pas d'un corpus de texte, ou du corps du texte ?

De quoi celui est-il, dans ce contentieux spécifique, composé ? Pour résumer à grands traits, le dossier est composé, en droit d'asile, de plusieurs éléments. Premièrement, la décision de l'OFPRA contestée par le requérant, qui est déterminante puisqu'elle expose de façon synthétique l'histoire du requérant, suivie du raisonnement tenu par l'Office qui justifie la décision rendue. Voilà donc le premier contact avec les éléments biographiques et spécifiques au requérant. Puis, le dossier contient également le formulaire de demande d'asile déposé à l'OFPRA. Ce dernier contient, en résumé, l'identité du requérant accompagné de sa photographie, sa date de naissance et nationalité, une description de ses liens familiaux (père, mère, frères, sœurs, époux/femme, conjoint, enfants), son ethnie, sa religion, son niveau d'études, le dernier emploi

[13] Sur cette question du dossier comme « acteur d'arrière-scène », v. par ex. Besnier (Christiane), *La vérité côté cour, une ethnologue aux assises*, La Découverte, 2017.

exercé dans le pays, un bref aperçu du parcours migratoire et enfin la langue demandée pour l'entretien.

Voilà donc l'incarnation se préciser, acquérir des contours plus spécifiquement humains. Mais c'est surtout au travers de la dernière pièce qui accompagne ce formulaire que l'ensemble est supposé s'éclairer : il est en effet joint au formulaire un récit, rédigé par les soins du demandeur, sans contrainte de taille, et dans lequel il peut exposer, raconter tout ce qu'il souhaite afin d'exposer sa situation, et de convaincre du bien-fondé de sa demande. Ce récit, dont la forme et la taille peuvent très fortement varier (rien ou quelques lignes dans l'hypothèse minimaliste, plus de 40 pages dactylographiées sans interligne pour la version la plus longue observée) est quasi systématiquement proposé en français.

Ici, il nous faut déjà arrêter notre progression devant ce fait. En effet, il serait aisé de considérer qu'un tel système ne peut être que vertueux, puisqu'il laisse à chacun la possibilité d'exposer son cas selon la manière qui lui semble la plus appropriée. Ainsi, un tel dispositif serait-il à la fois respectueux de la subjectivité du demandeur, mais aussi permettrait à toutes et tous d'être placés dans une situation d'égalité face à la procédure contentieuse suivie.

Pourtant, la réalité est différente, et cela pour plusieurs raisons simples. Premièrement, une proportion tout à fait significative (supérieure à 50 %) des demandeurs d'asile est illettrée, et analphabète. Autrement dit, ils sont incapables d'écrire quoi que ce soit ou d'effectuer des opérations arithmétiques que nous jugeons élémentaires. Ceci aboutit à une conséquence majeure, puisqu'elle engage tout le crédit qui va pouvoir être accordé au récit, et donc la caractérisation de cet humain qui se présente devant d'autres humains : ce texte n'a donc pas pu être écrit par le requérant. C'est donc une autre personne qui, sur la base des déclarations du demandeur, écrit la vie d'un autre que lui. Ce qui sera éventuellement ajouté par cette personne, ou retranché, ou transformé, le requérant ne peut que l'ignorer, puisqu'il n'est pas à même de relire le texte. Mais pourquoi donc supposer qu'il y aurait innovation, retrait, transformation ? C'est ici la deuxième difficulté posée par cette procédure qui apparaît, et qui découle d'un fait d'une simplicité confondante : une infime minorité seulement des requérants parle français. Autrement dit, le récit tel qu'il est présenté en français est une traduction.

Or, traduire fidèlement un texte est une opération hautement délicate[14], qui nécessite d'avoir une maîtrise très poussée des deux langues. En la matière, ceux qui se présentent devant la CNDA n'ont, dans la quasi-totalité des cas, pas les moyens (ni même les connaissances) de faire appel à des traducteurs assermentés et expérimentés. Aussi, le plus souvent, le récit est-il traduit par une rencontre, un membre de la communauté déjà-là, et qui pour une raison ou une autre, dit (croit ?) connaître le français. Pour l'exprimer très simplement, c'est effectivement davantage une croyance qu'une réalité constatable. De là découle le fait que, au regard de ce qui est demandé à être traduit, tout ne le sera pas : certains passages seront absents, car celui qui traduit trouve la limite de sa compétence, tandis que d'autres parties du récit verront leur sens profondément modifié, du fait de cette absence de maîtrise du français.

Aussi, et pour résumer, ce récit qui est supposé dire le vrai de la situation et de l'histoire du demandeur n'est pas rédigé par lui, fait l'objet d'une traduction la plus souvent hasardeuse, et sur laquelle le requérant n'a fréquemment aucun contrôle ni moyen de correction. On croyait avoir saisi pour de bon la subjectivité du requérant, et celle-ci s'étiole déjà devant nous, brume que chasse le vent des réalités de la technique. Pour mesurer à quel point tout ceci n'est aucunement théorique, par opposition justement à cette technique, nous pouvons nous souvenir d'une chose : qui parmi nous accepterait, si sa vie et celles des siens étaient menacées, de s'en remettre à un logiciel de traduction, tels ceux disponibles gratuitement sur Internet, pour espérer trouver refuge ailleurs ?

Ensuite, toujours dans ce dossier, et après les éventuelles pièces officielles ou non numérisées (CNI, passeport, permis de conduire, etc.), vient le document le plus fondamental dans l'examen d'une demande d'asile, à savoir le compte-rendu de l'entretien qui a été mené à l'OFPRA entre l'officier de protection, et le requérant, seul ou éventuellement assisté d'un avocat ou d'un représentant légal s'il est mineur. Cet entretien, qu'il n'est pas possible ici de présenter dans le détail, suit systématiquement une même structure d'enquête. Celle-ci tente de cerner au mieux la demande en revenant sur le contexte familial, sur le parcours scolaire/professionnel, le parcours migratoire, et enfin le fond de la demande d'asile, c'est-à-dire les évènements qui ont poussé cette personne à fuir son pays pour trouver protection et assistance ailleurs que dans son État de nationalité.

---

[14] Sur cette question, v. par ex. Samoyault (Tiphaine), *Traduction et violence*, Seuil, 2020.

Là encore, et comme pour le récit, la longueur de cet entretien est variable. Pour schématiser, dans l'hypothèse la plus basse, l'entretien va durer environ 30 minutes, tandis que dans l'hypothèse haute observée, certains entretiens font plus de 7 heures.

En la matière, il est bien évident que plus l'entretien est long, plus riche sera la description de la situation spécifique du requérant, et donc la caractérisation qu'il sera possible de faire de sa personne en tant qu'entité singulière. Les avocats ne s'y trompent pas, qui invoquent très souvent dans leurs plaidoiries devant la CNDA la brièveté de certains entretiens[15]. Mais au-delà de cette simple constatation, ce qui est ici important est le fait qu'une fois encore, la même difficulté relative à l'écriture du texte par un autre que le requérant (c'est l'officier de protection qui rédige lui-même pendant l'entretien les questions et les réponses fournies), ainsi que dans une langue étrangère. Sur ce dernier point, la situation est très fortement atténuée par le fait que les interprètes qui officient à l'OFPRA sont dans la très grande majorité des cas extrêmement compétents. Il n'en reste pas moins que souvent, lors de l'audience devant la CNDA, les requérants vont invoquer le fait que leurs réponses ont été mal traduites, qu'il y a eu une mauvaise compréhension entre l'interprète et eux, etc. À cela, il convient d'ajouter que, selon ce qui est parfois évoqué par leurs conseils devant la Cour, toutes les questions posées ainsi que toutes les réponses ne sont pas systématiquement retranscrites par l'officier de protection.

Mais comment peuvent-ils le savoir ? Tout simplement parce que ces entretiens sont systématiquement enregistrés, et qu'il est donc possible d'avoir ainsi accès à la matière brute de l'échange[16]. Il est évident qu'il n'est pas possible d'effectuer une telle vérification de façon systématique, et cela pour deux raisons au moins : la première est que cela prendrait un temps

[15] Du reste, cette contrainte temporelle se retrouve également devant la CNDA. En effet, un rôle ordinaire comprend 13 dossiers, pour environ 9 à 10 heures d'audience. Ceci signifie donc qu'il est prévu une moyenne d'environ 40 minutes par dossier, cette durée comprenant la lecture du rapport par le rapporteur, sa traduction, les questions posées par la formation de jugement, et enfin les observations présentées par le conseil dans l'intérêt du requérant. Ceci est très insatisfaisant pour l'ensemble des personnels de la CNDA, qui se trouvent ainsi placés dans une situation intenable et moralement délicate : faire passer tous les dossiers, quitte à réduire le temps d'instruction avec toutes les conséquences que cela suppose, ou bien décider d'en renvoyer certains, mais ce faisant, prolonger l'attente déjà trop longue des requérants.

[16] Certains avocats vont ainsi écouter l'enregistrement audio de l'échange afin de restituer les parties manquantes au sein de la retranscription. La différence est parfois spectaculaire, et jette le trouble sur les conditions de l'entretien.

absolument considérable ; la seconde est que les membres de la formation de jugement appelés à se saisir de la demande à la CNDA ne peuvent y avoir accès que de façon présentielle, dans les locaux de la Cour. Aussi, si vous êtes assesseur, et que vous préparez vos dossiers chez vous, ce qui correspond à plus de 95 % des assesseurs, vous n'aurez jamais accès à cet élément.

Est-ce véritablement un problème pour autant ? Sur un point au moins, mais qui n'est pas spécifique de cette procédure. Ce problème tient à ce que l'écrit ne permet pas nécessairement de retranscrire avec précision ce qui se joue dans la relation humaine. Ainsi, si la formulation employée peut donner un indice, rien ne figure explicitement s'agissant du ton avec lequel les questions sont formulées, comme d'ailleurs du ton des réponses apportées. L'écrit ne permettra pas nécessairement non plus de saisir l'épaisseur humaine de l'échange. Car, lorsque vous voyez noter sur une page, à la suite d'une réponse, « rire », qui peut-dire s'il s'agit de rire avec le requérant, ou de rire du requérant ? Ce point est en réalité plus essentiel qu'il n'y paraît, puisque c'est à travers lui que l'on peut espérer saisir quelque chose de l'ordre de la relation qui s'établit entre deux êtres humains. Si le requérant est tenu à un devoir de coopération tout au long de la procédure, cela n'exclut en rien le fait qu'un certain climat de confiance et de respect doit être construit, patiemment, pour permettre le dialogue, et ainsi s'approcher de la révélation de la vérité du sujet.

Pourquoi évoquer ici ces considérations ? Tout simplement parce que le consentement a à voir avec la dimension la plus intime de l'être humain. Pour pouvoir saisir cette intimité, il faut que cette personne se confie, ce qui suppose, comme l'étymologie l'atteste, de la confiance. Si l'on demeure à la surface des choses, alors il deviendra impossible d'entrapercevoir la subjectivité du requérant, et donc d'apprécier réellement son consentement.

Et, à supposer que l'ensemble du processus exposé ci avant se soit déroulé sans la moindre anicroche, et que les difficultés aient été surmontées, pourrions-nous pour autant dire que nous avons véritablement saisi, compris et identifié l'unicité de la figure humaine incarnée par le requérant ? Un dernier point mérite ici d'être évoqué, en ce qu'il témoigne, comme un point conclusif, de la complexité de cette détermination.

En effet, ce qu'il importe à ce stade, est de déterminer le consentement de la personne physique, de l'individu. Mais ceci se heurte à une réalité pratique de la demande d'asile : l'immense majorité des requérants, lorsqu'ils arrivent sur le territoire français, vont tenter de se rapprocher des membres de leur communauté, que celle-ci soit fondée sur la religion, la nationalité, la langue, l'ethnie, etc. Perdus au milieu d'un monde qu'ils découvrent en même temps qu'ils l'arpentent, comment ne pas comprendre qu'ils puissent chercher quelques repères auprès de ce qu'ils connaissent déjà ? La langue, en l'occurrence celle du pays d'origine, est aussi un refuge quand tout autour d'eux, tout est pour eux, littéralement étranger.

Or, cette communauté trouvée déjà-là, qui est le plus souvent elle-même dans un processus d'asile, va jouer un rôle qui peut être déterminant. En effet, pour celui qui arrive, ceux qui ont déjà été confrontés à l'une des étapes du processus d'asile sont une source d'informations perçue comme extrêmement précieuse. Très pratiquement, cette communauté va dispenser des conseils ou recommandations, au regard de ce qu'elle a cru percevoir du processus d'examen de la demande d'asile, de ce qu'il est préférable de dire, ou au contraire de taire absolument, les motifs les plus efficaces pour obtenir une protection devant l'OFPRA ou la CNDA, les pièces documentaires à fournir, etc. Et c'est ainsi que la demande d'asile se trouve transformée, dans sa substance, avant même qu'elle ne soit formulée !

Or, le plus souvent, il est extrêmement difficile de percevoir de telles altérations. Certes, certains dossiers présentent des traits qui peuvent interpeller : ainsi des cas dans lesquels à peu près tous les motifs de protection sont invoqués en même temps, le plus souvent au travers d'une narration particulièrement confuse qui fait douter très fortement de sa fiabilité. Il est vrai que, lors de l'audience, l'individu aura le plus souvent beaucoup de mal à continuer à soutenir une histoire trop étrangère à la sienne. Il n'en reste pas moins que le consentement qu'il s'agit de décrypter, et que l'on sait devoir être à la fois personnel, et dire quelque chose de l'ordre de la vérité d'une histoire et d'un sujet, se dérobe.

Autrement dit, sauf dans les cas où les modifications apportées à l'histoire d'origine seraient particulièrement substantielles, le consentement dont on espère se forger une idée au stade de l'examen du dossier (mais le même raisonnement peut s'appliquer pour la détermination de celui-ci au cours de l'audience) est le plus souvent un amalgame, un composite formé à la fois de ce qui est réellement arrivé au requérant, et de ce que celui-ci, à tort ou à raison, croit devoir être exposé devant la Cour afin d'espérer obtenir une protection juridique.

C'est cette situation qui souligne le rôle absolument fondamental joué par l'audience, qui va permettre de lever certaines des incertitudes qui se manifestent à la seule lecture du dossier. Pour autant, comme nous allons le voir désormais, de nombreuses difficultés vont persister.

II. Identification et recherche du consentement exprimé : multiplicité des hypothèses

La question du consentement, pour peu qu'on la comprenne de la façon exposée avant, se manifeste sous de multiples formes dans le contentieux du droit d'asile, tel qu'il se joue devant la CNDA. Quelques-unes seulement seront évoquées ici, sans aucunement prétendre donc à l'exhaustivité. Afin de structurer l'étude, l'analyse du consentement s'articulera autour d'une division entre d'un côté, l'évocation de certaines des hypothèses dans lesquelles ce dernier intervient pour garantir une protection au titre de l'appartenance du requérant à un certain groupe social (A.), et de l'autre, quelques cas en dehors de ce mécanisme particulier de protection (B.).

A. Consentement *in situ* : hypothèse de la protection fondée sur le groupe social

Avant toute chose, il convient de définir ce qu'il faut entendre par le vocable de « groupe social » dans le domaine du droit de l'asile.

Cette notion[17] est aujourd'hui définie par l'article 10 de la directive 2011/95 qualification[18], définition que l'on peut déjà retrouver

---

[17] Sur cette notion de groupe social en droit d'asile, v. notamment Fleury-Graff (Thibaut), Marie (Alexis), *Droit de l'asile*, PUF, 2019, §. 206 à 210 ; Tchen (Vincent), *Droit des étrangers*, LexisNexis, 2019, p. 1300-1308.

[18] Directive 2011/95/UE du Parlement européen et du Conseil du 13 décembre, 2011, art. 10, d/ : « un groupe est considéré comme un certain groupe social lorsque, en particulier : ses membres partagent une caractéristique innée ou une histoire commune qui ne peut être modifiée, ou encore une caractéristique ou une croyance à ce point essentielle pour l'identité ou la conscience qu'il ne devrait pas être exigé d'une personne qu'elle y renonce, et ce groupe a son identité propre dans le pays en question parce qu'il est perçu comme étant différent par la société environnante. En fonction des conditions qui prévalent dans le pays d'origine, un groupe social spécifique peut être un groupe dont

en substance à partir de 2010 dans la jurisprudence du Conseil d'État[19]. Mentionnons déjà que l'appartenance à un groupe social peut être conditionnée au fait de pouvoir rattacher une personne à un groupe ethnique particulier, comme cela peut être le cas pour les mariages forcés. Autrement dit, il faut déjà parvenir, indépendamment et antérieurement à la question du seul consentement, à prouver l'appartenance ethnique, ce qui est parfois d'une grande difficulté.

Rentrons dans le détail de l'examen de différentes situations qui peuvent se rencontrer dans le contentieux du droit d'asile tel qu'il se déroule devant la CNDA. Seront donc évoqués successivement les mariages forcés (1), l'appartenance à un réseau de traite d'êtres humains (2), pour finir par l'orientation sexuelle (3).

1. Cas des mariages forcés

Avant toute chose, et en lien avec ce qui vient d'être dit s'agissant de la dimension ethno-spécifique de certains mécanismes de protection, il est déjà possible de relever que cette situation implique que certaines femmes, bien que non consentantes (mariage forcé ou arrangé caractérisé) ne pourront bénéficier de la protection conventionnelle qui va avec le groupe social, et ne pourront au mieux que prétendre au bénéfice de la protection subsidiaire.

Autrement dit, l'absence de consentement face à une même qualification juridique (ici le mariage forcé ou arrangé) ne produit pas les mêmes effets, ce qui interroge directement sur la question de l'équivalence de la prise en compte du consentement entre les demandeurs.

Ceci se trouve renforcé s'agissant de l'aspect genré du groupe social. Dans l'état de la jurisprudence française actuelle, il semble bien que seules les femmes puissent prétendre à cette protection. Il n'y a pas de groupe social

---

les membres ont pour caractéristique commune une orientation sexuelle. L'orientation sexuelle ne peut pas s'entendre comme comprenant des actes réputés délictueux d'après la législation nationale des États membres. Il convient de prendre dûment en considération les aspects liés au genre, y compris l'identité de genre, aux fins de la reconnaissance de l'appartenance à un certain groupe social ou de l'identification d'une caractéristique d'un tel groupe ; ».

[19] CE, 14 juin 2010, *Akhondi* et *Habibi*, req. n° 323669-A et n° 323671-C, Rec. p. 76 et s., qui reprend cette définition, elle-même issue de l'article 10 de la directive 2004/83/CE du 29 avril 2004.

sur la même thématique ouvert aux hommes[20]. À ce sujet, il est possible de constater que les décisions du 23 juillet 2018[21] qui modifient le cadre d'analyse en la matière n'évoquent que « les jeunes filles et les femmes ». Or, au moins 115 millions de garçons et d'hommes selon les chiffres disponibles sont aujourd'hui pris dans un mariage forcé[22]. Ainsi, le consentement, dans sa présence ou son absence, ne produit pas les mêmes conséquences juridiques entre femmes, ni n'est apprécié de la même façon entre un homme et une femme, au moins concernant cette thématique particulière.

Une fois cette appartenance établie, il reste ensuite à prouver la réalité de ce mariage forcé ou arrangé : dans le meilleur des cas, il sera possible de trouver au sein du dossier des pièces officielles provenant du pays d'origine, comme par exemple un acte de mariage, ou un extrait d'acte de naissance pour l'enfant résultant de cette situation qui mentionnerait le lien marital des parents. Toutefois, de nombreux pays dont sont issus les demandeurs devant la CNDA ne pratiquent pas ou peu le mariage civil. Or, en matière de mariage religieux, il n'y a pas le plus souvent de documents officiels. Pourtant, ceux-ci lient tout autant et produisent de manière potentielle les mêmes conséquences juridiques pour ceux qui y sont pris. De là l'importance d'arriver également à les prouver.

Au-delà de cet obstacle probatoire, l'opération la plus délicate va résider dans la détermination du caractère forcé de ce mariage. Peut-il y avoir des éléments objectifs capables de faciliter le travail du juge, face à un ressort aussi intime que le couple liberté/contrainte ?

On pourrait songer, dans un premier temps, à la question de l'âge. Souvent, une attention insuffisante est portée à l'âge auquel le mariage, et le supposé consentement, sont intervenus. On peut alors chercher grâce aux sources publiques disponibles l'âge légal du consentement dans le pays d'origine de la demanderesse. Si selon l'histoire développée devant la Cour, le mariage est intervenu avant cet âge, on peut en tirer la conséquence qu'il est nécessairement contraint.

---

20 Sur cette thématique, v. Korsakoff (Alexandra), *Vers une définition genrée du réfugié : étude de droit français*, thèse dactyl., Université de Caen Normandie, 2018.

21 CNDA, 23 juillet 2018, *Mme E.*, n° 15031912 R ; CNDA, 23 juillet 2018, *Mme D.*, n° 17042624 R.

22 V. par ex. : Le Monde, « Les mariages d'enfants concernent aussi des millions de garçons », 7 juin 2019.

Mais un problème supplémentaire se présente : comment apprécier la même situation lorsque l'âge du consentement dans ce pays d'origine est inférieur à celui qui existe en France ? Autrement dit, faut-il apprécier l'âge par rapport au pays d'origine, ou par rapport à la situation juridique prévalant en France ? Par rapport aux standards internationaux qui existent en droit international ? La réponse apportée à cette question conditionne déjà, même en partie, la décision qui sera rendue.

Excepté cet élément-là, quelles autres preuves objectives est-il possible de trouver ? De la même façon qu'en droit des obligations, l'appréciation du consentement est corrélée à l'étalon de « la personne raisonnable », référent objectif, la même évaluation se produit ici. Celle-ci passe par la conjugaison de deux facteurs : 1. la comparaison avec ce qu'une autre personne aurait pu dans les mêmes conditions faire ou agir ; 2. la demanderesse est renvoyée à un contexte ethnique et géographique : les mariages forcés ou arrangés sont davantage pratiqués dans telle ethnie, telle région du pays dont est justement issue ou non la requérante. L'appréciation de la réalité du consentement exprimé est donc associée à une dimension statistique et quantitative, ce qui est en général désigné dans les décisions de la CNDA par « les déclarations de la requérante s'inscrivent dans un contexte documenté… ».

C'est alors la fin des éléments objectifs, et s'ouvre ce faisant l'abîme de la personne, dans sa singularité et sa concrétude. C'est l'occasion d'évoquer avec elle les informations du dossier, de poser les questions nécessaires au lever de l'ambiguïté. Il est évidemment impossible de retranscrire tout ce qui peut être dit ou vu à cette occasion. Quelques éléments toutefois permettent d'illustrer la difficulté d'une telle entreprise.

Premièrement, et comme dans n'importe quelle relation humaine, les protagonistes peuvent mentir, dissimuler, exagérer, inventer, bref, dire à peu près ce qu'ils veulent. Nonobstant ce premier obstacle, face à cet exercice oratoire, toutes et tous ne sont pas égaux : ainsi ceux qui ont du mal à articuler un discours, à se souvenir avec un degré de précision suffisant de certains éléments dans cette procédure qui emprunte à la confession[23], vont-ils avoir plus de mal à convaincre que ceux qui en sont

[23] Sur la procédure de l'aveu et de la confession, cf. Foucault (Michel), *L'origine de l'herméneutique de soi*, Vrin, 2013 ; Foucault (Michel), *Mal faire, dire vrai. Fonction de l'aveu en justice*, Presses universitaires de Louvain, 2012 ; François (Jean), « Aveu, vérité, justice et

davantage capables. Autrement dit, il faut que celle qui prétend à la reconnaissance de sa qualité de victime produise un discours selon une forme attendue, même de façon inconsciente, par les membres de la formation de jugement. Ainsi, une femme qui serait mutique du fait du trauma psychologique consécutif à cette expérience[24], ou à son parcours migratoire, a sensiblement moins de chance de voir sa cause reconnue.

Ensuite, se pose la question la plus complexe à laquelle il faut faire face : penser la différence. Autrement dit, la plus grande erreur ici consisterait à apprécier la situation présentée au regard de notre propre subjectivité, en somme de céder au « qu'aurais-je fait dans la même situation ? ». Pourquoi cela serait-il une erreur ? Parce que nous ne sommes pas, et ne serons jamais dans la même situation. Tout au plus peut-on prétendre, par un effort considérable tant personnel qu'intellectuel, s'en approcher. Aussi, est-il question ici de s'interroger sur le fait de savoir si, au-delà de partager la même Terre, nous partageons le même monde[25].

Pourquoi cela ? Parce que nous sommes, sans effort, aussi étrangers à cette personne qu'elle l'est pour nous[26]. Il devient alors nécessaire de se renseigner sur les subtilités culturelles, les rapports sociaux inter et extra-ethniques, le contexte géopolitique, etc. Pour le dire autrement, il faut se défaire pendant le temps du procès des lunettes avec lesquelles nous percevons le monde, pour emprunter celles de la personne qui se tient devant la formation de jugement : s'imaginer femme quand on est homme, et homme quand on est femme ; père ou mère quand on ne l'est pas, mari

---

subjectivité. Autour d'un enseignement de Michel Foucault », *Revue interdisciplinaire d'études juridiques*, 1981/2 (vol. 7), p. 163-182 ; Lamy (Jérôme), « Dire-vrai, aveu et discipline : Michel Foucault et les techniques de vérité », *Revue philosophique de la France et de l'étranger*, 2018/2 (tome 143), p. 201-218.

[24] Sur ce point, v. par ex. Pestre (Elise), *La vie psychique des réfugiés*, Petite bibliothèque Payot, 2017, qui étudie en profondeur cette question sur le plan psychopathologique.

[25] C'est une idée qui traverse également l'œuvre de Pierre Legendre, au travers de cette formule selon laquelle « nul ne peut rêver à la place d'un autre ». Une illustration peut en être trouvée au travers de Legendre (Pierre) (dir.), *Tour du monde des concepts*, Fayard, 2018, qui vise justement à interroger la signification spécifique de certains concepts fondamentaux dans neuf langues différentes.

[26] Sur cette figure de l'Etranger, v. Dufourmantelle (Anne), Derrida (Jacques), *De l'hospitalité*, Calman-Lévy, 2013.

ou femme, etc. On fait ici face à une des manifestations de ce que Solange Chavel a pu caractériser comme « l'imagination morale »[27].

L'appréciation du consentement n'est pas seulement et exclusivement une activité rationnelle, mais repose aussi sur de l'empathie, c'est-à-dire étymologiquement « ce que l'on éprouve à l'intérieur ». Est ainsi doublement soulignée l'importance de l'au-delà de la rationalité : la dimension émotionnelle présente chez celui/celle qui consent se trouve confirmée par le fait que pour apprécier ce consentement, il est nécessaire de se mettre à la place de l'autre, et cela en utilisant également la dimension émotionnelle. Cela vient donc confirmer le fait que le consentement est bien un amalgame entre raison et émotion.

2. S'agissant de l'appartenance à un réseau de prostitution/traite des êtres humains

Dans ce domaine également, l'existence d'un groupe social visant à protéger les femmes victimes de réseaux de traite ne vaut que pour certains pays, le plus fréquent étant le Nigeria. À cet égard, la jurisprudence a connu récemment une évolution notable au travers d'une décision du Conseil d'État[28], qui marque le passage du fait d'avoir entrepris des démarches pour s'extraire du réseau, au fait « d'être effectivement parvenue à s'extraire d'un tel réseau ». Il s'agit donc, de manière évidente, d'une restriction conséquente du champ de la protection.

Là où auparavant, il fallait prouver la véritable volonté, le consentement de la requérante à s'extraire du réseau de prostitution, désormais, la simple volonté ou désir ne suffit plus. La formation de jugement doit à l'issue de l'audience être convaincue, littéralement, que la requérante est effectivement sortie du réseau. Sur le plan pratique, comment cela s'opère-t-il ? Très difficilement. Comment en effet avoir la certitude que c'est bien le cas ? Jusqu'à présent, valait commencement de preuve de cette volonté de s'extraire le fait d'avoir déposé plainte contre un membre du réseau, ou le réseau lui-même, et d'avoir rejoint une association d'aide aux victimes de la prostitution.

---

[27] Chavel (Solange), *Se mettre à la place d'autrui. L'imagination morale*, Presses Universitaires de Rennes, 2012.

[28] CE, 16 octobre 2019, *Mme A.*, req. n° 418328, Rec.

On peut déjà remarquer que derrière le vocable « d'extraction » employé, une forme de procédure attendue existe. Autrement dit, une requérante aura beaucoup plus de mal à convaincre de cette extraction qu'elle ne présentera aucun des éléments évoqués avant. Malheur donc à celles qui se seraient effectivement extraites, mais sans exécuter ces diligences.

Or, ceci pose des difficultés considérables en pratique. Ainsi il est demandé aux associations de jouer un rôle qui n'est pas le leur (rôle de garant de la démarche), alors qu'elles n'ont pas matériellement les moyens de garantir cet état de fait. Ceci a pour conséquence que les associations vont raréfier leurs attestations, pour éviter d'être éventuellement abusées et trompées par des requérants. Or, puisqu'il y a un moyen de preuve (ici l'attestation) présentant un certain degré d'objectivité et de garantie pour la formation de jugement, il devient *de facto* plus délicat pour toutes les requérantes qui n'ont pas ce document de convaincre de la réalité de leur volonté de sortie du réseau, et *a fortiori*, de leur sortie effective de celui-ci.

Cette difficulté franchie, reste alors le plus délicat : déterminer la réalité du consentement à s'extraire du réseau. Bien évidemment, les éléments évoqués plus haut s'agissant de la nécessité d'appréhender la différence jouent ici aussi, en l'occurrence par référence à la situation prévalant dans le pays d'origine. Un exemple permettra de montrer à quel point la situation est plus compliquée qu'il n'y paraît, s'agissant particulièrement du Nigéria. On songe ici à la cérémonie dite du Juju, par laquelle les organisateurs des réseaux de traite lient mystiquement les victimes, en leur promettant la mort, ou celle de leur proche, si jamais elles s'opposent au serment ainsi formulé[29].

---

[29] Dès lors que le consentement est rattaché à une certaine représentation du monde par un sujet, à ses croyances, se pose la question de la prise en compte de cet environnement signifiant qui lui sert de support. Or, l'appréciation du consentement dont il est question doit composer également avec ce qui est audible par la CNDA. Ainsi, les craintes surnaturelles ou mystiques sont ignorées, tant par l'OFPRA d'ailleurs que la CNDA. Autrement dit, le consentement doit remplir certaines conditions, ici imposées par la rationalité occidentale, pour pouvoir être apprécié. Or, il existe pourtant des approches qui permettent de réconcilier les deux. On songe ici au courant de l'ethnopsychiatrie (ou psychiatrie transculturelle), discipline fondée par Georges Devereux, et poursuivie notamment par Tobie Nathan. Des consultations se tiennent à l'Hôpital Avicenne à Bobigny. Sur cette question, v. notamment Devereux (Georges), *Essais d'ethnopsychiatrie générale*, Gallimard, 1983 ; Nathan (Tobie), *La folie des autres. Traité d'ethnopsychiatrie clinique*, Dunod, 2013.

Dans ce domaine, le fait qu'une requérante y ait été soumise et y croit est un élément important pour établir le fait qu'elle appartient bien à un réseau de traite. Mais si elle y croit, comment peut-on attendre d'elle qu'elle s'y oppose, alors que dans ses croyances, c'est sa personne ainsi que sa famille restée au pays qui est menacée de manière potentielle ? Qui serait à même de supporter un tel risque pour lui ou pour les autres ?

Et justement, puisqu'il est question de risque, mentionnons un dernier point, qui illustre toute la complexité de l'appréhension des données de l'espèce. Au regard de cette jurisprudence, une personne qui est victime d'un réseau, qui veut absolument s'en extraire sans pour autant y parvenir, ne pourra être protégée au titre de la Convention de Genève. Autrement dit, seules les plus déterminées et chanceuses, même si le terme est ici bien inadéquat, pourront être protégées. Celles qui n'ont pas la force d'aller jusqu'au bout de la démarche et de l'épreuve qu'elle représente, et qui pourraient être aidées en cela par l'acquisition d'un statut et des droits y afférents, seront éconduites au titre de cette protection conventionnelle.

En somme, le consentement de la requérante est insuffisant à ouvrir droit à la protection : il doit être accompagné d'un résultat posé comme sa conséquence nécessaire et logique. Il ne suffit pas de le vouloir, encore faut-il réussir ! Autant pour la prise en compte du consentement donc !

3. S'agissant du groupe social fondé sur l'orientation sexuelle

C'est ici encore un domaine de manifestation évident du lien entre l'intime et le consentement. Or, comment peut-on espérer parvenir à démontrer, de façon la plus objective possible, quelque chose d'aussi intime et subjectif que l'orientation sexuelle ?

Une fois encore, le doute ou soupçon porté sur la parole du requérant aboutit à la recherche de preuves plus objectives. C'est ainsi que d'un point de vue empirique, une pratique s'est développée, qui recoupe ce qui peut s'observer s'agissant du phénomène de traite évoqué auparavant : les requérants, quel que soit leur sexe, vont produire des attestations, rédigées par leur compagnes/compagnons de même sexe, et/ou venir à l'audience avec cette personne.

Mais, comme la simple présence ne permet pas d'indiquer si cette personne dans la salle est un ami, un parent ou autre, les requérants sont incités, par les usages en place, à produire une forme de garantie de leur orientation sexuelle, sous la forme là encore d'une attestation produite par une association engagée dans la défense des minorités sexuelles. Ici, on fait face à la même difficulté que celle identifiée s'agissant des réseaux de traite, et de la raréfaction subséquente des attestations rédigées pour ce motif.

Toutefois, un problème particulier se présente, plus accentué que les précédents, et qui explique pourquoi on a évoqué aussi bien comment le requérant se présente, que la manière dont il est présenté. Plus simplement, ce dont il est question ici est ce que le demandeur s'imagine que l'on attend de lui, et ce qui est effectivement attendu.

Pour illustrer cela, une réflexion simple suffira. Toutes les personnes homosexuelles en France ne font pas partie d'une association de défense des droits LGBTQI, ou même simplement d'une association LGBTQI. Or, la très grande majorité des requérants qui invoquent ce motif devant la Cour le sont. Pourquoi une telle différence ? Est-ce parce qu'il est perçu comme attendu par la Cour de déployer une forme de considération supérieure pour les intérêts de cette cause, au regard du fait que les requérants ont été persécutés à ce titre ? Un peu comme si, de façon implicite, il était question de présenter un certain militantisme comme formation réactionnelle aux persécutions endurées. Autrement dit, le fait d'être et de se reconnaître comme homosexuel ne suffit pas nécessairement, il faut démontrer une véritable implication, qui n'est absolument pas attendue en dehors de ce cadre.

La même remarque d'ailleurs s'applique, s'agissant de ce qui est perçu comme attendu par la Cour du côté du requérant, et sur la nécessité de ne pas projeter sur l'autre trop de soi-même. En effet, certains requérants accentuent ainsi des traits qu'ils/elles pensent représenter l'homosexualité en Occident, au travers d'accessoires, d'attitudes, gestes et manières allant parfois jusqu'à la caricature. Autrement dit, ils ne se présentent pas nécessairement comme ils sont, mais davantage comme ils pensent que nous attendons qu'ils soient. Il est donc d'autant plus difficile d'apprécier la sincérité de la démarche.

À cela s'ajoute le fait qu'il est impératif de se défaire du regard occidental et moderne sur l'homosexualité. Ainsi, un certain nombre de requérants qui invoquent des persécutions en raison de ce motif utilisent des expressions, des phrases, des représentations qui seraient considérées sous nos latitudes comme particulièrement homophobes, et qui feraient justement douter de la réalité de cette orientation sexuelle. Ceci est particulièrement vrai s'agissant de l'homosexualité masculine. On peut ainsi lire des déclarations du type : « Je suis homosexuel parce que j'aime les tissus et la couture » ; « je suis homosexuel parce que j'aime bien faire la fille », etc. Autrement dit, le consentement dans ce domaine est particulièrement difficile à déterminer de façon objective. Alors, on a recours à tout ce qui peut être compris comme « signe », symbole signifiant : le requérant/la requérante a-t-il/elle demandé le huis clos et la sortie du public ? Si oui, cela veut-il dire qu'il/elle n'assume pas que son homosexualité soit connue ? Ou l'inverse ? A-t-il/elle accepté que le public reste, de façon à prouver sa volonté d'appartenance à cette communauté ? On observe ici à quel point la subjectivité des juges peut intervenir tout particulièrement dans la détermination du consentement en cette matière. Quoi qu'il en soit, il est manifeste que ce dont il est question ne peut se comprendre simplement à l'aune de la rationalité.

Les exemples évoqués jusqu'à présent n'épuisent évidemment pas les hypothèses dans lesquelles il est question de consentement. En effet, ce dernier peut également s'observer en dehors de cette hypothèse particulière de protection, ce que la suite de l'analyse tentera de montrer.

B. Consentement *in situ* : protection en dehors de l'hypothèse du groupe social

Dans ce dernier temps de l'analyse, on évoquera successivement deux situations dans lesquelles le consentement doit être saisi, et cela en dehors du cadre du groupe social. Seront tout d'abord étudiées les persécutions fondées sur un motif religieux (1) avant d'envisager l'hypothèse de l'exclusion du requérant de la protection offerte par le droit d'asile en France (2).

1. S'agissant de la protection en matière de convictions religieuses

En la matière, l'appréciation du consentement est aussi délicate. Pour résumer, il est possible d'obtenir une protection fondée sur la convention de Genève en raison de persécutions fondées sur un motif religieux. Celles-ci peuvent être, de façon majoritaire, de deux types : soit les pratiquants d'une certaine religion font l'objet de mauvais traitements et de discriminations de la part d'une religion majoritaire dans le pays en question ; autre hypothèse : certains pays prévoient des sanctions si un individu change de religion (hypothèse de l'apostasie), qui dans certains cas peut être puni de mort.

Dès lors, il appartiendra à a la formation de jugement de déterminer si l'individu qui lui fait face a bien quitté sa religion, ou en a rejoint une autre. Peut-on imaginer chose plus intime que le rapport que quiconque entretient, dans son for intérieur, avec la transcendance ?

Dans un premier temps, on pourrait se dire qu'une issue possible consiste à interroger le requérant sur ses motivations à effectuer une telle démarche, pour ensuite apprécier la réalité de celle-ci au travers de ses connaissances sur la religion adoptée. Déjà, une telle solution doit nous interroger : premièrement, si l'on peut effectivement considérer que la pratique d'une religion implique un minimum de savoirs sur celle-ci, comment exiger d'une personne qui vient d'effectuer ce passage une connaissance particulière, d'autant plus si l'on songe par exemple au fait que la religion choisie peut être interdite dans le pays considéré, et que le culte en lui-même ainsi que son enseignement ne sont pas possibles ; ensuite, il convient d'apprécier, de juger ce que l'on considère comme les éléments fondamentaux d'une pratique religieuse, ce qui n'est pas chose aisée…

Mais surtout, l'obstacle le plus conséquent peut être formulé de façon simple : comment faire la différence entre quelqu'un qui sait, et quelqu'un qui croit ? Autrement dit, si la conviction s'établit sur le seul ou principal terrain de la connaissance du dogme, celle-ci ne renseigne en rien sur l'adhésion personnelle et intime, l'engagement spirituel qui fonde ce que nous appelons pratique religieuse et croyance.

Un même constat s'impose, s'agissant de signes extérieurs, pour ne pas dire ostensibles, qui pourraient être attendus ou recherchés chez le requérant. Ainsi par exemple des photographies prises lors d'un baptême. Il est difficile de produire une preuve plus objective du ralliement à une religion. Et pourtant, ce rituel n'a de valeur qu'au regard de ce qui y est investi par celle ou celui qui s'y prête. On mesure donc ici à quel point cette situation est extrêmement délicate en matière de détermination du consentement. Et encore, ici n'a été évoquée que la situation la plus simple, c'est-à-dire celle dans laquelle une personne quitte une religion pour en rejoindre une autre. Celle-ci a en effet l'avantage de permettre des poser des questions relatives à celle nouvellement rejointe. Mais que dire alors lorsqu'il est question d'apprécier le fait de quitter une religion, et de cesser de croire ? Autrement dit, de devenir athée ? Quelles questions peuvent alors être posées, en dehors de celles visant à comprendre la démarche qui a présidé à ce choix ?

Quelles conséquences en tirer pour l'appréciation du consentement dans cette situation ? Que son évaluation ne peut reposer de façon unique sur une appréhension rationnelle de la situation, parce que ce dont il est question est déjà en lui-même quelque chose de composite, qui n'est pas simplement rationnel. Manière de souligner la difficulté d'utilisation d'un concept aussi subtil que le consentement, sans que cela vise à remettre en cause son importance, bien au contraire.

2. Consentement et intentionnalité dans la commission d'actes barrant la reconnaissance du statut plein et entier de réfugié

Voici enfin la dernière situation, qui permettra de souligner jusqu'à son point le plus incandescent les liens entre consentement et intentionnalité : l'hypothèse de l'exclusion du statut de réfugié.

Le droit d'asile, soucieux de n'offrir protection et asile qu'aux victimes des persécutions, et non à leurs bourreaux, contient en son sein plusieurs mécanismes permettant d'y parvenir. C'est ce que l'on désigne par l'expression de clause d'exclusion[30], qui sont prévues tant dans la Convention de Genève (Sections D, E, F de l'article 1er) du 28 juillet 1951, qu'au sein du CESEDA (Article 711-3, 711-4, 711-6).

Pour résumer, lorsque le demandeur à la protection a commis des actes d'une particulière gravité (appréciée selon divers angles, qui vont du but contraire aux Nations-Unies qu'à la commission de crimes et de délits), le mécanisme classique de protection, s'il est justifié, ne peut être mené à son terme. C'est en ce sens que l'on dit, de façon habituelle, que pour exclure, il faut commencer par inclure. Autrement dit, il faut déjà reconnaître la réalité des craintes de persécutions, et le danger encouru par le demandeur, avant d'examiner s'il a commis des actes qui empêchent que puisse lui être accordée une protection au titre du droit d'asile.

Concrètement, pour celui qui est frappé par une clause d'exclusion, la situation est la suivante : le fait de reconnaître qu'il a effectivement des

---

[30] Sur cette question de l'exclusion, v. Fleury Graff (Thibaut), Marie (Alexis), *op. cit.*, §. 288-335 ; Tchen (Vincent), *op. cit.*, p. 1315-1326.

craintes dans son État de nationalité empêche de le renvoyer dans cet État, sous peine de contrevenir notamment tant à la convention de Genève, qu'à la convention européenne de sauvegarde des droits de l'homme ; Mais, il ne pourra bénéficier en France de la totalité des droits et avantages attachés en droit interne à la qualité de réfugié. Il sera donc avec des droits amoindris sur le territoire français, mais inexpulsable et non refoulable. Ce sont là les conséquences concrètes de la distinction entre statut de réfugié et qualité de réfugié telle qu'elle a pu être formalisée par la CJUE dans sa décision du 14 mai 2019[31].

Dès lors, il appartient à la formation de jugement d'apprécier le degré d'implication du ou des requérants dans la commission des actes concernés, de rechercher l'élément moral en plus de l'élément matériel. Sur le principe, cela ne se différencie guère du travail que doit effectuer le juge pénal quotidiennement dans son office. Ce qui diffère ici est le type de personnes qui peuvent se présenter devant la CNDA. Un exemple simple permettra de s'en convaincre : à notre connaissance, le juge pénal français n'est que très rarement confronté à des enfants soldats par exemple, ou à des mineurs, individus vulnérables, fragiles, pris dans des contextes de guerres civiles ou non, dans lesquels le pouvoir central de leur État de nationalité fait défaut et ne peut garantir leur sécurité.

Comment doit-on procéder en la matière ? Selon la jurisprudence de la Cour de justice de l'Union européenne, « l'exclusion du statut de réfugié d'une personne ayant appartenu à une organisation criminelle ou terroriste est subordonnée à un examen individuel permettant d'établir l'existence de raisons sérieuses de lui imputer une responsabilité personnelle en tant qu'organisateur, auteur ou complice de crimes graves de droit commun ou d'agissements contraires aux buts et principes des Nations-Unies, notamment à partir de l'examen des fonctions qu'elle exerçait dans cette organisation et de son degré de responsabilité personnelle, de la taille et du degré de structuration de cette organisation et des corrélations suffisantes pouvant être établies entre les faits criminels prouvés et

[31] CJUE, 14 mai 2019, Affaires jointes C-391/16, *M c. Ministerstvo vnitra*, et C-77/17 et C-78/17, *X c. Commissaire général aux réfugiés et aux apatrides*. Pour la 1ère application de cette jurisprudence par la CNDA, cf. CNDA, 26 juillet 2019, *M. T.*, n°17053942 C+. Il faut noter toutefois que la CNDA avait déjà elle-même adopté cette position dans une jurisprudence antérieure : CNDA (Grande formation), 26 septembre 2017, *M. K.*, n° 16029802.

imputés à cette organisation et la situation personnelle de l'intéressé au moment de la perpétration de ces faits »[32].

Mais, à cette première exigence s'en ajoute une autre, qui a été formalisée par le Conseil d'État dans une décision du 7 avril 2010[33]. En vertu de celle-ci, le juge de l'asile doit rechercher systématiquement si une contrainte « avait pu réduire le libre arbitre » du mineur et si « sa minorité a pu le rendre plus accessible à cette contrainte ». En effet, un mineur peut avoir cédé à des « pressions de toute nature auxquelles, eu égard à son jeune âge lors des faits, il ne pouvait se soustraire et qui excluent toute action délibérée de sa part » ».

On observe ici qu'est évoquée l'idée de contrainte, qui est justement la manière dont on décrit le plus souvent en droit l'absence de consentement, son double négatif[34]. Pour autant, les difficultés rencontrées habituellement dans ce domaine se trouvent ici renforcées, tant par la différence culturelle qui structure l'échange (certaines paroles, certains actes que nous considérerions comme menace en France n'ont pas du tout la même valeur ou signification dans tel ou tel pays, et inversement) que des données géopolitiques ou de l'âge du requérant.

*

*   *

Au terme de ce bref panorama des façons dont le consentement se manifeste en droit d'asile, qu'est-il possible de dire au regard de la question initialement posée, à savoir celle de la signification de ce concept dans le champ du droit d'asile ?

---

[32] CJUE, 9 nov. 2010, aff. C-57/09 B.

[33] CE, 7 avril 2010, *M. B.*, req. n° 319840.

[34] Cette notion de contrainte se retrouve en effet tant par exemple en droit des contrats, en tant que vice du consentement, au travers de la violence, qu'en droit pénal où elle est un des éléments de définition de l'incrimination pénale de viol. Cette contrainte est toutefois ici appréciée de façon beaucoup plus stricte, puisqu'elle s'entend « d'une menace de mort imminente, d'une atteinte grave, continue ou imminente à sa propre intégrité physique ou à celle d'autrui », auquel il faut ajouter le fait d'avoir « agi par nécessité et de façon raisonnable pour écarter cette menace, à condition qu'elle n'ait pas eu l'intention de causer un dommage plus grand que celui qu'elle cherchait à éviter ». (article 31-D du Statut de Rome de la Cour pénale internationale).

Qu'aussi bien dans la manière dont il est utilisé, que dans la méthode nécessaire pour parvenir à le trouver, mais surtout, à le déchiffrer, quelque chose d'excédentaire à la rationalité se présente à l'observation. Du côté du requérant, le consentement dont il est question n'est jamais le seul fruit d'une opération intellectuelle abstraite, déconnectée d'une chair inscrite dans un vécu historiquement et socialement déterminé. Car c'est bien de l'existence dont il s'agit, de l'expérience vibratoire de ce corps-instrument par lequel nous résonnons chacun d'une manière singulière, au diapason d'un monde qui nous est donné, qu'on le souhaite ou non[35].

C'est évidemment le même phénomène qui se manifeste chez ceux en charge d'apprécier, chez le sujet juridique que figure le requérant, la réalité de ce consentement. Par le simple fait que ce consentement est composite du côté de celui qui l'émet, il devient nécessaire dans une pure et simple continuité logique de l'apprécier avec la même complexité. Aussi, du côté du juge également, la détermination du consentement revêt une dimension qui dépasse la seule rationalité.

Cette dimension, nous l'avons qualifiée d'émotionnelle, héritiers en cela de l'opposition qui a cours dans une partie au moins de la philosophie occidentale entre les émotions et la raison. Plus précisément, ce dont il était question renvoie à ce vieux terme grec de *pathos,* c'est-à-dire ce que concrètement subit et expérimente un corps qui vit, et non simplement une conscience abstraite.

C'est cette expérience de la complexité de chaque existence qui se dévoile derrière l'intime du consentement : toutes ses représentations, ses peurs mais aussi ses espoirs qui s'entremêlent dans la plupart de nos décisions, et surtout, les plus importantes comme celles qu'il s'agit d'objectiver à l'occasion de ce procès.

Démunies, et le plus souvent dépourvues de tout ou presque, ces personnes se présentent devant leur juge avec toute la richesse de leur vie intérieure. Prenons garde alors à ne pas oublier, au titre de ce devoir auquel

---

[35] Sur cette question de l'incarnation comme mode premier d'expérimentation du monde, v. l'œuvre considérable de Michel Henry, et particulièrement Henry (Michel), *Incarnation. Une philosophie de la chair*, Seuil, 2000. Plus généralement, la tradition phénoménologique, particulièrement chez Merlaux-Ponty est riche d'enseignements à cet égard. Pour une brève perspective, v. Mehl (Édouard), « Ego sum qui sentio : le cogito réincarné des phénoménologues », *Methodos*, 18, 2018, disponible à l'adresse suivante : http://journals.openedition.org/methodos/5066.

paraît nous obliger l'étymologie même du terme d'étranger[36], ces vers de Yeats[37] :

« Je ne suis riche que de mes rêves,

Que je dépose sous tes pas,

Alors marche doucement,

Parce que tu marches sur mes rêves ».

[36] Dufourmantelle (Anne), Derrida (Jacques), *op. cit.*, p. 25 : « [...] Benveniste souligne que "la même institution existe dans le monde grec sous un autre nom : *xenos* indique des relations du même type entre hommes liés par un pacte qui implique des obligations précises s'étendant aussi aux descendants" ».

[37] Yeats (William Butler), Aedh Wishes for the cloths of Heaven, in *The Wind Among The Reeds*. L'original étant en anglais, la traduction libre proposée ici est le fait de l'auteur de ces lignes.

Le consentement dans les contrats administratifs

Hélène Hoepffner
Professeur à l'Université Paris I Panthéon-Sorbonne

1. Conclure un contrat, c'est, par définition, « se mettre d'accord sur quelque chose ». Un contrat est un accord de volontés en vue de créer des effets de droit. Sans consentement, il n'y a donc pas de contrat[1]. Pourquoi, dès lors, s'interroger sur la question du consentement dans les contrats administratifs ?

2. La question du consentement dans les contrats administratifs a donné lieu à de riches débats qui méritent d'être rappelés.

- *La question s'est d'abord posée de savoir si le contrat administratif est un véritable contrat, caractérisé par un échange de consentements.*

Au début du XXe siècle, la doctrine opposait les auteurs qui, à l'instar de Jèze[2], définissaient le contrat administratif comme un véritable accord de volontés à ceux qui considéraient qu'« en raison de sa nature », il devait être rapproché de l'acte unilatéral. En ce sens, certains défendaient qu'il était un « acte de volonté » mais non « le résultat d'un accord de volontés de l'administration et d'un administré »[3], d'autres qu'il était le résultat d'une succession d'actes unilatéraux constitutifs d'une « déclaration de volonté de l'administration »[4].

---

[1] Ghestin (Jacques), « Contrat », *Dictionnaire de la culture juridique*, PUF et « La notion de contrat », *D.* 1990, chron. 147 ; Truchet (Didier), « La volonté des parties », *Réglementation et pratique des MP*, Bréchon-Moulènes (Christine), *ADPE*, 1985, Paris, Dalloz, p. 142.

[2] Jèze (Gaston), *Les contrats administratifs de l'État, des départements, des communes et des établissements publics*, Giard, 1927, p. 6.

[3] Péquignot (Georges), *Théorie générale du contrat administratif*, Paris, Pédone 1945.

[4] Hauriou (Maurice) et Bézin (Guillaume) (de), « La déclaration de volonté dans le droit administratif français », *RTD civ.*, 1903, p. 543 : ces auteurs distinguent toutefois l'acte d'autorité (déclaration de volonté faite à des sujets) de l'acte de gestion (déclaration de volonté faite à des tiers qui nécessite leurs concours pour produire des effets de droit).

Dans la seconde moitié du XXe siècle, certains auteurs continuent à douter de la nature contractuelle du contrat administratif en raison de son régime exorbitant[5].

À la période contemporaine encore, même si la doctrine largement majoritaire s'accorde à considérer que le contrat administratif est un véritable contrat, des interrogations demeurent. D'une part, parce que le Conseil d'État n'a pas hésité, pour étendre le champ du référé-suspension, à assimiler, de façon hasardeuse, le contrat à une « décision administrative » dans ses arrêts *Sté. Tropic Travaux* puis *Département de Tarn-et-Garonne*. D'autre part, certains textes interrogent, à l'instar du CCP qui, tout en qualifiant de contrats les marchés publics et les concessions ne consacre pas, parmi les principes fondamentaux, celui de la liberté contractuelle. Or, comme l'ont écrit M. Ubaud-Bergeron et P.-Y. Gadhoun[6], « il ne peut exister de contrat sans liberté contractuelle car la liberté traduit l'essence même du contrat. Un contrat non voulu et donc non libre n'est tout simplement pas un contrat (...) une volonté de créer un accord est toujours libre, sinon elle n'existe pas (...) Construire un CCP sans liberté contractuelle revient à gommer la nature contractuelle des contrats de la commande publique ».

- *La question s'est ensuite posée de savoir si la personne publique dispose réellement d'une volonté lui permettant de contracter comme le ferait une personne privée.*

Si ce débat peut sembler clos, le plan de ce colloque prouve le contraire. La présente intervention n'a pas été prévue dans la partie consacrée aux « personnes publiques consentantes » mais dans celle intitulée « la place du consentement de la personne privée », comme si, dans le cadre d'un contrat administratif, seul le cocontractant de l'Administration (qui serait par définition une personne privée ?) pourrait consentir à contracter et qu'*in fine*, le débat serait de savoir si cette personne privée est un véritable cocontractant, consentant au contrat ou davantage un collaborateur, adhérant à celui-ci.

---

[5] Rainaud (Jean-Marie), « Le contrat administratif : volonté des parties ou loi de service public ? », *RD publ.*, 1985, p. 1188.

[6] Ubaud-Bergeron (Marion) et Gahdoun (Pierre-Yves), « Un code de la commande publique sans liberté contractuelle ? », *CMP*, 2019, repère 12.

Cette question de la capacité des personnes publiques de manifester une volonté est ancienne[7]. Au XIXe siècle, elle a été posée à propos de l'édiction des actes unilatéraux[8]. L'Administration, personne morale, était considérée comme ne disposant d'aucune « volonté psychologique » (contrairement aux personnes physiques dotées d'une conscience) et comme une simple exécutante de la volonté générale exprimée par la loi. Les propos de Carré de Malberg sont, à ce titre, éloquents lorsqu'il écrit que la fonction administrative ne comporte « aucun pouvoir propre d'initiative ou d'appréciation, et même, à bien dire, elle ne consiste aucunement en actes de volonté »[9].

On sait que cette vision est excessive, que la fonction administrative ne s'est jamais ramenée à de la seule exécution matérielle et que l'Administration, dans le cadre des compétences qui lui sont dévolues, dispose d'un pouvoir de décision qui aboutit à l'expression d'une volonté. Mais on sait aussi que cette volonté est subordonnée au droit. Ainsi, il est admis, dès le début du XXe siècle, que « le contrat constitue un fait dans lequel la volonté des parties contractantes joue, il est vrai, un rôle essentiel, puisque c'est celle qui détermine le contenu et la consistance des obligations à naître ; mais les effets de droit attachés à ce fait, et pareillement la valeur obligatoire de ce contenu, sont une création de la loi, car ils ont pour fondement juridique la règle législative qui impose aux contractants le devoir de se conformer d'une façon adéquate à leurs stipulations »[10].

3. Ces débats sont aujourd'hui apaisés. Même si le contrat administratif est largement marqué par son objectivisme, par des règles de compétence, de procédure et de forme[11], il est admis que « la notion même de contrat est une notion juridique générale et n'est pas, en tant que telle, plus une notion civiliste qu'une notion administrativiste »[12] et que, par suite, le

---

[7] Vénézia (Jean-Claude), « Réflexions sur le rôle de la volonté en droit administratif », in *Études P. Kayser*, Aix-en-Provence, PUAM, 1979, t. 2, p. 383.

[8] Girard (Anne-Laure), *La formation historique de la théorie de l'acte administratif unilatéral*, Paris, Dalloz, NBT, 2013, p. 121 et s.

[9] Carré de Malberg (Raymond), *Contribution à la théorie générale de l'État spécialement d'après les données fournies par le droit constitutionnel français*, Dalloz, 2004, p. 465-466.

[10] Carré de Malberg (Raymond), *Théorie de la formation du droit par degrés*, Sirey, 1933 n° 56, p. 88. Comp. Hauriou (Maurice), *Les idées de M. Duguit*, Ed. Privat, 1911.

[11] Marcus (Laure), *L'unité des contrats publics*, Paris, Dalloz, NBT, 2010, p. 71.

[12] Waline (Jean), « La théorie générale du contrat en droit civil et en droit administratif », *Études J. Ghestin*, Paris, LGDJ 2001, p. 965.

consentement est tout aussi essentiel dans un contrat administratif que dans un contrat de droit privé. Parce qu'il est un contrat, le contrat administratif naît d'un accord de volontés. La volonté est la source du contrat administratif[13], même si la volonté des personnes publique n'est jamais totalement autonome, celles-ci ne l'exprimant que dans les limites fixées par les textes[14].

4. La jurisprudence confirme cette analyse.

Certes, le juge administratif n'a jamais fait référence à l'article 1101 du Code civil définissant le contrat comme « un accord de volontés ».

Mais il contrôle l'existence d'un lien contractuel en sanctionnant l'absence de consentement[15] parfois par le constat[16] de l'inexistence du contrat[17], parfois par la nullité de celui-ci pour défaut d'accord de volonté[18] ou, de façon plus étonnante, pour erreur commise sur l'une de ses qualités substantielles. Cette sanction n'est pas adaptée : faute de consentement, le lien contractuel n'a, par définition, pas pu se former. Inexistant, il ne devrait pas pouvoir être annulé. Il paraîtrait donc plus rigoureux de distinguer les deux sanctions[19] et de considérer que le contrat, faute de consentement, est inexistant.

Il se fonde également sur le consentement pour interpréter les contrats, même s'il a pu être démontré que, contrairement à son homologue judiciaire, il ne se contente pas de reconstituer la volonté des parties mais

---

13 Chevallier (Jacques), « Le droit administratif : droit de privilèges ? », *Pouvoirs*, n° 46, 1988, p. 64 ; *L'État post-moderne*, Paris, LGDJ, Droit et société, 3e éd., 2008, p.138. Gigon (Éléonore), *La volonté des personnes privées en droit public*, thèse dactyl., Université Paris I, 2017, n° 170.

14 Picard (Étienne), « La liberté contractuelle des personnes publiques constitue-t-elle un droit fondamental ? », *AJDA*, 1998, p. 651 ; Pontier (Jean-Marie), « La liberté contractuelle des personnes publiques », *AJDA*, 2013, p. 837 ; Mahouachi (Mohamed), *La liberté contractuelle des collectivités territoriales*, Aix-en-Provence, PUAM, 2002, p. 66 : distinguant « la liberté contractuelle », qui peut être utilisée lorsqu'aucun texte n'interdit le recours au contrat de « la compétence contractuelle », exigeant une habilitation.

15 CE, 8 janv. 1982, *SA Entr. Quillery St Maur*, *Rec. T.* 665 ; CE 10 fév. 2014, *SA Genica*, tables, p. 737 ; *BJCP*, 2014, p. 190, concl. Polge (Nicolas).

16 CE, Sect., 13 oct. 1972, *SA de banque Le Crédit du Nord*, *AJDA*, 1972, p. 213.

17 CE, 2 mars 1870, Rec. 224.

18 CE, 2 fév. 1972, *OPHLM du Calvados*, *AJDA*, 1972, p. 245 ; v. p. 247, concl. G. Guillaume.

19 Pouyaud (Dominique), *La nullité des contrats administratifs*, thèse Paris II 1989, LGDJ, p. 400.

qu'il la « perfectionne », en lui faisant produire des effets « que les cocontractants n'avaient pas imaginé mais auxquels ils devaient s'attendre », afin de satisfaire l'intérêt général[20]. Certes, c'est aux parties qu'il incombe d'interpréter le contrat, « conformément à l'exigence de loyauté des relations contractuelles, » et de lui donner « une portée qui soit conforme à (leur) volonté »[21]. Mais en cas de conflit, le juge sera chargé de le faire à leur place en recherchant, aux articles 1188 s. du Code civil, « la commune intention des parties »[22]. Pour ce faire, il peut se référer aux travaux préparatoires du contrat[23], à des documents non contractuels[24], au comportement des parties[25] ainsi qu'à « tous les éléments extérieurs au contrat de nature à éclairer cette commune intention »[26].

Il utilise enfin – nous y reviendrons – la *théorie des vices du consentement* pour contrôler la validité du contrat administratif.

5. Dans cette perspective, la question se pose de savoir si le consentement est efficacement protégé en droit administratif. Il l'est à la fois *par la contrainte*, grâce à la mise en œuvre de la procédure administrative non contentieuse (I.) et *par la sanction* éventuellement prononcée par le juge administratif (II.) même s'il apparaît que ce dernier est sans doute moins protecteur que son homologue judiciaire.

---

20 Lamy (Valentin), *Recherche sur la commune intention des parties dans les contrats administratifs. Contribution à l'interprétation du contrat en droit public*, thèse dactyl., Université Aix Marseille, 2019.

21 CE, avis, 26 avr. 2018, n° 394398.

22 Concl. M. Morisot sous CE, Sect., 28 janv. 1977, *Min de l'Économie et des Finances*, *AJDA*, 1977, p. 395. V. par ex. CE, 19 oct. 1960, *Entr. Thireau-Monrel*, Rec., p. 546 ; CE, 20 fév. 2013, *Sté. Promotion de Techniques Avancées*, *CMP*, 2013, comm. 100, Ubaud-Bergeron (Marion).

23 CE, 25 juill. 1884, *Cie des eaux du Havre*, Rec., p. 644 ; CE, 16 mai 1924, *Bardy*, Rec. p. 477 ; CE, 24 juill. 1981, *Secrétaire d'État aux universités*, Rec. p. 324 ; CE, 20 févr. 2013, *Min. de la Défense*, n° 362051.

24 Ex. le cahier des charges de la consultation : CAA Lyon, 14 févr. 2008, n° 03LY01152 ; v. aussi CE, Sect. 3 déc. 2010, *Ville de Paris*, n° 338272 et n° 338527, *BJCP*, 2011. 36, concl. Escaut (Nathalie) ; *Dr. adm.*, 2011, comm. 17, Brenet (François) et Melleray (Fabrice) ; *CMP*, 2011, repère 2, Llorens (François) et Soler-Couteaux (Pierre) et comm. 25, Eckert (Gabriel) ; *AJDA* 2011. 18, Nicinski (Sophie) et Glaser (Emmanuel) ; *RJEP*, 2011, comm. 20, Maugüé (Christine).

25 CAA Douai, 24 août 2012, n° 12DA00382.

26 CE, 13 oct. 2017, *Sté Cholton*, n° 409975.

I. La protection du consentement par la contrainte

6. Bien que l'article 1101 du Code civil semble consacrer le principe du consensualisme, il est admis que « le consentement doit être enrobé dans une enveloppe strictement déterminée par la loi et telle que, si les prescriptions édictées par celles-ci n'ont pas été respectées, la manifestation de volonté soit frappée d'inefficacité juridique à un degré quelconque »[27]. L'importance de ce formalisme est particulièrement nette en droit public où les textes imposent des règles de compétence, de procédure et de forme[28]. La volonté des futurs cocontractants est, à elle seule, impuissante à engager la personne publique si les règles formelles sont violées[29]. Il faut en particulier que le consentement des parties se soit valablement forgé, en toute connaissance de cause (A.) et que les parties aient « le pouvoir de vouloir un effet juridique »[30] comme l'écrivait Jèze, c'est-à-dire la qualité pour contracter, la capacité ou la compétence pour agir (B.).

A. Encadrer la formation du consentement

7. La formation du consentement de l'Administration – sa maturation – est encadrée par des règles de procédure organisant le processus de décision. On se plait généralement à les dénigrer, à les trouver trop contraignantes. Elles sont pourtant un moyen de protéger l'Administration contre elle-même, d'éclairer son consentement afin d'éviter qu'elle ne prenne des décisions qui lui seraient défavorables. Les procédures de dévolution concurrentielle en sont un parfait exemple : elles permettent de rationaliser le consentement de l'Administration et de garantir son impartialité.

1. Éclairer le consentement

8. Les procédures de dévolution concurrentielle ne sont pas « gratuitement » contraignantes : elles ont pour finalité d'éclairer le

[27] Flour (Jacques), « Quelques remarques sur l'évolution du formalisme », in *Etudes G. Ripert*, Paris, LGDJ, 1950, t. I, p. 96.
[28] Marcus (Laure), *op. cit.*, p. 90.
[29] CE 21 not. 1947, *Sté. Boulenger*, Rec. p. 436 ; CE 1er oct. 1969, *Sté. Etabt. Privé*, Rec. p. 411.
[30] Jèze (Gaston), *Les principes généraux du droit administratif*, Girard, 1925-1926, t. 1, p. 7 : « La capacité, la compétence, c'est le pouvoir de vouloir un effet juridique. L'exercice de ce pouvoir, c'est la manifestation de volonté, c'est l'acte juridique ».

consentement de l'Administration, de rationaliser ses choix. Elles sont un outil au service de l'objectif d'« efficacité de la commande publique » énoncé à l'article L. 3 du CCP[31]. Elles doivent permettre la réalisation d'échanges économiques dans des conditions de marché assurant le meilleur prix[32], « la réalisation du meilleur achat au meilleur coût »[33]. Comme l'a résumé la Commission européenne, les procédures de publicité et de mise en concurrence ont pour but de « favoriser le bien commun, dans ses dimensions économiques, technologiques, sociales ou environnementales »[34].

9. Deux étapes cruciales de ces procédures illustrent, nous semble-t-il, cet objectif de rationalisation de l'achat public.

10. En amont d'abord, avant le lancement de toute consultation, les textes imposent à l'acheteur de définir précisément le besoin qu'il entend satisfaire. Parce qu'elle permet de cadrer la formation de la volonté, cette obligation est un impératif juridique mais aussi économique : elle permet d'anticiper le coût total d'une opération et d'éviter une dérive des coûts au cours de l'exécution.

Cette obligation n'a longtemps été prévue que pour les marchés publics (CMP, art. 5 ; ord. 23 juill. 2015, art. 30). Depuis l'ordonnance du 29 janvier 2016 cependant, elle s'impose également aux contrats de concession même si la rédaction du CCP (art. L. 2111-1 et L. 3111-1) laisse à l'autorité concédante une plus large marge de manœuvre sans pour autant laisser le soin aux candidats, par exemple, de fixer le périmètre géographique d'une concession à partir d'un cadre trop large établi dans les documents de la consultation[35]. De telles imprécisions ne permettent

---

[31] Allaire (Frédéric), « Le droit des opérations publiques ou l'émergence d'un droit général de la mise en concurrence », *CMP*, 2018, étude n° 7 ; Richer (Laurent), « La concurrence concurrencée », *CMP*, 2015, étude 2 ; Muller (Étienne) (dir.), *Commande publique, un levier pour l'action publique ?*, Paris, Dalloz, Thèmes et commentaires, 2018.

[32] Guézou (Olivier), « Contrats publics et régulation concurrentielle », in *Dictionnaire des régulations*, LexisNexis, 2016, fiche 22 ; Le Berre (Christophe), « La valeur économique en droit public », *AJDA*, 2017, p. 2343.

[33] CE, 25 juill. 2001, n° 229666, *Cne de Gravelines*.

[34] Comm. 3 oct. 2017, « *Faire des marchés publics un outil efficace au service de l'Europe* », *Doc. COM (2017), 572 ;* Martucci (Francesco), « Les objectifs de la commande publique en droit de l'UE », in Muller (Étienne) (dir.), *Commande publique, un levier pour l'action publique ?, op. cit.*, p. 73.

[35] CE, 15 nov. 2017, *Cne Havre*, n° 412644, *BJCP*, 2018, p. 112, concl. Henrard (Olivier) ; *CMP*, 2018, comm. 13, Ubaud-Bergeron (Marion).

pas aux candidats d'apprécier l'ampleur des investissements à réaliser – donc de présenter utilement des offres – ni à l'acheteur de les comparer.

Si le CCP étend cette obligation et cherche à favoriser son respect en encadrant le développement des techniques de *sourcing* ou de sourçage[36] destinées à permettre une plus juste évaluation par l'Administration de ses besoins et des solutions permettant de les satisfaire (art. R. 3111-1), on constatera que sa violation n'est encore guère sanctionnée sauf indirectement, en cas de modification de la commande en cours de procédure[37] ou à l'occasion de la conclusion d'un avenant[38]. Pour conférer à cette obligation un effet utile, cela devrait évoluer. Le juge, saisi de moyens fondés sur la violation de cette obligation, ne devrait plus se contenter d'un contrôle de l'erreur manifeste d'appréciation[39].

11. En aval ensuite, à l'issue de la consultation, les textes imposent à l'acheteur de retenir « l'offre économiquement la plus avantageuse » (CCP, art. L. et R. 2152-7) ou la « meilleure offre au regard de l'avantage économique global pour l'autorité concédante » (CCP, art. L. 3124-5). L'Administration ne bénéficie donc pas d'une liberté de choix totale de son cocontractant, même si le juge n'exerce sur ce choix qu'un contrôle restreint de l'erreur manifeste d'appréciation. Elle doit se fonder sur des « critères objectifs, précis et liés à l'objet » du contrat, ne lui laissant pas une « liberté de choix illimitée ».

---

[36] Fiche technique DAJ, *Définition du besoin*. Guide de l'achat public relatif au sourcing opérationnel, Direction des achats de l'État, mars 2019. Dossiers : *Le sourcing : pratiques et recommandations*, *CP*, n° 185/2018 ; Cattier (Rachel), « Préparer son marché public selon le nouveau CCP », *CP*, n° 195/2019, p. 30 ; Crahès (Michel), « Précieux et délicat sourçage des marchés publics », *CP* n° 170/2016, p. 22 ; Dyens (Samuel), « Définition préalable du besoin et sourcing, la responsabilisation des acheteurs publics dans le nouveau droit des marchés publics », *AJCT*, 2016, p. 422 ; Finon (Jean-François), « Sourcing et délit de favoritisme », *AJDA*, 2015, p. 2289 ; Givord (Laurent) et Nahmias (Nicolas), « Spécifications techniques et risques de discriminations », *CP*, n° 170/2016, p. 29 ; Perois (Emmanuel), Sery (Laurent), « Le sourcing : démarche vertueuse ou piégeuse pour les acheteurs publics ? », *CMP*, 2018, Étude 3 ; de Sigoyer (Valerie), « Expression des besoins et spécifications techniques », *CP*, n° 170/2016, p. 26.

[37] CE, 24 mai 2017, *Cne de Limoux*, n° 407431, *BJCP*, 2017, p. 316, concl. Pellissier (Gilles).

[38] CE, 8 mars 1996, *Cne de Petit-Bourg*, n° 165075 ; CAA Nantes, 15 mars 2017, n° 15NT035.

[39] CE, 2 oct. 2013, *Dpt. de l'Oise*, n° 368846 ; *CMP* 2013, comm. 280, Pietri (Jean-Paul) ; *BJCP* 2014. 43, concl. Dacosta (Bertrand).

2. Objectiver le consentement

12. Les règles de forme et de procédure ont également (et plus largement puisque cela vaut aussi bien pour les actes unilatéraux que pour les contrats) pour finalité de garantir l'impartialité de l'Administration, grâce, notamment, à la distinction entre la volonté de l'Administration et celle de l'agent qui l'exprime. Comme l'écrit L. Richer, « la base de cette confiance est l'impartialité, qui signifie que le fonctionnaire ou l'élu doit se comporter et se décider en tant qu'agent public et non en tant qu'homme ou femme »[40]. L'enjeu est aussi bien démocratique qu'économique. Dès lors que les contrats mettent en jeu des dépenses publiques, les agents qui engagent l'Administration « ont un rôle d'exemplarité à tenir, notamment pour sauvegarder la confiance des citoyens, qui est fondamentale pour le jeu démocratique »[41]. Dès lors également que ces contrats ont une influence sur le jeu du marché, cette exemplarité est indispensable pour garantir les attentes légitimes des candidats en matière d'égalité de traitement.

13. Nombre de règles découlent de cet objectif d'impartialité : les dispositions du Code pénal destinées à lutter contre la corruption et en particulier celles relatives au délit de favoritisme (art. 432-14), celles du Code de la commande publique, introduites en droit français sous l'influence du droit de l'Union européenne (dir. 2014/24, art. 24 ; dir. 2014/23, art. 35), mettant en place des règles de déontologie destinées à prévenir les conflits d'intérêts[42] (ex. CCP, art. L. 2141-10 et L. 3123-10) et plus largement, le principe d'impartialité de l'Administration[43], principe général du droit qui « s'impose au pouvoir adjudicateur comme à toute autorité administrative »[44]. Compte tenu de cette « charge déontologique » du droit de la commande publique (L. Richer), on peut regretter que le principe d'impartialité ne figure pas au rang des principes généraux du droit de la commande publique énumérés par le titre préliminaire du

---

40 « Marchés publics et déontologie », in *Mélanges G. Darcy*, Bruylant, 2012, p. 691.

41 Guézou (Olivier), « Contrats publics et politique de la concurrence », *RFDA*, 2014, p. 632.

42 Cassia (Paul), « Conflits d'intérêts et passation des contrats de la commande publique », *AJDA*, 2012, p. 1040.

43 Fournoux (Louis) (dc), *Le principe d'impartialité de l'Administration*, Paris, LGDJ, Bibliothèque de droit public, 2020.

44 CE, 14 octobre 2015, *Région Nord-Pas-de-Calais*, n° 390968.

nouveau code éponyme[45], même si cela s'explique sans doute par le fait que la Cour de justice envisage ce principe comme une conséquence du principe de transparence des procédures[46] et non comme un principe à part entière.

B. Encadrer l'expression du consentement

14. Lorsqu'une personne privée est partie à un contrat administratif, elle ne peut valablement exprimer son consentement d'être associée à la volonté d'une personne publique que si elle dispose de la **capacité juridique** de le faire. Si cette capacité est reconnue par principe et de façon générale aux personnes physiques, elle est en revanche limitée pour les personnes morales « par les règles applicables à chacune d'entre elles » (C. civ., art. 1145). Jusqu'à l'adoption de la loi n° 2018-287 du 20 avril 2018 ratifiant l'ordonnance du 10 février 2016, cet article précisait que la capacité des personnes morales, en tant qu'institution, était circonscrite par le principe de spécialité : elle était conditionnée par leur objet, limitée « aux actes utiles à la réalisation de leur objet tel que défini par leurs statuts et aux actes qui leur sont accessoires ». Depuis lors, ce principe n'est plus mentionné que pour encadrer la capacité du représentant des personnes morales. Ce dernier ne peut, sous peine de nullité, conclure un contrat au nom de la personne qu'il représente en dehors de l'objet de la personne morale (art. 1153), sauf s'il a été habilité à le faire par une décision adoptée par l'organe délibérant de la société. La nullité encourue devant le juge judiciaire n'est toutefois que relative : seules les personnes dont le principe protège les intérêts sont susceptibles de la soulever, c'est-à-dire les associés, qui peuvent préférer confirmer l'acte pris par le représenté, c'est-à-dire le régulariser.

15. La personne publique, quant à elle, ne peut valablement exprimer de consentement que si le droit lui en a reconnu la **compétence**[47]. La compétence, en tant qu'elle exprime l'aptitude juridique à vouloir, joue ainsi un rôle analogue à celui de la capacité des personnes privées dans les

---

[45] Amilhat (Mathias), « Le code, les principes fondamentaux et la notion de commande publique. Une copie à revoir ? », *AJDA*, 2019, p. 793.

[46] CJUE, 19 déc. 2018, aff. C-375/17 ; CJUE 19 avr. 2018, *Oftalma Hospital Srl*, aff. C-65/17, *CMP* 2018, comm. 153, Ubaud-Bergeron (Marion).

[47] Weber (Yves), « La théorie des vices du consentement dans les contrats administratifs », in *Mélanges. R. Drago*, Paris, Economica, 1996, p. 315.

conditions de formation du contrat[48] : « désignant la faculté de contracter, la capacité se transforme en pouvoir lorsque la conclusion du contrat nécessite d'organiser la présentation d'une personne, notamment morale »[49]. Elle conditionne l'action des autorités publiques en conférant le « pouvoir légal de faire des actes juridiques »[50], le pouvoir de contracter. Elle est la qualité attribuée à une autorité publique qui lui donne « le droit d'exercer son activité dans un cercle légal, dans une sphère d'action jugée valide par le droit positif »[51]. Classiquement, la doctrine distingue deux catégories de règles encadrant la compétence[52].

1. Un consentement donné par une personne publique compétente

16. En premier lieu, les textes encadrent *la compétence de la personne publique,* en tant qu'institution, *pour contracter* d'un point de vue temporel[53], territorial[54] mais surtout matériel. Cela signifie que la personne publique ne peut conclure un contrat que si son objet entre dans le champ des attributions qui lui ont été conférées par le législateur. Si cet encadrement ne joue guère pour l'État qui, par principe, peut conclure tout contrat (sous la seule réserve des matières dites « *non contractuelles* », insusceptibles de faire l'objet d'un contrat), dès lors qu'il est titulaire d'une compétence générale ou, plus exactement, de « la compétence de sa compétence », il joue en revanche pleinement pour les collectivités territoriales auxquelles le législateur a attribué soit des compétences strictement énumérées (CGCT, art. L.3211-1 et L.4221-1), soit une compétence générale, dans la limite du respect de la notion d'intérêt public local[55] (CGCT, art. L.2121-29) et pour

---

[48] Laubadère (André) (de), Moderne (Franck), Delvolvé (Pierre), *Traité des contrats administratifs*, Paris, LGDJ, 1983, t. 1, p. 472 ; Pouyaud (Dominique), *op. cit.* p. 34.

[49] Malinvaud (Philippe) et al., *Droit des obligations*, Lexis Nexis, 2017, n° 100.

[50] Jèze (Gaston), « Essai de théorie générale de la compétence pour l'accomplissement des actes juridiques en droit public français », *RDP*, 1923, p. 58.

[51] Beaud (Olivier), « Compétence et souveraineté », in *La compétence*, colloque AFDA, Litec, Colloques et débats, 2008, p. 11.

[52] Lei (Maxime), « Compétence et contrats publics », *RFDA*, 2019, p. 1011.

[53] Plessix (Benoît), « Compétence en temps », in *La compétence*, *op. cit.*, p. 51.

[54] Ex. la question de la signature par une commune d'un contrat portant sur une compétence transférée à un EPCI auquel elle appartient : CE, 30 nov. 2018, n° 414377, *Sté CDA Publimedia*, *BJCP*, 2009, p. 87, concl. Pellissier (Gilles).

[55] Kada (Nicolas), *L'intérêt public local*, Grenoble, PUG, 2009 ; Rombauts (Tiphaine), *L'intérêt public local*, Paris, Dalloz, Nouvelle Bibliothèque de Thèses, 2016.

les établissements publics soumis au principe de spécialité[56], qui sont créés pour mener à bien une ou des missions qui sont détaillées dans leurs statuts. Cette règle a été récemment appliquée, à plusieurs reprises dans des contentieux relatifs à la candidature de personnes publiques à l'obtention de contrats de la commande publique[57].

2. Un consentement extériorisé par une autorité compétente

17. En second lieu, les textes encadrent *la compétence des organes* ayant le pouvoir d'engager la personne publique, celles des autorités habilitées par les textes à signer le contrat au nom de la personne publique qu'elles représentent[58]. L'expression du consentement de la personne publique peut en effet faire intervenir plusieurs autorités administratives dont la carence fait obstacle à la formation du contrat.

18. Au niveau national, en principe, la compétence pour signer le contrat n'est pas partagée. Elle appartient au ministre compétent pour les services centraux et au préfet dans les départements. Exceptionnellement cependant, un texte peut subordonner la signature du contrat à une autorisation préalable ou à une approbation. Cette dernière n'est toutefois pas une condition de formation ou de validité du contrat[59] : le contrat a

---

[56] Brenet (François), « La spécialité », *La compétence*, *op. cit.*, p. 83. V. aussi : Michoud (Léon) et Trobatas (Louis), *La théorie de la personnalité morale et son application au droit français*, t.2, 2e éd., 1924, Paris, LGDJ n° 246 : principe signifiant « que la personne morale née avec un but ne peut pas détourner de sa destination les droits de toute nature (droits de puissance publique ou droits patrimoniaux) qui lui ont été reconnus pour lui permettre d'atteindre ce but ».

[57] CE, Ass., 30 déc. 2014, *Sté. Armor SNC*, n° 355563, *RFDA*, 2015, p. 57, concl. Dacosta (Bertrand) ; *AJDA*, 2015, p. 449, Lessi (Jean) et Dutheillet de Lamothe (Louis) ; *Dr. adm.*, 2015, comm. 27, Brenet (François) ; CE, 18 sept. 2015, *Assoc. de gestion du CNAM en Pays de la Loire*, n° 390041, *BJCP*, 2016, p. 63, concl. Pellissier (Gilles) ; *AJDA*, 2016, p. 153, Rombauts-Chabrol (Tiphaine) ; CE, 14 juin 2019, *Sté. Vinci construction maritime et fluvial*, n° 411444, *CMP*, 2019, comm. 257, Eckert (Gabriel) ; *AJDA*, 2019, p. 1946, Hul (Sylvain) ; CE, 18 sept. 2019, *Cté. Cnes de l'Ile-Rousse-Balagne*, n° 430368, *AJDA*, 2019, p. 2447, Hul (Sylvain) et p. 2596, Glaser (Emmanuel).

[58] Rolin (Frédéric), « L'habilitation à contracter », in *Mélanges M. Guibal*, Montpellier, PU Montpellier, 2005, t.1, p. 187 ; « L'habilitation pour contracter au nom d'une personne morale : confrontation du droit public et du droit privé », *RDC*, 2005, p. 425.

[59] *Contra* Jèze (Gaston), *Les contrats…*, *op. cit.*, t. II, p. 62 « en l'absence d'approbation, le contrat n'existe pas. Il n'y a donc pas de situation contractuelle. » ; Marcus (Laure), *op. cit.*, n° 130 : « en absence d'une manifestation positive de volonté de l'autorité de tutelle,

une existence juridique indépendamment de l'acte d'approbation, dès la rencontre des volontés qui scelle leurs obligations[60]. Approuvé, il est réputé exécutoire à la date de sa conclusion et non de son approbation. Elle n'est pas non plus une mesure d'exécution du contrat[61], même si elle conditionne son entrée en vigueur et le début de l'exécution[62]. Son défaut est sanctionné par l'inefficacité du contrat mais son refus par son invalidité.

19. Au niveau local en revanche et au sein des établissements publics, la compétence pour signer le contrat est partagée entre l'organe délibérant qui décide de la conclusion du contrat et l'autorité exécutive, chargée d'exécuter les décisions de l'organe délibérant. La signature du contrat intervient au terme d'un processus faisant se succéder une décision de contracter, prise par le premier et une décision de signer le contrat, prise par la seconde, qui ne se révèle matériellement qu'à l'occasion de la signature du contrat mais qui s'en détache intellectuellement au point que la jurisprudence l'a, un temps, qualifiée d'acte détachable du contrat[63]. Ces décisions sont étroitement imbriquées au point qu'il est erroné de conclure que l'une d'elles conclut le contrat : « de même que l'autorité exécutive ne peut décider de la conclusion du contrat, la délibération de l'assemblée n'équivaut pas à la signature de la convention. Alors même que la décision de conclure le contrat s'impose à l'autorité exécutive, et que la délibération portant décision de contracter crée des droits au profit du cocontractant potentiel, le contrat non signé ne peut engager la personne publique »[64]. Dit autrement, la délibération de l'organe délibérant autorisant l'exécutif à signer le contrat ne suffit pas à faire naître un contrat et inversement, la signature du contrat par l'exécutif ne lie pas la personne morale si l'autorisation de l'organe délibérant fait défaut ou est irrégulière[65]. Tel est notamment le cas lorsque l'organe délibérant n'a pas été ou a été insuffisamment informé de la teneur du contrat en cours de formation : l'organe exécutif sera considéré comme n'ayant pas été habilité et le

---

l'accord subjectif des volontés des parties n'est pas apte à créer un contrat valide » et soutenant que l'approbation est un élément nécessaire à la formation du contrat.

[60] CE, 24 juin 1938, *Cne d'Huos*, Rec., p. 577 ; CE, 14 fév. 1902, *Blanleuil et Vernaudon*, *S*. 1904.III.81, Hauriou (Maurice).

[61] comp. Marcus (Laure), *op. cit.*, n° 127.

[62] CE, Sect., 1er mars 1946, *Sté L'Énergie Industrielle*, n° 72109 ; CE, 26 mai 1971, *Sieur M.*, Rec. p. 383.

[63] CE, Sect., 9 nov. 1934, *Chbre de commerce de Tamatave*, Rec. p. 1034.

[64] Pouyaud (Dominique), *op. cit.*, p. 51 ; Péquignot (Georges), *op. cit.*, p. 203.

[65] CE, 19 oct. 1973, *Patris d'Uckermann*, n° 87036.

contrat aura été conclu par une autorité incompétente malgré l'accord formellement obtenu[66].

20. Si, en principe, la signature du contrat après l'autorisation de l'organe délibérant suffit à parfaire le lien contractuel, il en va différemment lorsqu'un texte impose l'accomplissement d'une formalité supplémentaire telle qu'une approbation pour certains établissements publics. Comme pour l'État, cette approbation n'est pas une condition de formation du contrat : approuvé, le contrat prend effet à compter de sa signature et non de son approbation[67]. Mais elle conditionne son entrée en vigueur de telle sorte que des mesures d'exécution prises avant l'approbation sont entachées d'invalidité[68]. Pour les collectivités territoriales, cette approbation préalable, assimilable à une tutelle, a été supprimée en 1982 et remplacée par l'obligation de transmission préalable au préfet de la délibération habilitant l'organe exécutif à signer le contrat et du contrat signé. Là encore, le caractère exécutoire de l'habilitation de l'organe délibérant comme du contrat conclu est conditionné par cette transmission : le contrat ne peut donc, en principe, être valablement formé qu'une fois cette formalité effectuée. Reste toutefois à savoir comment son défaut peut être sanctionné.

II. La protection par la sanction

21. Comment ces règles de procédure administrative non contentieuse entourant la formation et l'expression du consentement sont-elles sanctionnées ? Le sont-elles de façon systématique de telle sorte que le consentement soit protégé ? La réponse est en demi-teinte[69].

22. En droit administratif comme en droit civil, le juge « retient et utilise les notions essentielles qui caractérisent la théorie classique des vices du

---

[66] CE, Sect., 23 avr. 1997, *Ville de Caen*, *Lebon* 158 ; *AJDA* 1997. 518, concl. Pécresse (Valérie) ; CE, 13 oct. 2004, *Cne de Montélimar*, n° 254007, *BJCP* 2005. 42, concl. Casas (Denis) ; *CMP*, 2004, comm. 224, Eckert (Gabriel) ; CE, 10 janv. 2007, *Sté des pompes funèbres du Roussillon*, n° 284063, *CMP*, 2007, comm. 85, Delacour (Éric).

[67] CE, Sect., 19 mars 1963, *J.-Louis*, *Sévère et Caraman*, *D.*, 1966. 162, concl. Galabert.

[68] CE, 18 mars 1998, *UNAF*, Rec. p. 93.

[69] Nicinski (Sophie), « Les vices du consentement », *CP*, n°169/2016, p. 29 ; Dreyfus (Jean-David), « Les répercussions limitées de la réforme des vices du consentement sur les contrats administratifs », in Martin (Julien) (dir.), *L'influence de la réforme du droit des obligations sur le droit des contrats administratifs*, Paris, Lexis Nexis, 2019, p. 77.

consentement en droit civil »[70]. Il les utilise depuis le XIXe siècle, le plus souvent en faisant référence directement du Code civil[71]. Certes, certains auteurs ont affirmé la spécificité de la théorie dans son application en droit administratif à l'instar de Jèze[72] ou, à l'époque contemporaine, d'Y. Weber[73]. Mais d'autres ont au contraire établi que cette spécificité était peu établie[74] et que l'utilisation par le juge administratif de la théorie des vices du consentement révélait sa volonté de défendre la nature contractuelle du contrat administratif ainsi que l'existence d'un véritable consentement des personnes publiques. Il est vrai que l'utilisation de cette théorie ne s'imposait pas avec évidence dès lors que le droit administratif dispose d'une théorie de la légalité des actes juridiques et que le juge administratif aurait pu aligner les conditions de validité du contrat administratif sur celles des actes unilatéraux et effectuer un contrôle des vices de compétence, de procédure et de forme à travers les cas d'ouverture du recours pour excès de pouvoir.

23. Il n'en demeure pas moins que la sanction attachée aux vices du consentement et, plus généralement, aux vices entachant l'exercice de sa compétence par la personne publique et la mise en œuvre des procédures entourant l'expression du consentement n'est pas identique en droit civil et en droit administratif au point de parfois douter de l'efficacité de la protection du consentement dans cette seconde discipline, alors même qu'il s'agit d'un élément essentiel conditionnant l'existence même du contrat.

---

[70] Laubadère (André) (de), Moderne (Franck), Delvolvé (Pierre), Traité des contrats administratifs, LGDJ, 1983, t.1, n° 470, p. 533 ; v. aussi concl. Corneille sur CE, 23 mars 1917, *Péchin*, *RDP*, 1917, p. 274.

[71] V. la jurisprudence citée par Plessix (Benoît) dans sa thèse, *L'utilisation du droit civil dans l'élaboration du droit administratif*, Paris, éd. Panthéon-Assas, 2003, p. 201.

[72] Jèze (Gaston), *Principes généraux du droit administratif*, *op. cit.*, t. 3, p. 196 ; v. aussi Corneille, concl. préc. sur CE, 29 mars 1917, *Sieur Péchin*, *RDP*, 1917, p. 269 et Theis, concl. sur CE, 29 janv. 1947, *Michaux*, *RDP*, 1948, p. 81.

[73] Weber (Yves), *art. cit.*

[74] Drago (Roland), « Paradoxes sur les contrats administratifs », *Études J. Flour*, Paris, Defrénois, 1979, p. 156 ; Plessix (Benoît), *L'utilisation du droit civil dans l'élaboration du droit administratif*, *op. cit.*, p. 210 ; « La théorie des vices du consentement dans les contrats administratifs », *RFDA*, 2006, p. 12.

A. Les convergences : des mécanismes de protection identiques

24. Le juge administratif contrôle, nous l'avons vu, l'existence d'un consentement mais il contrôle aussi et surtout la qualité de celui-ci. Le consentement émis n'est valable que s'il n'est pas vicié et, plus généralement, s'il a été émis dans le respect des règles de passation des contrats, notamment de dévolution concurrentielle. Il sanctionne donc les « vices d'une particulière gravité relatifs notamment aux conditions dans lesquelles les parties ont donné leur consentement », formule qui vise pas les vices du consentement au sens civiliste du terme mais aussi, plus largement, ceux entachant la procédure de passation du contrat ainsi la compétence de la personne publique, même si la formule ne les mentionne pas expressément.

1. Des fondements identiques

25. Cette sanction des vices du consentement peut être fondée, comme en droit privé, sur divers textes.

26. Elle peut d'abord être fondée sur le Code civil, le juge administratif ayant réceptionné la théorie civiliste des vices du consentement.

En droit administratif, comme en droit civil, l'erreur, de droit ou de fait, est une cause de nullité du contrat lorsqu'elle porte sur « les qualités essentielles de la prestation due (…) en considération desquelles les parties ont contracté », c'est-à-dire sur l'objet même du contrat[75] ou sur ses caractéristiques/fonctionnalités[76] ou sur les qualités essentielles du cocontractant dès lors que le contrat a été conclu en considération de la personne[77] (C. civ., art. 1132 à 1134). Elle ne l'est en revanche pas lorsqu'elle porte sur la valeur de l'objet[78] (C. civ., art. 1136). Elle n'est

[75] L'ancienne formulation de l'article 1110 du Code civil mentionnait l'erreur sur la « *substance même de la chose* ». CE, 24 juill. 1885, *Ville de Vichy*, Rec., p. 723 ; CE, 20 nov. 1987, *SARL Patinoires de Colombes*, n° 50824.

[76] Ex. Erreur des candidats à un marché d'assurance sur la substance des travaux résultant d'une modification du programme décidée sans les en informer : CE, 22 mai 2015, *SITURV*, n° 383596.

[77] Erreur de l'Administration sur la personne de son cocontractant, en traitant personnellement avec une personne alors qu'elle croyait que cette dernière agissait au nom d'une société : CE, 26 avr. 1950, *Domergue*, Rec., p. 813.

[78] CE, 15 juin 1934, *Dpt. Haute Loire*, *Rec.* 694 ; CAA Versailles, 10 déc. 2015, n° 13VE02684.

toutefois cause de nullité, même lorsqu'elle porte sur l'objet ou la personne du cocontractant, qu'à la double condition qu'elle ait eu un caractère déterminant, c'est-à-dire qu'elle ait eu une incidence significative sur le contenu des droits et obligations déterminés par le contrat[79] et qu'elle ait un caractère excusable, ce qui conduit le juge à prendre en compte de la qualité de la partie qui s'en prévaut et à considérer qu'une erreur est inexcusable lorsqu'elle est commise par un professionnel[80].

Le dol désigne quant à lui le comportement malhonnête d'une partie, caractérisé « des manœuvres ou des mensonges » (C. civ., art. 1137), qui peut être la personne publique[81], par ayant pour objet de provoquer une erreur déterminante du consentement de l'autre partie[82]. Il suppose donc la réunion d'un élément intentionnel (une volonté de tromper autrui et de lui nuire[83]) et d'un élément matériel (des manœuvres réalisées à cette fin[84] lesquelles peuvent consister à garder le silence sur une information décisive, dans le but d'induire en erreur l'autre partie).

La jurisprudence donne d'intéressantes illustrations dans des hypothèses où la manœuvre est une pratique anticoncurrentielle[85], par exemple une entente instituée par un cartel d'entreprises afin de se répartir des marchés publics ayant conduit une personne publique à consentir des prix surévalués[86].

La violence enfin permet de protéger la partie qui s'est engagée « sous la pression d'une contrainte » (C. civ., art. 1140), de sanctionner le

---

[79] CE, 22 mai 2015, *Sté. Axa Corporate*, tables p. 751 ; *BJCP*, 2015, p. 376, concl. Dacosta (Bertrand).

[80] CE, 20 nov. 1987, *SARL Patinoires de Colombes*, n° 50824 ; CAA Versailles, 12 juin 2014, n° 12VE01120.

[81] Cas d'une vente de terrain à l'occasion de laquelle la personne publique a dissimulé une information essentielle à la connaissance des acquéreurs : TA Toulouse, 28 fév. 2017, n° 1404424 ; TA Cergy Pontoise, 20 juin 2012, *Cne de Villeneuve-la-Garenne c/ Sodexo*, n° 1008401.

[82] CE, 14 déc. 1923, *Sté Des Grands Moulins de Corbeil* (1re esp.), *Sieur Collin* (2e esp.), *Sieur Eulin* (3e esp.), Rec. p. 852.

[83] CE, 26 nov. 1975, *SETP*, *Lebon* 600 ; CAA Bordeaux, 14 oct. 2014, n° 12BX00056.

[84] TA Paris, 21 avr. 1971, *Ville de Paris c/ Sieurs Ribette*, *AJDA*, 1972, p. 164, Godfrin (Philippe).

[85] CE, 19 déc. 2007, *Sté Campenon Bernard*, n° 268918 ; CE 19 mars 2008, *Sté Dumez*, n° 269134.

[86] CAA Douai, 22 févr. 2018, n° 17DA00507, *AJDA* 2018. 1410, Douteaud (Stéphanie) ; CE 10 juill. 2020, *Sté. Lacroix Signalisation*, n° 420045, *AJDA*, 2020, p. 1894, Glaser (Emmanuel)

comportement par lequel une personne, potentiellement publique[87], contraint une autre à conclure un contrat sous l'emprise de la peur.

A priori, un tel vice devrait être rare en droit administratif. On ne trouve d'ailleurs que de rares arrêts anciens sanctionnant un tel vice[88]. Les requérants préfèrent attaquer la mesure de contrainte sur le terrain du détournement de pouvoir ou de la responsabilité extra-contractuelle[89]. La violence n'est pourtant pas hypothétique. Une pression économique peut parfaitement être exercée par l'opérateur économique[90], même si elle est plus difficile à exercer dès lors que la conclusion du contrat est précédée d'une procédure de dévolution concurrentielle. On sait toutefois qu'une telle procédure n'empêche nullement des pratiques anticoncurrentielles constitutives de dol : on ne voit pas pourquoi elles empêcheraient toute violence économique ou pression morale. Dans cette perspective, la réforme du Code civil issue de l'ordonnance du 10 février 2016, est intéressante dès lors qu'elle permet désormais de sanctionner « l'abus par une partie de l'état de dépendance dans lequel se trouve son cocontractant » pour obtenir de lui un engagement qu'il n'aurait pas souscrit en l'absence d'une telle contrainte et qui lui permet de bénéficier d'un avantage manifestement excessif (art. 1141). Cette forme de violence, souvent qualifiée de « violence économique », désigne en réalité plus largement tout état de dépendance, psychologique, psychique, intellectuelle ou économique[91] : c'est d'ailleurs en cela qu'elle permet de compléter la prohibition de l'abus de dépendance économique, c'est-à-dire de la pratique anticoncurrentielle consistant en l'exploitation abusive par une entreprise de l'état de dépendance économique dans lequel se trouve à son égard une entreprise cliente ou fournisseur, sanctionné par le code de commerce susceptible d'affecter le fonctionnement ou la structure de la concurrence (art. L.420-2). Dans les deux cas, il s'agit de sanctionner un

---

87 CE, 21 janv. 1972, *Min Travail c/Corlet*, Rec., p. 71 : faisant référence à une pression abusive de la personne publique.

88 CE, 4 mai 1900, *Héritiers de Gouy*, *Rec.* 318 ; CE, 19 janv. 1945, *Sté. Aéroplanes Voisin*, Rec., p. 19.

89 CE, 11 mai 2009, *Ville de Toulouse*, n° 296919.

90 Jèze (Gaston), « La lésion comme vice du consentement en droit public français », *RDP*, 1922, p. 451 ; et plus récemment : Melleray (Fabrice), « Déséquilibres contractuels », *AJDA*, 2014, p. 1793.

91 Mazeaud (Denis), « La violence économique à l'aune de la réforme du droit des contrats », in *La violence économique*, *Association Henri Capitant*, Paris, Dalloz, Thèmes et commentaires, 2017, p. 27 ; Deshayes (Olivier), « La formation des contrats », *RDC*, 2016, p. 21, n° hors-série.

déséquilibre abusif donc de protéger la partie faible au contrat mais dans le second, ce déséquilibre découle de l'abus d'un état de dépendance uniquement économique[92]. Même si, pour l'instant, le juge administratif n'a pas encore fait application de cette nouvelle disposition, elle ouvre des perspectives intéressantes. S'il était accueilli en droit administratif, le vice de violence économique pourrait permettre de sanctionner à la fois des comportements de l'Administration par lesquels elle imposerait certaines conditions à son cocontractant qui ne serait pas en mesure de les refuser et d'entreprises usant de leur puissance économique pour être attributaire de contrats économiquement désavantageux pour la personne publique. On pourrait ainsi envisager qu'une entente entre entreprises, qui ne soit pas constitutive d'un dol[93] mais d'une violence économique ou d'un abus de dépendance économique, donc susceptible d'être sanctionné sur le fondement soit du nouvel article 1143 du Code civil, soit de l'article L.420-2 du Code de commerce.

27. La sanction d'un vice du consentement peut toutefois aussi être fondée sur le code des assurances (art. 113-8) qui prohibe la réticence ou la fausse déclaration intentionnelle de la part de l'assuré qui aurait pour conséquence de tromper l'assureur[94] ou sur le code de commerce afin de sanctionner les pratiques anticoncurrentielles (not. les ententes : art. L.420-1), lors de la passation des contrats[95] qui conduiraient à vicier les conditions dans lesquelles les parties donnent leur consentement. Si ces pratiques recouvrent partiellement les hypothèses de vices du consentement sanctionnées par le Code civil[96], elles n'ont pas exactement le même champ d'application et permettent de protéger le consentement

[92] Morot-Monomy (Camille), « Vice de violence économique et contrats administratifs », *AJDA*, 2019, p. 1387.

[93] Sur les ententes non constitutives de dol : v. Terneyre (Philippe) et Gourdou (Jean), comm. sous CE, 19 déc. 2007, *Société Campenon Bernard*, *RJEP*, mai 2008, comm. 20 ; Maugüé (Christine), note sous CAA Paris, 22 avr. 2004, n° 99PA1016, *Sté Bouygues*, *BJCP*, 2004, p. 485 ; CAA Douai, 22 févr. 2018, n° 17DA00537.

[94] CE, 6 déc. 2017, n° 396751.

[95] Guézou (Olivier), *Les comportements anticoncurrentiels dans la passation des marchés publics*, thèse, Paris X-Nanterre, 1998 ; « Droit de la concurrence et contrats publics - Contentieux administratif et pratiques anticoncurrentielles », in *Mélanges M. Guibal*, PUM, 2006, p. 107.

[96] V. par ex. CE, 27 mars 2020, *Sté signalisation France, Dpt de la Manche, Dpt de l'Orne*, n° 420491, 421758, 421833, *CMP*, 2020, comm. 197, Ubaud-Bergeron (Marion) ; BJCP n°131/2020, p. 231, concl. Le Corre (Mireille) ; obs. S. N. ; *RDI*, 2020, p. 382, Hasquenoph (Isabelle).

dans d'autres configurations[97]. Elles conduisent, devant l'Autorité de la concurrence, au prononcé d'amendes[98] et, devant le juge administratif au prononcé de l'annulation du contrat litigieux sous réserve que cela ne porte pas une atteinte excessive à l'intérêt général et à la réparation du préjudice subi dans les conditions fixées par l'ordonnance n° 2017-303 du 9 mai 2017 relative aux actions en dommages et intérêts du fait de pratiques anticoncurrentielles qui dispose que tout comportement qui enfreint le droit de la concurrence est constitutif d'une faute[99]. Une récente affaire portée devant le Conseil d'État l'a ainsi rappelé : « lorsqu'une personne publique est victime, de la part de son cocontractant, de pratiques anticoncurrentielles constitutives d'un dol ayant vicié son consentement, elle peut saisir le juge administratif, alternativement ou cumulativement, d'une part, de conclusions tendant à ce que celui-ci prononce l'annulation du marché litigieux et tire les conséquences financières de sa disparition rétroactive et, d'autre part, de conclusions tendant à la condamnation du cocontractant, au titre de sa responsabilité quasi délictuelle, à réparer les préjudices subis en raison de son comportement fautif »[100]. Ce dernier a toutefois précisé, de façon inédite, qu'« en cas d'annulation du contrat en raison d'une pratique anticoncurrentielle imputable au cocontractant, ce dernier doit restituer les sommes que lui a versées la personne publique mais peut prétendre en contrepartie, sur un terrain quasi contractuel, au remboursement des dépenses qu'il a engagées et qui ont été utiles à celle-ci, à l'exclusion, par suite, de toute marge bénéficiaire ». Autrement dit, contrairement à ce qui avait été entièrement jugé[101], l'entreprise, même coupable d'agissement dolosif, a dorénavant droit au remboursement des dépenses utiles à la collectivité sans que sa faute ait d'incidence sur ce droit.

Soulignons toutefois que cette compétence du juge administratif n'allait pas de soi. Certes, dans l'affaire dite des *Grands Moulins de Corbeil*[102], le Conseil d'État a réservé au juge administratif la faculté de connaître des actions en nullité et en responsabilité dès lors qu'elles sont dirigées contre une personne publique. Mais aux termes d'une jurisprudence constante, il était admis que le recours par lequel une personne publique, victime d'un

---

[97] Sur le champ d'application des notions de dol et d'entente : Terneyre (Philippe) et Gourdou (Jean), *art. cit.* ; Maugüé (Christine), *art. cit.*

[98] Ex. Aut. conc., 22 déc. 2010, déc. n° 10-D-39.

[99] Adda (Joëlle), Amaro (Rafael) et Laborde (Jean-François), « Réparation du dommage causé par les ententes devant le juge administratif », *AJDA*, 2019, p. 320.

[100] CE, 10 juill. 2020, *Sté. Lacroix Signalisation*, n° 420045, *AJDA* 2020, p. 1894, E. G.

[101] CE, 22 févr. 2008, n° 266755, *Tête*, ; *AJDA* 2008. 992, J.-D. Dreyfus.

[102] CE, 14 déc. 1923, Rec. p. 852.

agissement fautif, recherche la responsabilité extracontractuelle d'une personne privée relevait de la compétence du juge judiciaire. Le Conseil d'État[103], suivi par la Cour de cassation[104] et le Tribunal des conflits[105], ont finalement créé, de façon critiquable[106], des blocs de compétences en se fondant sur la nature juridique du contrat litigieux. Cela explique que depuis lors, relève de la compétence du juge administratif, la réparation d'agissements dolosifs susceptibles d'avoir conduit une personne publique à contracter un contrat administratif à des conditions de prix désavantageuses. Relève au contraire de la compétence du juge judiciaire la réparation d'agissements dolosifs émanant d'une personne publique ayant conduit à la conclusion d'un contrat de droit privé à des conditions de prix désavantageuses pour son cocontractant[107].

2. Une option identique

28. Par ailleurs, on retrouve, en droit administratif, l'option ouverte à la victime d'un vice du consentement d'engager une action en annulation du contrat ou de préférer exercer une action en dommages-intérêts.

En effet, si le Conseil d'État a, dans un arrêt isolé mais critiqué[108], transposé la distinction entre le dol principal et le dol incident et interdit à la victime d'un dol incident d'exercer une action en nullité (v. l'affaire dite des *Grands Moulins de Corbeil*), il l'a abandonnée en 2007, dans le cadre d'un contentieux opposant la SNCF à des entreprises condamnées par le Conseil de la concurrence pour ententes illicites dans l'attribution de marchés publics[109]. Depuis lors, il ne connaît plus que le dol déterminant,

---

[103] CE, 19 déc. 2007, *Sté. Campenon Bernard, RFDA*, 2008, p. 109, Moderne (Franck) ; *RDP*, 2008, p. 1160, Braconnier (Stéphane) ; CE, 24 fév. 2016, *Dpt. de L'Eure*, n° 395194 ; CE 27 mars 2020, *Sté signalisation France, Dpt de la Manche, Dpt de l'Orne*, n° 420491, 421758, 421833, *CMP* 2020, comm. 197, Ubaud-Bergeron (Marion) ; *BJCP* n° 131/2020, p. 231, concl. Le Corre (Mireille) ; obs. S. N. ; *RDI* 2020, p. 382, Hasquenoph (Isabelle).

[104] Cass., 1re civ., 19 juin 2014, *Sté. Vinci Construction France*, n° 13-19.408.

[105] TC, 16 nov. 2015, *Région Île-de-France*, n° 4035, *AJDA* 2016, p. 786, Eveillard (Gweltaz) ; *Dr Adm.* 2016, comm. 19, Bazex (Michel) et Lanneau (Régis) ; *CMP*, 2016, comm. 49, Ubaud-Bergeron (Marion).

[106] *Art. cit.*, *RDP*, 2008, p. 1160 puis *AJDA*, 2015, tribune 2401.

[107] CE, 10 février 2016, *Blandin*, n° 386892.

[108] Moderne (Franck), « Permanence et actualité d'une théorie classique : le dol dans la formation des contrats de l'administration », *CJEG*, 2001, p. 91.

[109] Comp. la position des juges du fond dans cette affaire : TA Paris, 17 déc. 1998, *SNCF*, *D.* 1999. 313, Dreyfus (Jean-David) ; CAA Paris, 22 avr. 2004, *Sté Bouygues*, *AJDA* 2004. 1417, concl. Haïm (Victor) ; *CMP*, 2004, comm. 168, Eckert (Gabriel) ; CAA Paris, 27 févr. 2007, *SNCF*, *AJDA*, 2007. 1978, Richer (Laurent) et p. 2200, Braconnier

c'est-à-dire celui qui a eu une influence décisive sur le consentement de la victime mais reconnaît à celle-ci une option : elle peut s'en tenir à la recherche de la responsabilité extracontractuelle ou demander l'annulation du contrat[110].

Cette solution n'est sans doute pas limitée au dol. Elle pourrait être transposée à l'hypothèse où le consentement a été extorqué par la violence, où l'auteur de ladite violence commet une faute engageant sa responsabilité. Elle pourrait potentiellement l'être à l'hypothèse où le consentement a été donné par erreur, à la suite d'un manquement à un devoir d'information sans que son auteur ait eu une intention particulière de dissimulation ou de nuire, même cela semble plus hypothétique.

29. Si la protection du consentement semble ainsi être assurée, en droit civil et en droit administratif, par des mécanismes similaires, il apparaît toutefois que les sanctions encourues divergent et sont, sans doute, moins protectrices en droit administratif.

B. Les divergences : des contrôles et des sanctions différentes

30. Le Code civil a longtemps distingué le vice déterminant du consentement, cause de nullité (relative) du contrat (art. 1117) du vice incident, ayant conduit sa victime à conclure le contrat à des conditions plus onéreuses, qui ne pouvait donner lieu qu'au versement de dommages et intérêts. Cette distinction, vivement critiquée par la doctrine qui la jugeait artificielle car « on conçoit mal un semi-vice du consentement » (A. Bénabent), abandonnée pas la Cour de cassation[111], ne figure plus dans le Code civil. Désormais, un contrat entaché d'un vice du consentement, quel qu'il soit, encourt la nullité relative dans la mesure où « la règle violée a pour seul objet la sauvegarde d'un intérêt privé »[112] (art. 1179) qui peut être demandée « par la partie que la loi entend protéger » et « peut être

---

(Stéphane) ; *CMP*, 2007, comm. 168, Zimmer (Willy) ; *RCL*, n° 12/2007. 73, Clamour (Guylain).

110 CE, 19 déc. 2007, *Sté Campenon Bernard*, n° 268918 ; CE, 19 mars 2008, *Sté Dumez*, n° 269134 et n° 270535 ; *RDP*, 2008, p. 1160, concl. Boulouis (Nicolas) ; *CMP*, 2008, comm. 56, Eckert (Gabriel) ; *RJEP*, 2008, comm. 20, Terneyre (Philippe) ; *RFDA*, 2008, p. 109, Moderne (Franck) ; *JCP* I.132, Plessix (Benoît) ; TA Lyon, 15 janv. 2015, n° 1106126.

111 Civ. 3e, 22 juin 2005, *Bull. civ.* III, n° 137, *RDC*, 2005, p. 1025, Stoeffel-Munck (Philippe).

112 Par opposition à la nullité absolue qui sanction la violation d'une règle ayant « pour objet la sauvegarde de l'intérêt général ».

couverte par la confirmation » (art. 1181) à moins que sa victime préfère exercer une action en responsabilité quasi-délictuelle dès lors que le vice dont elle est victime découle d'une faute de son cocontractant qui lui a causé un préjudice.

31. Qu'en est-il en droit administratif ? Qui peut invoquer les « vices d'une particulière gravité relatifs notamment aux conditions dans lesquelles les parties ont donné leur consentement » et comment sont-ils sanctionnés ?

1. Les apparences : un contrôle plus étendu

32. Les vices affectant le consentement semblent, de prime abord, faire l'objet d'une protection plus étendue en droit administratif qu'en droit privé.

33. D'abord, parce qu'en droit administratif, la protection du consentement est non seulement garantie dans le cadre des recours en contestation de validité des contrats mais aussi, dans une certaine mesure, dans le cadre du référé précontractuel, ouvert au candidat évincé. À l'occasion d'un tel recours en effet, le juge est en principe saisi uniquement de moyens tirés d'un manquement aux obligations de publicité et de mise en concurrence : il ne peut donc pas être saisi de vices du consentement *stricto sensu*, ni contrôler la compétence de la personne publique ayant engagé la procédure contractuelle[113]. Néanmoins, lorsque le candidat à l'attribution du contrat est une personne publique, il doit « s'assurer que l'appréciation portée par le pouvoir adjudicateur pour exclure ou admettre une candidature ne constitue pas un manquement aux obligations de publicité et de mise en concurrence » et vérifier « que l'exécution du contrat en cause entrerait dans le champ de sa compétence »[114].

34. Ensuite, parce que le vice relatif aux « conditions dans lesquelles les parties ont donné leur consentement » peut être invoqué aussi bien par l'un des cocontractants exerçant une action en contestation de validité du contrat dans les conditions prévues par la jurisprudence *Béziers I* que par

[113] CE, 21 juin 2000, n° 209319, *Synd. intercommunal de la côte d'Amour et de la presqu'île guérandaise* ; CE 9 juin 2020, *Métropole de Nice-Côte d'Azur*, n° 436922, *CMP*, 2020, comm. 231, Eckert (Gabriel) et repère 8, Clamour (Guylain).

[114] CE, 18 sept. 2015, *Assoc. de gestion du CNAM des Pays de la Loire*, n° 390041, *BJCP*, 2016. 63, concl. Pellissier (Gilles), *CMP*, 2015, comm. 273, Pietri (Jean-Paul) ; *AJDA*, 2016. 153, Rombauts-Chabrol (Tiphaine) ; CE, 18 sept. 2019, *Cté cnes de l'Île-Rousse-Balagne*, n° 430368.

un tiers exerçant une telle action dans les conditions prévues par la jurisprudence *Département de Tarn et Garonne.* Il s'agit là d'une différence notable avec le droit privé où le vice du consentement n'ouvre le droit qu'à une action en nullité relative ouverte à la seule partie que la loi entend protéger à l'exclusion d'un tiers. En droit public, le critère n'étant pas celui de la nature de l'intérêt invoqué mais la gravité du vice allégué, les vices du consentement sont considérés comme tellement graves qu'ils doivent pouvoir être invoqués par toute personne : faute de consentement ou même de consentement sain en effet, l'Administration et *in fine* les deniers publics ne sauraient être engagés.

2. La réalité : une sanction moins garantie

35. En dépit de tous ces dispositifs, depuis la refonte du contentieux contractuel, il n'est pas évident que le consentement soit aussi bien protégé devant le juge administratif que devant le juge civil.

36. En effet, en premier lieu, dans le cadre d'une action en contestation de validité du contrat, qu'elle soit exercée par une partie ou par un tiers, « un vice d'une particulière gravité relatif notamment aux conditions dans lesquelles les parties ont donné leur consentement » (recours *Béziers I*) ou « un vice du consentement ou tout autre vice d'une particulière gravité » (recours dit *Tarn et Garonne*) est un moyen d'ordre public qui peut être librement invoqué par le requérant (sans que lui soit appliqué le filtre de la loyauté contractuelle ou celui de l'intérêt lésé)[115] et doit être relevé d'office par le juge. Il justifie que la sanction la plus grave puisse être prononcée à l'encontre du contrat : l'annulation. Mais, dans le cadre de ces deux recours, celle-ci ne sera toutefois prononcée qu'après que le juge ait « vérifié que sa décision ne portera pas une atteinte excessive à l'intérêt général ». Elle n'est donc pas automatique. Elle l'est d'autant moins que ni le considérant de principe de l'arrêt *Département de Tarn et Garonne* ni celui de l'arrêt *Commune de Béziers* n'affirment que l'annulation est prononcée systématiquement lorsque le contrat a un contenu illicite ou s'il est affecté d'un vice du consentement ou un autre vice d'une particulière gravité, sans possibilité de régularisation[116]. On peine toutefois, d'un point de vue

---

[115] Erreur de l'acheteur sur la substance du contrat : TA Paris, 12 oct. 2018, n° 1711378/4-3.

[116] Lafaix (Jean-François), « La régularisation en matière contractuelle », *CMP*, 2017, n° 8-9, p. 10.

théorique, à concevoir comment un vice du consentement pourrait être régularisable.

37. En second lieu, le juge administratif semble procéder à une gradation, entre les irrégularités touchant au consentement. Toutes ne sont pas sanctionnées de la même manière.

38. **a) Les irrégularités touchant aux conditions de formation du consentement**, c'est-à-dire aux conditions dans lesquelles la volonté interne du cocontractant s'est forgée sont, en principe, sanctionnées de façon vigoureuse.

39. Tel est le cas de l'incompétence de la personne publique, c'est-à-dire la méconnaissance, par la personne publique, de sa compétence en tant qu'institution[117], qui anéantit son aptitude à produire un acte juridique. En principe, elle entraine l'annulation ou l'inapplication du contrat. Aucune régularisation n'est envisageable dès lors que la personne publique était incapable d'exprimer une quelconque volonté juridique. Dans le cadre d'un référé précontractuel toutefois, le Conseil d'État a récemment jugé que l'irrégularité d'une procédure de passation d'un contrat ne saurait être déduite de la seule circonstance qu'elle soit engagée et conduite par une personne publique qui n'est pas encore compétente pour signer : « lorsqu'une personne publique a vocation à exercer la compétence nécessaire à la conclusion et à l'exécution d'un contrat de la commande publique, notamment parce qu'elle est en cours de création ou de transformation ou parce qu'une procédure, par laquelle la compétence nécessaire doit lui être dévolue, est déjà engagée, aucune règle ni aucun principe ne font obstacle à ce qu'elle engage elle-même la procédure de passation du contrat, alors même qu'elle n'est pas encore compétente à cette date pour le conclure »[118].

40. Tel est le cas ensuite des vices du consentement *stricto sensu* qui conduisent, en principe, à l'annulation du contrat. Tel est le cas dans le cadre d'un recours en contestation de validité du contrat exercé par l'une des parties. Un département peut demander l'annulation d'un contrat conclu à la suite d'un dol constitué par une entente anticoncurrentielle[119]. Le titulaire d'un contrat peut demander son annulation lorsque

---

[117] V. les exemples donnés par Lei (Maxime), « Compétence et contrats publics », *RFDA*, 2019, p. 1011.
[118] CE, 9 juin 2020, préc.
[119] CAA Douai, 22 févr. 2018, n° 17DA00507.

l'Administration a, après la signature, modifié la clause relative aux pénalités de retard : une telle clause touchant aux éléments substantiels du contrat, le consentement du titulaire du contrat s'en trouve vicié[120]. Tel doit également être le cas lorsque le recours en contestation de validité du contrat est exercé par un tiers : un concurrent évincé peut invoquer un vice du consentement tenant à l'erreur de l'acheteur sur la substance du contrat dès lors qu'un tel vice a porté atteinte à ses droits[121].

41. Dans cette perspective, on peut s'étonner que les irrégularités touchant à la procédure de dévolution concurrentielle du contrat, alors même que celle-ci est un « rempart contre les vices du consentement »[122], qu'elles contribuent à éclairer le choix de l'Administration, ne soient pas qualifiées par le juge de vices d'une particulière gravité « tenant aux conditions dans lesquelles les parties ont donné leur consentement ». Cette formule a au contraire permis, une fois le contrat signé, d'immuniser les manquements aux règles de passation du contrat, sauf lorsque l'illégalité est commise dans circonstances particulièrement graves, conduisant à un vice du consentement au sens strict du terme (tel qu'un dol ou une erreur). Tel fut le cas dans une affaire où l'acheteur public avait choisi l'attributaire en se fondant sur des déclarations mensongères relatives à la détention de labels indispensables à la réalisation de la prestation[123]. Les cocontractants ne peuvent quant à eux invoquer les irrégularités entachant la procédure de passation des contrats et obtenir l'annulation du contrat qu'exceptionnellement, « lorsque, eu égard d'une part à la gravité de l'illégalité et d'autre part aux circonstances dans lesquelles elle a été commise, le litige ne peut être réglé sur le fondement de ce contrat »[124].

42. **b)** Au contraire, **les irrégularités touchant aux conditions d'expression du consentement**, c'est-à-dire aux conditions dans

---

120 CE, 1er juill. 2015, *OPH Loire-Atlantique*, n° 384209, *BJCP* 2015, p. 463, concl. Dacosta (Bertrand).

121 TA Paris, 12 oct. 2018, n° 1711378/4-3.

122 En ce sens, Richer (Laurent) et Lichère (François), *Droit des contrats administratifs*, LGDJ, 10e éd., 2016, p. 150 : considérant que le formalisme des procédures de passation un moyen de contrebalancer la timidité de l'utilisation des vices du consentement au stade de la formation du contrat.

123 CAA Marseille 28 sept. 2015, *Cne de Sète*, n° 14MA00612. V. aussi *a contrario* CE 9 nov. 2018, *Sté Cerba*, n° 420654, *CMP*, 2019, comm. 24, Ubaud-Bergeron (Marion) ; *AJDA*, 2019, p. 412, Rotoullié (Jean-Charles) ; *Dr. adm.*, 2019, comm. 14, Hul (Sylvain) et avr. 2019. Chron. 1, Bahougne (Louis) et al.

124 CE 12 janv. 2011, *SANEF*, n° 332136, *CMP*, 2011, comm. 89, Pietri (Jean-Paul), *CMP*, 2011, comm. 90, Pietri (Jean-Paul).

lesquelles la volonté des cocontractants a été externalisée, sont sanctionnées de façon moins vigoureuse.

43. Tel est le cas de l'incompétence du représentant de la personne publique, de la personne physique chargée d'exprimer sa volonté et de signer le contrat[125]. Une telle irrégularité n'entraîne l'annulation du contrat qu'en l'absence de régularisation. L'institution contractante possédant la capacité d'agir, il lui est possible de réparer l'incompétence de son représentant.

Ainsi, dans le cadre de recours en contestation de validité exercé par l'une des parties, seuls quelques rares arrêts, rendus par des juges du fond, annulent des contrats signés par une autorité exécutive n'étant pas investie du pouvoir d'engager une institution[126]. Devant le Conseil d'État, les vices relatifs à « l'incompétence du signataire ne saurait en principe suffire pour écarter le contrat au regard de l'exigence de loyauté des relations contractuelles »[127]. Ainsi, un contrat ne saurait être annulé ou écarté lorsque la délibération autorisant l'exécutif à signer le contrat n'a pas été transmise préalablement à ladite signature au contrôle de légalité[128] ou n'a pas été complètement retranscrite dans le registre des délibérations[129]. De la même manière, si, en principe, l'absence d'autorisation préalable de l'organe délibérant entraîne l'annulation du contrat, signé par une autorité incompétente[130], un tel vice peut être couvert lorsque le comportement de la collectivité ou l'écoulement du temps laisse supposer une validation de l'incompétence, c'est-dire manifeste son consentement *a posteriori* à la conclusion du contrat. Il en va encore ainsi lorsque l'assemblée délibérante n'a pas autorisé l'exécutif à signer mais a eu connaissance de cette signature et ne s'est pas opposée à l'exécution du contrat[131] ou lorsque le contrat a été signé par une personne ne disposant pas d'une délégation mais que cette incompétence n'a pas été remise en cause par la personne normalement habilitée pour signer qui a eu connaissance de la signature[132].

---

[125] Lei (Maxime), *art. cit.*
[126] CAA Versailles, 28 sept. 2017, n° 16VE02808, *AJDA*, 2017. 2119, chron. Mégret (Sylvie).
[127] CE, Sect., 19 avr. 2013, *CCI d'Angoulême*, n° 340093, Rec.
[128] CE, Ass., 28 déc. 2009, *Commune de Béziers I*, préc. ; CE, Sect., 10 nov. 2010, n° 314449.
[129] CE, 27 févr. 2015, *Cne de Béziers*, n° 357028.
[130] CE, 9 juin 2017, *Sté Pointe à Pitre Distribution*, n° 399581.
[131] CE, 8 oct. 2014, *Cne Entraigues-sur-la-Sorgue*, n° 370588, *CMP*, 2014, comm. 343, Llorens (François) ; *BJCP*, 2015. 59, concl. Dacosta (Bertrand).
[132] CE, 13 nov. 2013, *Union de coop. agric. Epis-Centre-Nord*, n° 351530.

Il n'en va pas différemment dans le cadre de recours en contestation de validité exercé par un tiers. Le contrat ne saurait être annulé ou écarté lorsque l'assemblée délibérante n'a pas été suffisamment informée avant d'autoriser l'exécutif à signer : il ne le sera que si l'organe délibérant n'adopte pas, dans un délai prescrit, une délibération permettant de le régulariser[133]. Tel est le cas aussi si un marché public est attribué par un CAO irrégulièrement composée qui ne sera annulé que si l'autorisation de conclure n'est pas réitérée par un organe régulièrement composé[134] ou si une vente est réalisée à la suite d'un avis irrégulier du service des domaines qui n'est pas régularisée[135].

44. Si de telles décisions se comprennent au regard de l'objectif de stabilité des relations contractuelles, elles ne cessent toutefois d'interroger dans la mesure où certaines de ces irrégularités touchent au cœur du mécanisme contractuel, à savoir au consentement. Cela explique sans doute que le juge judiciaire soit resté inflexible en sanctionnant automatiquement tous les vices d'incompétence entachant les contrats privés des personnes publiques par la nullité absolue du contrat. Il juge que « la méconnaissance des dispositions d'ordre public relatives à la compétence de l'autorité signataire d'un contrat [...] est sanctionnée par la nullité absolue » : cette incompétence peut découler de la méconnaissance de la délibération de l'assemblée délibérante[136] ou du défaut de transmission de la délibération autorisant la signature d'un contrat au contrôle de légalité, considéré comme violant des dispositions d'ordre public relatives à la compétence de l'autorité signataire d'un contrat[137]. Ce n'est que lorsqu'il est saisi d'un litige relatif à un contrat administratif (cas des conventions d'affermage des droits de place perçus dans les halles et les marchés communaux relevant par détermination de la loi de la compétence du juge judiciaire) qu'il s'aligne sur la position du juge administratif en ne considérant pas

133 CE, 4 juill. 2012, *Cté d'Agglomération de Chartres métropole*, n° 352417, 352418, 352449 et 352450 ; CE, 11 mai 2016, *Rouveyre*, n° 383768 ; CE, 10 oct. 2018, *Virapoullé et CIREST*, n° 419406 *CMP*, 2018, comm. 281, Pietri (Jean-Paul) ; *AJDA*, 2019. 225, Douteaud (Stéphanie).

134 CE, 28 janv. 2013, *Syndic. mixte Flandre Morine*, n° 358302.

135 CE, 8 juin 2011, n° 327515, *Cne de Divonne-les-Bains*.

136 Cass., 1re civ., 16 janv. 2013, n° 11-27.837, *RFDA*, 2013, p. 541, Plessix (Benoît) ; *AJDA*, 2013. 1226, Cassia (Paul) ; *CMP*, 2013, comm. 85, Ubaud-Bergeron (Marion) : convention de crédit-bail signée, en méconnaissance de la délibération du conseil municipal qui n'avait autorisé que la signature d'un bail commercial ; Cass., com, 6 mars 2019, n° 16-25.117.

137 Cass., 1re civ., 1, 31 janv. 2018, n° 16-21697.

que le défaut de compétence de l'autorité signataire soit constitutif d'un vice du consentement entraînant l'annulation du contrat[138].

45. D'aucuns ont appelé l'organisation d'un compromis juridictionnel entre les positions respectives des deux ordres de juridiction, en appelant le juge judiciaire à introduire davantage de nuances dans ses solutions[139]. On ne saurait toutefois être insensible à sa position, qui nous semble protectrice du consentement. Sans doute est-elle moins soucieuse de la stabilité des relations contractuelles. Mais on ne peut s'empêcher de penser que les contours de la notion de « vice d'une particulière gravité » restent plus flous que ceux de la notion de règle ayant « pour objet la sauvegarde de l'intérêt général » (dont la méconnaissance est sanctionnée par la nullité absolue et insusceptible de confirmation) et de celle ayant pour objet « la sauvegarde d'un intérêt privé », (dont la méconnaissance est sanctionnée par la nullité relative qui ne peut être demandée que par la personne qui en est victime et peut être couverte par la confirmation, comparable à la régularisation). N'aurait-il pas été possible, plutôt que de vouloir forger une notion autonome, d'utiliser cette distinction ancestrale et les sanctions qui l'accompagnent ?

[138] Cass., 1re civ., 16 oct. 2013, n° 12-23.077 ; Cass., 1re civ., 5 mars 2015, n° 14-10.188.
[139] Delvolvé (Pierre), « *Le contentieux récent de la validité des contrats publics : essai de comparaison entre contentieux administratifs et contrats de droit privé* », in *Mélanges B. Stirn*, Paris, Dalloz, 2019, p. 165 ; Lei (Maxime), *art. cit.*, proposant que le juge judiciaire, saisi d'un litige relatif à la compétence d'une personne morale, distingue, à l'instar du juge administratif, la compétence de la personne morale de celle de la personne physique la représentant.

Le consentement du contribuable : le consentement à l'impôt

Solange Darrigo
Doctorante en droit public à l'Université Paris I Panthéon-Sorbonne
Attachée temporaire d'enseignement et de recherche
à l'Université de Cergy-Pontoise

1. Étymologiquement[1], le consentement provient de l'expression latine *cum sentire* signifiant « vouloir avec », ce qui met en lumière ses deux traits principaux : la *volonté* et *l'altérité*[2]. Le terme de consentement n'est pas propre au droit[3]. En philosophie, le consentement est « considéré comme un cas particulier de l'acte volontaire »[4]. Il suppose d'abord de *ne pas agir sous la contrainte*, en particulier quand une violence est exercée sur le sujet, l'autre concerne ce que l'on fait *par ignorance*, sans éprouver aucun regret. Le consentement est donc lié à une action pleinement consentie qui exprime *l'autonomie du sujet*. Mais l'acte autonome, pleinement humain, ne peut se contenter d'être spontané : il doit être *créateur* dans la mesure où il est engendré par un rapport singulier entre une délibération et une décision.

2. En droit, le consentement a façonné la théorie générale du contrat qui lui attribue une place centrale[5]. Il constitue l'une des quatre conditions de la *validité* d'une convention[6], et doit être, à ce titre, donné de façon libre et éclairée, au risque d'être vicié[7]. Sous cet aspect, le consentement est envisagé comme « l'accord de deux ou plusieurs volontés »[8], qui se sont manifestées et rencontrées. Ainsi défini, il ne peut émaner que d'une

[1] Voir Attuel-Mendes (Laurence), *Consentement et actes juridiques*, préf. Loquin (Éric), Litec, Bibliothèque de droit de l'entreprise, 2008, n° 2.
[2] *Ibid.*
[3] V. not. Christelle (Maxence), *Consentement et subjectivité juridique : contribution à une théorie émotivorationnelle du droit*, thèse dactyl., Université Paris I, 2014.
[4] Attuel-Mendes (Laurence), *Consentement et actes juridiques*, *op. cit.*, n° 2.
[5] *Ibid.*, n° 5.
[6] Art. 1108 du Code civil : « Quatre conditions sont essentielles pour la validité d'une convention : Le consentement de la partie qui s'oblige (…) ». Disponible sur *Légifrance* (consulté le 23 octobre 2020).
[7] Art. 1130 du Code civil. Disponible sur *Légifrance* (consulté le 23 octobre 2020).
[8] Attuel-Mendes (Laurence), *Consentement et actes juridiques*, *op. cit.*, n° 8.

personne juridique[9], un sujet de droit. Le régime juridique relatif au consentement le prouve : pour se prévaloir d'un vice du consentement, ce dernier doit avoir été *direct* et *extériorisé*[10]. La personnalité juridique est donc une condition *sine qua non* à l'existence juridique du consentement[11]. Les groupements qui en sont dépourvus ne peuvent consentir, à la différence des personnes juridiques les composant[12]. À ce propos, le consentement, qui est une « sorte de gage »[13], « a partie liée avec le patrimoine, alors que la volonté y est naturellement étrangère »[14]. Dès lors, « le consentement ne se réduit pas à la volonté »[15], même s'il est « toujours un objet né de la volonté »[16]. Ainsi, l'acception subjective du consentement a été précédée par une vision objective se manifestant notamment par sa dimension probatoire »[17].

3. Il résulte de ces définitions que l'acte de consentir peut être défini par plusieurs critères. L'acte de consentir est un *acte créateur,* qui existe par la *volonté d'un sujet juridique* pleinement autonome, lequel n'agissant *pas sous la contrainte,* rencontre directement et de manière extériorisée le consentement d'un autre sujet juridique. Ce mécanisme, qui implique l'hypothèse d'un engagement plural, suppose de distinguer la *délibération* aux termes de laquelle les sujets juridiques *consentent des concessions réciproques* supposant un échange[18], *de l'exécution des droits et obligations* qui en résultent, et qui doit être conforme à la délibération.

---

[9] *Ibid.*, n° 119 et s.

[10] Le juge n'analyse jamais le consentement d'un groupement dépourvu de la personnalité juridique, qui par définition n'est pourvu d'aucune volonté.

[11] Attuel-Mendes (Laurence), *Consentement et actes juridiques*, *op. cit.*, n° 126.

[12] *Ibid.*, n° 127. L'exemple des sociétés en formation, est à cet égard, intéressant.

[13] *Ibid.*, n° 126.

[14] Frison-Roche (Marie-Anne), « Remarques sur la distinction de la volonté et du consentement en droit des contrats », *RTD civ.*, 1995, p. 573.

[15] *Ibid.*

[16] *Ibid.* : « Il y a un lien de génération entre la volonté et le consentement, le consentement est fils de la volonté et ce lien ne doit être brisé, faute de quoi un vice du consentement est constitué. Le contrat résulte alors de cette dialectique entre le subjectif de la volonté et l'objectif du consentement. Le consentement est un objet que l'on donne et qui circule tandis qu'on conserve toujours et par principe sa volonté, ne serait-ce que pour qu'elle produise d'autres consentements ».

[17] Christelle (Maxence), *Consentement et subjectivité juridique : contribution à une théorie émotivorationnelle du droit*, *op. cit.*, n° 249.

[18] Frison-Roche (Marie-Anne), *art. cit.* : « Le consentement n'est supportable que par l'échange. Il faut concevoir non pas tant l'échange des consentements que le consentement parce que l'échange ».

4. Penser le consentement en droit fiscal suppose de s'intéresser au consentement à l'impôt des contribuables. Selon l'article 14 de la Déclaration des droits de l'homme et du citoyen : « Tous les Citoyens ont le droit de constater, par eux-mêmes ou par leurs représentants, la nécessité de la contribution publique, de la *consentir librement* (...) » et aux termes de l'article 34 de la Constitution, « [l] a loi fixe les règles concernant l'assiette, le taux et les modalités de recouvrement des *impositions de toutes natures* ». Deux précisions liminaires s'imposent quant aux termes à retenir aux fins de l'étude du consentement à l'impôt des contribuables.

5. D'une part, le contribuable se présente sous deux figures. Celle de la *personne physique*, le « citoyen » visé par l'article 13 de la Déclaration des droits de l'homme et du citoyen, d'abord. Ensuite, celle de la *personne morale*, de droit privé ou de droit public[19], titulaire de droits et d'obligations pesant sur son patrimoine, tel le paiement de l'impôt[20], qui ne semblait pas avoir été envisagée comme un sujet fiscal par la Déclaration des droits de 1789, alors même qu'une reconnaissance antérieure existe[21].

6. D'autre part, la notion d'impôt mérite d'être précisée. Le consentement ne se cantonne évidemment pas à l'impôt. Il s'agit là de l'étendre aux impositions de toutes natures, visées par l'article 34 de la Constitution, qui ont pour dénominateur commun de relever de la compétence du législateur, sans exclure celle réservée au pouvoir règlementaire en matière d'imposition[22]. Alors que l'impôt est requis sans contrepartie, la taxe appelle une contrepartie pour le contribuable susceptible de profiter d'un service[23], les deux impositions étant *obligatoires*. La première est un « prélèvement imposé unilatéralement »[24], découlant « directement de la loi qui constitue [le contribuable] débiteur »[25] ; la seconde est « obligatoire (...)

---

19 Albert (Jean-Luc), *Fiscalité et personnes publiques*, Paris, LGDJ, Systèmes, 2012. V. aussi Ayrault (Ludovic), « Personne publique et droit fiscal », in *La personnalité publique*, Actes du colloque organisé les 14 et 15 juin 2007 par l'AFDA, Paris, LexisNexis, 2007, p. 199-211.

20 *Ibid.*, p. 199.

21 *Ibid.*, p. 200.

22 Le pouvoir règlementaire a la compétence pour l'édiction des « mesures d'application nécessaires à la mise en œuvre » des règles concernant l'assiette, le taux et les modalités de recouvrement des impositions, v. Lamarque (Jean), Négrin (Olivier), Ayrault (Ludovic), *Droit fiscal général*, Paris, LexisNexis, 4ème éd., 2016, n° 663.

23 *Ibid.*, n° 118.

24 *Ibid.*, n° 15.

25 *Ibid.*

pour les personnes entrant dans son champ d'application »[26]. En tout état de cause, le caractère obligatoire des impositions de toutes natures provient directement de la loi qui crée ce « lien de droit en vertu duquel le contribuable peut être contraint par l'État de payer la dette d'impôt »[27].

Les impositions de toutes natures, ne pouvant être « le résultat d'un engagement individuel volontaire »[28], et excluant tout « acte de volonté du contribuable »[29], ne font *a priori* aucune place au consentement, qui exclut toute contrainte. C'est précisément la *contradiction* portée par l'expression de consentement du contribuable qu'il s'agit de mettre au jour et d'interroger dans le processus de création et d'exécution de l'obligation fiscale.

7. Pour ce faire, une telle réflexion pourrait trouver un point de départ particulièrement fructueux dans la distinction opérée par un auteur entre *norme fiscale* et *norme d'imposition*[30].

La *norme fiscale* renvoie à des *normes générales, hypothétiques et abstraites* relatives à la création de l'impôt et aux règlementations fiscales, prenant pour destinataires de potentiels *contribuables.* La *norme d'imposition*, elle, vise les normes « ordonnant à un individu déterminé »[31] – le redevable qui est la personne imposée et « destinataire de la norme d'imposition »[32], de « s'acquitter d'une cotisation d'impôt déterminée »[33].

De ce point de vue, penser le consentement du contribuable ou du redevable conduit à se demander si l'individu qui consent ne peut pas être considéré comme un auteur possible de la norme[34] dont il est également

---

26 *Ibid.*, n° 120.

27 *Ibid.*, n° 15.

28 V. not. Cons. Const., 29 décembre 1989, déc. n° 89-268 DC, *Loi de. Finances pour 1990* ; *Dr. fisc.*, 1990, n° 2-3, comm. 57 ; *RJF*, 1990, n° 195.

29 Lamarque (Jean), Négrin (Olivier), Ayrault (Ludovic), *Droit fiscal général*, *op. cit.*, n° 15.

30 Pelletier (Marc), *Les normes du droit fiscal*, préf. Castagnède (Bernard), Paris, Dalloz, Nouvelle Bibliothèque de Thèses, 2008, n° 567. Cette distinction semble recouper celle opérée par un autre auteur entre l'obligation fiscale *lato sensu* et l'obligation fiscale *stricto sensu*, v. Kallergis (Andréas), *La compétence fiscale*, Paris, Dalloz, Nouvelle Bibliothèque de Thèses, 2018, n° 63.

31 *Ibid.*, n° 60.

32 *Ibid.*, n° 567.

33 *Ibid.*, n° 60.

34 Auteur étant entendu ici dans le sens strict, c'est à dire comme « les individus ou collèges qui ont la faculté de consentir ou de refuser leur consentement à l'adoption de

destinataire, mais plus fondamentalement, si, finalement, le consentement constitue une *condition de validité* de l'existence dans l'ordre juridique des normes fiscales et des normes d'imposition. Or, la réponse à cette interrogation n'est pas la même si l'on met en rapport consentement et normes fiscales ou consentement et normes d'imposition.

8. S'agissant des *normes fiscales*, le contribuable pris individuellement ne peut pas être considéré comme un auteur *stricto sensu* de la norme. Les normes fiscales ne sont *valides* que parce qu'elles sont produites conformément à la Constitution et que cette procédure implique l'intervention du législateur. Les contribuables ne peuvent en tout état de cause consentir à une norme hypothétique, qui « prescrit la réalisation d'un certain comportement dès lors que certaines conditions sont remplies »[35].

S'agissant en revanche des *normes d'imposition*, le redevable se trouve parfois en situation d'auteur « auxiliaire »[36] de la norme d'imposition. Par ailleurs, cela n'est pas incompatible avec l'unilatéralité de la norme. Tout comme pour « l'acte accepté »[37], qui est un acte unilatéral, « le consentement de l'administré n'est qu'un élément de ce processus décisionnel, une condition d'une opération administrative d'ensemble (…) Mais à aucun moment l'administré n'est placé par la loi en situation de contracter avec l'administration. Il est seulement invité à exprimer une adhésion qui, en cours d'élaboration d'un acte unilatéral, conditionne et implique la poursuite d'un processus administratif décisionnel »[38]. Encore une fois, le consentement des redevables n'est pas une condition « d'existence de la norme d'imposition »[39], qui existe dans l'ordre juridique nonobstant ce consentement ; il est au mieux « un élément déterminant l'opération de

---

normes, de se prononcer pour ces normes ou contre ces normes », Eisenmann (Charles), *Cours de droit administratif*, T. 2, 1949-1950, Paris, LGDJ, 1983, p. 197. L'auteur au sens large est celui dont l'édiction de l'acte suppose l'intervention de la volonté. *Ibid.*, p. 196.

[35] Pelletier (Marc), *Les normes du droit fiscal*, *op. cit.*, n° 521.

[36] *Ibid.*, n° 675. L'auteur revendique à cet égard que le contribuable qui paie spontanément devrait être reconnu comme l'auteur de la norme d'imposition, car sa créance est exigible « à un moment antérieur à celui de l'édiction de l'acte administratif d'imposition », v. *ibid.*, n° 681.

[37] Plessix (Benoit), *Droit administratif général*, Paris, LexisNexis, 3ème éd., 2020, n° 817.

[38] *Ibid.* En revanche, à la différence de « l'acte accepté », pour lequel l'absence de consentement de l'administré met fin au processus décisionnel, la norme d'imposition est susceptible d'exécution forcée, qui constitue sa « réalisation directe », Eisenmann (Charles), *Cours de droit administratif*, t. 2, cité par Pelletier (Marc), *Les normes du droit fiscal*, *op. cit.*, n° 605.

[39] Pelletier (Marc), *Les normes du droit fiscal*, *op. cit.*, n° 738.

production »[40] de la norme d'imposition[41]. Autrement dit, le consentement du contribuable ne le fait pas auteur de la norme d'imposition, puisqu'il agit en tant que destinataire concrétisé de la norme fiscale. Il existe néanmoins des hypothèses, dans lesquelles le consentement du redevable est une condition de la *validité de l'acte qui participe aux modalités d'établissement de la norme d'imposition.* Ainsi, pour que la transaction fiscale existe et soit valable, le consentement du redevable est nécessaire.

9. Il s'agit alors de démontrer que si le consentement du contribuable est indépendant de la validité de la norme fiscale (I), le consentement du redevable est une condition de la validité de certains actes participant à l'établissement de la norme d'imposition (II).

I. La validité de la norme fiscale, indépendante du consentement du contribuable

10. Le consentement du contribuable à la norme fiscale prend les allures d'un mythe[42], d'un principe introuvable. En effet, il existe un paradoxe entre le caractère obligatoire de la norme fiscale et le consentement du contribuable. Ce paradoxe se résout néanmoins. La norme fiscale ne tire pas son caractère obligatoire du consentement du contribuable, lequel permet seulement de la légitimer en aval[43]. Autrement dit, le consentement de chaque contribuable pris isolément[44] n'est pas une condition de validité de la norme fiscale. Les contribuables ne consentent pas à l'impôt mais reconnaissent comme légitimes le cadre général et les procédures qui conduisent à l'établissement des normes fiscales[45]. Ainsi, si le consentement du contribuable à l'impôt est juridiquement inexistant (A.), le consentement de l'impôt des représentants des contribuables se révèle quant à lui bien fragile (B.).

---

[40] *Ibid.*

[41] Par exemple, par le biais des autorisations, options ou agréments qu'il sollicite.

[42] Mehl (Lucien), « Le principe du consentement à l'impôt et autres prélèvements obligatoires, mythe et réalité », *RFFP*, 1995, n° 51, p. 65.

[43] Il n'est qu'« une inclinaison favorable chez les citoyens à accepter les contraintes imposées par leurs gouvernants », v. Ramelet (Laetitia), « Le consentement et la légitimité morale du pouvoir politique », in Besson (Samantha), Mausen (Yves), Pichonnaz (Pascal) (dir.), *Le consentement en droit*, Zurich, Schulthess, 2019, p. 13-28, spéc. p. 27.

[44] Lamarque (Jean), Négrin (Olivier), Ayrault (Ludovic), *Droit fiscal général*, *op. cit.*, n° 908.

[45] Ramelet (Laetitia), « Le consentement et la légitimité morale du pouvoir politique », in *Le consentement en droit*, *op. cit.*, p. 27.

A. Le consentement du contribuable à l'impôt, juridiquement inexistant

11. L'incompatibilité juridique entre la notion d'imposition et le consentement du contribuable à l'impôt (1), corroborée par la réalité psychologique du consentement du contribuable (2), met en exergue l'inexistence juridique de ce consentement.

1. L'incompatibilité juridique entre consentement du contribuable et imposition

12. Le consentement exclut de toute évidence la qualification d'« impositions de toutes natures » au sens de l'article 34 de la Constitution. Le consentement du contribuable ne peut pas juridiquement exister, car il s'oppose à la qualification d'imposition. Une imposition ne peut être consentie, puisqu'elle est *obligatoire* et prélevée par voie d'autorité. Tous les éléments constitutifs de l'imposition sont en contradiction parfaite avec la notion de consentement du contribuable à la norme fiscale.

13. Dire que le contribuable consent à la norme fiscale supposerait de considérer que le consentement est un élément constitutif de la validité de cette dernière : sans consentement, la norme n'existerait pas dans l'ordre juridique. Or, tel n'est assurément pas le cas et nous ajouterons qu'une norme fiscale consentie perd sa qualification : l'imposition est *exclusive* du consentement du contribuable. À ce propos, s'il est classiquement affirmé que « l'origine contractuelle d'un prélèvement est exclusive de son caractère fiscal »[46], c'est précisément parce que le consentement est indissociable du contrat.

14. Consentir à une norme suppose d'en être l'auteur au sens strict du terme selon C. Eisenmann[47]. Or, il est certain que *le contribuable n'est pas l'auteur de la norme fiscale*, mais le destinataire. C'est ainsi que le Conseil constitutionnel a considéré dans une décision intéressant des prélèvements de la Caisse des dépôts et consignations, que « la détermination du versement dont le principe est posé par l'autorité législative *ne peut être effectué sans l'accord de la Caisse des dépôts* ; qu'il suit de là que le versement

---

[46] Lamarque (Jean), Négrin (Olivier), Ayrault (Ludovic), *Droit fiscal général*, *op. cit.*, n° 907.

[47] Eisenmann (Charles), *Cours de droit administratif*, *op. cit.*, p. 197 : « Ces personnes-là, ce sont toutes celles dont le consentement aux normes à poser est requis, mais elles seules. On les reconnaitra à ce que leur opposition, leur volonté contraire, leur refus de consentement empêcheront la "naissance" des normes, leur entrée en vigueur ».

dont il s'agit *n'a pas le caractère d'une imposition* que, dès lors, le moyen tiré de la violation de l'article 34 de la Constitution est sans valeur »[48]. Il s'ensuit que la subordination du prélèvement à un accord du contribuable empêche que le premier revête le caractère d'une imposition. L'imposition exclut le consentement du contribuable. L'imposition ne peut juridiquement être imputable qu'au législateur qui tient sa compétence de l'article 34 de la Constitution.

En outre, *la nature unilatérale de la norme fiscale* ne renverse pas la solution. L'exigence d'un accord du contribuable exclut la qualification d'imposition, même si l'acte est unilatéral, comme c'était le cas dans la décision du Conseil constitutionnel précitée. Ainsi, le consentement du contribuable ne peut être, comme pour *l'acte accepté* par exemple, un élément du processus décisionnel. Le contribuable est un simple destinataire envers lequel la norme fiscale est obligatoire.

15. Par ailleurs, parce que le consentement est l'une des conditions de validité de l'acte contractuel, ce dernier est exclusif de la qualification d'imposition. En effet, dans cette situation, le contribuable serait à la fois *destinataire* et *auteur* de la norme contractuelle à laquelle il a consenti, et, qui constitue la « loi des parties » conformément à ce que le droit objectif permet[49].

En tout état de cause, la loi fiscale étant d'ordre public[50] du fait du pouvoir de contrainte qui s'y attache[51], il est interdit d'y déroger par contrat[52], sauf si le législateur en décide autrement[53]. Par exemple, le Conseil d'État dans

---

[48] Nous soulignons. Cons. Const., 29 décembre 1989, déc. n° 89-268 DC, *Loi de finances pour 1990* ; *Dr. fisc.*, 1990, n° 2-3, comm. 57 ; *RJF*, 1990, n° 195.

[49] Richer (Laurent), Lichère (Francois), *Droit des contrats administratifs*, Paris, LGDJ, 11ème éd., 2019, n° 32.

[50] Lamarque (Jean), Négrin (Olivier), Ayrault (Ludovic), *Droit fiscal général*, *op. cit.*, n° 906 ; Delvolvé (Pierre), *Le principe d'égalité devant les charges publiques*, Paris, LDGJ, 1969, p. 99 ; Derouin (Philippe), « L'impôt, objet d'obligation civile », in *Mélanges. J.-P. Le Gall*, Paris, Dalloz, 2007, p. 179-195, spéc. p. 179.

[51] Gest (Guy), Tixier (Gilbert), *Manuel de droit fiscal*, Paris, LGDJ, 4ème éd., 1986, p. 41.

[52] CE, 22 fév. 1937, *Michel*, *Rec*, p. 233 ; CE, 18 déc. 1950, *Ardillier*, *Rec.*, p 624 ; Civ. 13 mars 1895, *Dreyfus Frères et Cie*, *S.* 1895. 1. 465 : « Mais attendu que la *perception des impôts intéresse essentiellement l'ordre public* ; *qu'elle ne peut donc pas être la matière d'un contrat*, ni par suite d'une transaction, et qu'il est défendu à la Régie et à ses préposés, comme à toute autre autorité publique, d'accorder aucune remise ou modération des droits simples établis par la loi ». Nous soulignons.

[53] Comme c'est le cas pour la transaction, v. *infra* §2. B. 1.

un arrêt du 25 novembre 1921, *Sté Savonneries Olive*, a jugé nul sur le fondement de l'illicéité de la cause, un contrat conclu entre un contribuable et le Trésor, au motif que « les autorisations que l'Administration est appelée à délivrer aux citoyens ne sauraient être soumises directement ou indirectement à des redevances fiscales *qui n'ont pas été établies par la loi* ; (…) il suit de là que l'obligation contractée par la société requérante envers l'Administration pour être admise à importer des marchandises reposait sur une *cause illicite* »[54]. Le juge administratif applique ici la *conception subjective* de la cause, aux fins de sanctionner l'illicéité du but du contrat[55], qui ne peut déroger à *l'ordre public*[56].

16. Finalement, il faut relever que l'imposition est un prélèvement versé sans contrepartie – pour l'impôt – et sans équivalence financière[57] – pour la taxe. Il est certain, à tout le moins pour l'impôt, que l'absence de contrepartie exclut définitivement la voie du contrat. En effet, si l'on se place, cette fois-ci, sur le terrain de la *conception objective* de la cause[58], le contrat synallagmatique à titre onéreux est nul, si l'une des obligations est dépourvue de cause[59], car la cause des obligations de chacune des parties réside dans la *contrepartie* pour laquelle chacun s'est obligé[60]. Ainsi, toute contrepartie *illusoire* ou *dérisoire* prive l'obligation de cause objective et entraine la nullité du contrat[61]. Or, dans ces conditions, l'obligation du contribuable n'a pas de cause, puisque l'absence de contrepartie est précisément l'un des critères permettant de caractériser l'impôt.

---

[54] CE, 25 nov. 1921, *Société « Les savonneries Henri Olive »*, Rec., p. 977 ; *RDP*, 1922, p. 107, concl. Rivet. Nous soulignons.

[55] Plessix (Benoit), *L'utilisation du droit civil dans l'élaboration du droit administratif*, Paris, Ed. Panthéon-Assas, 2003, p. 231.

[56] Art. 1162 du Code civil, nouveau dispose que « le contrat ne peut déroger à l'ordre public ni par ses stipulations, ni par son but, que ce dernier ait été connu ou non par toutes les parties ».

[57] V. néanmoins l'arrêt CE, 31 mars 2014, *Sté Auchan France*, n° 368111 qui substitue le critère de l'absence de disproportion manifeste « par rapport au montant des dépenses » à celui d'absence d'équivalence financière.

[58] CE, 12 nov. 1948, *Compagnie des Messageries maritimes*, Rec. p. 248.

[59] Plessix (Benoit), *L'utilisation du droit civil dans l'élaboration du droit administratif*, *op. cit.*, p. 228.

[60] *Ibid.*

[61] Désormais, le nouvel article 1169 du Code civil dispose qu'« un contrat à titre onéreux est nul lorsque, au moment de sa formation, *la contrepartie* convenue au profit de celui qui s'engage est *illusoire ou dérisoire* ». Nous soulignons.

Ainsi, par un arrêt du 27 juillet 2009, *Cie agricole de la Crau*, le Conseil d'État a jugé « qu'en approuvant les stipulations des conventions des 30 octobre et 14 décembre 1940, dont le contenu a été rappelé ci-dessus, la loi du 30 avril 1941 doit être regardée, non comme ayant approuvé des obligations réciproques dont auraient pu librement convenir les parties aux conventions, *mais comme ayant imposé à la Compagnie agricole de la Crau, sans aucune contrepartie pour elle, l'obligation d'avoir à acquitter au profit de l'État, pour une durée indéterminée, un prélèvement obligatoire de caractère fiscal* ; qu'ainsi, alors même que l'approbation d'une convention conclue par l'État n'est pas, en principe, au nombre des matières réservées au législateur par l'article 34 de la Constitution, les dispositions de la loi du 30 avril 1941, qui soumettent la Compagnie agricole de la Crau à une imposition de toute nature, ont un caractère législatif »[62].

Par ailleurs, les sanctions de l'inexécution contractuelle – exception d'inexécution, droit de rétention[63] – sont tout à fait inenvisageables en droit fiscal. Le pouvoir de contrainte, attaché à la norme fiscale, implique, dans cette hypothèse, la mise en œuvre de procédures exorbitantes, comme par exemple la *saisie administrative à tiers détenteur*[64].

2. La réalité psychologique du consentement du contribuable à l'impôt

17. Si le consentement du contribuable à la norme fiscale est antinomique, il s'agit d'examiner *la vraie nature* de ce prétendu consentement individuel à l'impôt. À cet égard et tout au plus, le contribuable assent à l'impôt par un « acte de l'esprit »[65] et non par un « acte de volonté »[66], l'un des critères de l'acte de consentir. Il s'agit donc d'un assentiment[67], d'une acceptation, qui présente une simple portée psychologique[68], et non juridique. Cette

---

62 CE, 27 juil. 2009, n° 295637, *Cie agricole de la Crau*, tables. Nous soulignons.
63 Fages (Bertrand), *Droit des obligations*, LGDJ, 10ème éd., 2020, n° 287 et s.
64 Art. L. 262 du Livre des procédures fiscales.
65 Kallergis (Andréas), *La compétence fiscale*, *op. cit.*, n° 63.
66 *Ibid.*
67 *Ibid.*
68 Cadoux (Charles), « Du consentement de l'impôt », *RSLF*, 1961, p. 427. V aussi Lamarque (Jean), Négrin (Olivier), Ayrault (Ludovic), *Droit fiscal général*, *op. cit.*, n° 908 et Beltrame (Pierre), « Le consentement à l'impôt, devenir d'un grand principe », *RFFP*, 1995, n° 55, p. 82.

réalité est d'ailleurs mise en exergue dans la Déclaration des droits de 1789, par l'utilisation du terme de « contribution publique »[69] et non d'impôt[70].

18. Néanmoins, il faut souligner qu'un consentement individuel du contribuable existe, en droit comparé, sous la figure du *référendum*. Si « l'expression référendaire du consentement à l'impôt »[71] est pratiquée dans certains États comme par exemple en Suisse, bien que constitutionnellement possible[72], elle fait figure d'exception en France[73]. L'article 14 de la Déclaration des droits de 1789 dispose que « tous les citoyens ont le droit de constater… la nécessité de la contribution publique (et) de la consentir » par leurs représentants ou « par eux-mêmes ». Mais l'article 11 de la Constitution de 1958 ne prévoit pas expressément la matière fiscale, ce qui semble écarter l'hypothèse du *référendum*, en l'absence de fondement textuel explicite[74].

19. Enfin, un autre argument s'oppose au consentement individuel du contribuable. Il n'y pas de lien entre l'application de la norme fiscale et un potentiel consentement individuel à l'impôt. C'est ainsi que par exemple les individus résidant en France sans être citoyens français « sont régulièrement soumis à l'impôt sans participer au consentement à l'impôt »[75]. La valeur juridique de la norme fiscale se manifeste donc à l'égard de tous les contribuables, « y compris ceux qui ne sont pas représentés au Parlement »[76]. Ainsi, et en tout état de cause, le

---

[69] *Déclaration des droits de l'homme et du citoyen*, art. 14.

[70] Comme le souligne Gilbert Orsoni, « À la différence du terme d'impôt qui évoque par lui-même la contrainte (imposer, c'est obliger, contraindre), le terme de contribution utilisé sous la Révolution visait à souligner le caractère consenti, accepté librement, du prélèvement fiscal… de là à le qualifier de volontaire, le pas ne saurait être franchi ». Orsoni (Gilbert), *Science et législation financière. Budgets publics et lois de finances*, Paris, Economica, Corpus Droit public, 2005, n° 83, p. 87.

[71] Martinez (Jean-Claude), Di Malta (Pierre), *Droit fiscal contemporain*, t 1. *L'impôt, le fisc, le contribuable*, Paris, Litec, droit, 1993, n° 29.

[72] *Ibid.*

[73] Kallergis (Andréas), *La compétence fiscale*, *op. cit.*, n° 103.

[74] Néanmoins, un débat doctrinal – appuyé par des textes et rapports parlementaires – existe en France, portant sur la question de l'interprétation à donner à l'article 11, notamment pour les prélèvements qui entreraient dans le champ des secteurs qui sont y sont visés. V. *Ibid.*, n° 106.

[75] *Ibid.*, n° 731.

[76] Laferrière (Julien), *Cours de législation financière*, Licence 3e année 1945-1946, Les cours de droit, p. 40. J.-J. Rousseau s'exprimait ainsi dans le Contrat social : « Quand l'État est institué, le *consentement est dans la résidence*, habiter le territoire, c'est se soumettre à la souveraineté », Rousseau (Jean-Jacques), *Du contrat social*, cité par Esmein (Adhémar),

consentement du contribuable à l'impôt peut recouvrir une réalité tout au plus psychologique, mais non juridique.

20. À cet égard, le contribuable est dans une situation générale et impersonnelle. Cela signifie que la source du « lien existant entre l'État (...) et le redevable en vertu duquel ce dernier est tenu de payer la créance fiscale au premier »[77] est indépendante du consentement du second. Ainsi, « le régime applicable à l'administré peut être modifié unilatéralement »[78] et les droits et obligations du contribuable sont « déterminés uniquement par des normes générales et impersonnelles »[79].

21. Le consentement du contribuable à l'impôt est donc, en tant que tel, juridiquement antinomique. Néanmoins, on ne saurait exclure du processus d'élaboration des normes fiscales toute notion de consentement, puisque les impositions résultent de l'exercice de la fonction législative. Il s'agit alors du *consentement de l'impôt* par les représentants des citoyens[80], qui corrobore l'absence d'un consentement individuel des contribuables, mais qui se révèle dans son existence juridique, pourtant aussi bien fragile.

B. Le consentement de l'impôt par les représentants, juridiquement fragile

22. Le consentement de l'impôt par les représentants semble paradoxalement avoir perdu de sa force avec « la confirmation contemporaine du parlementarisme »[81]. Au profit d'une dimension

---

Éléments de droit constitutionnel français et comparé, Librairie de la société du Recueil Sirey, 6ème éd., 1914, p. 278. Nous soulignons. Ainsi, la personne qui devient contribuable s'est placée d'elle-même en situation d'être contrainte d'acquitter l'imposition, autrement dit sous la « juridiction fiscale » d'un État ou d'un territoire. Il s'agit de la « conception territoriale de la juridiction fiscale », Castagnède (Bernard), *Précis de fiscalité internationale*, Paris, PUF, 6ème éd., 2019, n° 234.

77 Buffa (Stéphane), *Le pouvoir discrétionnaire de l'administration fiscale*, Paris, IRJS, Bibliothèque de l'IRJS-André Tunc, t. 50, 2014, p. 11.

78 *Ibid.*, p. 77.

79 *Ibid.*

80 Sans exclure pour autant la compétence réservée au pouvoir règlementaire en matière d'impositions.

81 Bin (Fabrice), « Consentement à l'impôt (Histoire du -) », *in* Hertzog (Robert) (dir.), *Dictionnaire encyclopédique des Finances publiques*, 2e édition en ligne sur le site de la Société Française de Finances Publiques, 2010.

sociologique[82], la dimension *juridique* se fragilise, voire devient fictive. Le consentement a en effet une valeur simplement légitimante (1). Sa réalité juridique qui réside dans l'« opération formelle par laquelle les élus votent l'impôt »[83] est en outre limitée (2).

1. La valeur légitimante du consentement des représentants

23. La valeur du consentement doit être analysée à l'aune de la validité des normes fiscales et de leur légitimité. Il semble qu'un double mouvement se dessine autour des principes de *consentement* et de *nécessité de l'impôt*. Au début de l'Ancien Régime, l'impôt revêt un caractère exceptionnel : le Roi doit « vivre du sien »[84], des revenus domaniaux. La levée d'impôts n'est légitime que sous des « raisons valables »[85], qui s'expliquent par un « état de nécessité »[86], et découle d'une « demande financière de la part de la royauté »[87], à laquelle les Assemblées d'état consentent. « L'impôt ne peut être levé sans le consentement de ceux qui sont appelés à le payer »[88]. Il s'agit d'un « subside volontaire, qui suivant le terme employé, était une aide que ses sujets accordaient au roi pour un objet déterminé et pour une durée limitée »[89], excluant tout caractère contraint. Le consentement des

---

[82] *Ibid.*

[83] Damarey (Stéphanie), *Droit public financier*, Paris, Dalloz, Précis Dalloz, 2018, n° 239.

[84] Laferrière (Julien), *Cours de législation financière*, *op. cit.*, p. 36 : « Apparaît aussi l'idée que l'impôt est une assistance donnée au souverain, assistance qui a un caractère complémentaire de ses ressources normales qu'il doit tirer de son domaine : *adjutorium*, aide, subside, contribution ».

[85] Thomas (Yves), *Essai sur le consentement à l'impôt aux derniers siècles de l'Ancien régime (XVe-XVIIIe siècle)*, t. II, Paris 2, 1974, p. 312. V. not. l'article 12 de la *Magna Carta* de 1215, aux termes duquel : « Aucun impôt ou aide ne sera imposé, dans Notre Royaume, *sans le consentement du Conseil Commun de Notre Royaume*, à moins que ce ne soit pour la rançon de Notre personne, pour faire notre fils aîné chevalier ou, pour une fois seulement, le mariage de notre fille aînée. Et, pour ceci, il ne sera levé qu'une aide raisonnable ». Nous soulignons.

[86] *Ibid.*

[87] Dumont (François), « Les États français et les impôts », in *Études sur l'histoire des Assemblées d'États*, Paris, PUF, Travaux de recherches de la faculté de droit et des sciences économiques de Paris, 1966, p. 211-222, spéc. p. 216. Laferrière (Julien), *Cours de législation financière*, *op. cit.*, p. 36 : « L'impôt est accordé à la prière du roi ; *precarium*, en allemand *Bete* (de beten : prier) ».

[88] *Ibid.*

[89] *Ibid.*, p. 25.

Assemblées d'états revêt parfois « une forme quasi juridique »[90], dans la mesure où une contrepartie peut exister : les « États [n'accordent] l'impôt [que] si leurs doléances sont acceptées (…) »[91]. Les critères de l'acte de consentir – l'altérité, la volonté et les concessions réciproques – sont, au moins un temps, réunis. C'est ainsi que « pendant des siècles, sous l'influence du régime féodal, les contributions ont été considérées comme le résultat d'un contrat librement intervenu entre les gouvernants et les gouvernés »[92].

24. « Progressivement, ce principe est tombé en désuétude, Charles VIII affirmant le droit royal d'imposer »[93]. Sous la monarchie absolue, « les rois ont prétendu le droit de créer librement et souverainement de nouveaux impôts »[94], la contrainte en résultant excluant le consentement[95]. A cette époque, le vote obligatoire des subsides apparaît donc assez formel, ce qui donne au consentement des Assemblées d'état, une portée pratique très réduite[96], allant jusqu'à l'enregistrement d'édits fiscaux avant la période révolutionnaire.

25. Avec la Révolution, le consentement des représentants va être consacré à l'article 14 de la Déclaration des droits du 26 août 1789. Mais sa renaissance s'opère au prix de mutations. La « conception [féodale] d'un établissement contractuel de l'impôt »[97], plaçant en son cœur le consentement juridique du contribuable s'est transformé en droit royal d'imposer sous la monarchie absolue, puis en pouvoir de l'État d'imposer

---

90 Dumont (François), « Les États français et les impôts », in *Études sur l'histoire des Assemblées d'États*, *op. cit.*, p. 214.

91 *Ibid.*

92 Duguit (Léon), *L'État, le droit objectif et la loi positive*, 1901, rééd. Paris, Dalloz, 2003, p. 381-382. Cela s'inscrit en conformité avec le régime féodal qui, du point de vue juridique, « est caractérisé en principe par le fait que les rapports de gouvernants et de gouvernés ne sont point considérés comme les rapports de supérieurs à subordonnés, mais comme les rapports de deux contractants. Une série de contrats imposent des obligations réciproques aux divers membres de la hiérarchie féodale » (*Ibid.*, p. 329).

93 Damarey (Stéphanie), *Droit public financier*, *op. cit.*, n° 26.

94 Duguit (Léon), *L'État, le droit objectif et la loi positive*, *op. cit.*, p. 382.

95 Thomas (Yves), *Essai sur le consentement à l'impôt aux derniers siècles de l'Ancien régime (XVe-XVIIIe siècle)*, *op. cit.*, p. 455 : « Tout en excluant le consentement à l'impôt, les publicistes conseillent au prince d'expliquer à ses sujets la nécessité des subsides ».

96 *Ibid.*, p. 626.

97 Duguit (Léon), *L'État, le droit objectif et la loi positive*, *op. cit.*, p. 382.

au nom de sa souveraineté[98]. Du consentement à des subsides ponctuels manifestant un acte de volonté[99], on est passé à un consentement forcé[100] qui a perdu toute sa valeur juridique, pour enfin disparaître complètement[101]. Il convient néanmoins de souligner, qu'après la réunion des États Généraux le 5 mai 1789, un décret du 6 octobre 1789 instaure, sur l'initiative de Necker, une « levée d'un subside extraordinaire »[102], la *contribution patriotique*[103], ayant pour caractéristique d'être *volontaire*, sans contrôle de la déclaration du montant des ressources des contribuables[104]. Néanmoins, force est de constater qu'aucun consentement ne se

98 Kallergis (Andréas), *La compétence fiscale*, *op. cit.*, n° 63. L'idée était déjà présente sous la Rome antique. À cet égard, J. Laferrière fait état d'une « notion romaine de l'impôt, prélèvement opéré par l'État en vertu de sa souveraineté », v., *op. cit.*, p. 24. En effet, la première « marque » de la souveraineté selon Bodin est de « "donner des lois à tous en général et à chacun en particulier, et cela sans le consentement de plus grand, ni de pareil, ni de moindre de soi". Le souverain donne des lois aux sujets sans leur consentement (...) », v. J. Bodin, cité par Duguit (Léon), *L'État, le droit objectif et la loi positive*, *op. cit.*, p. 340-341. À cet égard, Esmein fait le constat suivant : alors que l'impôt était perçu comme une atteinte à la propriété avant la Révolution, il est désormais perçu comme une « obligation qui pèse sur chaque citoyen, parce que c'est une nécessité de toute société politique ». Dans la mesure où les contributions sont nécessaires, elles doivent être consenties par les représentants, v. Esmein (Adhémar), *Éléments de droit constitutionnel français et comparé*, *op. cit.*, p. 1113.

99 Hourson (Sébastien), *Les conventions d'administration*, Paris, LGDJ, Bibliothèque de droit public, 2014, n° 59 : « On ne peut consentir sans faire, dans le même temps, acte de volonté ».

100 Le consentement des contribuables, qui n'existe néanmoins presque plus à la fin de l'Ancien Régime, est à la rigueur concevable dans « une monarchie limitée, où le roi est considéré comme titulaire du pouvoir politique, sauf l'impossibilité de lever l'impôt sans le consentement de la nation ou de ses représentants ; mais cette conception est inadmissible sous un régime où le chef de l'État, les ministres et le parlement, agissant en une perpétuelle collaboration, constituent l'élément gouvernant, exprime une volonté gouvernante », Duguit (Léon), *L'État, le droit objectif et la loi positive*, *op. cit.*, p. 382.

101 Il s'agit de la disparition de « l'impôt contractuel » : « quand les chambres votent l'impôt, est-ce un contrat qui intervient entre le gouvernement, titulaire d'un droit de souveraineté, et les représentants des contribuables ? Évidemment, non. », *Ibid.*

102 Ardant (Gabriel), *Histoire de l'impôt. Du XVIII*e *au XXI*e *siècle*, Livre II, Paris, Fayard, 1972, p. 159.

103 De telles tentatives de contributions « patriotiques » sont également intervenues sous la forme « de pièces d'or lors des conflits de 1870 et 1914-1918 », sans jamais donner « aucun résultats convaincants », Orsoni (Gilbert), *Science et législation financières. Budgets publics et lois de finances*, *op. cit.*, p. 87.

104 Ardant (Gabriel), *Histoire de l'impôt. Du XVIII*e *au XXI*e *siècle*, *op. cit.*, p. 159.

traduisant « dans le domaine de l'impôt »[105], l'Assemblée constituante élabore en 1790-1791 la « refonte des impôts directs »[106].

26. La seule notion de consentement semble donc impuissante à fonder juridiquement le pouvoir fiscal de l'État. Le *principe de nécessité*[107] apparaît donc comme le fondement positif de la norme fiscale. Ainsi que le relève A. Maitrot de la Motte, « parce que des contributions sont nécessaires, elles sont individuellement imposées aux contribuables après qu'elles ont été collectivement consenties »[108]. La validité juridique de cette dernière tient alors à la compétence des représentants[109], compétence fondée sur le principe de nécessité de l'impôt[110]. Dans ce cadre, le consentement a une valeur légitimante[111] ; l'emploi de ce terme est tout au plus politique, mais non juridique. En effet, il est un processus *ex post* de « justification du pouvoir des gouvernants d'imposer des contraintes à la population et de prendre des décisions en son nom »[112]. Le consentement a donc une valeur légitimante, conséquentielle du principe de nécessité de l'impôt, lequel, pour être juridiquement fondé doit faire l'objet d'une adoption

---

105 *Ibid.*

106 *Ibid.*, p. 168.

107 Beltrame (Pierre), « La pensée libérale et l'impôt au XIXe siècle en France », *RFFP*, n° 84, 2003, p. 23-41, p. 38-41, cité par, Pelletier (Marc), *Les normes du droit fiscal*, *op. cit.*, n° 98 : « Le principe de consentement à l'impôt [a permis] de fonder – au moins en droit – le prélèvement fiscal ». Il faut substituer au *principe de consentement*, le *principe de nécessité à l'impôt*, qu'il faut entendre non plus comme un état de nécessité – temporel – mais permanent, qui peut seul fonder un prélèvement continu dans le temps.

108 Maitrot de la Motte (Alexandre), « Le consentement à l'impôt et les autorités européennes », *RFFP*, mai 2020, n° 150, p. 67.

109 Sachant que ce principe de légalité ne présente pas une dimension « exclusive » en droit fiscal, eu égard à l'habilitation constitutionnelle donnée à d'autres organes, v. Pelletier (Marc), *Les normes du droit fiscal*, *op. cit.*, n°s 214 et s.

110 Kallergis (Andréas), *La compétence fiscale*, *op. cit.*, n° 69. L'auteur met d'ailleurs en exergue la portée constitutionnelle contentieuse du principe de nécessité, qui est « susceptible d'être opposé au droit de propriété », contrairement au principe de consentement.

111 Damarey (Stéphanie), *Droit public financier*, *op. cit.*, n° 239. V. aussi Saïdj (Luc), « Finances publiques – Finances privées : Éléments d'introduction », *RFFP*, nov. 2012, n° 120, p. 5 et s : « (…) le principe de consentement à l'impôt, *principe de légitimation d'un acte de puissance publique* qui a ensuite engendré le droit budgétaire » (nous soulignons).

112 Ramelet (Laetitia), « Le consentement et la légitimité morale du pouvoir politique », in *Le consentement en droit*, *op. cit.*, spéc. p. 27. Tout état de contrainte suppose « une reconnaissance de l'adéquation des procédures menant à ces décisions [contraignantes] (…) ». *Ibid.*, p. 25-26.

« authentique »[113]. La contrainte est alors légitimement mais non juridiquement consentie.

27. « Les principes de légalité et d'annualité de l'impôt sont la traduction juridique de ce consentement de l'impôt »[114]. Le *principe de légalité* en matière fiscale est inscrit à l'article 34 de la Constitution qui constitue une réserve de loi au profit du législateur. Cette compétence s'exerce soit *via* des lois ordinaires, soit par les lois de finances.

2. Les limites du consentement des représentants

28. Les principes régissant la procédure formelle par laquelle les parlementaires votent l'impôt et qui traduisent juridiquement le consentement, connaissent certaines limites.

29. L'organe « législateur » bénéficie d'une compétence d'attribution, laquelle n'exclut pas la compétence du pouvoir règlementaire qui dispose notamment du « pouvoir de déposer le projet de loi de finances »[115], en plus des projets de lois ordinaires, desquelles découlent également les impositions. Par ailleurs, « si l'Union européenne ne détient pas de pouvoir fiscal »[116], les règles du droit de l'Union européenne contribuent à encadrer l'exercice par les parlementaires de leur pouvoir, à tel point qu'est revendiqué un « consentement européen à l'impôt »[117], voire un « consentement européen de l'impôt »[118]. S'agissant de l'impact des conventions internationales, elles ont pour objectif possible de prévenir et d'éliminer « certaines situations dites de double imposition »[119], sans pour autant exclure l'hypothèse d'une imposition par l'effet de l'application d'une convention qui vise à éliminer la non-imposition à des situations non souhaitées par leurs auteurs[120]. D'autre part, d'un point de vue procédural, les parlementaires sont soumis à la règle de l'irrecevabilité financière, posée par l'article 40 de la Constitution et par la LOLF, selon

---

[113] Cadoux (Charles), « Du consentement de l'impôt », *RSLF*, *op. cit.*, p. 432.
[114] Kallergis (Andréas), *La compétence fiscale*, *op. cit.*, n° 77.
[115] Damarey (Stephanie), *Droit public financier*, *op. cit.*, n° 242.
[116] *Ibid.*, n° 244.
[117] Maitrot de la Motte (Alexandre), *art. cit.*
[118] *Ibid.*
[119] Collet (Martin), *Droit fiscal*, Paris, PUF, Thémis droit, 8e éd., 2020, n° 127.
[120] V. par ex. la Convention fiscale entre la France et la principauté de Monaco, signée à Paris le 18 mai 1963, approuvée par la loi n° 63-817 du 6 août 1963 (JORF du 8 août 1963).

laquelle « toute initiative parlementaire impliquant une diminution des ressources publiques ou l'aggravation des charges publiques est considérée comme irrecevable »[121].

30. Une autre limite découle, par ailleurs, des « impératifs d'une pluriannualisation des finances publiques »[122], sous l'influence européenne. Le principe d'annualité a ainsi fait l'objet d'aménagements pour répondre à un « objectif d'équilibre des comptes des administrations publiques »[123].

31. Si le consentement du contribuable à la norme fiscale est une « fiction juridique »[124], le consentement du redevable conditionne la validité de certains actes participant à l'établissement de la norme d'imposition.

II. La validité des actes participant à l'établissement de la norme d'imposition, rarement dépendante du consentement du redevable

32. Les contribuables ne consentent pas individuellement à la norme fiscale. Mais, leur volonté peut jouer un rôle « dans l'opération de production des normes d'imposition »[125], en ce qui concerne leur établissement. Dans un certain nombre d'hypothèses, le consentement sert à exprimer une adhésion, est une « condition d'une opération administrative d'ensemble »[126]. Toutefois, le consentement du redevable dans ces hypothèses n'est pas la condition de validité des actes unilatéraux en cause. Le redevable n'est qu'un « auxiliaire »[127] de la norme d'imposition.

---

[121] Kallergis (Andréas), *La compétence fiscale*, *op. cit.*, n° 79. Ce propos doit néanmoins tenir compte de l'élargissement du pouvoir d'amendement des parlementaires depuis la LOLF. Les parlementaires peuvent désormais modifier les crédits au sein d'une mission (Cons. Const., 25 juillet 2001, déc. n° 2001-448 DC, *Loi organique relative aux lois de finances*), ce qui fait ainsi largement dépendre leur pouvoir de la marge de manœuvre dont ils disposent.

[122] Damarey (Stéphanie), *Droit public financier*, *op. cit.*, n° 692.

[123] Art. 34 de la loi du 23 juillet 2008.

[124] Rosa (Audrey), « Le droit de lever l'impôt », in Kott (Sébastien) (dir.), *Droit et comptabilité : la spécificité des comptes publics,* Paris, Economica, Finances publiques, 2017, p. 273-284, spéc. p. 279.

[125] Pelletier (Marc), *Les normes du droit fiscal*, *op. cit.*, n° 736.

[126] Plessix (Benoit), *Droit administratif général*, *op. cit.*, n° 817.

[127] Pelletier (Marc), *Les normes du droit fiscal*, *op. cit.*, n° 675. L'auteur défend, à cet égard, le fait que le contribuable qui paie spontanément devrait être reconnu comme l'auteur de la

Son consentement, qui permet « à une procédure administrative de prospérer »[128], a une fonction *permissive* (A.).

En revanche, dans certains cas, rares, le redevable consent à certains actes qui participent à l'établissement de la norme d'imposition, actes auxquels il a consenti en tant qu'auteur. Dans ces hypothèses, le consentement du redevable est une condition de validité des actes participant à l'établissement de la norme d'imposition et a donc une fonction *constitutive* (B.).

A. La fonction permissive du consentement du redevable

33. Il arrive que dans le processus d'établissement de la norme d'imposition, le consentement du redevable n'ait qu'un rôle permissif, sans pour autant être une condition de validité de l'acte unilatéral en cause. Cette fonction « permissive » du consentement, qui suppose que le destinataire de l'acte n'est évidemment pas son auteur au sens strict du terme, conduit à dire qu'il s'agit en réalité d'une « acceptation », plus qu'un consentement. Il s'agit en effet de « situations contractuelles factices »[129].

34. En outre et surtout, ces mécanismes se contentent d'« appliquer des dispositions fiscales législatives et règlementaires »[130]. Ils sont donc légalement prévus et n'aboutissent aucunement à la création d'une « situation juridique »[131], qui seule peut l'être par la volonté des parties et non par la loi. « Dans ces situations, ce sont les normes fiscales elles-mêmes qui font des manifestations de volonté des redevables des éléments déterminant l'opération de production des normes d'imposition »[132].

35. Les anciens forfaits « contractuels »[133], qui ont été supprimés le 1er janvier 1999, donnaient à l'acceptation du redevable une place centrale. Il s'agit d'une manière forfaitaire pour l'administration de déterminer les bénéfices de certaines petites entreprises, avec la participation du

---

norme d'imposition, car sa créance est exigible « à un moment antérieur à celui de l'édiction de l'acte administratif d'imposition ». *Ibid*, n° 681.

[128] Lamarque (Jean), Négrin (Olivier), L. Ayrault (Ludovic), *Droit fiscal général*, *op. cit.*, n° 928.

[129] *Ibid.*, n° 912.

[130] Pelletier (Marc), *Les normes du droit fiscal*, *op. cit.*, n° 746.

[131] Jèze (Gaston), « Théorie générale des contrats de l'administration », *RDP*, 1930, p. 82.

[132] Pelletier (Marc), *Les normes du droit fiscal*, *op. cit.*, n° 746.

[133] Art. 50 et 302 ter, anc., CGI.

redevable. Notification lui était faite de l'évaluation par l'administration du bénéfice de l'entreprise. Le redevable disposait alors d'un délai de 30 jours pour indiquer « les chiffres qu'il serait disposé à accepter »[134]. Cette procédure pouvait être analysée en un « acte administratif négocié »[135], étant entendu qu'un désaccord entre le redevable et l'administration donnait lieu à une fixation unilatérale du bénéfice par la commission départementale des impôts directs et des taxes sur chiffre d'affaires[136].

Ce mécanisme existe également en droit suisse : il s'agit du *forfait fiscal*. Il s'agit, pour les ressortissants étrangers domiciliés en Suisse n'y exerçant pas d'activité lucrative, de « demander à être imposés d'après un système forfaitaire »[137]. Cette « imposition après la dépense »[138] consiste « à déterminer une assiette taxable en fonction des dépenses courantes du contribuable sur laquelle sera appliqué le taux normal de l'impôt sur le revenu »[139]. Le rôle joué par la volonté du contribuable dans la détermination de son imposition est incontestable et son consentement est encore une fois permissif.

36. Tel est aussi le cas des *agréments*[140]. Ils sont des actes administratifs unilatéraux, qualifiés également « d'actes mixtes »[141], car permettant, après des négociations avec l'administration fiscale, l'application d'un régime particulier pour le redevable, lequel s'engage sur un certain nombre d'actions. Ils participent à la restructuration des entreprises, à

---

134 Art. L. 5, anc., LPF.

135 Lamarque (Jean), Négrin (Olivier), Ayrault (Ludovic), *Droit fiscal général*, *op. cit.*, n° 923.

136 *Ibid.*

137 Eckert (Jean-Blaise), Dorasamy (Rébecca), « Synthèse des évolutions majeures de la fiscalité suisse en 2016 », *Dr. fisc.* n° 9, 2 mars 2017. 187.

138 *Ibid.*

139 Message (Nicolas), « Le transfert de domicile fiscal », *Dr. fisc.*, n° 39, 26 septembre 2013, 440.

140 Richer (Laurent), Lichère (François), *Droit des contrats administratifs*, *op. cit.*, n° 99 : « La législation fiscale a prévu depuis 1984 la possibilité d'accorder à certains contribuables des allégements subordonnés à un agrément délivré par l'administration ». Certains auteurs ont vu en ces agréments un caractère contractuel (Fleuriet (Michel), *Les techniques de l'économie concertée*, Sirey, 1974), plus « équivoque », pour d'autres, qui ont qualifié le « contrat fiscal » de « contrat d'adhésion », « dans lequel l'autonomie des volontés est très restreinte » (Tournié (Gérard), *Les agréments fiscaux*, Paris, Pedone, 1970, p. 307).

141 *Ibid.*, p. 234.

l'aménagement du territoire, au développement économique de certains départements d'outre-mer par exemple[142].

Dans cette hypothèse, les agréments ne créent pas de situation juridique obligatoire, le consentement est donc uniquement permissif. En effet, le contribuable agréé reste « toujours libre de ne pas se prévaloir de l'agrément et de se placer dans des conditions fiscales de droit commun »[143].

37. De la même manière, le cas du *rescrit fiscal*, qui ne suppose pas d'« *engagements réciproques* »[144] et n'engendre « aucun lien de créancier à débiteur entre le contribuable et l'administration fiscale »[145]. Il s'agit d'une prise de position de l'administration sur une situation factuelle qui lui est présentée par le contribuable. Si l'intervention du contribuable permet de mener à bien la procédure du rescrit, elle ne provoque la création d'aucun « droit supplémentaire que d'obligations autres que celles afférentes au statut dont elle souhaite bénéficier »[146]. À cet égard, le Conseil d'État a jugé dans un arrêt du 26 mars 2008, *Association Pro Musica*, qu'une prise de position de l'administration fiscale sur le fondement de l'article L. 80 B du Livre des procédures fiscales n'emporte « aucun effet de droit sur cette situation régie par les dispositions législatives et règlementaires en vigueur »[147].

38. Un autre exemple est tiré de la *procédure de rectification contradictoire*. L'article L. 57 du Livre des procédures fiscales dispose que « [l]'administration adresse au contribuable une proposition de rectification qui doit être motivée de manière à lui permettre de formuler ses observations ou de faire connaître son *acceptation* ». L'article L. 16 B III bis du même Livre dispose quant à lui que « [a] u cours de la visite, les agents des impôts habilités peuvent recueillir, sur place, des renseignements et justifications concernant les agissements du contribuable mentionné au I auprès de l'occupant des lieux ou de son représentant et, s'il est présent, de ce contribuable, après les avoir informés

---

142 Lamarque (Jean), Négrin (Olivier), Ayrault (Ludovic), *Droit fiscal général*, *op. cit.*, n° 924.

143 Tournié (Gérard), *Les agréments fiscaux*, *op. cit.*, p. 249.

144 *EDCE*, 2008, p. 99.

145 Pérès (Cécile), « Du contrat public en général et du "rescrit contractuel" en particulier », *Revue des contrats*, 1er janv. 2009, n° 1.

146 « Le rescrit présente-t-il la nature d'un contrat ? », *Le contrat, mode d'action publique et de production de normes* : *EDCE*, 2008, p. 279 et s.

147 CE, 26 mars 2008, *Association Pro Musica*, n° 278858, Rec.

que leur *consentement* est nécessaire ». Ce consentement est encore une fois *permissif*, et il n'y a « aucun contrat passé avec le fisc »[148]. Dans cette hypothèse, précisément, l'exigence du consentement du redevable semble justifiée par le *droit ne pas contribuer à sa propre incrimination*[149] et permet alors la poursuite de l'opération administrative.

B. La fonction constitutive du consentement du redevable

39. Le « contractualisme fiscal »[150] accorde une place centrale au consentement du redevable qui est une condition de validité des actes ainsi formés. Contrairement aux hypothèses précédentes, le consentement n'est plus *permissif*, mais *constitutif*. Tel est le cas toutes les fois que le redevable donne son consentement à la formation d'une convention ou d'un contrat « tenant aux conditions de détermination de l'assiette de l'impôt »[151], ou relatif à l'aménagement d'une sanction fiscale. La place accordée à la volonté du redevable dans ce cadre fait néanmoins figure d'exception en droit fiscal. Cette « réalité juridique »[152], qui présente un caractère néanmoins circonscrit (1), interroge quant à sa généralisation (2).

1. Le développement circonscrit du contractualisme fiscal

40. Le contractualisme fiscal est une réalité juridique, néanmoins limitée. Il s'agit alors d'examiner les hypothèses correspondant à des contrats

---

148 Lamarque (Jean), Négrin (Olivier), Ayrault (Ludovic), *Droit fiscal général*, *op. cit.*, n° 928.
149 V. par ex. CAA Lyon, 7 janv. 2016, *SA Adige*, n° 13LY00884.
150 Le contractualisme fiscal doit être entendu ici comme visant tous les processus donnant naissance à un véritable contrat au sens du droit des obligations entre le contribuable et l'administration. Cette précision tient au fait que certains auteurs utilisent le terme de « contrat fiscal » comme visant « une sorte d'accord fiscal entre le peuple et le souverain », Bouvier (Michel), *L'impôt sans le citoyen ? Le consentement à l'impôt : un enjeu crucial pour la démocratie*, LGDJ, Forum, 2019, p. 43-48. Dans une autre hypothèse, « Le Ve Plan a qualifié de "contrat fiscal" les réductions d'impôts accordées aux entreprises en échange d'un programme d'investissement incitant la doctrine à s'interroger », Richer (Laurent), Lichère (François), *Droit des contrats administratifs*, *op. cit.*, n° 99, dont le caractère contractuel est néanmoins discuté, v. *supra*.
Le contractualisme fiscal se rapporte donc aux « réelles » (Lamarque (Jean), Négrin (Olivier), Ayrault (Ludovic), *Droit fiscal général*, *op. cit.*, n° 912) situations contractuelles correspondant à des « accords de volonté destinés à produire des effets juridiques qui sont réunis sous le terme générique d'"obligations" », Ricci (Jean-Claude), Lombard (Frédéric), *Droit administratif des obligations*, Sirey, Université, 2018, n° 48.
151 Lamarque (Jean), Négrin (Olivier), Ayrault (Ludovic), *Droit fiscal général*, *op. cit.*, n° 913.
152 Tournié (Gérard), *Les agréments fiscaux*, *op. cit.*, p. 277.

authentiques[153], qui ne peuvent être valablement formés sans le consentement du redevable. Si la transaction est une figure traditionnelle du contractualisme fiscal, s'y sont récemment ajoutés de nouveaux mécanismes.

41. La transaction, qui a été établie en matière fiscale dès 1820[154], est un contrat par lequel l'administration fiscale « consent au redevable une atténuation des sanctions et intérêts de retard prononcés ou simplement encourus »[155], en contrepartie de l'engagement pris par ce dernier de verser la somme fixée. En outre, les deux parties renoncent à engager toute « procédure contentieuse – née ou à naitre »[156]. En effet, l'exécution des obligations prévues par la transaction empêche toute introduction ou reprise d'une procédure contentieuse[157] en raison de « l'exception de la chose transigée »[158]. Son objet est donc circonscrit, dans la mesure où elle ne peut normalement porter[159], aux termes de l'article L. 247 du LPF qui la régit, que sur les sanctions fiscales et intérêts de retard non définitifs[160].

42. Le caractère contractuel conféré à la transaction résulte, d'une part, de ce qu'elle « repose sur des concessions réciproques »[161] et « nait de la rencontre entre les volontés des parties »[162] du contribuable et de l'administration fiscale. En outre, le contentieux de la formation de la transaction fiscale permet de mettre en exergue le caractère constitutif du consentement du redevable. Conformément à la théorie des vices du consentement, le juge vérifie que ce dernier n'a pas été entaché d'un tel

---

153 Lamarque (Jean), Négrin (Olivier), Ayrault (Ludovic), *Droit fiscal général*, *op. cit.*, n° 912.

154 G. Chavrier relève que « les ordonnances des 30 janvier et 13 février 1822 ont définitivement établi le droit de transiger en matière fiscale », v. « Réflexions sur la transaction administrative » *RFDA*, 2000, p. 548.

155 Lamarque (Jean), Négrin (Olivier), Ayrault (Ludovic), *Droit fiscal général*, *op. cit.*, n° 915.

156 *Ibid.*

157 Art. L. 251 LPF.

158 Pelletier (Marc), *Les normes du droit fiscal*, *op. cit.*, n° 619.

159 V. néanmoins l'arrêt CE, 10 fév. 2014, *Deloison*, n° 361424.

160 Lamarque (Jean), Négrin (Olivier), Ayrault (Ludovic), *Droit fiscal général*, *op. cit.*, n° 914.

161 *EDCE*, 2008, p. 99 ; Rosa (Audrey), « La contractualisation et le contribuable », *RFDA*, 2018, p. 236.

V. par ex. CE, 10 mai 1937, *Ministre des Finances c/ Sieur Beluze*, n° 54. 586, *Rec.*, p. 486 : « par [la transaction] le Sieur Beluze avait entendu renoncer à réclamer la restitution des droits qu'il avait acquittés, au titre de la taxe sur le chiffre d'affaires afférente aux opérations effectuées par lui du 1er oct. 1927 au 30 sept. 1930, l'administration consentant, de son côté à accorder au contribuable une réduction de pénalités ».

162 Buffa (Stéphane), *Le pouvoir discrétionnaire de l'administration fiscale*, *op. cit.*, p. 318.

vice[163]. Il « contrôle la présence de l'approbation de l'autorité administrative compétente ainsi que le consentement du contribuable, ce dernier portant sur les mêmes termes de la convention »[164].

43. Certains auteurs ont pu émettre des doutes sur la nature contractuelle de la transaction, la qualifiant plus volontiers de *convention*[165]. Alors que le contrat est un accord de volontés destiné à créer des obligations juridiques, la convention est seulement à l'origine d'effets juridiques. Or, la transaction n'est définitivement formée que lorsque le contribuable exécute ses obligations. Néanmoins, cette question de qualification est sans incidence sur le consentement du redevable, qui est, en tout état de cause, une des conditions de validité de la transaction et *constitutive* de la création d'une norme[166].

44. Si le caractère à tout le moins conventionnel de la transaction n'est pas contesté, elle présente une particularité tenant au déséquilibre des volontés

---

163 V. par ex. : CE, 9 nov. 1936, 8e s.-sect., *Dame X* : « considérant que conformément à l'art. 12 des lois codifiées par le décret du 15 nov. 1926, les rectifications envisagées par le contrôleur ont été modifiées le 17 nov. 1933 à la dame X…qui a présenté des observations dans un délai de vingt jours à elle imparti ; qu'à la suite de ces observations, le contrôleur a soumis un nouveau projet de taxation à la dame X… ; que celle-ci l'a accepté le 18 déc. 1933 et *qu'elle n'établit pas que son consentement ait été entaché d'un vice* qui frapperait cet accord de nullité, que dès lors, l'imposition supplémentaire calculée sur cette dernière base a été régulièrement établie ». Nous soulignons. V. aussi CE, 28 sept. 1983, *Sté Entr. Prévost*, *Rec.*, p. 376.

164 Buffa (Stéphane), *Le pouvoir discrétionnaire de l'administration fiscale*, *op. cit.*, p. 318.

165 *Ibid.*

166 Pourtant, cela n'a pas toujours été le cas. En effet, l'autorité de la chose jugée de la transaction (principe découlant de l'article 2052 du Code civil) est une règle qui n'a pas toujours été appliquée en droit fiscal par les juridictions administratives, contrairement aux juridictions civiles qui s'attachaient à appliquer les règles issues du Code civil. Cette volonté des juridictions administratives de donner à la transaction fiscale une certaine autonomie tenait à ce que la doctrine publiciste voyait la transaction comme « une forme de recouvrement consenti, une sorte de reconnaissance de dette », Pujol (Jean), *L'application du droit privé en matière fiscale*, LGDJ, 1987, p. 123, « dont la valeur est conditionnée par l'exigibilité de la dette du contribuable » (*Ibid.*). Dans cette situation, le consentement apparaissait comme simplement *permissif*, ne créant aucune norme nouvelle. Ainsi, la transaction n'était pas « le contrat de l'article 2044 du Code civil parce que "le caractère légal de l'obligation fiscale exclut toute possibilité de remise en cause contractuelle de l'étendue de la contribution et de ses modalités d'exécution" » (*Ibid.*). Cette conception, contredite par l'article L. 251 du LPF, est désormais dépassée dans la jurisprudence administrative. Le Conseil d'État juge par exemple que « la transaction a été exécutée par le redevable ; que dès lors la requête susvisée est devenue sans objet » (CE, 24 nov. 1976, *Felix Riviere*, n° 94.835).

échangées. En effet, les négociations entre le contribuable et l'administration sont « assez limitées »[167]. Le caractère contractuel de la transaction est à ce titre « très partiel »[168]. Le contribuable « ne dispose que d'un "pouvoir sur soi" (consentir) et non "d'un pouvoir sur l'autre" (négocier) tandis que l'Administration réunit les deux caractéristiques »[169]. Ce caractère conduit certains auteurs à qualifier la transaction de « contrat d'adhésion »[170]. Il n'en reste pas moins que le consentement du contribuable existe : il est libre de refuser la proposition de transiger.

45. D'autres mécanismes de contractualisation se sont développés en droit fiscal : il s'agit notamment des « accords préalables concernant les méthodes de détermination des prix de transfert »[171], des rescrits-valeur et, plus récemment, des conventions judiciaires d'intérêt public.

46. La procédure des *accords préalables* en matière de prix de transfert a été introduite par une instruction administrative de 1999 et « permet à un contribuable de demander à l'administration fiscale française de conclure avec une autorité fiscale étrangère un accord bilatéral sur les méthodes de valorisation des prix de transfert devant être appliquées dans les transactions futures par l'entreprise »[172]. Cette procédure suppose donc un accord préalable entre l'entreprise et l'administration fiscale, qui envoie une lettre au contribuable pour en déterminer les termes. « Le contribuable, en signant cette lettre, en accepte les termes et s'engage à en respecter les conditions »[173]. Cet accord donne lieu à un accord principal entre les autorités fiscales des deux États dont l'application est permise par l'accord préalable[174] passé entre le contribuable et l'administration française.

47. Par ailleurs, s'agissant du *rescrit « valeur »*, il « permet à un dirigeant projetant de donner son entreprise d'obtenir de l'administration un accord exprès sur la valeur à retenir pour l'assiette des droits d'enregistrement

[167] Collet (Martin), Collin (Pierre), *Procédures fiscales, Contrôle, contentieux et recouvrement de l'impôt*, Paris, PUF, Thémis, 4ème éd., 2019, n° 314.
[168] *Ibid.*
[169] Chavrier (Géraldine), *art. cit.*
[170] *Ibid.*
[171] Lamarque (Jean), Négrin (Olivier), Ayrault (Ludovic), *Droit fiscal général*, *op. cit.*, n° 917.
[172] *Ibid.*, n° 918.
[173] *EDCE*, 2008, p. 67.
[174] Lamarque (Jean), Négrin (Olivier), Ayrault (Ludovic), *Droit fiscal général*, *op. cit.*, n° 918.

frappant la donation »[175]. La nature contractuelle de cette procédure résulterait des effets intangibles que lui confère la loi depuis 2009[176]. L'équivoque qui subsiste a conduit le Conseil d'État en 2008 dans son rapport annuel à recommander la « contractualisation du rescrit »[177] fiscal pour en faire un « véritable contrat »[178].

48. Enfin, la loi « fraude » du 23 octobre 2018[179] a ouvert la possibilité aux entreprises poursuivies pour fraude fiscale devant les tribunaux judiciaires de signer une *convention judiciaire d'intérêt public*, instaurée par la loi Sapin II deux ans auparavant[180], ce qui s'inscrit dans un mouvement de « pénalisation accrue du droit fiscal »[181]. Ce mécanisme permet à une personne morale « de conclure une transaction judiciaire lui permettant d'échapper aux poursuites pénales, en contrepartie du paiement d'amendes »[182]. La convention fait ensuite l'objet d'une ordonnance de validation par le Procureur[183], qui « n'emporte ni reconnaissance des faits, ni déclaration de culpabilité et n'a ni la nature ni les effets d'un jugement de condamnation »[184]. Deux conventions ont jusqu'à présent été conclues en matière fiscale, dont la dernière avec la Société Google le 3 septembre 2019, par laquelle la société s'est engagée à verser à l'administration fiscale la somme de 965 millions d'euros[185], validée par le Procureur le 19 septembre 2019.

---

175 *Ibid.*, n° 920.

176 *Ibid.*

177 *EDCE*, 2008, p. 224.

178 *Ibid.*

179 Loi n° 2018-898 du 23 octobre 2018 relative à la lutte contre la fraude.

180 Collet (Martin), Collin (Pierre), *Procédures fiscales, Contrôle, contentieux et recouvrement de l'impôt*, *op. cit.*, n° 288 *bis*.

181 Vergnet (Nicolas), « La fraude fiscale : vers une pénalisation accrue du droit fiscal ? », *Cahiers de droit de l'entreprise* n° 1, janv. 2020, dossier 1.

182 Picard (Brice) et Cherruault (Camille), « La convention judiciaire d'intérêt public Google, ou comment la procédure pénale a sauvé une rectification fiscale », *Revue Internationale de la Compliance et de l'Éthique des Affaires* n° 6, déc. 2019, comm. 200.

183 Artigas (Alexia) et Barbier (Pauline), « Les conventions judiciaires d'intérêt public », *Cahiers de droit de l'entreprise* n° 1, janv. 2020, dossier 3.

184 *Ibid.*

185 Picard (Brice) et Cherruault (Camille), *art. cit.*

2. Le développement généralisable du contractualisme fiscal ?

49. La généralisation de mécanismes conditionnés par le consentement du redevable soulève la question de leur contrariété aux principes constitutionnels de réserve de loi et d'égalité en matière fiscale. Par ailleurs, les contrats passés entre plusieurs redevables, consistant à aménager les modalités de l'établissement de la norme d'imposition sont inopposables à l'administration fiscale. Les fruits du consentement *constitutif* des redevables se heurtent donc à de sérieuses limites.

50. Dans une première acception, *le principe de légalité* implique la réserve de loi pour *créer* une partie des normes fiscales. Quant à l'administration fiscale, elle est dans l'« obligation d'utiliser l'habilitation législative pour la production de normes d'imposition »[186]. C'est la « légalité fiscale »[187], entendue comme principe de compétence du législateur en matière fiscale. Toutefois, dans une seconde acception, le principe de légalité en matière fiscale signifie, que « l'auteur des normes fiscales [le législateur] peut laisser à l'auteur de la norme d'imposition [l'administration fiscale] une faculté plus ou moins grande de déterminer le contenu de cette norme »[188]. Il s'agit de la légalité entendue comme cadre d'action de l'administration. Les mécanismes de contractualisation sont ainsi « des actes individuels qui, par la marge de manœuvre qu'ils offrent aux redevables pour l'établissement de la créance fiscale, ne font qu'appliquer des dispositions législatives et règlementaires »[189]. L'administration fiscale peut donc contracter avec un contribuable, « conformément à une loi en raison justement du caractère légal de l'impôt »[190].

51. Cependant, « le contrat ne peut être qu'exceptionnel et limité à un but précis »[191]. Car, si cela aboutit seulement à étendre le pouvoir de l'administration, sa généralisation se heurte à la compétence du législateur définie par la Constitution, qui interdit le transfert de l'intégralité de ses compétences fiscales[192]. Il faudrait, pour ce faire, modifier l'article 34 de la

---

186 Pelletier (Marc), *Les normes du droit fiscal*, *op. cit.*, n° 237.

187 Pour une distinction entre « légalité fiscale » et « légalité en matière fiscale », v. *Ibid.*, n° 211 et s.

188 *Ibid.*, n° 806.

189 *Ibid.*, n° 743.

190 Tournié (Gérard), *Les agréments fiscaux*, *op. cit.*, p. 290.

191 *Ibid.*, p. 291.

192 *Ibid.*, p. 282.

Constitution. Cela aboutirait à un retour à la situation féodale, qui faisait du consentement du contribuable une condition de validité de la norme fiscale[193], et non seulement « un élément déterminant l'opération de production de la norme d'imposition en vertu des normes fiscales elles-mêmes »[194].

Comme l'indique C. Pérès, commentant la contractualisation du rescrit recommandée par le Conseil d'État dans son rapport annuel de 2008 : « [e]n faisant de l'explicitation de la règle de droit et de son application aux situations juridiques des objets de consentement, l'accord de rescrit laisse aujourd'hui entrevoir, plus gravement, une loi en quête de légitimité, cherchant à sortir de l'impasse en sollicitant formellement l'adhésion personnelle des sujets de droit au stade de son application. Ainsi pourra-t-on peut-être laisser croire à ces derniers que leur consentement individuel constitue désormais une condition de la conclusion du traditionnel syllogisme juridique »[195].

52. En second lieu, parce que les mécanismes de contractualisation produisent des effets juridiques et sont à cet égard, la *loi des parties* entre le contribuable pris individuellement et l'administration fiscale, ils heurtent directement[196] le « principe d'égalité en matière fiscale »[197].

D'une part, l'instauration généralisée de réels contrats fiscaux serait contraire au principe *d'égalité devant la loi*, fondé sur l'article 6 de la Déclaration de 1789. En effet, la généralisation d'un « procédé [dépassant] de loin la seule application au cas individuel de la loi fiscale »[198], en créant au profit du contribuable « de nouveaux droits et obligations »[199], franchirait difficilement pour le Conseil constitutionnel l'obstacle du principe d'égalité devant la loi. Un exemple est tiré des forfaits contractuels qui ont été évoqués plus haut. Nonobstant l'absence de caractère

193 Duguit (Léon), *L'État, le droit objectif et la loi positive*, *op. cit.*, p. 382.

194 Pelletier (Marc), *Les normes du droit fiscal*, *op. cit.*, n° 746.

195 Pérès (Cécile), *art. cit.*

196 Tournié (Gérard), *Les agréments fiscaux*, *op. cit.*, p. 291.

197 Ayrault (Ludovic), « Le principe d'égalité en matière fiscale », Titre VII [en ligne], avril 2020, n° 4. L'auteur soutient que ce n'est pas l'égalité devant l'impôt qui comprend les deux branches constituées par l'égalité devant la loi et l'égalité devant les charges publiques, mais l'égalité en matière fiscale.

198 Pérès (Cécile), *art. cit.*

199 *Ibid.* V. aussi Noël (Gilles), « Relations entre l'administration fiscale et les contribuables. – Amélioration des relations. – Perspectives d'avenir », Fasc. 216-50, *Jcl. Proc. Fisc.*, 2015.

réellement contractuel de ce forfait, qui présente seulement l'avantage d'être déterminé à l'issue d'une phase de négociation[200], sa constitutionnalité au regard du principe d'égalité devant la loi a été contestée. Le Conseil constitutionnel a jugé que « le principe d'égalité n'interdit pas au législateur de tenir compte de la nature particulière de l'activité des diverses catégories de travailleurs indépendants pour édicter les règles fiscales qui leur sont applicables ; les règles relatives au forfait peuvent différer ainsi selon les catégories professionnelles (...) »[201]. Ce forfait a, depuis lors, été supprimé et remplacé par un forfait dit « *micro* BIC » (L. 30 déc. 1998, art. 7), à propos duquel le Conseil constitutionnel a également jugé qu'il n'était pas constitutif d'une rupture d'égalité devant la loi, le législateur ayant entendu « simplifier les démarches et les obligations des petites entreprises », et fondé « au regard de l'objet de la loi, (...) son appréciation sur des critères objectifs et rationnels en déterminant les seuils applicables et les catégories d'entreprises concernées »[202].

D'autre part, le contrôle est également effectué sur le terrain de l'article 13 de la Déclaration de 1789, par le biais de *l'égalité devant les charges publiques*, lequel « permet d'éviter une trop grande disparité de traitement fiscal entre [les redevables] »[203], et, dont la rupture peut être invoquée en combinaison avec l'article 6 de la Déclaration de 1789[204].

53. Devant le juge administratif, le contentieux de la transaction fiscale relève du juge de l'excès de pouvoir[205] et non du juge du plein contentieux[206]. À cet égard, bien que les mesures soient prévues

---

200 Lamarque (Jean), Négrin (Olivier), Ayrault (Ludovic), *Droit fiscal général*, *op. cit.*, n° 923.

201 Cons. Const., 29 déc. 1983, n° 83-164 DC, *Loi de finances pour 1984*, cons. 3 ; *Dr. fisc.*, 1984, n° 2-3, comm. 49 ; *JCP G*, 1984, II, 20160, note Decoq (André) et Drago (Roland) ; *RJF*, 1984, n° 1186.

202 Cons. Const., 29 déc. 1998, n° 98-405 DC, *Loi de finances pour 1999*, cons. 18 à 21 ; *Rec. Cons. Const.* 1998, p. 326 ; *RJF*, 1999, n° 194).

203 Ayrault (Ludovic), *art. cit.*

204 Cons. Const., 30 déc. 1987, n° 87-237 DC, *Loi de finances pour 1988*.

205 CE, 18 janv. 2017, *SARL MRB*, n° 386434 : « la décision par laquelle l'administration fiscale rejette une demande de transaction présentée par un contribuable ne peut être contestée que par la voie d'un recours pour excès de pouvoir ».

206 En plein contentieux, dès lors que la norme d'imposition a été établie en conformité à la norme fiscale, « le contribuable ne peut pas invoquer l'inégalité de la situation dans laquelle il serait placé par rapport à d'autres contribuables ». Note et concl. Daumas (Vincent) sur CE, 3e et 8e ss-sect., 10 fév. 2014, n° 361424, *M. Deloison*, « Juridiction gracieuse : le moyen tiré de la violation du principe d'égalité est inopérant pour contester

légalement, l'administration « reste maîtresse de la décision de l'accorder ou non »[207], compte tenu de son pouvoir discrétionnaire. Ainsi, le refus par l'administration de transiger avec un contribuable pourrait être contesté sur le fondement du principe d'égalité. Dans l'affaire *Deloison*[208], le rapporteur public avait proposé d'accueillir un moyen tiré de la violation du principe d'égalité : « Si un contribuable fait valoir que, dans une situation à première vue analogue, l'administration a accordé à un autre contribuable le bénéfice d'une mesure gracieuse qu'elle lui a refusé, elle devra s'en expliquer : soit en démontrant – pourquoi pas ? – que la décision favorable dont le contribuable se prévaut est illégale ; soit en indiquant pourquoi, en réalité, les situations sont différentes ; soit en faisant valoir un motif d'intérêt général en rapport avec l'objet de la mesure demandée qui justifie la différence de traitement »[209]. Mais le Conseil d'État n'a pas suivi ces propositions et a jugé le moyen inopérant. Il faut y voir une volonté pour le juge administratif de préserver la marge de manœuvre de l'administration, dans le cadre de la légalité en matière fiscale, qui semble primer sur l'égalité.

54. Enfin, les contrats conclus entre *plusieurs redevables* ayant pour objet d'aménager les modalités de l'établissement de la norme d'imposition[210] sont *inopposables* à l'administration fiscale. Dans un arrêt du Conseil d'État de 2012, *M. et Mme Vaillant*[211], le Conseil a jugé que les stipulations d'un contrat conclu entre plusieurs redevables affectant la règle fixée par des dispositions du Code général des impôts « ne régissent que les relations entre les parties et n'ont *aucune incidence sur la détermination des redevables de l'impôt au regard de la loi fiscale* »[212]. En l'espèce, il s'agissait de la

---

le refus de l'Administration d'accorder une transaction », *Dr. fisc.* n° 15, 10 avr. 2014, comm. 270. À partir du moment où le principe de légalité en matière fiscale est respecté, le moyen tiré de l'inégalité est sans rapport avec l'objet du litige : CE, 9° et 10° ss-sect., 16 mai 2011, n° 315382, *Trézières* : *Rec.*, p. 901 ; *Dr. fisc.* 2011, n° 24, comm. 390, concl. Legras (Claire) ; *RJF*, 8-9/2011, n° 922.

207 Note et concl. Daumas (Vincent) sur CE, 3e et 8e ss-sect., 10 fév. 2014, n° 361424, *M. Deloison*, précité.

208 CE, 3e et 8e ss-sect., 10 fév. 2014, *M. Deloison*, n° 361424.

209 *Ibid.*

210 V. not. Derouin (Philippe), « L'impôt, objet d'obligation civile », in *Mélanges J.-P. Le Gall*, *op. cit.*, p. 186.

211 CE, 10e et 9e ss-sect., 28 mars 2012, *M. et Mme Vaillant*, n° 320570, concl. Boucher (Julien), note Vié (Jean-Marc), *Dr. fisc.*, n° 51-52, 20 déc. 2012, comm. 565. V. aussi pour une solution identique CAA Lyon, 3 avr. 2014, *SCI Le Verger de Champagnier*, n° 13LY02268.

212 CE, 10e et 9e ss-sect., 28 mars 2012, *M. et Mme Vaillant*, n° 320570. Nous soulignons.

détermination des redevables de l'impôt sur le revenu dû à raison des bénéfices d'une société de personnes. S'il est loisible aux associés de fixer par contrat des modalités de répartition des résultats entre les associés présents à la date de clôture de l'exercice qui diffèrent de la répartition prévue dans le pacte social, il ne peut être dérogé par voie contractuelle aux règles qui découlent de l'article 8 du CGI[213] en prévoyant contractuellement la détermination des redevables, ce qui « échappe totalement au libre choix de ces derniers »[214].

55. Il est ainsi possible d'identifier de nombreux écueils qui se heurtent au développement des contrats, passés entre l'Administration fiscale et les redevables, ou, entre les redevables eux-mêmes, dans le cadre desquels le consentement du redevable est *constitutif* d'une nouvelle situation juridique. D'une violation potentielle de principes constitutionnels à l'inopposabilité, voire à la nullité pour violation de l'ordre public, la généralisation de tels contrats laisse songeur.

56. Si le consentement du contribuable aux normes fiscales est juridiquement inexistant, celui du redevable à l'établissement de la norme d'imposition est inséré dans des limites telles, que sa consistance juridique semble bien ténue.

---

213 Concl. Boucher (Julien), préc.
214 Vié (Jean-Marc), *art. cit.*

Le consentement du citoyen. Les instruments constitutionnels de l'expression de l'adhésion du citoyen

Ioannis Michalis
Docteur en droit public de l'Université Paris I Panthéon-Sorbonne

Dans l'*Histoire de la guerre du Péloponnèse*, Thucydide cite l'oraison funèbre prononcée par Périclès en l'honneur des victimes de la première année de la guerre. Le stratège fait l'éloge du régime que sa cité a inventé et qui a été appelé démocratie, « comme les choses dépendent non pas du petit nombre, mais de la majorité »[1]. Dans la démocratie directe instaurée à Athènes, les citoyens, libres et égaux, se réunissaient à l'ecclésia pour prendre, selon le principe de majorité, les décisions qui les concernaient. Toutefois, la démocratie directe, qui est la forme la plus pure de démocratie, n'a jamais été véritablement appliquée, car même la démocratie athénienne était en réalité illusoire[2] : seulement une petite partie des habitants de la ville avaient des droits politiques et donc la qualité du citoyen – les femmes, les métèques et les esclaves étant exclus de la vie politique – et, malgré l'*iségorie*, tous les citoyens ne s'exprimaient pas sur la Pnyx[3]. Par exemple, Mantithée, dans son discours rédigé par Lysias, s'excuse d'avoir pris la parole à l'ecclésia en tant que très jeune citoyen[4].

Or, dans l'époque moderne, la mise en place d'une démocratie directe, telle qu'elle a été conçue à Athènes, est, tout d'abord, pratiquement impossible : dans les États modernes, qui sont beaucoup plus larges que les cités grecques, les citoyens ne peuvent pas se réunir régulièrement pour prendre des décisions sur toutes les affaires de l'État, qui sont de plus en plus complexes[5]. D'ailleurs, dans le cadre constitutionnel français attribuant la

---

[1] Thucydide, *Histoire de la guerre du Péloponnèse*, Livre II, §. XXXVII, trad. de Romilly (Jacqueline), Paris, Les Belles Lettres, « Collection des universités de France », 1962, p. 27.
[2] Favoreu (Louis) et al., *Droit constitutionnel*, Paris, Dalloz, Précis, 22e éd., 2019, p. 642.
[3] V. De Romilly (Jacqueline), *Problèmes de la démocratie grecque*, Paris, Hermann, Agora, 1986.
[4] Lysias, *Plaidoyer pour Mantithée devant le Sénat*, §. 20.
[5] V. à titre indicatif : Montesquieu, *De l'esprit des lois*, Londres, Nourse, 1772, t. 1, Livre XI, Chapitre VI, p. 195 ; Sieyès, Discours du 7 septembre 1789, in Madival (Jérôme) et al. (dir.), *Archives parlementaires de 1787 à 1860*, t. VIII, Paris, Paul Dupont, 1875, p. 592-597, spéc. p. 594 ; Favoreu (Louis) et al., *Droit constitutionnel*, *op. cit.*, p. 642.

souveraineté à la nation[6], une entité abstraite et plus étendue que le peuple, l'exercice du pouvoir directement par la Nation souveraine est impossible[7]. Mais, même dans le cas de la souveraineté populaire, la démocratie directe dans sa forme originelle serait une menace pour la séparation des pouvoirs, l'État de droit et *in fine* la liberté individuelle des minorités[8].

C'est pourquoi le constitutionnalisme a inventé la représentation[9] : le peuple désigne par des élections ses représentants, qui ont le mandat d'exprimer la volonté générale. La représentation par mandat est surtout connue en droit privé. Elle est prévue par le Code civil et permet à une personne de donner le pouvoir à une autre personne d'accomplir un acte juridique en son nom[10]. Cette institution était ignorée par le droit romain[11]. Elle a été développée en droit public lors du Moyen-Âge quand les hauts dignitaires du royaume, en raison des difficultés de transport, ont dû se faire représenter auprès du roi quand ils étaient convoqués. Les abbayes et les bonnes villes ont adopté le procédé de l'élection pour désigner leurs représentants[12], qui étaient liés par la volonté des représentés[13], comme dans le contrat privé de mandat[14].

---

[6] Art. 3 de la DDHC ; Art. 3 alinéa 1er de la Constitution de 1958.

[7] Carré de Malberg (Raymond), *Contribution à la théorie générale de l'État*, t. 2, Paris, Recueil Sirey, 1922, p. 200, renvoyant à Duguit (Léon), *L'État, les gouvernants et les agents*, Paris, A. Fontemoing, 1903, p. 24 ; Vedel (Georges), *Manuel élémentaire de droit constitutionnel*, Paris, Recueil Sirey, 1949, p. 319 ; Hamon (Francis), Troper (Michel), *Droit constitutionnel*, Issy-les-Moulineaux, LGDJ, Manuel, 40e éd., 2019, p. 193.

[8] V. Kelsen (Hans), *La démocratie : Sa nature – Sa valeur*, 2e éd., trad. Eisenmann (Charles), Paris, Recueil Sirey, 1932, rééd. Dalloz, 2004, p. 7 sq. ; Böckenförde (Ernst-Wolfgang), « §. 34 : Demokratische Willensbildung und Repräsentation », in Isensee (Josef), Kirchhof (Paul) (dir.), *Handbuch des Staatsrechts der Bundesrepublik Deutschland*, t. III, Heidelberg, C. F. Müller, 3e éd., 2005, p. 33.

[9] Jaume (Lucien), « Représentation », in Alland (Denis), Rials (Stéphane) (dir.), *Dictionnaire de la culture juridique*, Paris, PUF, 2003, p. 1335-1339, spéc. p. 1335.

[10] Art. 1984 du Code civil ; Cornu (Gérard) (dir.), *Vocabulaire juridique*, Paris, PUF, Quadrige, 12e éd., 2018, p. 638.

[11] Terré (François) et al., *Droit civil, Les obligations*, Paris, Dalloz, Précis, 12e éd., 2018, p. 261 ; Le Tourneau (Philippe), « Mandat », in *Répertoire de droit civil*, Paris, Dalloz, 2017, mise à jour 2019, n° 2.

[12] Brunet (Pierre), « La représentation », in Chagnollaud (Dominique), Troper (Michel), *Traité international de droit constitutionnel*, Paris, Dalloz, Traités, 2012, t. 1, p. 616.

[13] *Ibid.*, p. 618.

[14] V. Malinvaud (Philippe) et al., *Droit des obligations*, Paris, LexisNexis, Manuel, 15e éd., 2019, p. 112.

Or, dans la démocratie le représentant n'est pas lié par la volonté de ses électeurs. Selon l'article 27 alinéa 1er de la Constitution de 1958, « Tout mandant impératif est nul ». Cette dissociation de la volonté du peuple et des représentants remonte à la Révolution française. À cette époque, les constituants ont été confrontés au « paradoxe de la représentation » : soit l'Assemblée nationale crée la volonté de la nation, primant ainsi sur la volonté du peuple, soit elle reproduit la volonté de la nation, ce qui la transforme en un mécanisme passif. L'abbé Sieyès a surmonté ce dilemme par sa théorie de la délibération : l'Assemblée nationale se réunit et, après délibération, interprète et présente la volonté générale[15]. La suppression des mandats impératifs était donc nécessaire, afin que le Parlement puisse devenir une assemblée délibérative[16]. Dans la démocratie représentative, le mandat parlementaire est libre de toute instruction et toutes les propositions alternatives présupposent la mise en œuvre d'une démocratie directe, ce qui n'est pas réalisable de nos jours[17].

Contrairement donc au droit privé, dans lequel les actions du mandataire sont attribuées au mandant du fait que le représentant ne peut agir « que dans la limite des pouvoirs qui lui ont été *conférés* »[18], en droit constitutionnel l'imputabilité des actes des représentants aux représentés n'est pas liée à un pareil contrôle. Il n'est pas donc possible de transposer en droit public le mécanisme de représentation du droit privé et de parler d'un consentement dans le sens privatiste de l'accord des volontés[19]. Comme le remarque Hans Kelsen il y aurait une représentation véritable en droit constitutionnel, seulement si les représentants avaient « l'obligation juridique d'exécuter la volonté des personnes qu'ils représentent » et si « le respect de cette obligation [était] juridiquement

[15] Brunet (Pierre), *Vouloir pour la Nation, Le concept de représentation dans la théorie de l'État*, Paris, Bruylant-LGDJ, Publications de l'Université de Rouen, 2004, p. 93-94 ; v. Motion du 17 juin 1789, in Madival (Jérôme) et al. (dir.), *Archives parlementaires de 1787 à 1860*, t. VIII, *op. cit.*, p. 127.

[16] Brunet (Pierre), « La représentation », *art. cit.*, p. 628

[17] Pfersmann (Otto), « La légitimite post-élective et le devoir du citoyen », *Cités*, 2019/3, n° 79, p. 119-127 (125), qui cite deux exemples de modèles opposés : la democratie des conseils (Arendt (Hannah), *On Revolution*, New York, The Viking Press, 1962 ; Dubigeon (Yohan), *La démocratie des conseils, Aux origines modernes de l'autogouvernement*, Paris, Klincksieck, 2017) et le mécanisme de vote en ligne des militants prévu dans l'accord de gouvernement entre la Ligue et le Mouvement de Cinq Étoiles en Italie.

[18] Art. 1153 du Code civil.

[19] Sur ce sens du consentement en droit privé v. à titre indicatif : Terré (François) et al., *Droit civil, Les obligations*, *op. cit.*, p. 195 et s.

garanti »[20]. Malgré les différents efforts, entrepris notamment par Léon Duguit[21], de construire une relation spécifique liant les représentants aux représentés, le mandat de représentation en droit constitutionnel est une fiction. L'usage des termes de mandat ou de représentation fait « naître des attentes que le dispositif juridique est insusceptible de satisfaire »[22]. En effet, il est considéré que le peuple ne peut s'exprimer que par ses représentants, bien que ces derniers ne puissent pas recevoir d'instructions par ses électeurs[23].

Se pose alors la question de la justification de l'existence, de l'action et des résultats du pouvoir, en d'autres termes la question de la légitimation du pouvoir[24]. Laissant de côté les considérations morales ou politiques, du point de vue juridique la légitimité se résorbe dans la légalité[25]. Les représentants sont légitimes dans la mesure où ils sont désignés par des élections libres et régulières prévues par la Constitution. Le principe majoritaire des élections permet ainsi de garantir la liberté au plus grand nombre d'individus[26], mais la démocratie implique aussi la garantie d'un certain nombre de droits et de libertés sans lesquels la participation de citoyens ne serait pas juridiquement réalisée[27]. Ce double cadre des élections et de l'État de droit permet ainsi, selon les termes du sujet, le consentement ou l'adhésion des citoyens au système démocratique, dans les limites duquel sont prises toutes les décisions.

---

[20] Kelsen (Hans), *Théorie générale du droit et de l'État*, 1945, trad. Larauche (Béatrice) et Faure (Valérie), Paris, Bruxelles, LGDJ-Bruylant, 1997, p. 339.

[21] Duguit (Léon), *Le mandat en droit public et la théorie juridique de l'organe*, Paris, A. Fontemoing, 1902, spéc. p. 18 ; v. aussi : Barthélemy (Joseph), Duez (Paul), *Traité de droit constitutionnel*, Paris, Dalloz, 1933, p. 103.

[22] Pfersmann (Otto), « La légitimité post-élective et le devoir du citoyen », *art. cit.*, p. 125.

[23] Kelsen (Hans), *La démocratie : Sa nature – Sa valeur*, *op. cit.*, p. 36 ; Kelsen (Hans), *Théorie générale du droit et de l'État*, *op. cit.*, p. 338 sq. ; v. aussi : Brunet (Pierre), *Vouloir pour la Nation*, *op. cit.*, p. 5 sq. ; Bottini (Eleonora), « La volonté générale à l'épreuve de la réclamation », in Rousseau (Dominique) (dir.), *Réclamer en démocratie*, Mare & Martin, ISJPS, 2019, p. 501-534, spéc. p. 502.

[24] Pfersmann (Otto), « La légitimité post-élective et le devoir du citoyen », *art. cit.*, p. 120.

[25] Rousseau (Dominique), « La démocratie continue, Espace public et juge constitutionnel », *Le Débat*, 1997/4, n° 96, p. 73-88 (74) ; v. aussi Goyard-Fabre (Simone), « Légitimité », in Alland (Denis), Rials (Stéphane) (dir.), *Dictionnaire de la culture juridique*, *op. cit.*, p. 929-933, spéc. p. 929.

[26] Kelsen (Hans), *La démocratie : Sa nature – Sa valeur*, *op. cit.*, p. 8.

[27] Pfersmann (Otto), « La légitimité post-élective et le devoir du citoyen », *art. cit.*, p. 123.

La distinction entre consentement et adhésion est subtile en droit constitutionnel. En droit privé, l'adhésion est une forme de consentement[28] qui concerne des contrats comportant « un ensemble de clauses non négociables, déterminées à l'avance par l'une des parties »[29]. En droit public, dans la mesure où la délibération des lois est réservée aux membres du Parlement, il pourrait être soutenu que les citoyens ne consentent pas, mais ils adhèrent aux décisions de leurs représentants. Or, l'interdiction du mandat impératif qui rend le mandat de représentation fictif doit être relativisée : les candidats se présentent aux élections dans le cadre d'une plateforme menée par un parti politique. Ces derniers, dont le statut a été constitutionnalisé[30], sont porteurs d'une idéologie politique et représentent des intérêts spécifiques. Une grande partie de la volonté générale se forme en leur sein[31]. Lors des élections, les citoyens ne choisissent pas seulement une personne, mais aussi un programme politique et ils ont même la possibilité de participer à sa formation en intégrant un parti politique. L'État des partis (*Parteienstaat*[32]) est ainsi présenté comme une forme rationalisée de la démocratie directe[33].

Toutefois, c'est un lieu commun de parler de la crise de la démocratie représentative[34]. Le lien entre les partis politiques et les représentants d'une part et les citoyens d'autre part est abîmé et des mouvements récents comme celui de « Gilets jaunes »[35] en constituent une belle illustration. Mis

---

[28] Chénedé (François), « Raymond Saleilles, Le contrat d'adhésion », *Revue des contrats*, 2012, n° 1, p. 241-258, n° 3, p. 1020.

[29] Art. 1110 alinéa 2 du Code civil ; le terme du contrat d'adhésion a été proposé par Saleilles (Raymond), *De la déclaration de volonté, Contribution à l'étude de l'acte juridique dans le Code civil allemand*, Paris, F. Pichon, 1901, p. 229.

[30] Art. 4 de la Constitution de 1958 ; v. Favoreu (Louis) et al., *Droit constitutionnel*, *op. cit.*, p. 667 et s.

[31] Kelsen (Hans), *La démocratie : Sa nature – Sa valeur*, *op. cit.*, p. 19.

[32] *Ibid.*, p. 21.

[33] Leibholz (Gerhard), *Strukturprobleme der modernen Demokratie*, Karlsruhe, C. F. Müller, 1958, p. 93.

[34] V. à titre indicatif : Rousseau (Dominique), « De la démocratie continue », in Rousseau (Dominique), *La démocratie continue*, Paris, Bruylant, LGDJ, La pensée juridique moderne, 1995, p. 15 ; Cohendet (Marie-Anne), « Une crise de la représentation politique ? », *Cités*, 2004/2, n° 18, p. 41-61 ; Manin (Bernard), *Principes du gouvernement représentatif*, Paris, Flammarion, Champs essais, 3e éd., 2019, p. 207 et s. ; Mulier (Thibaud), « La constitution du peuple par la réclamation », in Rousseau (Dominique), *Réclamer en démocratie*, *op. cit.*, p. 461-499, spéc. p. 463 et s. En réalité, ce débat date de la IIIème République : Barthélemy (Joseph), *La crise de la démocratie représentative*, Paris, Marcel Giard, 1928.

[35] V. Grunberg (Gérard), « Les "gilets jaunes" et la crise de la démocratie représentative », *Le Débat*, 2019/2, n° 204, p. 95-103.

à part la question de la pathologie du système politique et du dysfonctionnement des partis politiques, qui relèvent de la science politique, la revendication des « Gilets jaunes » d'instaurer un référendum d'initiative citoyenne et le grand débat national organisé par le gouvernement[36] comme réponse à ce mouvement ont remis en scène des instruments de démocratie directe que la Constitution met à la disposition des citoyens et qui leur permettent d'exprimer leur consentement à des décisions précises en dehors de la procédure de désignation des représentants.

Sans doute, chercher à répondre à la crise de la démocratie représentative par des instruments de la démocratie directe peut paraître paradoxal, parce que le recours récurrent à la démocratie directe pourrait délégitimer davantage la démocratie représentative[37]. Cependant, l'introduction de certains éléments de démocratie directe ne remet pas en cause le principe de la démocratie représentative, mais complète la démocratie indirecte[38]. Ces instruments permettent, selon les termes de l'article 53 de la Constitution relatif au référendum local portant sur la sécession d'une partie du territoire, d'obtenir le consentement des citoyens.

Il convient de mesurer l'efficacité de ces instruments constitutionnels dans leur forme actuelle ainsi que dans le cadre des évolutions envisageables.

Les deux instruments principaux prévus par la Constitution actuelle sont le référendum et la participation à l'élaboration de la décision. Le premier permet l'adhésion ponctuelle des citoyens (I.), tandis que la seconde vise, d'une manière plus imparfaite, à obtenir leur consentement (II.).

---

36 Décret n° 2019-23 du 14 janvier 2019 instituant une mission d'organisation et de coordination du grand débat national.

37 Badura (Peter), « Thesen zur Verfassungsreform in Deutschland », in Bender (Bernd) et al. (dir.), *Rechtsstaat zwischen Sozialgestaltung und Rechtsschutz*, Festschrift für Konrad Redeker zum 70. Geburtstag, Munich, C. H. Beck, 1993, p. 111-130, spéc. p. 120 ; Möstl (Markus), « Elemente direkter Demokratie als Entwicklungsperspektive », in *Repräsentative Demokratie in der Krise ?, Veröffentlichungen der Vereinigung der Deutschen Staatsrechtslehrer (VVDStL)*, 2013, n° 72, p. 361.

38 Carré de Malberg (Raymond), « Considérations théoriques sur la question de la combinaison du référendum avec le parlementarisme », *RDP*, 1931, p. 225-244 ; Cohendet (Marie-Anne), *Droit constitutionnel*, Issy-les-Moulineaux, LGDJ, Cours, 4e éd., 2019, p. 114.

I. L'adhésion ponctuelle par le référendum

Le référendum est « le procédé par lequel les citoyens votent pour adopter directement une décision qui est généralement une norme en répondant par oui ou non à une question »[39]. Il permet aux citoyens d'adhérer de manière ponctuelle à un texte ou à une politique. Même s'il paraît être un instrument majeur de la démocratie[40], il est en réalité un instrument ambivalent (A.), dont la mise en œuvre nécessite un encadrement (B.).

A. L'ambivalence de l'instrument

L'ambivalence du référendum tient d'abord à sa polymorphie. Les conditions de déclenchement de la procédure, l'organe disposant de cette initiative, l'objet du référendum, son ressort territorial et sa force décisionnelle sont déterminants pour sa possibilité de constituer une manifestation d'adhésion des citoyens à une décision[41].

Dans son histoire constitutionnelle, la France a fait figure de pionnière, devançant la Suisse dans son domaine de prédilection. L'article 6 de la Déclaration de 1789 a placé sur un pied d'égalité les citoyens et leurs représentants[42]. La Constitution de l'an I a été adoptée par référendum[43] et la Constitution de l'an III a introduit le référendum abrogatif pour les lois[44]. Toutefois, les expériences des plébiscites napoléoniens, avec les trois plébiscites de Napoléon Bonaparte, en 1799 sur la Constitution de l'an VIII, en 1802 sur le consulat à vie et en 1804 sur l'instauration de l'Empire, ainsi que les plébiscites de Louis-Napoléon sur le rétablissement de l'Empire, ont fait que cet instrument a été abandonné pour longtemps. Charles de Gaulle l'a fait resurgir en 1945 pour la suppression de la IIIe République, sans qu'il soit clair d'où il a tiré son inspiration[45]. La

---

39 Cohendet (Marie-Anne), *Droit constitutionnel*, *op. cit.*, p. 112.

40 *Ibid.*, p. 114.

41 V. Sauvé (Jean-Marc), « Référendum et démocratie », in *Théorie et pratiques du référendum*, Actes de la journée d'étude du 4 novembre 2011, Paris, Société de la législation comparée, Colloques, 2012, p. 15 ; sur la typologie v. Favoreu (Louis) et al., *Droit constitutionnel*, *op. cit.*, p. 643 et s.

42 Gicquel (Jean), « Démocratie continue et référendum », in Rousseau (Dominique) (dir.), *La démocratie continue*, Actes du colloque de Montpellier, 2-4 avril 1992, Paris, Bruxelles, LGDJ, Bruylant, La pensée juridique moderne, 1995, p. 149.

43 Conformément au décret du 21 septembre 1792.

44 Art. 59 de la Constitution du 24 juin 1793

45 V. Denquin (Jean-Marie), « L'esprit des référendums sous la Ve République », in *Théorie et pratiques du référendum*, *op. cit.*, p. 81.

Constitution de 1958 prévoit dans son article 3 que « la souveraineté nationale appartient au peuple qui l'exerce par ses représentants et par la voie du référendum ». Actuellement, la Constitution prévoit trois types de référendum au niveau national (le référendum législatif de l'article 11, le référendum sur la révision constitutionnelle de l'article 89 et le référendum sur un traité relatif à l'adhésion d'un État à l'Union européenne de l'article 88-5) et deux types de référendum au niveau local (celui de l'article 53 sur la cession d'un territoire et celui de l'article 72-1 sur les affaires locales). Charles de Gaulle a beaucoup fait usage des référendums de l'article 11 et il n'a pas laissé passer plus de trois ans et demi, c'est-à-dire la moitié du mandat présidentiel, sans revenir au peuple[46] en mettant en jeu sa responsabilité personnelle. Après 1969, le recours au référendum est moins fréquent et il a été entièrement délaissé après 2005.

Bien que le référendum puisse paraître comme la forme la plus parfaite de la démocratie[47], la réticence à recourir à cet instrument est justifiée par les risques inhérents à ce mode d'expression du consentement du citoyen. Les exemples du droit comparé démontrent que le référendum peut permettre l'adoption des mesures liberticides ou servir à des chefs autoritaires qui cherchent à réduire la démocratie. Ainsi, le référendum de 2017 a permis la révision de la Constitution turque renforçant les pouvoirs du chef de l'État et le référendum de 2018 a rétabli la peine de mort au Nebraska[48].

C'est pourquoi des réserves ont été exprimées sur la compatibilité du référendum tant avec la théorie de la démocratie qu'avec la théorie de l'État de droit[49]. Les sceptiques considèrent que, contrairement aux représentants, les électeurs n'ont pas les compétences nécessaires pour répondre aux questions complexes qui leur sont posées dans les référendums[50]. D'ailleurs, la réponse binaire du référendum ne correspond

---

46 Hamon (Léo), « Du référendum à la démocratie continue », *Revue française de science politique*, 1984/34, n° 4-5, p. 1085.

47 Ainsi Pompidou (Georges), cité *ibid.*, p. 1084.

48 Cohendet (Marie-Anne), *Droit constitutionnel*, *op. cit.*, p. 114 ; V. aussi Rambaud (Romain), *Droit des élections et des référendums politiques*, Issy-les-Moulineaux, LGDJ, Précis Domat, 2019, p. 311.

49 Hamon (Francis), Troper (Michel), *Droit constitutionnel*, *op. cit.*, p. 135.

50 V. Krause (Peter), « §. 39 : Verfassungsrechtliche Möglichkeiten unmittelbarer Demokratie », in Isensee (Josef), Kirchhof (Paul) (dir.), *Handbuch des Staatsrechts der Bundesrepublik Deutschland*, t. III, *op. cit.*, p. 82 ; Berlit (Uwe), « Soll das Volk abstimmen ? Zur Debatte über direktdemokratische Elemente im Grundgesetz », *Kritische Vierteljahrschrift für Gesetzgebung und Rechtswissenschaft*, 1993/76, n° 3, p. 342 et s. ; Hamon (Francis), Troper (Michel), *Droit constitutionnel*, *op. cit.*, p. 135.

pas forcément aux enjeux multiples et complexes et peut s'avérer simplificatrice[51], d'autant plus que souvent à la question de l'adoption d'un texte s'ajoute la question logiquement indépendante du maintien au pouvoir d'un responsable politique[52]. Le débat rationnel qu'implique la démocratie ne peut pas donc avoir lieu dans le cadre de la campagne d'un référendum[53]. Il y a un très grand risque de démagogie[54] et le consentement donné par les électeurs pour l'adoption d'une proposition est ainsi souvent faussé. D'ailleurs, les référendums peuvent menacer les pouvoirs du Parlement et la séparation des pouvoirs[55] ou restreindre les droits fondamentaux d'une minorité, comme le démontre l'exemple de l'interdiction des minarets par la Constitution suisse.

Toutefois, ces risques pour la démocratie et l'État de droit peuvent être anticipés par un meilleur encadrement de la procédure.

B. La nécessité d'encadrement

Toute proposition d'encadrement du référendum, surtout quand il s'agit de son contrôle juridictionnel, se heurte à une opposition majeure : lorsque conformément à l'article 3 de la Constitution le peuple exerce directement sa souveraineté, qui est par essence illimitée, aucun organe n'a la légitimité pour l'encadrer[56]. Ainsi, le Conseil constitutionnel refuse systématiquement de contrôler la constitutionnalité des lois référendaires qui « constituent l'expression directe de la souveraineté nationale »[57].

---

[51] Sauvé (Jean-Marc), « Référendum et démocratie », *op. cit.*, p. 19 ; v. aussi Schneider (Hans), « Volksabstimmungen in der rechtsstaatlichen Demokratie », in Bachof (Otto) (dir.), *Forschungen und Berichte aus dem öffentlichen Recht, Gedächtnisschrift für Walter Jellinek*, Munich, Isar, 1955, p. 155-174 (169) ; Krause (Peter), « §. 39 : Verfassungsrechtliche Möglichkeiten unmittelbarer Demokratie », *op. cit.*, p. 83.

[52] Denquin (Jean-Marie), « *L'esprit des référendums sous la Ve République* », *op. cit.*, p. 86.

[53] Hamon (Francis), Troper (Michel), *Droit constitutionnel*, *op. cit.*, p. 135.

[54] V. la citation du premier Président de la République fédérale allemande Heuss (Theodor) : « La démocratie directe est le champ privilégié de tout démagogue », Séance de l'assemblé plénière du conseil parlementaire du 9 septembre 1948 in Werner (Wolfram) (dir.), *Der Parlamentarische Rat*, t. IX : Plenum, Boppard am Rhein, Boldt, 1996, p. 111.

[55] Fatin-Rouge Stéfanini (Marthe), *Le contrôle du référendum par la justice constitutionnelle*, Paris, Presses Universitaires d'Aix-Marseille, Economica, 2004, p. 87.

[56] *Ibid.*, p. 43 et s. ; Hamon (Francis), Troper (Michel), *Droit constitutionnel*, *op. cit.*, p. 135

[57] Cons. Const., 6 novembre 1962, déc. n° 62-60 DC, *Loi relative à l'élection du Président de la République au suffrage universel direct, adoptée par le référendum du 28 octobre 1962*, cons. n° 2 ; Cons. Const., 23 septembre 1992, *Loi autorisant la ratification du traité sur l'Union européenne*, déc. n° 92-313 DC, cons. n° 2.

Toutefois, cette réticence repose sur une conception simpliste de la démocratie[58]. Le référendum est déjà encadré d'une certaine manière et cela est indispensable, afin de garantir que le peuple puisse véritablement donner son consentement et que la démocratie ne soit pas remise en cause. Cet encadrement tient tant à la procédure du référendum qu'au fond de la proposition soumise au peuple.

Tout d'abord, la Constitution, les lois organiques et le code électoral posent les conditions de déclenchement de procédure, l'organe compétent, le ressort géographique et les effets contraignants du référendum. Après une longue réticence[59], le Conseil constitutionnel s'est même finalement reconnu compétent pour contrôler certains actes relatifs à l'organisation des opérations du référendum[60]. Il faut noter que les conditions de la mise en œuvre de la procédure sont déterminantes pour l'utilité de cet instrument, comme l'a démontré l'expérience récente de l'échec de la proposition d'un référendum d'initiative partagée. Il a été confirmé que tout a été prévu pour rendre extrêmement difficile la mise en œuvre de cette voie de consultation des citoyens[61] et un assouplissement des conditions, notamment du nombre des signataires de la proposition, devrait être envisagé, afin de renforcer son efficacité. En ce qui concerne le référendum d'initiative citoyenne, qui permettrait de soumettre une proposition au référendum indépendamment de la volonté des parlementaires, son introduction ne semble pas être envisagée ni par l'exécutif ni par la majorité parlementaire qui ont l'initiative de la révision constitutionnelle. Il serait, toutefois, inutile de l'introduire en posant des exigences de soutien aussi élevées que dans le référendum d'initiative partagée[62]. Les seuils minimums de soutien qui sont déjà prévus, ou le quorum de participation qui est prévu pour les référendums locaux[63] et qui pourrait être introduit pour les référendums nationaux, peuvent constituer des soupapes de sûreté, mais ils ne doivent pas rendre pratiquement impossible l'utilisation de ces instruments.

---

[58] Hamon (Francis), « Vox imperatoris, Vox populi ?, (réflexions sur la place du référendum dans un État de droit) », in *L'État de droit, Mélanges en l'honneur de Guy Braibant*, Paris, Dalloz, 1996, p. 391.

[59] V. Cons. Const., 25 octobre 1988, *Diémert et Bannel*, déc. n° 88-13 REF.

[60] Cons. Const., 25 juillet 2000, *Hauchemaille*, déc. n° 2000-21 REF ; v. aussi CE, Ass., 1er septembre 2000, *Larrouturou*, n° 223890, Rec. p. 365.

[61] Hamon (Francis), Troper (Michel), *Droit constitutionnel*, *op. cit.*, p. 565.

[62] V. Denquin (Jean-Marie), « Faut-il craindre le référendum d'initiative citoyenne ? », *Commentaires*, 2019/2, n° 166, p. 323-327.

[63] Art. LO 1112-7 du Code général des collectivités territoriales.

D'ailleurs, des restrictions de fond sont nécessaires. Le champ matériel du référendum est déterminé par les dispositions constitutionnelles respectives et celui de l'article 11 a été élargi par la révision de 1995[64]. Pour les référendums locaux, le juge administratif a été amené plusieurs fois à annuler les décisions des assemblées locales de recourir à une consultation des électeurs qui outrepassaient le champ déterminé par les textes[65]. Une question qui se pose souvent est celle de savoir si un référendum pourrait être introduit en matière budgétaire. Il est soutenu que cela ne devrait pas être le cas, car les électeurs voteront selon leur intérêt personnel et non pas selon l'intérêt général[66]. Or, il a été démontré que les cantons suisses pratiquant des référendums en matière budgétaire ont une meilleure gestion de leurs finances publiques[67]. Une deuxième question qui est posée est celle des droits fondamentaux. Ces droits, individuels ou collectifs, ne doivent pas pouvoir être soumis au référendum. Leur garantie est indispensable dans un État de droit et la démocratie doit toujours assurer la possibilité de la minorité de devenir majorité et la première ne peut pas ainsi être totalement soumise à la seconde[68]. Cela rend aussi nécessaire le contrôle de conformité de la loi référendaire aux droits et libertés garantis par la Constitution. Malgré les exemples contraires du droit comparé[69], un contrôle juridictionnel *a posteriori* semble être difficile à accepter en France, mais le contrôle *a priori* peut tout à fait être envisagé, comme c'est le cas dans l'article 11 de la Constitution pour le référendum d'initiative partagée. Il s'agira finalement d'un contrôle de procédure, car si le peuple souverain peut réviser la Constitution, il doit respecter la procédure prévue par ce texte pour ce faire. Le juge constitutionnel pourrait vérifier si l'article 11

---

64 Art. 1er de la loi constitutionnelle du 4 août 1995.

65 CE, 16 novembre 1994, *Commune d'Awala-Yalimapo*, n° 148995, Rec. p. 498 ; CE, 16 décembre 1994, *Commune d'Avrillé*, n° 146832, Rec. p. 558 ; TA Cergy-Pontoise, 13 janvier 2006, *Préfet de la Seine-Saint-Denis*, n° 0511416, *AJDA*, 2006, n° 16, p. 873.

66 V. notamment la jurisprudence constitutionnelle allemande : BVerfGE, 102, 176 ; SächsVerfG, *NVwZ*, 2003, 472, 475 ; BerlVerfG, *NVwZ-RR*, 2010, 169.

67 Klatt (Matthias), « Die Zulässigkeit des Finanzwirksames Plebiszits », *Der Staat*, 2011/1, n° 50, p. 24, qui cite Pestalozza (Christian), *Der Popularvorbehalt*, Berlin, De Gruyter, Coll. « Schriftenreihe der Juristischen Gesellschaft », 1981, p. 28 ; Waldhoff (Christian), « Finanzwirtschaftliche Entscheidungen in der Demokratie », in Bertschi (Martin) (dir.), *Demokratie und Freiheit*, Stuttgart, Boorberg, 1999, p. 216 et s.

68 Hamon (Francis), « Vox imperatoris, Vox populi ?, (réflexions sur la place du référendum dans un État de droit) », *op. cit.*, p. 391 ; Cappelletti (Mauro), *Le pouvoir des juges*, Aix-en-Provence, Paris, Presses universitaires d'Aix-Marseille, Economica, Droit public positif, 1990, p. 274 et s.

69 V. Fatin-Rouge Stéfanini (Marthe), *Le contrôle du référendum par la justice constitutionnelle*, *op. cit.*, p. 102 et s.

n'est pas utilisé pour contourner la procédure de l'article 89, comme c'était le cas au début de la Ve République, même si l'intensité du contrôle ne peut pas être la même que pour les lois parlementaires[70].

Cet encadrement du référendum pourrait donner l'impression de restreindre les possibilités de sa mise en œuvre, mais en réalité ces garanties pourraient rendre les initiateurs de cet instrument moins phobiques à son utilisation. Il n'en reste pas moins que la marge des électeurs reste limitée dans le cadre d'un référendum ; ils ne peuvent qu'exprimer leur adhésion. En revanche, les citoyens ont une plus grande marge de manœuvre quand ils participent à l'élaboration d'une décision.

II. Le consentement imparfait par la participation à l'élaboration de la décision

Le droit de participation à l'élaboration de la décision a été initialement déployé en droit de l'environnement et il a été constitutionnalisé dans ce domaine (A.), mais le développement de cet instrument permet d'envisager sa généralisation (B.).

A. Un instrument constitutionnalisé en matière environnementale

Que les citoyens exercent la souveraineté indirectement par leurs représentants ou directement par la voie du référendum, ils ne participent pas à la production de la décision finale. L'article 6 de la Déclaration de 1789 et l'article 3 de la Constitution de 1958 laissent les citoyens aux portes de l'espace de délibération[71], qui est réservé aux élus. Toutefois, dans la quête permanente de renforcer la légitimité des décisions, il a été recherché d'associer leurs destinataires à leur production. En effet, un rôle actif des citoyens pourrait conduire non seulement à l'amélioration de la décision finale, mais aussi à sa meilleure acceptation. La délibération, qui est le fondement principal de la légitimation[72], sort ainsi des murs des

---

[70] V. sur le droit des États-Unis : Eule (Julian), « Judicial Review of Direct Democracy », *The Yale Law Journal*, 1990, n° 99, p. 1503-1590.

[71] Rousseau (Dominique), « La démocratie continue, Espace public et juge constitutionnel », *op. cit.*, p. 75.

[72] Cohen (Joshua), « Deliberation and Democratic Legitimacy », in Hamlin (Alan), Petit (Philip) (dir.), *The Good Polity, Normative analysis of the State*, Oxford, New York, Basil Blackwell, 1989, p. 21.

assemblées des élus et la citoyenneté acquiert une nouvelle dimension, qui dépasse la seule participation à la procédure électorale.

Dans cette évolution, le droit de l'environnement, qui est porteur des valeurs favorables à la transparence et à la démocratie, a joué un rôle d'avant-garde et il est devenu un laboratoire de nouvelles formes de participation du public[73]. Le droit de participation du public à la procédure d'élaboration des décisions en matière environnementale est d'abord apparu en droit international : la Charte mondiale de la nature de 1982, la Déclaration de Rio de 1992 et la Convention d'Århus de 1998. Cette dernière était le premier texte contraignant à introduire des droits individuels à la participation[74] et elle a été qualifiée par le Secrétaire général de l'ONU d'« initiative la plus ambitieuse en matière de "démocratie environnementale" jamais entreprise sous l'égide des Nations Unies »[75]. L'efficacité de ce texte ne tient pas tant à l'œuvre du comité de l'application prévue par l'article 15 de la Convention, mais à l'adhésion de l'Union européenne. Les directives adoptées pour la mise en œuvre de la Convention[76] et la jurisprudence de la Cour de justice[77] ont obligé les États membres à organiser des dispositifs de participation du public dans la procédure d'élaboration des décisions ayant un impact sur l'environnement.

En droit interne, la loi dite Barnier du 2 février 1995 a instauré la Commission nationale du débat public, chargée d'assurer la participation du public. La Charte de l'environnement entrée en vigueur en 2005 a consacré, dans son article 7, le droit de toute personne « de participer à l'élaboration des décisions publiques ayant une incidence sur

---

73 Pissaloux (Jean-Luc), « La démocratie participative dans le domaine environnemental », *RFAP*, 2011/1, n° 137-138, p. 124 ; Champeil-Desplats (Véronique), « La citoyenneté administrative », in Gonod (Pascale), Melleray (Fabrice), Yolka (Philippe), *Traité de droit administratif*, Paris, Dalloz, Traités, 2011, t. 2, p. 401.

74 Ekardt (Felix), Pöhlmann (Katharina), « Europäische Klagebefugnis : Öffentlichkeitsrichtlinie, Klagerechtsrichtlinie und ihre Folgen », *NVwZ*, 2005, n° 5, p. 532.

75 « the most ambitious venture in the area of "environmental democracy" so far undertaken under the auspices of the United Nations », Annan (Kofi), Foreword, in Stec (Stephan), Casey Lefkowitz (Susan) (dir.), *The Aarhus Convention : An Implementation Guide*, New York, Genève United Nations, , 2000, p. V.

76 Directive 2003/35 ; directive 2010/75 ; directive 2011/92.

77 V. à titre indicatif : CJUE, 7 novembre 2019, *Alain Fleusch*, aff. C-280/18.

l'environnement ». La doctrine a hésité sur la valeur de ce droit[78], mais la jurisprudence a clairement affirmé que ce droit a une pleine valeur constitutionnelle et il peut donc être invoqué devant le juge[79]. Le droit de participation était déjà prévu par la Constitution, dans le 8e alinéa du Préambule de 1946, au bénéfice de tout travailleur pour la détermination des conditions de travail et la gestion des entreprises, mais il est exercé par les représentants des travailleurs. En revanche, en matière environnementale ce droit peut être exercé directement par toute personne morale ou physique. Le champ d'application de ce droit est assez large et le juge constitutionnel a eu à plusieurs reprises l'occasion de censurer l'incompétence négative du législateur, qui n'a pas prévu un dispositif de participation des décisions ayant une incidence sur l'environnement[80]. Le législateur a dû ainsi élargir le champ d'application des différents dispositifs de participation des citoyens[81] et des dispositifs très divers de participation des citoyens ont été instaurés[82].

Toutefois, l'efficacité de cette procédure reste largement contestée. En raison de l'insuffisance des informations ou de la complexité des problèmes, la participation est en réalité réservée à une petite minorité de groupes d'intérêts ou d'experts[83]. Il est donc nécessaire que l'administration mette à la disposition des intéressés non seulement toutes

---

78 V. sur les différentes opinions formulées sur ce débat : Mathieu (Bertrand), « La Constitution et l'environnement, observations sur la portée normative de la Charte de l'environnement », *CCC*, 2003, n° 15, p. 145-152 ; Cohendet (Marie-Anne), « La Charte et le Conseil constitutionnel », *RJE*, 2005, n° spécial, p. 107-130 ; Chahid-Nourai (Noël), « La portée de la Charte pour le juge ordinaire », *AJDA*, 2005, n° 21, p. 1175-1181 ; Foucher (Karine), « La consécration du droit de participer par la Charte de l'environnement : quelle portée juridique ? », *AJDA*, 2006, n° 42, p. 2316-2321.

79 Cons. Const., 19 juin 2008, déc. n° 2008-564 DC, *Loi relative aux organismes génétiquement modifiés*, cons. n° 18 ; CE, Ass., 3 octobre 2008, *Cne d'Annecy*, n° 297931, Rec. p. 322, *GAJA*, n° 106.

80 V. à titre indicatif : Cons. Const, 14 octobre 2011, déc. n° 2011-182 QPC, *M. Pierre T.* ; Cons. Const., 27 juillet 2012, déc. n° 2012-270 QPC, *Fédération départementale des syndicats d'exploitants agricoles du Finistère* ; v. aussi : Fonbaustier (Laurent), « La participation du public », *AJDA*, 2015, n° 9, p. 518.

81 V. Loi n° 2010-788 du 2 juillet 2010 portant engagement national pour l'environnement ; Loi n° 2012-1460 du 27 décembre 2012 relative à la mise en œuvre du principe de participation du public défini à l'article 7 de la Charte de l'environnement ; Ordonnance n° 2016-1058 du 3 août 2016 relative à la modification des règles applicables à l'évaluation environnementale des projets, plans et programmes.

82 V. l'exemple récent de la Convention citoyenne pour le climat.

83 Pissaloux (Jean-Luc), « La démocratie participative dans le domaine environnemental », *op. cit.*, p. 132.

les pièces du dossier, mais aussi un document « vulgarisé », afin de permettre la participation effective à l'élaboration de la décision[84]. Mais, par rapport à la question du consentement, le défaut majeur de cet instrument reste la prise en considération incertaine de la délibération par l'autorité qui prend la décision finale. Le législateur oblige le maître de l'ouvrage à publier les modifications apportées à son projet à la suite du débat public[85] et de manière plus générale la jurisprudence a fait de l'effet utile de la procédure de participation un élément de sa régularité[86], mais la consultation des citoyens reste assimilée à un avis consultatif non conforme[87]. Contrairement donc au référendum qui permet aux citoyens de prendre la décision finale, la participation ne leur donne pas cette possibilité, même s'il y a sans doute une incidence de la consultation sur la décision finale.

Le consentement donné par les citoyens reste imparfait, mais l'instrument semble avoir une vocation à se généraliser dans d'autres domaines, au-delà de l'exigence constitutionnelle.

B. Un instrument ayant vocation à se généraliser

Si le droit de participation a été d'abord consacré en matière environnementale, et il a été constitutionnalisé seulement dans ce domaine, la participation des citoyens dans l'élaboration des décisions ne s'y limite pas. L'enquête publique est la procédure la plus ancienne de consultation directe[88]. Elle a été instaurée en 1810 dans le cadre de l'expropriation afin de permettre aux propriétaires de défendre leurs droits[89]. Le dispositif a été complété par la suite[90] par de nouveaux dispositifs qui ont été mis en place comme le débat public et la

---

[84] Fleury (Marine), *La délibération en droit public interne*, thèse dactyl., Université Paris I, 2016, p. 238.

[85] Art. L. 121-13 du Code de l'environnement.

[86] CE, 12 juillet 2019, *Fédération nationale des chasseurs*, n° 424600, *AJDA*, 2019, n° 36, p. 2129, note Fournoux (Louis) (de).

[87] Testard (Christophe), *Pouvoir de décision unilatérale de l'administration et démocratie administrative*, Issy-les-Moulineaux, LGDJ, Bibliothèque de droit public, 2018, p. 572.

[88] Champeil-Desplats (Véronique), « La citoyenneté administrative », *op. cit.*, p. 415.

[89] V. Delhoste (Marie-France), « Démocratie participative : de l'échec de l'organisation étatique à l'avenir du projet citoyen », *RFDA*, 2007, n° 5, p. 1064.

[90] V. Loi du n° 83-630 du 12 juillet 1983 relative à la démocratisation des enquêtes publiques et à la protection de l'environnement ; loi n° 2010-788 du 12 juillet 2010 portant engagement national pour l'environnement.

concertation. Le Code général des collectivités territoriales[91] et le Code des relations entre le public et l'administration[92] donnent désormais la possibilité à l'administration de demander l'avis des citoyens sur toute question qui relève de leur compétence. À ces dispositifs, il faut ajouter l'expérience récente du grand débat national qui a été organisé l'année dernière. L'objet du débat était très large et les citoyens ont eu l'occasion de donner leurs contributions sur un site Internet et sur les cahiers de doléances mis à leurs dispositions, ainsi que de participer à plusieurs réunions de débat.

Sans qu'elle soit interdite par la Constitution, cette initiative ne trouve pas un fondement constitutionnel[93], ce qui explique peut-être pourquoi les garanties procédurales ne sont pas aussi élevées qu'en matière environnementale[94]. Ainsi, les questions et les doutes sur l'efficacité de ces instruments, qui demeurent une simple consultation et qui n'associent pas vraiment les citoyens à la prise d'une décision[95], persistent, mais cette généralisation de la participation des citoyens illustre un changement de paradigme. Elle démontre que les liens du citoyen avec la démocratie ne s'épuisent plus au seul moment des élections comme le craignait Jean-Jacques Rousseau du peuple anglais[96]. Certes, les citoyens restent majoritairement confinés dans un rôle de simples participants et l'autorité décisionnelle n'est pas liée par leurs propositions[97], mais ils ont de plus en plus la possibilité de manifester leur consentement ou leur désaccord aux décisions des pouvoirs politiques ou de l'administration. Dans la classification des droits publics subjectifs de Georg Jellinek[98], dans le statut

---

[91] Art. L. 2143-1 du Code général des collectivités territoriales.

[92] Art. L. 134-1 du Code des relations entre le public et l'administration.

[93] Baranger (Denis), « Le Grand débat national, la Constitution, le régime », *JCP G*, 2019, n° 16, p. 746-749.

[94] V. Testard (Christophe), *Pouvoir de décision unilatérale de l'administration et démocratie administrative*, *op. cit.*, p. 451.

[95] *Ibid.*, p. 746.

[96] « Le peuple anglais pense être libre ; il se trompe fort, il ne l'est que durant l'élection des membres du parlement », Rousseau (Jean-Jacques), *Du contrat social*, Amsterdam, Marc-Michel Rey, 1762, Livre III, Chapitre XV, p. 214.

[97] Testard (Christophe), *Pouvoir de décision unilatérale de l'administration et démocratie administrative*, *op. cit.*, p. 571.

[98] V. sur cette classification : Jellinek (Georg), *System der subjektiven öffentlichen Rechte*, Tübingen, J. C. B. Mohr (Paul Siebeck), 2e éd., 1919, p. 94 et s.

actif des droits il faut désormais inclure, à côté du droit de participation aux élections, le droit de participation à l'élaboration de décisions[99].

Il n'est pas interdit de considérer qu'il s'agit donc d'une mutation de la démocratie représentative. Le monopole de la fabrication de la volonté générale n'appartient plus aux représentants[100] et la légitimité démocratique ne réside plus au seul fait que ceux qui expriment la volonté générale ont été élus au suffrage universel[101]. Le peuple se réapproprie l'espace public selon le terme de Jürgen Habermas. Or, selon ce philosophe allemand, le modèle délibératif qui est en train de s'instaurer ne saurait conduire à un consentement, au moins hypothétique, aux normes juridiques qu'à la condition d'échange des arguments libres et rationnels[102]. Il convient au législateur d'encadrer ces procédures, afin d'assurer leur qualité, mais au niveau constitutionnel il sera peut-être l'enjeu d'une révision prochaine d'institutionnaliser cette mutation de la démocratie et de consacrer ce nouveau rôle du citoyen dans la démocratie[103].

---

99 Sur le droit subjectif de participation à l'élection dans le système de Georg Jellinek v. Jouanjan (Olivier), « Droits publics subjectifs et citoyenneté dans l'œuvre de Georg Jellinek », in Beaud (Olivier), Colliot-Thélène (Catherine), Kervégan (Jean-François) (dir.), *Droits subjectifs et citoyenneté*, Paris, Garnier, Bibliothèque de la pensée juridique, 2019, p. 62.

100 Rousseau (Dominique), « L'œil et la voix », in Rousseau (Dominique), *Réclamer en démocratie*, *op. cit.*, p. 15.

101 Viktorovitch (Clément), « Les petites délibératives aux creux du tamis parlementaire », in De Degalambert (Claire) et al. (dir.), *Faire parler le Parlement, Méthodes et enjeux de l'analyse des débats parlementaires pour les sciences sociales*, Issy-les-Moulineaux, LDGJ, Droit et société, 2013, p. 172.

102 Habermas (Jürgen), *Droit et démocratie, Entre faits et normes*, trad. Roclitz (Rainer) et Bouchindhomme (Christian), Paris, Gallimard, 1997, p. 311 et s.

103 Rousseau (Dominique), « L'œil et la voix », *op. cit.*, p. 15.

Le rapport de droit public et le consentement. Réflexions sur le consentement de l'usager du service public à partir de l'exemple du patient hospitalisé

Jean-Baptiste Guyonnet
Attaché temporaire d'enseignement et de recherche
à l'Université Paris I Panthéon-Sorbonne

« Considérant que la personne bénéficiant de soins dispensés par un établissement public de santé est un usager d'un service public administratif et que le rapport né de cette situation est un rapport de droit public »[1] et n'est pas placé dans une situation contractuelle[2]. Le refus traditionnel du juge administratif d'admettre la nature contractuelle de la relation entre un patient hospitalisé et un établissement public de santé dans le cadre de ses missions de service public fait aujourd'hui débat. La relation statutaire ne permettrait pas d'assurer une protection aussi optimale du consentement du patient : dans sa conception traditionnelle, l'usager d'un service en effet ne consent en principe à rien[3]. Pour autant, le juge administratif continue d'ériger la relation statutaire en véritable « colonne du temple »[4], faisant ainsi du patient hospitalisé, usager particulier du service public eu égard à l'importance de son consentement, un terreau particulièrement propice à une réflexion sur les rapports entre la notion de consentement et le droit public.

Le patient hospitalisé dans un établissement public de santé est dans une position paradoxale. D'un côté, il est, précisément, un patient, qui en tant que tel que tel bénéficie de droits fondamentaux et notamment, d'un

[1] CE, 13 novembre 2013, n° 350428, *Société Viamedis*, tables ; *AJDA*, 2013, p. 2287 ; *JCP A*, 2013, n° 48, veille Erstein (Lucienne).

[2] En ce sens, v. not. : CE, 30 mars 1984, *Hôpital-Hospice de Mayenne c. Baras*, Rec. p. 142 ; CE, 11 janvier 1991, *Mme Biancale*, Rec. p. 12 ; CE, Sect., avis, 28 juillet 1995, n° 268438, *Kilou* ; Cass., com., 11 mars 2014, n° 13-12.153, *Trésorier-payeur du CHRU* ; TC, 26 octobre 1987, n° 2478, *M. Charles Mallard* ; TC, 25 janvier 1988, n° 2491, *M.* Leleu ; TC, 27 septembre 1999, n° 3125.

[3] En ce sens, v. Foulquier (Norbert), *Les droits publics subjectifs des administrés*, Dalloz, Nouvelle bibliothèque de thèses, Paris, 2003, p. 66 et s.

[4] Decout-Paolini (Rémi), concl. sur CE, 3 février 2016, n° 388643, *Hôpital de Prades*, tables, *RDSS*, 2016, p. 332.

droit au consentement[5]. Qualifié de « plus vieux principe normatif qui soit en la matière »[6], et très tôt considéré comme un attribut de la personne humaine, lié au respect nécessaire de son intégrité physique[7], sa conception et ses fondements ont suivi l'évolution générale et philosophique de la relation entre le médecin et le patient. Notamment, la loi du 4 mars 2002, en consacrant le principe général d'une « co-décision » médicale semble faire passer le consentement du patient de l'assentiment à une véritable décision partagée, à l'expression d'une volonté clairement posée et établie[8]. La notion de consentement révèle alors toute son ambivalence : à la fois manifestation d'une volonté et accord des volontés en droit des obligations[9], elle peut aussi bien traduire l'expression d'une volonté

---

[5] La littérature en la matière est pléthorique. Sans prétendre à l'exhaustivité, v. not. : Garay (Alain), « Le droit au consentement à l'acte médical au regard de la Convention européenne des droits de l'homme », *LPA,* 1997, p. 9 ; Guignard (Laurent), « Les ambiguïtés du consentement à l'acte médical en droit civil », *RRJ,* 2000, n° 1, p. 45 ; Hennette-Vauchez (Stéphanie), *Disposer de soi ? Une analyse du discours juridique sur les droits de la personne sur son corps*, L'Harmattan, Paris, 2004 ; Association Française de Droit de la Santé (AFDS), *Consentement et santé,* Paris, Dalloz, 2014 ; Mazen (Noël-Jean), « Les nouvelles formes d'assentiment à l'acte médical », *RGDM*, 2003, n° 10, p. 41 ; Girer (Marion), « Le consentement contractuel : mythe et réalité. Pour une autre façon de penser les rapports patients-professionnels », *RGDM*, 2004, n° 13, p. 41 ; Bergoignan-Esper (Claudine), « Le consentement médical en droit français », *Laennec,* 2011/4, p. 15 ; Cluzel-Métayer (Lucie), « Le droit au consentement dans les lois des 2 janvier et 4 mars 2002 », *RDSS*, 2012, p. 442 ; Morlaas-Courties (Maud), « Information et consentement éclairé du patient, creuset de l'évolution de la relation de soin : du paternalisme à la décision partagée », *RDS,* 2013, n° 53, p. 367 ; Kuhn (Céline), « L'objet du consentement à l'acte médical », *Revue juridique de l'Océan indien*, 2013, n° 16, p. 31 ; « Consentement et refus de soins : mythe ou réalité de l'autonomie du patient ? », actes d'une journée d'étude, *RGDM*, 2015, n° 57 ; Debarre (Jean-Michel), « Consentement à l'acte médical en droit. Un état des lieux », *Méd. Et droit*, 2017, n° 144, p. 57 ; Porcher (Romain), « Le consentement en droit médical », *Méd. Et droit*, 2/2019, n° 154, p. 8 ; Mémeteau (Gérard), « Une exigence universelle de consentement à l'acte médical », *RGDM*, n° 72, 2019, p. 133.

[6] Demichel (Alain), « Médecine et droit : bilan provisoire d'une cohabitation problématique », in *Études à J.-M. Auby*, Dalloz, 1992, p. 705 et s., spéc. p. 720.

[7] Cass., 28 janvier 1942, *Parcelier c. Teyssier* ; *DC*, 1942. 63 ; *Gaz. Pal.*, 1942-1, p. 177 ; *DC,* 1942, p. 63 ; *GADS*, *ibid.*, n° 1, p. 3.

[8] Cluzel-Métayer (Lucie), « le droit au consentement dans les lois des 2 janvier et 4 mars 2002 », *art. cit.* : « plus qu'un simple assentiment, plus qu'une simple adhésion, c'est le partage de la décision qui est visé par les deux textes ».

[9] Lequette (Yves), Terré (François), Simler (Philippe), Chénedé (François), *Droit civil. Les obligations,* Paris, Dalloz, Précis, 12e éd., 2018, p. 182.

clairement affirmée, qu'une soumission, un renoncement[10]. Aussi le consentement du patient hospitalisé peut aller de la question du refus de soins[11] à celle du libre choix du praticien[12], voire du traitement[13].

D'un autre côté, il est l'usager[14] d'un service public administratif[15] et se trouve ainsi soumis au principe d'une relation réglementaire, statutaire, c'est-à-dire, en somme, de droit public entre lui et le service lorsque celui-ci poursuit sa « mission de diagnostic, de surveillance et de soins »[16]. Le

---

[10] Frison-Roche (Marie-Anne), « Remarques sur la distinction entre la volonté et le consentement en droit des contrats », *RTD Civ.*, 1995, p. 573. V. également Frison-Roche (Marie-Anne), « Le contrat et la responsabilité : consentements, pouvoirs et régulation économique », *RTD Civ.*, 1998, p. 43.

[11] Brissy (Stéphane), Laude (Anne), Tabuteau (Didier) (dir.), *Refus de soins et actualités sur les droits des malades*, Presses de l'EHESP, 2012 ; Pélissier (Gilles), « La vie privée entre volonté individuelle et ordre public : le paradigme des refus de soins », *D.*, 1999, p. 277 ; Lachaud (Yves), « Droit au refus de soins », *Gaz. Pal.*, 2002, doctr. 1729 ; Pariente (Alain), « Le refus de soins : réflexions sur un droit en construction », *RDP*, 2003, p. 1419 ; Clerckx (Jocelyn), « Une liberté en péril ? Le droit au refus de soins », *RDP*, 2004, p. 139 ; Gridel (Jean-Pierre), « Le refus de soins au risque de la mort », *Gaz. Pal.*, 2002, p. 3 ; Porchy-Simon (Stéphanie), « Le refus de soins vitaux à l'aune de la loi du 4 mars 2002 », *Resp. civ. et ass.*, 2002, n° 12, chron. 21 ; Hennette-Vauchez S., « Kant contre Jéhovah ? Refus de soins et dignité de la personne humaine », *D.*, 2004, p. 3154 ; Rougé-Maillard (Clotilde) et al., « Le refus de soins des témoins des Jéhovah : une jurisprudence claire, une pratique médicale difficile », *Journal de médecine légale*, 2004, p. 357 ; Friouret (Laurent), « Le refus de soins salvateurs ou les limites de la volonté du malade face à l'ordre public de conservation de la vie », *RGDM*, 2005, n° 15, p. 99 ; Edel (Vincent), « Le refus de soins », *LPA*, 2007, p. 9 ; Houser (Matthieu), « Protéger la vie et la dignité de la personne humaine : une obligation source de responsabilité pour l'État », *RDSS*, 2013, p. 671.

[12] Badel (Maryse), « Liberté et système de santé », *RDSS*, 2005, p. 951 ; Rebecq (Geneviève), « Le choix du médecin traitant et le principe d'exercice exclusif de la spécialité », *RDSS*, 2005, p. 602 ; Roman (Diane), « Le respect de la volonté du malade », *RDSS*, 2005, p. 423 ; Dupont (Marc), « Le libre choix du médecin : son évolution depuis la loi du 4 mars 2002 », *RDSS*, 2007, p. 759.

[13] Le juge administratif ne déduit toutefois des articles L. 1111-4 et L. 1110-5 du Code de la santé publique aucun droit de choisir son traitement : v. not. CE, ord., 26 juillet 2017, n° 412618, *M. E. D. et Mme C. B.*, Rec. ; *AJDA*, 2017, p. 1591 ; *ibid.*, 2017, p. 1887, chron. Odinet (Guillaume), Roussel (Sophie) ; *D.*, 2018, p. 1164, obs. Bonfils (Philippe), Gouttenoire (Adeline) ; *AJ Fam.*, 2017, p. 435, obs. Dionisi-Peyrusse (Amélie).

[14] Forges (Jean-Michel) (de), « Le statut du malade à l'hôpital public », *RDSS*, 1974, p. 173 ; Auby (Jean-Marie), « Les relations entre le médecin et le malade dans l'hospitalisation publique », in *Mélanges Déruppé*, Paris, 1991, p. 171.

[15] Art. L. 6141-1 du Code de la santé publique. Disponible sur *Légifrance* (consulté le 24 septembre 2020).

[16] Bergoignan-Esper (Claudine), Dupont (Marc), *Droit hospitalier*, Paris, Dalloz, Cours, Droit public, 10e éd., 2017, p. 272. Sur la notion de service public hospitalier, v. not.

« rapport de droit public » renvoie ici à cette relation légale et réglementaire, générale et impersonnelle, entre l'usager et le service public[17]. Or, ce rapport apparaît indifférent à première vue à l'idée de consentement : l'accès au service est indépendant dans son principe du consentement de l'usager. Dans la relation entre le patient hospitalisé et l'établissement public de santé dans le cadre de sa mission de service public, le consentement est un droit garanti par le statut qui lui est conféré en tant qu'usager et qui ne le lie juridiquement qu'à l'établissement et non au médecin. Au contraire, le patient d'un établissement privé de santé, y compris dans le cadre de l'exercice de sa mission de service public, est lié au médecin par un contrat médical si celui-ci exerce à titre libéral et à l'établissement par un contrat d'hospitalisation pour les prestations annexes. Le consentement est alors d'abord, dans le contrat médical, à la fois un élément de formation du contrat et une obligation pesant sur le médecin dans l'exécution du contrat. Il est ensuite, dans le contrat d'hospitalisation, un élément de formation d'un contrat d'adhésion[18].

Une réflexion sur les rapports entre la notion de consentement et le droit public à partir de la situation du patient hospitalisé dans un établissement public de santé est alors pertinente au regard de deux constats qui interrogent. D'une part, un certain nombre d'auteurs aujourd'hui développent une critique doctrinale visant à remettre en cause la nature statutaire de la relation entre l'usager et l'établissement public de santé, au profit d'une requalification en contrat, en se fondant

---

Cristol (Danièle), « Le service public hospitalier », *RDP*, 1997, p. 801 ; Cristol (Danièle), « Service public et hôpital, quarante ans après la loi Boulin », in Couty (Édouard), Kouchner (Camille), Laude (Anne), Tabuteau (Didier) (dir.), *La loi HPST, regards sur la réforme du système de santé*, Presses de l'EHESP, 2009, p. 73 ; Forges (Jean-Michel) (de), « Établissements de santé et service public », *RGDM*, n° spécial, 2011, p. 75 ; Romanens (Jean-Louis), « Service public hospitalier : genèse d'un concept », *Droit et Santé*, 2013, p. 276.

[17] Il n'est pas ignoré que l'expression peut marginalement renvoyer dans la jurisprudence administrative à une relation contractuelle de droit public (v. par ex. CE, 8 juin 2005, n° 266736, *Caisse de crédit municipal de Marseille*, tables). Il est cependant fait le choix de considérer dans le cadre de cette étude que l'expression vise principalement la situation unilatérale de droit public, dont la relation avec la notion de consentement constitue le véritable enjeu de la question traitée.

[18] Pour une présentation synthétique de la relation entre l'usager et l'établissement privé de santé, v. par ex. Moquet-Anger (Marie-Laure), *Droit hospitalier*, Paris, LGDJ, Lextenso, 5e éd., 2018, p. 339-342.

principalement sur l'importance du consentement en droit médical[19]. Le rapport de droit public serait, par nature, moins protecteur du consentement. D'autre part, le juge administratif maintient, malgré les changements législatifs et parfois en apparence contre eux, le principe d'une relation statutaire entre l'usager et l'établissement public de santé. Le service public hospitalier, plus que d'autres services publics, a fait l'objet de nombreuses tergiversations législatives depuis sa consécration par la loi du 31 décembre 1970[20], et d'un certain nombre de critiques à la fois techniques mais aussi idéologiques[21]. Or, le juge administratif semble résister à ces évolutions et à ces différents discours doctrinaux. Plus encore, une brève analyse de la jurisprudence semble montrer que la notion de « rapport de droit public » est principalement utilisée par le juge administratif pour qualifier la relation entre les établissements publics de santé et leurs usagers[22].

Comment, dès lors, comprendre ce maintien du principe d'un rapport de droit public, entendu dans le cadre de cette étude comme renvoyant à la relation générale et impersonnelle, légale et réglementaire entre l'usager et le service, alors que l'importance du consentement du patient semblerait au contraire de nature à justifier une requalification de la relation en contrat ?

---

[19] V. not. Pitcho (Benjamin), *Le statut juridique du patient*, LEH Édition, Thèses, n° 15, 2004, spéc. p. 152 et s. ; Moron-Puech (Benjamin), « L'usager du service public administratif hospitalier : un contractant ! », *RDSS*, 2017, p. 512.

[20] Loi n° 70-1318 du 31 décembre 1970 portant réforme hospitalière. Disponible sur *Légifrance* (consulté le 7 septembre 2020).

[21] v. sur ce point Renaudie (Olivier), « La dimension idéologique du service public hospitalier », *RDSS*, 2017, p. 617.

[22] Une recherche de l'expression exacte sur la base de données Légifrance fait ressortir 24 décisions, 9 du Conseil d'État, 13 du Tribunal des conflits. Les décisions concernent principalement deux sujets : les rapports entre un service public et ses agents ou les organes chargés de son administration (par ex., TC, 14 novembre 2016, n° C 4070, *M. A.*, Rec.) d'une part, les rapports entre un service public et ses usagers d'autre part. La seconde catégorie, qui nous intéresse ici, comporte 8 décisions. Hormis une décision portant sur la relation entre une personne hébergée dans un foyer-logement et un centre communal d'action sociale (CE, 25 mai 2018, n° 401760, *Mme A. B.*, Inédit), toutes portent sur la relation entre un usager et un établissement public de santé : TC, 26 octobre 1987, n° 2478, *M. Charles Mallard,* tables ; TC, 25 janvier 1988, n° 2491, *M. Leleu*, Rec. ; CE, 3 juillet 1996, n° 148870, *Mme Odile Y.*, inédit ; TC, 27 septembre 1999, *M. X.*, Inédit ; TC, 11 juin 2012, n° C 3849, *société GTM Génie civil et services*, tables ; CE, 13 novembre 2013, n° 350428, *Société Viamedis*, tables ; CE, 27 janvier 2014, n° 359582, *Mme D. B.*, Inédit (consulté le 7 septembre 2020).

En réalité, les critiques doctrinales évoquées se révèlent reposer sur une conception très « civiliste » du consentement. Le contrat apparaît comme le mode privilégié de protection du consentement, en tant que ce dernier en est un élément essentiel. Le rapport de droit public se confronte à une telle conception. Toutefois, le droit médical, qui très tôt a transcendé le support contractuel en attachant le consentement à la qualité de personne humaine, s'est ainsi finalement accommodé d'un rapport de droit public compatible avec l'exigence du consentement (I.).

La nature du rapport est finalement aujourd'hui sans grande influence sur la garantie des droits du patient dans le droit positif. Il faut donc comprendre ces critiques doctrinales autrement : elles sont au cœur d'un débat avant tout idéologique portant sur le service public hospitalier[23]. Alors que la requalification en contrat défend une conception purement individualiste et libérale du consentement, le rapport de droit public peut être le terreau d'une autre réflexion sur la notion de consentement et sa protection, et d'une garantie permettant de protéger le patient *par-delà* son consentement (II.).

I. La compatibilité du rapport de droit public avec l'exigence de la protection du consentement

L'histoire des rapports entre l'exigence du consentement du patient hospitalisé et le régime juridique en apparence contraire de la relation statutaire peut être esquissée en deux temps. Le choix initial de consacrer le caractère légal et réglementaire de la relation entre le patient et l'hôpital public s'est d'abord fait au détriment du consentement du patient, devenu dans l'esprit du juge comme dans celui de la doctrine, une question relativement marginale (A.). La confirmation de ce rapport spécifique de droit public a donc ensuite impliqué de neutraliser les effets du choix d'une relation statutaire sur la garantie effective du respect du consentement du patient (B.).

A. L'exclusion du consentement comme élément de formation de la relation

Loin de la position de principe aujourd'hui majoritairement admise, la nature du rapport entre le patient et l'hôpital public a fait initialement

[23] v. sur ce point Renaudie (Olivier), « La dimension idéologique du service public hospitalier », *RDSS*, 2017, p. 617.

l'objet d'une doctrine hésitante (1.). La consécration de la nature publique de ce rapport a alors créé un environnement juridique peu favorable à une prise en compte effective du consentement du patient (2.).

1. La genèse du choix d'un rapport de droit public

La consécration de la nature publique du rapport entre le patient hospitalisé et l'établissement public de santé trouve sa genèse dans une double évolution : l'affirmation progressive de l'existence d'un service public hospitalier d'une part, l'exclusion de principe de la thèse contractuelle comme fondement de la situation de l'usager d'un service public administratif d'autre part.

La consécration législative explicite de l'existence d'un service public hospitalier peut apparaître étonnement tardive[24] au regard de l'importance prise par le service public en général en France à la fin du XIXe et au début du XXe siècle[25]. Si cela peut en partie s'expliquer par le retrait post-révolutionnaire de l'État de la gestion des hôpitaux au profit des communes et du secteur privé, la reprise en main de l'État sous la IIIe République avec la loi du 15 juillet 1893 sur l'assistance médicale gratuite[26] notamment aurait pu être l'occasion d'une affirmation bien plus nette de la nature de l'activité hospitalière et de la mission de soins. La qualification de l'hôpital d'établissement par la circulaire du 31 mars 1926 peut certes être vue comme une reconnaissance implicite de l'existence d'une activité de service public[27], mais elle ne concerne alors que l'assistance des malades indigents[28]. Il faut attendre la loi du 31 décembre 1970[29] pour que le service public hospitalier soit explicitement reconnu

[24] Cluzel-Métayer (Lucie) et Gritton (Anne-Claude) parlent d'un « service public jeune » : « Prolégomènes à une réflexion sur le service public hospitalier », *RDSS*, 2017, p. 595.

[25] Sur cette évolution, v. Cristol (Danièle), « Le service public hospitalier », *RDP*, 1997, p. 801 ; Boussard (Sabine), « La fabuleuse histoire du service public hospitalier », *RDSS*, 2017, p. 607.

[26] Loi du 15 juillet 1893 sur l'assistance médicale gratuite, JORF du 18 juillet 1893, p. 3681.

[27] En ce sens, Cristol (Danièle), *art. cit.*, spéc. p. 805.

[28] La circulaire parle d'« établissements hospitaliers », qualifiés d'« autonomes » (p. 2). Il est par ailleurs fait référence au principe de spécialité des établissements (p. 21). *Circulaire du 31 mars 1926 portant règlement intérieur des hospices et hôpitaux*. Disponible sur *Gallica*. Consulté le 10 septembre 2020.

[29] Loi n° 70-1318 du 31 décembre 1970 portant réforme hospitalière. Disponible sur *Légifrance* (consulté le 7 septembre 2020).

par le législateur et structure le système de santé. La loi confirme alors l'existence d'un service public hospitalier, et en étend considérablement la portée. L'article L. 6141-1 du code de la santé publique confirme par ailleurs, par la négative, sa nature de service public administratif[30].

Consécutivement, la jurisprudence distinguait initialement les malades indigents des malades dits « payants »[31]. Alors que les premiers étaient soumis à un rapport de droit public, les second ont d'abord été parfois considérés comme liés par un contrat avec le médecin[32] puis avec l'établissement[33]. En parallèle, le Tribunal des conflits a utilisé l'expression de « service public » pour qualifier l'activité hospitalière par deux décisions du même jour[34].

Pour autant, la doctrine est d'abord restée hésitante. Il est ainsi notable que l'un des auteurs du *Traité de droit médical* exprime sur ce point sa dissidence par rapport à la position adoptée par les auteurs[35] au détour d'une note d'arrêt, se prononçant dans le sens de l'existence d'un « contrat d'adhésion » entre l'usager et le service[36]. Les tergiversations cèdent cependant sous l'effet de la consolidation doctrinale de la notion et du régime du service public administratif autour de la relation statutaire[37].

Sous l'effet conjoint de l'affirmation de l'activité hospitalière comme d'un service public et de la consolidation doctrinale de la nature réglementaire de la relation entre un usager et un service public administratif, la relation entre l'usager et l'établissement public de santé a

---

30 L'art. L. 6141-1 du Code de la santé publique dispose que l'objet principal des établissements publics de santé n'est « ni industriel ni commercial ». Disponible sur *Légifrance* (consulté le 7 septembre 2020).

31 Pour une présentation synthétique des hésitations de la jurisprudence, et notamment des résistances des juges judiciaires au principe de la compétence du juge administratif, v. Pitcho (Benjamin), *Le statut juridique du patient, op. cit.*, spéc. p. 155-156.

32 Civ., 2e sect., 17 déc. 1954, *Centre national de transfusion sanguine*, *D.*, 1955, II, p. 269, note Rodière (René).

33 CE, Sect., 21 février 1936, *Société anonyme « Les armateurs français »*, Rec. p. 226.

34 TC, 25 mars 1957, *Sieur Isaad Slimane* et *Hospices du Puy c. sieur de la Pérelle*, Rec. p. 816. L'expression de « service public » également utilisée par le Conseil d'État dans la décision *ibid.*

35 Auby (Jean-Marie), Pequignot (Henri), Savatier (René), Savatier (Jean), *Traité de droit médical*, Librairies techniques, Paris, 1956, spéc. p. 474-475.

36 Savatier (René), note sous CE, 9 novembre 1959, *JCP*, 1959, II, 11342.

37 V. not. la démonstration de Bois de Gaudusson (Jean) (du), *L'usager du service public administratif*, Paris, LGDJ, Bibliothèque de droit public, t. 115, 1974, p. 68-70, spéc. p. 69.

été « *décontractualisé [e]* »[38]. Il est donc désormais admis que l'usager d'un établissement public de santé est placé sous un rapport de droit public. Cela emporte un certain nombre de conséquences notables sur l'appréhension de son consentement (2.).

2. Les conséquences du choix d'un rapport de droit public sur la prise en compte du consentement

Le choix de la relation statutaire n'est pas anodin sur le traitement du consentement du patient usager du service public hospitalier. En cette matière particulièrement la doctrine a marqué son hésitation : l'importance du consentement du malade s'accorde à première vue mal avec une relation générale et impersonnelle.

En effet, l'usager est une entité qui, dans sa construction doctrinale traditionnelle, ne consent en principe à rien. L'usager, c'est le destinataire, le bénéficiaire d'une prestation, et lui donner satisfaction c'est, en quelque sorte et avant tout, assurer l'intérêt général et le bon fonctionnement du service public plus que de répondre à l'intérêt d'un individu[39]. La construction doctrinale de l'administré en général et de l'usager en particulier s'est accompagnée d'un « phénomène de dépersonnalisation »[40]. Le statut confère certes à l'usager des droits et des obligations, mais il entérine la suprématie de l'administration, son caractère unilatéral. Le statut « ne nécessite pour sa création aucune rencontre de volontés »[41]. Le consentement n'est donc pas, dans le rapport de droit public, une exigence nécessaire à la formation de la relation. La situation du patient n'est pas régie par des dispositions librement définies, mais par un statut imposé de manière réglementaire. En premier lieu, cela implique que le consentement n'est pas une condition d'accès au service, seule une décision administrative peut prononcer l'admission du malade[42]. En ce sens, J.-M. de Forges et J.-F. Seuvic dans leur ouvrage sur *L'hospitalisé* indiquent : « Les deux principaux problèmes de la déontologie médicale, consentement du

---

38 Pitcho (Benjamin), *Le statut juridique du patient*, Bordeaux, LEH, Collection thèses, p. 152. Souligné par l'auteur.

39 En ce sens, v. not. Foulquier (Norbert), *Les droits publics subjectifs des administrés*, *op. cit.*, spéc. p. 66.

40 *Ibid.*

41 *Ibid.*

42 En ce sens, v. not. art. R. 1112-11 du Code de la santé publique : « L'admission à l'hôpital est prononcée par le directeur sur avis d'un médecin ou d'un interne de l'établissement. (…) ». Article disponible sur Légifrance (consulté le 7 septembre 2020).

malade et secret professionnel, se posent plus dans le cadre de la médecine hospitalière que dans celui de la médecine de ville ; (...) Ce n'est du reste pas surprenant puisque, plus que dans le cabinet du praticien, le malade est, à l'hôpital, livré sans défense à un organisme qui le prend en charge et le domine complètement »[43].

Le rapport de droit public pouvant exister sans le consentement du patient, ce dernier tend à devenir un élément secondaire de la relation dans l'esprit des acteurs mais également dans celui d'une doctrine publiciste traditionnellement moins attirée par la notion de consentement. Dans sa préface sur l'ouvrage précité, le professeur R. Drago remarque ainsi que l'usager, le patient, est traité « de façon passive, à titre de sujet provoquant la naissance de situations juridiques (...) jamais au centre même des préoccupations du chercheur »[44]. L'importance du consentement en droit médical a toutefois exigé de neutraliser les éventuels effets incidents du choix effectué (B.).

B. La garantie du consentement comme droit attaché à la qualité de personne humaine

Le choix d'une relation statutaire s'est imposé dans la doctrine comme dans la jurisprudence, différenciant alors juridiquement la relation entre l'usager et l'établissement public de santé dans le cadre de ses missions de service public de la relation entre le patient et l'établissement privé de santé. Afin toutefois d'assurer une garantie équivalente du droit au consentement, il a fallu fournir à ce dernier un fondement transversal, et en tout cas délié de l'existence ou non d'un contrat (1.). Malgré les diverses évolutions législatives intervenues depuis la loi du 4 mars 2002, le juge administratif maintient le principe d'un rapport réglementaire de droit public entre l'usager et le service (2.).

1. Le droit au consentement à l'acte médical, une garantie attachée à la qualité de personne humaine

L'existence d'un rapport de droit public entre le patient hospitalisé et l'établissement public de santé oblige à penser le consentement du malade en dehors de toute référence au support contractuel, par définition absent entre l'usager et le service. En droit civil, le consentement est au contraire

43 Forges (Jean-Michel) (de), Seuvic (Jean-François), *L'hospitalisé*, Berger-Levrault, L'administration nouvelle, Paris, 2e éd., 1983, p. 193.

44 Drago (Roland), préface, *ibid.*, spéc. p. 9.

principalement saisi au travers du droit des obligations et de la notion de contrat[45]. Il est alors à la fois un élément de formation du contrat et, dans le cas plus particulier du contrat médical, une obligation que doit respecter le médecin dans l'exécution du contrat[46]. Aussi, alors que le consentement trouvait en droit privé un réceptacle naturel, le droit public s'en révélait au contraire dépourvu par le choix d'un rapport réglementaire.

Dans le même temps, le consentement du patient n'a semble-t-il jamais vraiment été réduit à un simple élément de pure théorie contractuelle. La Cour de cassation a d'ailleurs très tôt attaché ce droit au consentement à la qualité même de personne humaine[47]. Ainsi, dans le *Traité de droit médical*, les auteurs fondent naturellement le consentement du patient hospitalisé sur le « principe d'intégrité de la personne physique », dont la conséquence principale est que « toute atteinte à cette intégrité exige le *consentement* de celui qui la subit »[48]. Sous cet angle, la relation statutaire ne peut par principe pas contrevenir au respect du consentement, et doit même au contraire le garantir, sous réserve autrement que soit engagée la responsabilité de l'établissement public de santé[49] : le respect du consentement est alors « au cœur des devoirs du service public hospitalier en droit administratif »[50].

L'article L. 1111-4 du Code de la santé publique issu de la loi du 4 mars 2002 protège le consentement indépendamment de toute référence à la

---

[45] Lequette (Yves), Terré (François), Simler (Philippe), Chénedé (François), *Droit civil. Les obligations,* Paris, Dalloz, Précis, 12e éd., 2018, p. 182.

[46] La nature contractuelle ou non de cette obligation pose d'ailleurs de plus en plus question en droit privé, en témoigne le revirement que semble opérer la Cour de cassation en 2010 en ne se référant plus à la responsabilité contractuelle sur le fondement de l'ancien art. 1147 du Code civil, mais au seul article L. 1142-1 du Code de la santé publique pour fonder la responsabilité liée au défaut d'information du médecin. Cass., Civ 1re, 28 janvier 2010, n° 09-10.992, *Mme Mimoun c. CPAM de l'Indre* ; *D.*, 2010, p. 1522, note Sargos (Pierre) ; *ibid.*, p. 1801, point de vue Bert (Daniel) ; *RDSS*, 2010, p. 375, obs. Arhab-Girardin (Farida) ; *Gaz. Pal.*, mars 2010, p. 10, note Bugnicourt (Jean-Philippe) ; *RCA*, 2010, p. 2021, note Radé (Christophe) ; *RJPF*, avr. 2010, p. 11, note Putman (Emmanuel) ; *RLDA*, mars 2010, n° 69, p. 21 ; *GADS*, 2e éd., 2016, n° 12, p. 80.

[47] Cass., 28 janvier 1942, *Parcelier c. Teyssier* ; *Gaz. Pal.*, 1942-1, p. 177 ; *DC*, 1942, p. 63 ; *GADS*, *ibid.*, n° 1, p. 3

[48] V. par ex. Auby (Jean-Marie), Pequignot (Henri), Savatier (René), Savatier (Jean), *Traité de droit médical*, Paris, Librairies techniques, 1956, p. 477. Souligné par eux.

[49] CE, 24 septembre 2012, n° 336223, *M. Cairala*, Rec. ; *AJDA*, 2012, p. 1828 ; *AJDA*, 2012, p. 2231, note Lantero (Caroline) ; *JCP A*, 2012, n° 8, actu 640, veille Touzeil-Divina (Mathieu).

[50] Truchet (Didier), « La décision médicale », *AJDA*, 1995, p. 611.

nature de la relation avec le médecin ou l'établissement de santé[51]. Le législateur n'accorde sa préférence à aucun mode particulier de concrétisation de la garantie du consentement et notamment pas à la relation contractuelle. Il est vrai que dans son rapport sur le projet de loi, C. Evin souligne « *qu'en milieu hospitalier particulièrement*, le consentement du malade aux investigations préalables ou à l'examen par les étudiants, par exemple, est souvent considéré un peu rapidement comme acquis »[52], rendant la consécration législative du droit au consentement d'autant plus nécessaire dans ce cadre. Pour autant, le principe du rapport de droit public n'est pas, en lui-même, contesté.

Aussi, le législateur, en ne s'opposant pas par principe à un rapport d'une telle nature et en ne privilégiant pas le mode contractuel, a ouvert la voie à la consolidation, par le juge administratif, d'une relation réglementaire entre l'usager et l'établissement public de santé (2.).

2. La consolidation de la nature publique du rapport entre l'usager et l'établissement public de santé

À la suite de la loi du 4 mars 2002 le législateur s'est montré hésitant à propos de l'existence et de la place du service public hospitalier. En effet, dans un premier temps, la loi HPST du 21 juillet 2009 a supprimé l'expression même de service public hospitalier du Code de la santé publique, au profit d'une approche par missions[53], et d'une dilution de celles-ci dans les activités des établissements public et privé de santé[54]. Dans un second temps, le législateur est finalement revenu sur cette évolution avec la loi du 26 janvier 2016 de modernisation du système de santé, qui inscrit à nouveau le service public hospitalier dans le Code de la santé publique[55], au prix toutefois d'une approche par obligations de

---

51 Art. L. 1111-4 du Code de la santé publique. Disponible sur *Légifrance* (consulté le 10 septembre 2020).

52 Evin (Claude), *Rapport relatif aux droits des malades et à la qualité du système de santé*, n° 3263, 26 septembre 2001, p. 59. Souligné par nous.

53 Truchet (Didier), « Du service public hospitalier aux missions de service public en matière de santé », *RGDM* 2009, p. 59 ; Vioujas (Vincent), « Missions de service public et établissements de santé », *JCP Adm.*, 2012, n° 2188.

54 Certains auteurs parlant d'une « dilution » du service public : Tabuteau (Didier), « Santé et assurance maladie : l'inquiétante dilution des services publics », *Dr. soc.*, 2011, p. 1277.

55 Boussard (Sabine), « Les vicissitudes du service public hospitalier », *RFDA*, 2016, p. 565 ; Cristol (Danièle), « Les habits neufs du service public hospitalier », *RDSS*, 2016, p. 643, Vioujas (Vincent), « La résurrection du service public hospitalier », *AJDA*, 2016, p. 1272.

service[56] plutôt que par missions[57]. Le statut de l'usager initialement organisé par un décret du 14 janvier 1974[58], repris et codifié aux articles R. 1112-10 et s. du Code de la santé publique, n'a en revanche pas été substantiellement affecté dans son principe et ses modalités par ces évolutions[59].

Le juge administratif tranche, par la constance de sa jurisprudence, avec les tergiversations du législateur. Il a eu l'occasion de réaffirmer à plusieurs reprises que le patient hospitalisé se trouvait face à un rapport de droit public résultant de la nature de service public administratif de l'activité[60]. Cette position de principe constante a même parfois semblé être confirmée en opposition à la volonté du législateur, ou en tout cas par une interprétation neutralisante de cette dernière. À ce titre, la décision *Hôpital de Prades* est particulièrement notable[61]. En l'espèce, l'hôpital demandait au juge des référés, dans le cadre d'un référé-provision, le versement d'une provision au titre de frais d'hébergement et de médecine encore dus par une personne ayant été hébergée par elle. Or, en vertu de l'article L. 342-1 du code de l'action sociale et des familles, l'intéressée avait conclu un contrat d'hébergement. Pour autant, le juge administratif refuse d'admettre que le fondement de la créance se trouve dans le contrat : la personne hospitalisée « n'était pas dans une situation contractuelle vis-à-vis du service public administratif », malgré la présence d'une telle convention. Dès lors, contrairement à ce que soutenait l'établissement

---

[56] Art. L. 6112-1 du Code de la santé publique. Disponible sur *Légifrance* (consulté le 7 octobre 2020).

[57] Vioujas (Vincent), « Les nouvelles modalités d'exécution du service public hospitalier », *JCP A*, 2016, act. 900 ; *ibid.*, « Les obligations du service public hospitalier : quelles spécificités ? », *RDSS*, 2017, p. 644.

[58] Décret n° 74-27 du 14 janvier 1974 relatif aux règles de fonctionnement des centres hospitaliers et des hôpitaux locaux, JORF du 16 janvier 1974.

[59] Le décret n° 2003-462 du 21 mai 2003 relatif aux dispositions réglementaires des parties I, II et III du Code de la santé publique reprend et codifie pour l'essentiel le decret initial.

[60] TC, 26 octobre 1987, n° 2478, *M. Charles Mallard*, tables ; TC, 25 janvier 1988, n° 2491, *M. Leleu*, Rec. ; CE, 3 juillet 1996, n° 148870, *Mme Odile Y.*, inédit ; TC, 27 septembre 1999, *M. X.*, Inédit ; TC, 11 juin 2012, n° C 3849, *société GTM Génie civil et services*, tables ; CE, 13 novembre 2013, n° 350428, *Société Viamedis*, tables ; CE, 27 janvier 2014, n° 359582, *Mme D. B.*, Inédit.

[61] CE, 3 février 2016, n° 388643, *Hôpital de Prades*, tables ; *RDSS*, 2016, p. 332, concl. Decout-Paolini (Rémi) ; *AJDA*, 2016, p. 231, obs. Biget (Carine) ; *JCP A*, 2016, actu 119, comm. Kernéis-Cardinet (Mathilde).

public, il pouvait ordonner le recouvrement forcé de la créance sans avoir recours au juge[62].

Malgré les évolutions législatives, le Conseil d'État maintient donc le principe d'un rapport de droit public entre le patient hospitalisé et l'établissement public de santé. Ce principe est le fruit d'une construction juridique ayant abouti à reconnaître la spécificité de la relation avec l'hôpital public. Cependant, cette différenciation de la relation avec l'établissement public s'est faite au détriment de la notion de consentement comme mode de formation du contrat. Si le droit positif a en principe rendu indifférente la nature de la relation sur la protection effective du consentement du patient hospitalisé, il n'en reste pas moins qu'une part de la doctrine continue de remettre en cause la pertinence du principe de la relation réglementaire au regard de l'importance du consentement dans la relation médicale : le rapport règlementaire de droit public serait en quelque sorte, par nature, un obstacle à la prise en compte du consentement. Au contraire, il est possible de concevoir le rapport de droit public comme une garantie d'un consentement effectif (II.).

II. Le renforcement de la protection du consentement par l'existence d'un rapport de droit public

Une part de la doctrine discute aujourd'hui le principe d'un rapport de droit public entre le patient hospitalisé et l'établissement public de santé. Or, les auteurs se fondent à titre principal sur l'importance du consentement du patient hospitalisé pour en déduire la nécessité d'une requalification du rapport en relation contractuelle (A.). La résistance du juge administratif, faisant du rapport de droit public une véritable « colonne du temple »[63], montre toutefois que la situation légale et réglementaire peut constituer une garantie pour l'usager *par-delà* son consentement (B.).

---

[62] Ce qui est impossible en matière contractuelle, v. CE, 26 décembre 1924, *Ville de Paris*, Rec. p. 1025.

[63] Decout-Paolini (Rémi), concl. sur CE, 3 février 2016, n° 388643, *Hôpital de Prades*, tables, *RDSS*, 2016, p. 332.

A. Le consentement, fondement d'une remise en cause du rapport de droit public

Le rapport de droit public serait par nature moins protecteur du consentement. En premier lieu, il aboutit à confier une partie du contentieux au juge administratif, traditionnellement jugé moins soucieux du consentement du patient (1.). En second lieu, le statut et son caractère impersonnel empêchent toute négociation et s'opposent, dans leur principe, à des garanties essentielles attachées au consentement, comme le libre choix du praticien. L'importance du consentement du patient en droit médical justifie ainsi, pour certains auteurs, de remettre en cause le principe même d'un rapport de droit public (2.).

1. La critique de la jurisprudence administrative

Traditionnellement, le Conseil d'État a pu sembler se satisfaire d'un « consentement "escamoté" »[64], retenant par exemple le caractère tacite du consentement pour écarter le moyen tiré de son défaut d'existence[65]. Le professeur Louis Dubouis soutient ainsi que le juge administratif exerce face à la relation médicale une « garde vigilante (…) sauf en ce qui concerne le libre choix du médecin et *surtout le consentement au traitement* »[66].

Il est apparu en ce sens constant que le moyen tiré du défaut de consentement peinait à prospérer pour retenir la responsabilité de l'établissement, notamment en raison de la difficulté à en prouver la réalité[67]. Progressivement toutefois, le juge administratif a rapproché sa jurisprudence de celle du juge judiciaire. Ainsi, à propos de la responsabilité pour défaut d'information[68], corollaire du droit au consentement, la Cour de cassation a, par un arrêt du 3 juin 2010, admis un préjudice moral autonome susceptible d'être indemnisé en cas de

---

[64] Dubouis (Louis), « Le juge administratif, le malade et le médecin », in *Mélanges Waline*, t. 2., p. 398.

[65] CE, 13 juillet 1961, *Delanoë*, Rec. p. 1175, cité par Dubouis (Louis), *ibid.*

[66] *Ibid.*, p. 399. Nous soulignons.

[67] En ce sens, v. Marion (Laurence), Maugüé (Christine), *La responsabilité du service public hospitalier*, LGDJ, Systèmes, 2e éd., 2019, p. 78, citant not. CE, 17 février 1988, *Mme Morette-Bourny*, Rec. p. 73. V. également, pour un transfert dans un établissement très éloigné du lieu de résidence sans recueillir le consentement du patient ou de sa famille, CAA Nantes, 22 février 1996, n° 93NT00797, *M. Tirard*, Rec.

[68] Vialla (François), « Comparaison des jurisprudences rendues en matière de responsabilité pour défaut d'information », *Médecine & Droit*, 2013, n° 120, p. 57-64.

manquement du médecin à son devoir d'information[69] en s'émancipant « du pur modèle civiliste contractuel »[70]. En l'espèce, un médecin avait pratiqué sur un patient une adénomectomie prostatique indispensable et qui devait être pratiquée sans délai, dont il avait résulté pour le patient une impuissance. Or, si le chirurgien n'avait pas commis de faute technique, il n'avait pas informé le patient de ce risque. Ainsi, faisant le lien entre le consentement et le droit à l'information, le juge civil déduit de ce défaut d'information un préjudice. Dans un premier temps, le Conseil d'État n'a pas semblé rejoindre une telle analyse, refusant de reconnaître la responsabilité de l'administration sans preuve d'un dommage[71], pour des faits pourtant similaires. Il s'est finalement, dans un second temps, rangé derrière la position de la Cour de cassation par une décision du 10 octobre 2012[72], montrant ainsi un rapprochement des jurisprudences.

Malgré tout, les débats parlementaires sur la loi de 2002 sont très clairs quant à l'intention du législateur : il s'agit de « sortir d'une relation paternaliste, d'être reconnus par les médecins comme des adultes », en bref, de retrouver une « autonomie de décision »[73]. À ce titre, le droit à un consentement libre et éclairé apparaît comme la pièce maitresse du dispositif, avec la proclamation d'un changement très net de conception : le consentement ne doit plus être une « acceptation passive, mais devenir l'expression d'une participation active du malade aux décisions qui le concernent »[74]. La loi de 2002 apparaît donc à l'origine relativement libérale dans son principe.

Deux illustrations montrent cependant que le Conseil d'État est venu tempérer ce libéralisme manifesté par l'importance nouvelle accordée au consentement du patient et à sa volonté, ce qui pourrait conduire à établir une première critique indirecte du principe d'un rapport de droit public.

---

[69] Cass., Civ. 1re, 3 juin 2010, n° 09-13.591, *AJDA*, 2010, p. 2169, note Lantero (Caroline).
[70] Lantero (Caroline), *ibid.*
[71] Par ex., pour une absence de préjudice résultant de la nécessité de l'intervention en l'espèce, CE, 19 mars 2010, n° 310421, *M. Robert A. c. CHU de Bordeaux*, Inédit.
[72] CE, 10 octobre 2012, n° 350426, *M. B.*, Rec. ; *AJDA*, 2012, p. 1927, note Poupeau (Diane).
[73] Ass. Nat., 2e séance du 2 octobre 2001, Débats parlementaires, *J. O. R. F.*, p. 5317. Sur l'autonomie de décision, v. Berthiau (Denis), « Comprendre le principe d'autonomie en droit de la santé », *Méd. Et droit*, 2006, p. 53.
[74] Ass. Nat., 2e séance du 2 octobre 2001, *ibid.*, p. 5319.

D'une part, la jurisprudence relative au refus de soins apparaît comme significative[75]. Par principe, le Conseil d'État reconnaît le droit au refus de soins, à propos par exemple d'une prescription de soins palliatifs dans le cas d'un cancer que la patiente refusait de soigner[76]. Cependant, le Conseil d'État est apparu bien plus ambivalent, considérant notamment qu'un médecin commettait une faute dès lors qu'il n'avait pas adressé son patient atteint d'un cancer à un médecin titulaire d'un diplôme de cancérologie alors que ce patient était en phase terminale de sa maladie, et ce quand bien même le patient avait refusé tout traitement chirurgical ou radiothérapique[77], au motif qu'il lui avait fait perdre une chance de survie. De fait, le médecin ne se trouve pas dédouané de sa responsabilité, alors même que le refus de soin était en l'espèce certain, ce qui, en pratique, revient à remettre en cause l'effet de ce refus[78]. De même, si le Conseil d'État a pu censurer pour erreur de droit l'arrêt d'une cour administrative d'appel ayant fait prévaloir, de manière générale, l'obligation pour le médecin de sauver la vie sur celle de respecter la volonté du malade, il a cependant, réglant l'affaire au fond, estimé qu'en l'espèce le médecin n'avait pas commis de faute du fait d'être passé, dans l'urgence, outre le consentement du patient, et ce alors même que celui-ci a manifesté son refus de soin pour des considérations religieuses[79]. Dans cette seconde affaire, jugée en Assemblée, le Conseil d'État se trouvait face à un individu appartenant à la mouvance des témoins de Jéhovah. Celui-ci avait très clairement énoncé son refus d'être soigné. Le droit au refus de soins fait donc l'objet d'une consécration nuancée. Or, ainsi que le souligne le professeur X. Bioy, c'est « avec le refus de soins que l'on mesure l'exacte

---

[75] Sur le refus de soins dans la jurisprudence administrative, v. not. Lucas-Gallay (Isabelle), « Le domaine d'application du droit au refus de soins : une peau de chagrin », *LPA*, 1997, n° 6, p. 6 ; Lannoy (Marie), « Corps à corps : la personne humaine en droit de la responsabilité hospitalière », *RDSS*, 2015, p. 117.

[76] Par ex., CE, 6 mars 1981, *Puech* ; *RDSS*, 1981, p. 406, note Dubouis (Louis) ; *ibid.*, p. 413, concl. Labetoulle (Daniel). La Cour de cassation l'a reconnu également, v. Cass., civ. 2e, 19 mars 1997, *LPA*, 8 mars 1996, p. 16.

[77] CE, 29 juillet 1994, n° 146978, *Garnier* ; *RDSS*, 1995, p. 57, note Dubouis (Louis), *Gaz. Pal.*, 1995, II, p. 367, note Garay (Alain).

[78] En ce sens, Lucas-Gallay (Isabelle), « Le domaine d'application du droit au refus de soins : une peau de chagrin », *art. cit.*

[79] CE, Ass., 26 octobre 2001, n° 198546, *Mme X.* ; *AJDA*, 2002, p. 259, note Deguergue (Maryse) ; *RFDA*, 2002, p. 156, note De Béchillon (Denys) et concl. Chauvaux (Didier) ; *RTD Civ.*, 2002, p. 484, obs. Hauser (Jean) ; *D.*, 2002, p. 2161 ; *RDSS*, 2002, p. 41, note Dubouis (Louis).

portée de la protection de la personne par le principe du consentement »[80]. La Cour de cassation semble par certains aspects plus soucieuse du respect du refus de soins en pratique. Par exemple, le juge civil considère que le refus de soins d'une victime ne peut être retenu pour minimiser son droit à réparation, y compris lorsque ce refus a abouti à une aggravation du préjudice[81]. La doctrine civiliste a d'ailleurs pu développer une réaction vive à la position du Conseil d'État, le professeur J. Hauser qualifiant par exemple la loi du 4 mars 2002 de « loi inutile » au regard de la décision d'Assemblée du 26 octobre 2002[82].

D'autre part, la compréhension par le juge administratif de la place et du rôle de la personne de confiance[83] en matière de fin de vie laisse apparaître une position plutôt conservatrice et éloignée de l'idée d'une conception anglo-saxonne de la notion comme d'un « représentant du

---

80 Bioy (Xavier), *Le concept de personne humaine en droit public : recherche sur le sujet des droits fondamentaux*, Paris, Dalloz, Nouvelle Bibliothèque de thèses, 2003, p. 478 : « L'unité de la volonté et du corps, principe même du consentement, protège l'intégrité personnelle. C'est donc avec le refus de soins que l'on mesure l'exacte portée de la protection de la personne par le principe du consentement ».

81 V. not. Cass., Crim., 27 septembre 2016, n° 15-83.309, *D.*, 2016, p. 2612, obs. Bouchet (Marthe).

82 Hauser (Jean), « Liberté religieuse et consentement aux soins : encore une loi inutile ? », *RTD Civ.*, 2002, p. 781.

83 V. notamment Cimar (Laurence), « Considérations juridiques sur l'expression de la volonté en fin de vie », *Méd. et droit*, juillet 2012, n° 115, p. 99 ; Floch (Mathilde), Boles (Jean-Michel), « Effectivité de la personne de confiance et des directives anticipées : évaluation de procédures institutionnelles au CHRU de Brest », *RGDM*, 2011, n° 39, p. 7 ; Manaouil (Cécile), « Vers un rôle de plus en plus croissant de la personne de confiance ? », *Droit, déontologie et soin*, septembre 2011, n° 3, p. 288 ; Berthiau (Denis), « La personne de confiance : la dérive d'une institution conçue pour de bonnes raisons. Tentative d'explication d'un insuccès », *Méd. et droit* mars 2008, n° 89, p. 38 ; « Dossier sur la personne de confiance en 2008 », *Actu. JuriSanté*, novembre 2008, n° 63, p. 3 ; Bensamoun (Alexandra), « La personne de confiance. Réflexions sur une institution émergente en matière familiale et médicale », *RRJ*, 2007, p. 1669 ; Lokiec (Pascal), « La personne de confiance. Contribution à l'élaboration d'une théorie de la décision en droit médical », *RDSS*, 2006, p. 865 ; Taglione (Catherine), « La personne de confiance : facteur de progrès ou source de difficultés à venir ? », *RGDM*, 2005, n° 17, p. 397 ; Esper (Claudine), « La personne de confiance : obligations légale, morale, juridique ? », *RGDM*, 2003, n° 11, p. 81 ; Mélin (Ferdinand), « La personne de confiance de l'article L. 1111-6 du code de la santé publique », dans *La loi du 4 mars 2002 : continuité ou nouveauté en droit médical ?*, Paris, PUF, 2003, p. 111.

consentement »[84]. En effet, alors que la doctrine a échoué à trouver une explication cohérente de la personne de confiance dans la représentation du consentement, par exemple au travers de la théorie du mandat[85], le Conseil constitutionnel[86] puis, surtout, le Conseil d'État[87] ont nettement réfuté une telle interprétation, en confiant au seul médecin le pouvoir de décision. Alors que la personne de confiance pouvait être initialement conçue comme une modalité d'expression et de représentation du consentement, le droit français s'oriente au contraire vers une conception objectivée, extérieure au consentement. Or, un tel choix délie purement et simplement le médecin de toute obligation de suivre la voix de la personne de confiance, ce qui n'aurait pas été le cas si cette dernière avait été considérée comme mandataire dans le cadre d'un contrat médical. Si cette solution se veut sans doute protectrice du patient, elle montre surtout que la voix du médecin est privilégiée sur celle de la personne de confiance, qui inspire la méfiance[88].

Ces deux illustrations montrent que le Conseil d'État se refuse parfois à admettre pleinement la portée du consentement du patient. En tempérant cette portée, il se révèle alors faire preuve d'une position conservatrice d'un certain paternalisme médical, alors que le législateur semblait avoir eu une position relativement libérale en consacrant le droit au consentement comme l'expression d'une volonté libre. Outre ce premier constat, c'est toutefois surtout à l'encontre du principe même du rapport de droit public que les critiques doctrinales se cristallisent (2.).

---

[84] Idée développée initialement par le CCNE dans son avis, évoquant même le terme de « mandataire » : « Consentement éclairé et information des personnes qui se prêtent à des actes de soin ou de recherches », avis n° 58, 12 juin 1998, spéc. p. 2. Pour un panorama de la position des droits étrangers sur la question, v. not. Gabriel (Anaïs), *La personne de confiance dans la loi du 4 mars 2002 relative aux droits des malades,* Marseille, PUAM, 2004, spéc. p. 34 et s.

[85] Soulignant ainsi les insuffisances de la notion, v. Berthiau (Denis), « La personne de confiance : la dérive d'une institution conçue pour de bonnes raisons. Tentative d'explication d'un insuccès », *art. cit.*

[86] DC, QPC, n° 2017-632, 2 juin 2017, *Union nationale des associations de familles de traumatisés crâniens et de cérébro-lésés (UNAFTC)*, pt. 4.

[87] CE, 6 décembre 2017, *Union nationale des associations de familles de traumatisés crâniens et de cérébro-lésés (UNAFTC),* n° 403944, Rec. ; *AJDA*, 2017, p. 2439, obs. Montecler (Marie-Christine) (dc) ; *JCP A*, 2018, n° 6, 2050, comm. Moquet-Anger (Marie-Laure).

[88] V. à ce titre, se faisant l'écho des craintes des services de gériatrie, Léonetti (Jean), *Rapport d'information fait au nom de la mission d'évaluation de la loi n° 2005-370 du 22 avril 2005 relative aux droits des malades et à la fin de vie,* précité, spéc. p. 27 et s.

2. La remise en cause du rapport de droit public

Les critiques doctrinales sur l'existence d'un rapport de droit public entre l'usager et l'établissement public de santé dans le cadre de l'exécution de ses missions de service public peuvent certes se fonder sur des considérations techniques, telle la complexité contentieuse résultant de la distinction des régimes et de l'existence de plusieurs juges compétents[89]. La place du consentement est toutefois au cœur des critiques visant à remettre en cause le rapport de droit public. Par exemple, en donnant à l'établissement la faculté de procéder au recouvrement forcé des créances qu'il possède sur les usagers, le rapport de droit public aboutirait « nécessairement à faire peu de cas de la volonté du malade »[90]. Si le patient peut aller devant le juge administratif pour engager la responsabilité de l'établissement, il supporte alors malgré tout la charge de la preuve, ce qui ne serait pas le cas en matière de responsabilité contractuelle[91]. Ces critiques reposent sur l'importance de la place du consentement en droit médical : le rapport de droit public ne serait pas de nature à assurer une protection effective du consentement du patient. Ainsi, dans sa thèse, B. Pitcho défend l'idée que « la découverte de la nécessité pour le patient de consentir à la réalisation des actes médicaux entraîne la requalification de la relation réglementaire en contrat de soins »[92].

Le consentement sert donc de fondement à la remise en cause du rapport réglementaire. Le rapport de droit public entre notamment en confrontation directe avec la possibilité de choisir les conditions de son hospitalisation et, surtout, son praticien[93]. Cela procède de plusieurs considérations. En premier lieu, il n'existe pas de contrat entre le patient et le médecin, ce n'est pas à lui que se « lie » le patient, qu'il confie son devenir, mais à un service dans lequel le médecin est agent. Il en résulte que le patient, en deuxième lieu, doit composer avec les règles

---

89 En ce sens, v. la présentation faite par Pitcho (Benjamin), *Le statut juridique du patient, op. cit.,* p. 160 et s.

90 Moron-Puech (Benjamin), « "L'usager du service public administratif hospitalier : un contractant !" », *RDSS*, 2017, p. 512.

91 *Ibid.*

92 Pitcho (Benjamin), *Le statut juridique du patient, op. cit.*, spéc. p. 182.

93 Sur le libre choix du praticien, v. not. Badel (Maryse), « Liberté et système de santé », *RDSS*, 2005, p. 951 ; Rebecq (Geneviève), « Le choix du médecin traitant et le principe d'exercice exclusif de la spécialité », *RDSS*, 2005, p. 602 ; Roman (Diane), « Le respect de la volonté du malade », *RDSS,* 2005, p. 423 ; Dupont (Marc), « Le libre choix du médecin : son évolution depuis la loi du 4 mars 2002 », *RDSS*, 2007, p. 759.

d'organisation du service, telles par exemple, les gardes des médecins. En troisième lieu, il dépend de l'organisation de l'offre de soins sur le territoire et entre les établissements. Aussi les patients ne sont « pas en droit d'exiger qu'un médecin plutôt qu'un autre les prenne en charge »[94]. Enfin, en quatrième et dernier lieu, le patient est adressé par son médecin traitant au chef de service compétent, et non à un médecin en particulier. En ce sens, J.-M. de Forges dresse une remarque qui semble encore aujourd'hui, dans une certaine mesure, pouvoir être mobilisée[95]. S'interrogeant sur ce qu'il appelle le « paternalisme hospitalier », il constate que, « à la clinique privée, il n'y a pas de rupture entre la médecine de ville et la médecine hospitalière (…) », le médecin suit son patient, le conseille, lui rend visite, l'éclaire. Au contraire, à l'hôpital public, le malade se présente avec « une lettre d'information adressée par son médecin traitant au chef de service compétent »[96], ce dont il résulte une discontinuité, et l'absence de relations entre le médecin de ville, et le médecin qui sera désigné par le chef de service. La conséquence est alors pour l'auteur très claire : « tous les principes dégagés en matière de consentement du malade demeurent lettre morte à l'hôpital public »[97]. Le législateur est toutefois intervenu pour consacrer cette liberté de principe pour l'usager du service public[98]. Or, une telle consécration se confronte directement à l'impersonnalité caractéristique du statut réglementaire de l'usager[99]. D'ailleurs certains auteurs considèrent que l'exercice de cette liberté de choix du praticien reste « largement virtuelle »[100] au sein des établissements publics de santé[101], ce qui n'est pas sans conséquence dès lors que le patient peut être

[94] CAA Paris, 27 mai 2013, n° 12PA01842, *M. B.*

[95] Forges (Jean-Michel) (de), Seuvic (Jean-François), *L'hospitalisé*, *op. cit.*, p. 214.

[96] *Ibid.*, p. 214-215.

[97] *Ibid.*, p. 216.

[98] Loi n° 91-748 du 31 juillet 1991 portant réforme hospitalière. Forges (Jean-Michel) (de), « La réforme hospitalière de 1991 », *RDSS*, 1991, p. 527.

[99] Daubech (Lin), « Le statut du patient hospitalisé : vers l'incertitude juridique ? », *LPA*, 21 mai 1997, n° 61, p. 9.

[100] Bergoignan-Esper (Claudine), Dupont (Marc), *Droit hospitalier*, *op. cit.*, p. 665.

[101] En ce sens, v. par ex. CAA Paris, 27 mai 2013, n° 12PA01842, *M. G.* ; *AJDA*, 2013, p. 1952. En l'espèce, il est à noter que la cour administrative d'appel se fonde sur le fait que le patient d'un établissement public de santé n'est pas dans une situation contractuelle avec l'établissement « ni *a fortiori* avec un praticien dudit établissement » pour en déduire qu'il n'existe aucun « droit d'exiger qu'un médecin plutôt qu'un autre les prenne en charge ».

susceptible d'avoir certaines exigences relatives au praticien dictées, par exemple, par des considérations religieuses[102].

Le rapport réglementaire de droit public semblerait donc être incompatible avec certaines des exigences du droit au consentement du patient hospitalisé. L'importance de ce droit justifierait alors de revenir sur le principe de son existence, au profit de la consécration d'un rapport contractuel. Pour autant, le juge administratif maintient le principe d'un rapport de droit public entre l'usager et l'établissement public de santé. Cette résistance semble alors traduire une certaine conception du rapport de droit public comme garantie pour l'usager, *par-delà* son consentement (B.).

B. Le rapport de droit public, une garantie *par-delà* le consentement

La proposition doctrinale d'une requalification en contrat de la relation entre l'usager et l'établissement public de santé n'est pas véritablement convaincante du point de vue du droit positif. En effet, les avantages d'une telle modification semblent relativement minimes. Ainsi, l'enjeu d'une telle proposition est avant tout idéologique et symbolique. Alors que l'argument d'une filiation nécessaire entre le consentement et le contrat apparaît comme le fondement d'une conception libérale et individualiste et de la relation entre l'usager et le service (1.), le rapport de droit public apparaît comme une garantie au bénéfice de l'usager, visant à le protéger non pas *contre* mais *par-delà* son consentement (2.).

1. Le contrat : une protection individualiste du consentement

La proposition doctrinale d'une requalification du rapport réglementaire en relation contractuelle trouve sa motivation profonde dans le postulat plus ou moins intuitif d'une incompatibilité du rapport de droit public avec l'importance du consentement. Cependant, dès lors que ce présupposé est énoncé, il convient de se demander si le principe d'une relation contractuelle permettrait de répondre aux écueils précités.

Le passage à un fondement contractuel poserait en premier lieu la question de la nature administrative ou privée du contrat conclu entre

---

102 Sur cette question, v. Castaing (Cécile), « Laïcité et liberté religieuse du patient à l'hôpital », *AJDA*, 2017, p. 2505.

l'usager et l'établissement public de santé. Cette première interrogation doit être mise en perspective avec la nature du service public hospitalier. En principe, le choix de la nature du contrat aurait surtout un effet sur la détermination de la compétence juridictionnelle. Ainsi, si le contrat est qualifié d'administratif, le juge administratif resterait compétent. Cependant, le changement de la nature de la relation entre l'usager et l'établissement public passerait sans doute par une requalification du service public hospitalier en SPIC[103]. Dans ce cas toutefois, le juge judiciaire dispose d'un bloc de compétences pour les litiges portant sur les contrats entre les SPIC et les usagers[104]. Le juge administratif risquerait donc de perdre sa compétence, ce qui était l'un des arguments soulevés par les commissaires du gouvernement pour justifier la nature réglementaire du rapport[105]. En lien avec la qualification retenue, la question pourrait ensuite se poser de savoir avec qui contracte le patient : l'établissement seulement ou, par souci d'harmonisation avec la situation prévalant en droit privé, avec le médecin d'une part, l'établissement public de santé d'autre part ? Cette seconde solution remettrait sérieusement en cause le principe même de la qualification de service public.

En second lieu, la requalification aboutirait certes *en droit* à faire du consentement une condition de formation de la relation juridique entre le patient et l'établissement public de santé. Pour autant, *en fait*, l'usager ne négocierait probablement pas plus les modalités de son admission et de son séjour que dans la situation actuelle. Cela constitue-t-il toutefois un obstacle à l'existence d'un contrat en droit ? Le contrat promeut l'idée de « choix », c'est-à-dire une certaine conception du consentement comme d'une volonté libre, mais le principe constitutionnel de la liberté contractuelle[106] n'est pas absolu. Aussi, il est possible de prévoir une obligation de contracter : tel est le cas par exemple en matière

---

[103] En effet, si le SPA n'est pas incompatible avec la présence d'un contrat, les exceptions au principe du rapport de droit public dans la relation entre un usager et un SPA sont marginales. V. cependant, à propos du service public des postes et télécommunications, CE, 9 mars 1998, n° 168642, *Asso. CFM 100*, Inédit.

[104] CE, 13 octobre 1961, *Ets Campanon-Rey*, Rec., p. 67 ; *AJDA* 1962, p. 98, concl. Heumann (Claude), note de Laubadère (André) ; *D.* 1962, p. 506, note Vergnaud (Jean) , TC, 17 décembre 1962, *Dame Bertrand*, Rec. p. 831, concl. Chardeau (Jacques) ; *AJDA* 1963, p. 88, chron. Gentot (Michel) et Fourré (Jean).

[105] V. not. en ce sens, ainsi que le remarque Moron-Puech (Benjamin) dans son article précité, Bacquet (Alain), concl. sur CE, Sect., 23 février 1979, *Tolub*, Rec. p. 80 ; *AJDA*, 1979, p. 31.

[106] Article 1102 du Code civil. Disponible sur *Légifrance* (consulté le 5 octobre 2020). Cons. Constit., 30 novembre 2006, déc. n° 2006-543 DC, *Loi relative au secteur de l'énergie.*

assurantielle[107]. La jurisprudence *Société d'exploitation électrique de la rivière du Sant* en fournit une autre illustration[108]. De la même manière, le contenu du contrat doit se borner à respecter la loi, qui peut prévoir l'obligation d'insérer certaines clauses[109].

La mise en avant du consentement de l'usager permet de « recomposer la figure de l'usager du service public autour de son inclusion dans le fonctionnement du service ».[110] Cependant, dans le cas du patient hospitalisé dans un établissement public de santé, le passage au fondement contractuel n'aurait sans doute qu'une influence minime sur les conditions de son hospitalisation. Dans une hypothèse toutefois, la requalification jouerait en sa faveur. En effet, le patient ayant opté pour le régime particulier d'hospitalisation[111] ne pourrait voir son choix remis en cause par une simple décision administrative. Mais alors il apparaît qu'un tel changement se ferait en réalité surtout au profit d'une « clientèle » qui pourrait être qualifiée d'aisée.

Au contraire, pour d'autres usagers, et en particulier les usagers « vulnérables »[112], c'est-à-dire qui ne sont pas en mesure d'exercer

---

107 Par ex., pour une association du sport scolaire et universitaire, v. CE, 16 février 1977, *Archeray*, Rec., p. 88.

108 CE, 19 janvier 1973, *Société d'exploitation électrique de la rivière du Sant*, Rec. Il est intéressant de remarquer que l'obligation de contracter est dans cette décision invoquée comme élément de caractérisation du caractère administratif du contrat. Remarqué not. par Rolin (Frédéric), « Les visages menaçants du nouveau contractualisme : le contrat de responsabilité parentale », *RDSS*, 2007, p. 38.

109 Art. 1102 du Code civil.

110 Koubi (Geneviève), « Quelle "responsabilisation" des usagers du service public ? », *JCP A*, n° 43, 26 octobre 2015, 2309.

111 Possibilité prévue à l'article R. 1112-18 du Code de la santé publique. Disponible sur *Légifrance* (consulté le 5 octobre 2020).

112 Cohet-Cordey (Frédérique) (dir.), *Vulnérabilité et droit*, Grenoble, PUG, 2000 ; Rouvière (Frédéric)(dir.), *Le droit à l'épreuve de la vulnérabilité*, Bruylant, 2011 ; Richard (Pascal), Paillet (Elisabeth) (dir.), *Effectivité des droits et vulnérabilité de la personne*, actes du colloque du CERC, Université de Toulon, Bruylant, 2014 ; Cour de Cassation, *Les personnes vulnérables dans la jurisprudence de la Cour de cassation*, Rapport annuel, Documentation française, 2009 ; Badel (Maryse), « La participation de l'usager », *RDSS*, 2004, p. 804 ; Hauser (Jean), « Des incapables aux personnes vulnérables », *Dr. Fam.*, 2007, étude 14 ; Rolin (Frédéric), « Les visages menaçants du nouveau contractualisme : le contrat de responsabilité parentale », *RDSS*, 2007, p. 38 ; Moulay-Leroux (Sandra), « Le contractualisme dans le secteur social et médico-social : du mythe du contrat à la réalité de la contractualisation », *RGDM*, 2009, n° 32, p. 73 ; Lavaud-Legendre (Benjamin), « La paradoxale protection de la personne vulnérable par elle-même : les contradictions d'un "droit de la vulnérabilité" en

correctement leurs droits et libertés en fait[113], notamment parce qu'ils sont malades, vieillissants, ou encore dans une situation économique défavorable[114], le contrat se révèle être bien plus insidieux : il participe d'une certaine « responsabilisation » de l'usager[115]. L'essor du contrat comme mode de relation avec l'usager dépasse largement le champ du droit médical et prend une importance croissante dans le droit social et médico-social. Prévus par la loi[116], ces « contrats de séjour »[117] ou « d'insertion »[118] apparaissent bien comme de véritables contrats, au moins pour l'usager qui les signe. Pour autant, le juge administratif leur refuse, par principe, une telle valeur, au motif notamment qu'ils ne font que « cristalliser pour le patient, dans un objectif de transparence, le cadre réglementaire dans lequel intervient sa prise en charge »[119]. Pour certains auteurs, la thèse contractualiste ne serait pas incompatible avec l'existence d'un statut : il y aurait d'une part, un contrat, qui garantirait le consentement comme mode de formation de la relation puis, d'autre part, un statut, qui définirait les droits et les obligations des parties[120]. Une telle lecture ne semble pas vraiment opérer une conciliation : soit le contenu du contrat est partiellement défini par voie textuelle, et c'est alors bien le support contractuel qui prime, dont les clauses réglementaires peuvent

---

construction », *RDSS*, 2010, p. 520 ; Roman (Diane), « L'usager vulnérable », *RFDA*, 2013, p. 486 ; Eyraud (Benoît), Vidal-Naquet (Pierre), « La vulnérabilité saisie par le droit », *Revue Justice Acutalités*, 2013, p. 3 ; Favier (Yann), « vulnérabilité et fragilité : réflexions autour du consentement des personnes âgées », *RDSS*, 2015, p. 702 ; Leuzzi-Louchart (Coralie), « La contractualisation et l'usager vulnérable », *RFDA*, 2018, p. 243.

113 Roman (Diane), « L'usager vulnérable », *Ibid.*

114 La vulnérabilité est ainsi plus large que l'incapacité juridique et inclut des situations dans lesquelles l'individu peut, en droit, exprimer son consentement.

115 Koubi (Geneviève), « Quelle "responsabilisation" des usagers du service public ? », *art. cit.*

116 Pour le contrat de séjour, art. L. 311-4 du Code de l'action sociale et des familles. Disponible sur *Légifrance* (consulté le 7 octobre 2020).

117 CE, 3 février 2016, n° 388643, *Hôpital de Prades*, tables ; CE, 5 juillet 2017, n° 399977, *Mme B.*, tables.

118 CE, 4 décembre 2019, n° 418975, *Mme A. B.* ; *AJDA*, 2020, p. 951, note M. Long ; *RDSS*, 2020, p. 177, note Rihal (Hervé) ; *JCP A*, 17 février 2020, n° 7, 2048, comm. Habchi (Hadi) ; *JCP A*, 17 juillet 2017, n° 28, act. 505, veille Tesson (Fabien).

119 Decout-Paolini (Rémi), concl. sur CE, 3 février 2016, n° 388643, *Hôpital de Prades*, tables, *RDSS*, 2016, p. 332.

120 En ce sens, Moron-Puech (Benjamin), « L'usager du service public administratif hospitalier : un contractant ! », *RDSS*, 2017, p. 512.

être contestées[121] ; soit le contenu est entièrement défini par la loi ou un acte réglementaire, et dans ce cas le contrat est une coquille vide.

C'est bien cette raison qui pousse le juge administratif à refuser de considérer la convention d'hébergement de véritable contrat dans la décision *Hôpital de Prades*[122], conscient que l'usager consentant en réalité se *soumet*, purement et simplement à la loi du service. C'est alors toute la distinction conceptuelle de la volonté et du consentement qui dicte la position du Conseil d'État : si la volonté est du côté de la « domination », le consentement est soumission, « faiblesse », en somme « capitulation »[123]. Le contrat donne alors l'illusion d'un consentement comme de l'expression d'une volonté et d'une rencontre libre de celle-ci avec une autre volonté. En réalité cependant, dans le cas de la relation avec l'établissement public de santé, « le lien de génération entre la volonté et le consentement »[124], nécessaire, risque fort d'être rompu dans le cas du patient hospitalisé en raison de l'inégalité des rapports entre l'établissement et l'usager. Sous cet angle, le rapport de droit public apparaît alors comme le moyen d'assurer le consentement de l'usager, mais également de le protéger *au-delà* de son consentement (2.).

2. Le rapport de droit public : une protection effective du consentement

Le patient soumis à une relation réglementaire de droit public exprime en principe sa volonté une seule fois : lorsqu'il accède au service. En cela, il se *soumet* à la loi du service, à laquelle il *consent* pleinement à partir du moment où il accepte d'être un usager de ce service[125]. Sur ce point, il n'existe aucune différence notable avec un patient signant un contrat d'adhésion de droit privé dont il ne discute pas le contenu : le consentement est exprimé uniquement au moment de la signature du contrat.

---

121 CE, Ass., 10 juillet 1996, n° 138536, *Cayzeele*, Rec. ; CE, 9 février 2018, n° 404982, *Communauté d'agglomération Val d'Europe agglomération*, Rec.

122 CE, 3 février 2016, n° 388643, *Hôpital de Prades*, préc.

123 Frison-Roche (Marie-Anne), « Remarques sur la distinction entre la volonté et le consentement en droit des contrats », *art. cit.*

124 *Ibid.*

125 À l'exception de l'hypothèse d'une hospitalisation sans consentement, art. L. 3211-2-1 et s. du Code de la santé publique. Disponible sur *Légifrance* (consulté le 7 octobre 2020).

Certes, toute modification du contrat doit être rediscutée, ce qui n'est pas nécessairement le cas au sein d'un statut, puisque l'usager doit se soumettre aux décisions du chef de service, qui, par application notamment du principe de mutabilité, peut librement modifier certaines règles[126]. Mais, d'une part, l'usager est protégé par les autres principes du service public[127], de continuité et d'égalité[128] notamment, et par le droit au consentement attaché à son statut en droit médical. D'autre part, il peut en principe attaquer par la voie du recours pour excès de pouvoir les mesures prises, *a fortiori* depuis la réduction du champ des mesures d'ordre intérieur[129], sans se voir opposer la voie de l'exception de recours parallèle. Aussi, l'unilatéralité lui assure une garantie contentieuse que le contrat ne lui permet pas[130].

Le rapport de droit public *interpose* entre l'usager et le service un autre consentement objectivé : celui issu du contrat social, qui exprime une volonté générale[131]. Le patient hospitalisé, en ce sens, est alors censé

---

126 Dupont (Marc), « La mutabilité et les restructurations hospitalières », *RDSS*, 2013, p. 31.

127 Art. L. 6112-1 du Code de la santé publique. Disponible sur *Légifrance* (consulté le 7 octobre 2020).

128 Mettetal (Anne), « Une conjonction complexe, la permanence des soins et l'exercice du droit de grève », *Revue Droit et Santé,* 2004, n° 1, p. 43 ; Vallar (Christian), « Permanence des soins et service public hospitalier », *RDSS,* 2004, p. 288 ; Vialla (François), « Prolégomènes sur les notions de permanence de soins, de continuité des soins et de continuité du service public », *RGDM,* n° spécial, 2006, p. 11 ; Broudic (Patrick), « L'organisation de la permanence des soins », *ibid.*, p. 71 ; Moret-Bailly (Joël), « La loi HPST et l'accès aux soins », *RDSS,* 2009, p. 820 ; Vioujas (Vincent), « La réforme de la permanence des soins : un seul pilote pour davantage d'efficacité ? », *RDSS,* 2012, p. 692 ; Pellet (Rémi), « L'égalité et "l'accroissement du reste à charge" », *RDSS*, 2013, p. 38 ; Moquet-Anger (Marie-Laure), « La continuité et l'accès aux services de santé », *RDSS*, 2013, p. 21.

129 V. not. Chauvet (Clément), « Que reste-t-il de la "théorie" des mesures d'ordre intérieur ? », *AJDA*, 2015, p. 793.

130 Maurice Hauriou soulignait dans sa note sous l'arrêt *Sylviac* un tel écueil de la thèse contractuelle à propos des contrats d'abonnement téléphonique : « Les actes d'adhésion n'ont de contractuel que le nom, ce sont des adhésions à des actes de nature réglementaire et, en matière administrative, les actes de nature réglementaire comportent le recours pour excès de pouvoir. Le prétendu contrat ne saurait les en défendre. (…) », *S.*, 1908, III, p. 17, note sous CE, 23 mars 1906, *Demoiselle Chauvin dite Sylviac*, Rec. p. 252. Le propos est notamment repris par Duguit (Léon), « De la situation juridique du particulier faisant usage d'un service public », in *Mélanges Hauriou*, Paris, Sirey, 1929, p. 253, spéc. p. 276-280.

131 Si l'on veut bien ici admettre la possibilité d'un consentement « objectivé », le consentement étant une notion par principe plutôt attachée à la subjectivité de la

consentir deux fois : une première fois en tant que membre du corps social, en tant que citoyen ; une seconde fois en tant qu'individu bénéficiant du service[132]. La notion de « démocratie sanitaire » et la représentation des usagers des établissements hospitaliers peuvent être perçues comme des traductions de cette prise en compte d'un consentement collectif des usagers[133].

Le rapport de droit public permet de réduire le risque de divergence entre la capacité juridique de consentir et l'expression d'une volonté libre. En d'autres termes, le rapport de droit public permet d'assurer le respect effectif du droit au consentement : il agit comme un « outil potentiel de réduction de la vulnérabilité »[134] là où le contrat est un « facteur de délitement du contrat social »[135].

Le rapport de droit public peut alors offrir d'autres perspectives pour saisir et protéger le consentement, sans passer par la voie contractuelle. La relation statutaire renvoie à un ensemble de décisions administratives unilatérales. L'acte unilatéral se traduit principalement comme le pouvoir de prendre des décisions s'imposant par la seule volonté de leur auteur,

---

personne, v. en ce sens Christelle (Maxence), *Consentement et subjectivité juridique : contribution à une théorie émotivo-rationnelle du droit*, thèse dactyl., Université Paris I, 2014.

132 Mescheriakoff (Alain-Serge), *Droit des services publics*, Paris, PUF, Droit fondamental, 1991, p. 254.

133 Tabuteau (Didier), *Démocratie sanitaire. Les nouveaux défis de la politique de santé,* Paris, Odile Jacob, 2014 ; Castaing (Cécile) (dir.), *La démocratie sanitaire : mythe ou réalité ?,* LEH, 2014 ; Gherardi (Éric), « La Commission des relations avec les usagers et la qualité de la prise en charge dans la loi du 4 mars 2002 », *RDSS*, 2002, p. 686 ; Badel (Maryse), « La participation de l'usager », *RDSS,* 2004, p. 804 ; Moquet-Anger (Marie-Laure), « La représentation des usagers dans les instances hospitalières ou de santé publique – Étude croisée des récentes mesures d'application de la loi du 4 mars 2002 », *JCP A*, 2006, 1094 ; Lascoumes (Pierre), « L'usager dans le système de santé ; réformateur social ou fiction utile ? », *Politiques et management public*, n° 2, 2007, p. 29 ; Got (Christophe), « La représentation institutionnelle des usagers à l'hôpital : introduction ou intrusion ? », *Actualités JuriSanté*, n° 38, oct. 2002, p. 10 ; Cristol (Danièle), « Le droit à la participation dans les lois des 2 janvier et 4 mars 2002 », *RDSS*, 2012, p. 453 ; Lafore (Robert), « Le "souci de l'usager" et les modes de gestion des établissements et services sociaux et médico-sociaux », *RDSS*, 2012, p. 466 ; Hassenteufel (Patrick), « La résistible affirmation d'un pouvoir collectif des patients », *RDSS*, 2012, p. 477 ; Chevallier (Jacques), « Démocratie sanitaire et citoyenneté administrative », *RDSS*, 2016, p. 487.

134 Roman (Diane), « L'usager vulnérable », *art. cit.*

135 Leuzzi-Louchart (Coralie), « La contractualisation et l'usager vulnérable », *art. cit.*

indépendamment du consentement du ou des destinataires[136]. Le rapport de droit public n'exige pas le consentement pour exister. En revanche, le consentement peut être appréhendé comme une condition de légalité de la décision. Il peut alors être suggéré que la consultation du patient est un préalable nécessaire à l'édiction de la décision, le patient rendant en quelque sorte un *avis* – un consentement – obligatoire et conforme pour toute décision le concernant. Certains auteurs parlent d'« acte accepté »[137]. Le consentement devient alors l'« élément d'un processus décisionnel »[138]. Le défaut de consultation, de recueil du consentement, serait alors un vice de légalité externe, qui pourrait certes faire l'objet d'un recours en responsabilité, mais également bénéficier de la voie du recours pour excès de pouvoir et, surtout, du référé-suspension[139]. L'acte unilatéral n'est donc, en ce sens, pas exclusif d'une prise en compte du consentement. Il permet au contraire de concilier les avantages du rapport de droit public avec la nécessaire garantie du consentement du patient.

*

* *

Alors que l'importance du consentement est aujourd'hui mise en avant pour contester le principe d'un rapport de droit public qui serait, par nature, moins protecteur du consentement, il apparaît que la requalification de la relation en contrat n'aurait pas véritablement un apport autre que symbolique pour le droit positif et pour le patient. Pour les usagers vulnérables, le rapport de droit public est en revanche une garantie supplémentaire, permettant d'éviter l'illusion d'un consentement forcé et assujetti à la volonté de l'administration. Pour eux, le contrat au contraire transforme en quelque sorte le droit au consentement en une « obligation de consentement »[140]. Le rapport de droit public, loin d'être

---

[136] Chapus (René), *Droit administratif général,* t. 1., Montchrestien, Domat droit public, 15e éd., 2001, p. 501.

[137] Plessix (Benoît), *Droit administratif général,* LexisNexis, 1re éd., 2020, p. 1023 et s.

[138] *Ibid.* En ce sens également, v. C. Testard, *Pouvoir de décision unilatérale de l'administration et démocratie administrative*, Paris, LGDJ, Bibliothèque de droit public, 2018.

[139] Dans le même sens, v. notre proposition doctrinale pour saisir la relation avec la personne de confiance, Guyonnet (Jean-Baptiste), « Le juge administratif et la personne de confiance – Réflexions autour d'un dialogue fructueux », in Renaudie (Olivier), Teitgen-Colly (Catherine) (dir.), *Confiance et droit public*, Paris, L'Harmattan, 2017, p. 237.

[140] Rolin (Frédéric), « Les visages menaçants du nouveau contractualisme : le contrat de responsabilité parentale », *art. cit.*

antinomique du consentement, devient alors une condition de sa réalisation effective en tant qu'expression d'une volonté libre.

L'acte administratif unilatéral accepté apparaît dès lors comme un moyen pertinent de prise en compte du consentement, à deux titres. D'une part, il offre un compromis potentiel entre la critique de la relation statutaire, excluant le consentement comme élément de formation de la relation, et celle de la relation contractuelle, réduisant le consentement à l'accord des volontés. L'obligation de consultation du patient est alors un prérequis à chaque décision administrative intervenant au cours de la prise en charge. La conciliation est ainsi opérée entre le lien traditionnel de droit public, avec l'unilatéralité et le privilège du préalable face auquel l'administré peut opposer le recours pour excès de pouvoir, et le respect d'un consentement extrait du rapport de force du contrat et, partant, pouvant exprimer une véritable volonté. D'autre part, la notion d'acte accepté s'inscrit dans la continuité des réflexions d'une part émergente de la doctrine privatiste[141] qui cherche, de plus en plus, à s'extraire de la qualification contractuelle pour juger de la relation entre le patient et le médecin au regard des limites du contrat comme mode de formalisation du consentement. La « co-décision » médicale peut ainsi être saisie par les cadres et les contours du droit public pour assurer la conciliation du consentement du patient et le primat de la volonté du médecin.

---

141 Lokiec (Pascal), « La décision médicale », *RTD Civ.*, 2004, p. 641 ; v. également, menant une réflexion sur la théorie de l'acte juridique en droit civil, Moron-Puech (Benjamin), *Contrat ou acte médical ? – Étude à partir de la relation médicale*, thèse dactyl., Université Paris II, 2016. Plus largement, v. dans cet ouvrage la contribution de S. François.

Conclusion

Rapport de synthèse

Maryse Deguergue
Professeur émérite de l'Université Paris I Panthéon-Sorbonne

Consacrer une journée d'étude sur le consentement et le droit public relève de la gageure, car la notion de consentement est frappée de trois paradoxes mis en lumière par Etienne Picard : le premier est son absence de définition, ce que le consentement partage avec bon nombre de notions en droit, le deuxième réside dans la difficulté à réduire à l'unité tous les différents consentements en droit, autrement dit le caractère introuvable de son essence au travers de ses multiples manifestations, et le troisième paradoxe est « la pénurie de la pensée » sur ce concept évanescent. Les trois pistes de réflexion tracées par Etienne Picard ont été largement empruntées par les contributeurs à cette journée : tout d'abord, le décalage entre – pourrait-on dire – le signe du consentement et sa signification pour celui qui le donne, ou plus simplement la distorsion possible entre la forme et le sens du consentement, ensuite l'importance du point de vue adopté, car le consentement peut être une « prérogative » de celui qui le requiert et une « sujétion » de la part de celui qui le donne, enfin la construction nécessaire d'un « régime de consentement » à partir de toutes les exigences du recueil de celui-ci dans les différentes branches du droit public. Cheminons donc sur les voies tracées par les différents auteurs, sans nécessairement respecter l'ordre de leur passage, et adoptons une définition stipulative que partagent les privatistes et les publicistes, puisque la ligne de partage entre personnes publiques et personnes privées a été choisie par les organisateurs.

Le consentement est juridiquement l'accord donné à quelqu'un pour quelque chose et l'expression de l'autonomie de la volonté des personnes physiques et morales. Mais, comme l'observe justement Maxence Christelle, dire que le consentement est l'expression de la volonté qui préside à un accord ne permet pas pour autant de connaître la signification du consentement et de ses déterminants – entendons par là ses ressorts psychologiques –. À partir de ce constat, il nous semble donc que le consentement, sous les multiples facettes qui ont été dévoilées durant cette journée, présente deux caractéristiques majeures, auxquelles le juriste ne s'attache pas spontanément : d'une part, il est marqué du subjectivisme de la personne qui le donne et de la personne qui le reçoit, d'autre part, il n'est jamais totalement libre, contrairement à ce que l'autonomie de la volonté peut suggérer. Finalement, ces deux caractéristiques conduisent à s'interroger sur le délitement du consentement.

Le consentement est marqué de subjectivisme

Que le consentement soit marqué par le subjectivisme de celui qui le donne et de celui qui le reçoit paraît relever d'une lapalissade. Pourtant, le droit cherche à objectiver le consentement en le matérialisant tantôt par un contrat, tantôt par une décision unilatérale qui autorise quelqu'un à faire quelque chose ou qui accepte une demande. Certes, le subjectivisme dans le consentement n'est pas systématiquement émergent. Mais, dans le cas d'une demande d'asile, Maxence Christelle a bien montré qu'il était omniprésent, car il suppose en premier lieu le consentement à l'exil du demandeur puis en second lieu le consentement ou le refus de l'asile de la part de l'administration compétente, sous le contrôle d'une juridiction administrative spécialisée, la Cour nationale du droit d'asile (CNDA). Et, dans ces deux situations successives, la question du consentement se rattache étroitement au ressenti des personnes et à leur psychologie. Elle pose également avec acuité la question de la preuve des situations de fait invoquées par le demandeur à l'asile, surtout lorsque le témoignage est fourni, explicité ou traduit par une autre personne. La révélation de la vérité du demandeur d'asile peut alors s'avérer hasardeuse. Comme l'a justement dit Maxence Christelle, « l'appréciation du consentement est corrélée à l'étalon de la personne raisonnable » et, par conséquent, à la conception que chacun des protagonistes se fait de la normalité. Ce n'est donc pas le moindre des paradoxes de ce concept que d'amener à constater l'émergence du standard de jugement dans une demande aussi personnalisée que celle de l'asile.

Or, précisément, il nous semble que l'une des caractéristiques marquantes du consentement, ou du moins de l'idée qu'autrui se forge du consentement d'une personne, est d'être limité à ce que l'esprit peut concevoir en fonction de sa culture et de sa capacité à raisonner. On peut donc considérer que le consentement ne concerne que ce que l'entendement de l'esprit humain accepte et qu'il peut y avoir un espace d'inconnu, auquel la personne n'a pas consenti ou n'a pas pu consentir. De fait, le consentement se heurte à l'indicible et à l'inconcevable – le terrorisme, l'holocauste, le génocide, par exemple. On touche là aux limites du consentement, alors même qu'il a pu être donné en conscience à une forme de société et au régime démocratique. Dans la philosophie du XVIIIe siècle, incarnée notamment par John Locke et Pufendorf, l'homme, libre et doué de raison, est en effet considéré comme ayant consenti successivement à un contrat de vie en société et à un contrat de citoyenneté politique. Le caractère largement fictif de ces contrats fait bien ressortir la part d'ombre du consentement, qui est par principe au fondement de la démocratie, et met en lumière l'imperfection de celui-ci, comme concept juridique et politique.

Le silence de l'administration, qui signifie soit le rejet, soit l'acceptation d'une demande, est emblématique de cette imperfection du consentement. Alors même que le rejet et l'acceptation sont objectivés par des textes, le subjectivisme de l'administration resurgit pour peu que son comportement est décrypté. Armand Desprairies a expliqué à cet égard qu'il convenait de distinguer entre les cas où l'administration est partiellement silencieuse et ceux où elle garde un silence absolu. Selon lui, ces deux hypothèses différentes entraînent l'édiction de deux actes différents : l'acte tacite et l'acte implicite, le premier se différenciant du second par le caractère circonstancié du silence de l'administration qui n'extériorise pas son consentement, mais qui est présumée l'avoir donné (pour un permis de construire par exemple). Si, dans ce cas, il y a bien « une action exprimant une volonté », c'est une abstention volontaire de laisser aller le cours des choses sans intervention de sa part. Mais il nous paraît important de souligner que cette présomption de consentement est réfragable. L'administration peut en effet briser le silence, retirer l'autorisation obtenue dans les conditions posées par le juge administratif, et même décider de répondre expressément à toutes les demandes, comme c'est le cas le plus fréquemment relevé en pratique. Concernant l'acte, non plus tacite, mais implicite, qu'il soit de rejet ou d'acceptation, il repose sur la fiction que l'administration refuse ou donne son consentement en gardant un silence absolu durant un délai déterminé. Ce « consentement objectivé » n'exclut pas pour autant, à notre avis, la subjectivité de l'administration dans la formation de l'acte, d'une part parce qu'elle peut toujours revenir sur son silence, d'autre part parce que des circonstances entourent ici aussi le silence : négligence, inertie ou hiérarchisation des priorités par un service surchargé ou tout simplement acceptation de la signification que le législateur a donnée du silence.

Le consentement n'est jamais totalement libre

L'imperfection du consentement se dévoile, à notre avis, par le fait qu'il n'est jamais totalement libre, malgré les apparences. Le fameux contrat social est bien « introuvable » et le consentement originel des hommes est en réalité inexistant, ce en quoi nous sommes en parfait accord avec Arthur Gaudin. Au surplus, dans la société politique, le consentement à la démocratie s'apparente davantage à « un héritage », comme l'a dit cet intervenant, accepté sans inventaire, ou à une tradition historique, qu'à un accord donné en toute connaissance de cause. Dans la démocratie, la forme de régime politique la plus répandue aujourd'hui, le consentement du peuple se révèle largement fictif, alors même qu'elle est définie comme le gouvernement du peuple, par le peuple et pour le peuple. Comme l'a rappelé Ioannis Michalis, même à Athènes la démocratie directe était illusoire. La démocratie représentative, consacrée par le constitutionnalisme moderne, s'éloigne encore davantage du recueil du consentement des citoyens aux décisions politiques. Certes, l'invention de la volonté générale constitue un pis-aller pour recueillir le consentement des citoyens par l'intermédiaire de leurs représentants, qui ne sont cependant pas tenus de respecter la volonté de leurs électeurs. La fiction de la représentation fonde la légitimation de la démocratie par l'intermédiaire du consentement présumé des citoyens, au moins tant que ces derniers n'usent pas de leur droit de résistance à l'oppression – celle d'un homme, d'un gouvernement ou de la majorité.

En ce sens, on peut dire avec Arthur Gaudin que le consentement du citoyen est « le socle du régime démocratique », mais qu'il est « débordé par le régime démocratique » quand il se rebiffe ou se retire sur l'Aventin de l'individualisme, au nom des deux sphères, civile et politique. À cet égard, l'image du « citoyen-Hercule » n'est, à notre sens, compréhensible que si c'est le droit de résistance à l'oppression utilisé par le citoyen qui est visé, et non le droit de votation. Car le consentement « tacite et continu » au régime démocratique peut s'effriter progressivement, voire être retiré brutalement hors de toute votation. Il n'en demeure pas moins que ce régime perdure, car c'est « le moins mauvais », malgré les vicissitudes de la représentation.

En effet, l'adage « qui ne dit mot consent » en dit long. Transposé des personnes physiques aux personnes morales de droit public à partir de 2015, cet adage a servi d'argument à la généralisation de la décision implicite d'acceptation de l'administration à la demande d'un administré, restée sans réponse à l'expiration d'un délai de deux mois. Le silence, valant acceptation et donc consentement à ce qui est demandé, n'était pas à cette date une idée neuve dans la sphère des collectivités publiques. Rémi Poirot a montré que le consentement des collectivités territoriales à coopérer a oscillé, dans l'esprit du législateur et la lettre de la loi, entre reconnaissance nécessaire, remise en cause, puis de nouveau incitation souhaitée, afin de respecter le principe constitutionnel de la libre administration de ces collectivités. Il n'empêche que le consentement à la coopération entre elles n'a pas toujours été libre et qu'aujourd'hui encore certaines contraintes, notamment économiques, peuvent inciter à la coopération, consentie mais… forcée.

Cela tendrait à prouver que contrainte et consentement ne sont pas exclusifs l'un de l'autre et qu'un équilibre s'établit nécessairement entre eux, bien qu'ils paraissent au premier abord antinomiques. La remarque vaut évidemment pour le consentement à l'impôt, mélange subtil de l'acceptation à être imposé et de contrainte « imposée » par l'État sans contrepartie, directe tout au moins. Même si la distinction, rappelée par Solange Darrigo, entre norme fiscale et norme d'imposition permet d'isoler le consentement du contribuable dans la seule norme d'imposition fiscale qui le concerne et qui décline la norme fiscale pour chaque patrimoine, il faut bien reconnaître que le consentement à l'impôt au sens large s'apparente davantage à la contrainte qu'à l'adhésion. Il traduit tout au plus le consentement à l'organisation sociétale – c'est-à-dire la soumission à l'impôt en échange de services publics – et la fraude à l'impôt manifesterait bien à l'inverse l'opposition à cette organisation, au point de ne pas vouloir participer et consentir à l'effort collectif. Aussi peut-on affirmer, comme le fait Solange Darrigo, que « tous les éléments constitutifs de l'imposition sont en contradiction parfaite avec la notion de consentement du contribuable à la norme fiscale ». Tout au plus, le contribuable donne son assentiment, qui est d'ordre psychologique. Il n'y a guère que la transaction fiscale, qualifiée de contrat, qui permet de relier consentement et impôt, encore que l'objet de la transaction ne puisse porter que sur les sanctions fiscales et les intérêts de retard, et pas sur l'imposition proprement dite.

Lorsque l'équilibre entre contrainte et consentement est menacé ou déstabilisé, les bribes de démocratie directe qui existent dans toutes les constitutions démocratiques permettent d'en appeler expressément au consentement du peuple par référendum, notamment pour l'adoption de certaines décisions publiques controversées. Requis, ce consentement peut aussi être détourné (référendum organisé une deuxième fois après un résultat non conforme aux attentes des gouvernants) ou indéfiniment retardé (référendum d'initiative populaire remplacé par un grand débat). Par conséquent, la théorie du consentement existe bel et bien en démocratie, mais sa réalité est moins palpable. Ce qui n'empêche pas de rechercher l'adhésion des citoyens, non pas seulement ponctuellement par le référendum, comme l'a expliqué Ioannis Michalis, mais plus sûrement par la persuasion véhiculée par la communication politique et les médias. Cette persuasion fait appel aux arguments de la rationalité, de la cohérence et des statistiques implacables, comme le montre la crise sanitaire liée au virus de la covid-19. Par-delà le consentement aux contraintes inhérentes aux mesures de police sanitaire, c'est un consensus mou, et donc fragile, qui est recherché par les autorités publiques, faute de mieux.

Consentement, sinon persuasion, à défaut simple participation des citoyens à la prise des décisions publiques, sont donc recherchés afin de légitimer l'action des élus et d'édulcorer la contrainte. Mais la participation à un débat public, en matière environnementale ou dans tout autre domaine, ne peut pas être assimilée, selon nous, à un consentement, même « imparfait ». Au contraire, la participation n'est souvent que la traduction d'une opposition à un projet qui affecte l'intérêt personnel de celui qui participe : le phénomène NIMBY (*Not in my backyard*, ie « pas dans mon arrière-cour ») ne se révèle pas propre à l'opposition aux décisions ayant une incidence sur l'environnement. Le nouveau droit subjectif à la participation se limite souvent à la capacité à faire prévaloir des intérêts catégoriels sur l'intérêt général, et la possibilité, certes infime, de faire infléchir les exigences de l'intérêt général, et parfois la seule courbe d'un tracé.

Le domaine sanitaire met précisément bien en évidence deux aspects du consentement, l'un collectif recherché auprès du peuple, l'autre individuel requis dans les relations entre médecin et patient avant tout traitement, à tel point qu'il conviendrait de parler de co-décision médicale. Mais, là encore, la notion de consentement révèle toute son « ambivalence », selon l'expression de Jean-Baptiste Guyonnet, puisqu'il peut aller jusqu'au renoncement aux soins. Surtout, il nous semble que, dans cette matière, c'est le caractère éclairé du consentement qui est le plus intéressant, car il renvoie de nouveau à ce que l'esprit, l'intelligence, la raison du patient peuvent concevoir, comprendre et apprécier. Ce qui remet le consentement au cœur de la subjectivité de l'individu et de l'interaction personnelle entre le médecin et le malade. C'est la raison pour laquelle la thèse du contrat médical donne un coup de boutoir à la situation statutaire du patient, usager du service public hospitalier, qui postule certaines contraintes (telle l'absence de choix du médecin). Mais, dès lors que ladite situation est fermement maintenue par le juge administratif, il veille au respect du consentement de l'usager de ce service public administratif particulier, car il est en réalité fondé sur le principe de la dignité de la personne humaine. Et le consentement du patient aux soins ne cède que devant le principe général du droit de l'indépendance professionnelle des médecins, lesquels peuvent passer outre à un refus de soins pour sauver la vie d'un malade, conformément au serment d'Hippocrate. Ce n'est, somme toute, qu'une application particulière de la protection contre soi-même que le législateur et le juge français ont ancrée dans le droit de la protection des personnes. Et, sous couvert de consentement, surgit bien une contrainte à mots couverts qui peut se résumer dans la formule, répandue à la faveur de la crise sanitaire, « prenez soin de vous ».

Vers un délitement du consentement ?

Subjectivisme et contrainte mettent à mal la théorie idéale du consentement comme expression de l'autonomie de la volonté et fondement de tout contrat, et en premier lieu du contrat social. Aux deux extrêmes du spectre des relations sociales, au sein de la communauté internationale et dans les relations interindividuelles, plusieurs perturbations du consentement peuvent être constatées. De fait, le consentement tantôt laisse la place au consensus, tantôt cède le pas à la sincérité.

Le consensus est l'alpha et l'omega des relations internationales. La centralité du consentement des États souverains en droit international public a été, à juste titre, soulignée par Philippe Coleman pour lequel « l'omniprésence du consentement en droit international constitue un véritable nœud théorique ». Technique ou fondement du droit international, le consentement ramène le droit vers le fait, voire le rapport de force. Et si abstraction est faite du consentement des États, le droit international public s'éloigne d'un système juridique pour n'être qu'une morale ou une éthique et peut se réduire, à notre avis, à une utopie. Expression du consentement collectif de la société internationale ou du consentement individuel de l'État à la création des règles, le droit international met en exergue une acception spécifique de cette notion centrale, celle du consentement comme consensualisme, qui peut revêtir trois sens : un consentement ne générant pas de contrainte (*gentleman agreement*), un consentement limité au règlement des différends par le juge international (la juridiction consensuelle) ou un consentement implicite (à la coutume, aux principes généraux du droit et au jus cogens). La question du « déclin » du consentement est ravivée par la gouvernance globale et l'hétérogénéité actuelle de la société internationale. Il participerait ainsi à ce que certains considèrent comme un déclinisme de la civilisation occidentale et de ses valeurs individualistes.

À l'autre extrémité du spectre des relations sociales, le consentement se transforme sous l'effet de l'exigence de sincérité. On le sait, en droit des contrats, le consentement des parties ne doit pas être vicié. En droit public, la conclusion des concessions et des marchés publics est désormais encadrée par l'évaluation des besoins de l'administration et par l'obligation de choisir l'offre économiquement la plus avantageuse, dans un souci d'efficacité de la commande publique, comme l'a rappelé Hélène Hoepffner. Autrement dit, le consentement tend à être objectivé pour assurer l'impartialité de l'administration, base de la confiance des citoyens. C'est donc pour faire respecter cette impartialité, reconnue comme un principe général du droit, que le juge administratif sanctionne les vices du consentement qu'il estime être d'une particulière gravité. Si l'on peut considérer que le consentement est protégé par la sanction d'éventuels vices, comme le démontre Hélène Hoepffner, les convergences entre les jurisprudences administrative et judiciaire tendraient à prouver que c'est la sincérité du consentement qui importe plus que l'accord lui-même.

Ce dernier questionnement ramène à la subjectivité du consentement et à la difficulté de sonder les reins et les cœurs pour connaître la signification, et aussi les limites, du consentement pour la personne qui le donne. Le consentement présente donc des liens étroits avec la vérité et la preuve de celle-ci. Or, la vérité n'existe pas pour les règles et propositions de droit, elle n'appréhende que la réalité des faits, et encore cette appréhension s'opère-t-elle avec la subjectivité de l'observateur. Il n'est par conséquent guère étonnant que le consentement, à la charnière du droit et du fait, soit une notion ambiguë, qui n'a que l'apparence de la vérité. Son régime juridique nous semble, pour toutes ces raisons, impossible à construire.

Table des matières

Structures éditoriales du groupe L'Harmattan

L'Harmattan Italie
Via degli Artisti, 15
10124 Torino
harmattan.italia@gmail.com

L'Harmattan Hongrie
Kossuth l. u. 14-16.
1053 Budapest
harmattan@harmattan.hu

L'Harmattan Sénégal
10 VDN en face Mermoz
BP 45034 Dakar-Fann
senharmattan@gmail.com

L'Harmattan Cameroun
TSINGA/FECAFOOT
BP 11486 Yaoundé
inkoukam@gmail.com

L'Harmattan Burkina Faso
Achille Somé – tengnule@hotmail.fr

L'Harmattan Guinée
Almamya, rue KA 028 OKB Agency
BP 3470 Conakry
harmattanguinee@yahoo.fr

L'Harmattan RDC
185, avenue Nyangwe
Commune de Lingwala – Kinshasa
matangilamusadila@yahoo.fr

L'Harmattan Congo
67, boulevard Denis-Sassou-N'Guesso
BP 2874 Brazzaville
harmattan.congo@yahoo.fr

L'Harmattan Mali
Sirakoro-Meguetana V31
Bamako
syllaka@yahoo.fr

L'Harmattan Togo
Djidjole – Lomé
Maison Amela
face EPP BATOME
ddamela@aol.com

L'Harmattan Côte d'Ivoire
Résidence Karl – Cité des Arts
Abidjan-Cocody
03 BP 1588 Abidjan
espace_harmattan.ci@hotmail.fr

L'Harmattan Algérie
22, rue Moulay-Mohamed
31000 Oran
info2@harmattan-algerie.com

L'Harmattan Maroc
5, rue Ferrane-Kouicha, Talaâ-Elkbira
Chrableyine, Fès-Médine
30000 Fès
harmattan.maroc@gmail.com

Nos librairies en France

Librairie internationale
16, rue des Écoles – 75005 Paris
librairie.internationale@harmattan.fr
01 40 46 79 11
www.librairieharmattan.com

Librairie l'Espace Harmattan
21 bis, rue des Écoles – 75005 Paris
librairie.espace@harmattan.fr
01 43 29 49 42

Lib. sciences humaines & histoire
21, rue des Écoles – 75005 Paris
librairie.sh@harmattan.fr
01 46 34 13 71
www.librairieharmattansh.com

Lib. Méditerranée & Moyen-Orient
7, rue des Carmes – 75005 Paris
librairie.mediterranee@harmattan.fr
01 43 29 71 15

Librairie Le Lucernaire
53, rue Notre-Dame-des-Champs – 75006 Paris
librairie@lucernaire.fr
01 42 22 67 13

www.ingramcontent.com/pod-product-compliance
Lightning Source LLC
LaVergne TN
LVHW011250061026
849535LV00005B/1209